PAUL PREUSS

UNTERNEHMEN CORE

Science Fiction Roman

Ins Deutsche übertragen
von Karl-Heinz Ebnet

BASTEI LÜBBE

BASTEI-LÜBBE-TASCHENBUCH
Band 24 192

Erste Auflage:
November 1994

Deutsche Lizenzausgabe 1994
Bastei-Verlag
Gustav H. Lübbe GmbH & Co.,
Bergisch Gladbach
Originaltitel: Core
Lektorat:
Reinhard Rohn
Titelbild: Luis Royo,
Norma Agency, Barcelona
Umschlaggestaltung:
Quadro Grafik, Bensberg
Satz: Fotosatz Schell, Hagen a.T.W.
Druck und Verarbeitung:
Brodard & Taupin,
La Flèche, Frankreich
Printed in France

ISBN 3-404-24 192-4

Szenen aus einem Dokumentarfernsehspiel, 1991

TOTALE; UMGEBUNG DER GOLDEN-GATE-BRÜCKE, NACHT. IM BILD EIN ALTER MANN (ein Schauspieler). Er trägt einen Regenmantel, in seinen Händen hält er eine fettig glänzende Ledertasche. Er geht den Berg hinab, durch die duftenden, tropfnassen Reihen schwarzer Zypressen, die San Franciscos Presidio krönen.

ERZÄHLER
Sein Erscheinungsbild mochte ein wenig von der Norm abweichen. Vielleicht mochte er zu dieser Stunde Verdacht erregen. Zu einer Stunde, wo man vor allem Jogger auf der Brücke erwartete, und von denen auch nicht besonders viele.

Im Nebel ist der alte Mann beinahe unsichtbar, er überquert einen verlassenen Parkplatz, steigt Betonstufen zu einem Gehweg hinauf, der zur Brücke führt –

ERZÄHLER
Also nimmt man an, Cyrus Hudder ging so schnell, wie er in seinen durchnäßten Schuhen nur konnte. Er gab vor, ein Mann zu sein, der ein Ziel verfolgte – keine leere Seele, die sich zu ihrer eigenen Auslöschung schleppte.

AM TOLL-PLAZA
Nur wenig Verkehr; schwerer Nebel zieht herein. Die erleuchteten Fenster im Verwaltungsgebäude am Toll-Plaza sind blaßgelbe Löcher, die in die graue Nebelsilhouette geschnitten sind. Der Schatten des alten Mannes streicht an ihnen vorüber –

AUF DER BRÜCKE
KAMERA FOLGT dem Mann – orangefarbene Straßenlichter tauchen plötzlich wie niedergehende UFOs aus dem Nebel auf. In der Mitte der Brücke bläst ein Nebelhorn.

ERZÄHLER
Schließlich erreichte er die Mitte des Brückenbogens, wo das Wasser am tiefsten ist.

AUF DER WASSEROBERFLÄCHE, weit unten, schwarz und schnell fließend, kräuseln sich die Wellen im reflektierten orangefarbenen Licht.

NAHAUFNAHME DES ALTEN MANNES, er steht am Geländer, blickt ausdruckslos nach unten.

ERZÄHLER (fährt fort)
Viele Leute glauben, sie wüßten, was nun passierte. Aber tun sie das? Die Akte Cyrus Hudder ist noch lange nicht geschlossen …

LANGSAME AUSBLENDE

MARRAKESCH, 1985

Leiden Hudder hielt seinen gemieteten Land Rover vor dem Eingang zum Hotel. Ein vornehm gekleideter Kerl in einem langen taubengrauen Rock und Militärmütze kam angerannt und riß die Tür auf, noch bevor er aussteigen konnte.

»*Vous restez ici, monsieur?*«

»Ja, *oui*, sobald ich mich eingetragen habe.«

In das herumlungernde Dienstpersonal kam Bewegung. Eine Gruppe von Gepäckträgern mit Gamaschen, rosaroten Schärpen und Fezen löste sich aus dem Schatten des Säulengangs und umlagerte das Fahrzeug; einer von ihnen wollte nach Leidys Büchertasche aus Segeltuch greifen.

»Die Tasche nehme ich – ihr könnt die auf dem Rücksitz haben.«

In der Markise aus Bleiglas und Schmiedeeisen, die so verziert war wie die alte Pariser Métro, spiegelte sich die zerknitterte khakifarbene Arbeitskleidung Leidys, während er die weißen Marmorstufen emporschritt. Durch gekachelte andalusische Bögen betrat er die schattige Lobby. Gepäckträger, die neben seiner drahtigen Gestalt wie Zwerge wirkten, rannten lautlos hinter ihm her.

Zehn Minuten später befand er sich bis über sein bärtiges Kinn im Badeschaum – in einer Wanne, die lang genug war für seine langen müden Knochen. *La Mamounia* war ein rosafarbener Palast in einem tropischen Garten, an der mittelalterlichen Stadtmauer errichtet; sein Zimmer, das billigste, das hier zu haben war, kostete ihn dreihundert Dollar die Nacht. Die Rothschilds und Rockefellers waren hier gewesen. Winston Churchill, Rita Hayworth, Erich von Stroheim, französische Intellektuelle – eine armlange Liste – waren ebenfalls hier abgestiegen. Jeder, der seit 1923 etwas darstellte, hatte hier gewohnt. Es gab viele andere Plätze in Marrakesch, von billig-dreckigen bis hin zu den neuesten und aufgemotzten, Leidy allerdings bestand auf dieser Adresse. Die Wanne allein war den Preis wert. Außerdem konnte er es von der Steuer absetzen.

Er kletterte aus dem Bad, wickelte sich in ein dickes rosarotes Handtuch und verbrachte Minuten vor einem Spiegel, währenddessen er sich nachdenklich mit einem Rasierer seinen Bart abnahm. Er schaute auf seine Uhr und setzte sich dann, noch immer in das Handtuch gewickelt, vor das Fenster. Aus seiner Büchertasche holte er Aktenordner und breitete sie auf dem Tisch aus.

Personalakten. Karten.

Er warf einen Blick auf die Akte mit dem Namen Ahmed Alaoui, der es mochte, wenn er als Colonel angesprochen wurde. Der Mann war siebenundvierzig Jahre alt, ein entfernter Verwandter des Königs, Offizier der Luftwaffenreserve, einige Zeit lang Untersekretär im Ministerium für Energie und Bergbau, gegenwärtig Aufsichtsratsmitglied der Royal Moroccan Mineral Corporation. Ausbildung im Westen, technische Fachrichtungen: in Paris das Bakkalaureat, in Harvard den MBA. Ein konservativer Moslem, kein Fanatiker.

Das wichtigste Produkt der Royal Moroccan Mineral Corporation war Rohphosphat; nicht zufällig hatte Alaouis Familie Besitzansprüche und Rechte auf phosphatreiches Land. Die Rohstoffpreise für Phosphat fielen seit langem; der Weltmarkt für Sprengstoff gab nach. Zum Glück für ihn basierte das Vermögen des Colonels auf diversen anderen Geschäftsbereichen.

Leidy schloß die Akte und betrachtete die nächste; sie enthielt computervergrößerte Satellitenfotos. Einige waren mit Transparentfolien belegt, geologische Karten mit gestrichelten Linien und schraffierten Flächen – der Balkan, das nordwestliche Sibirien, Westkanada. Einige Aufnahmen von Marokko. Leidy bewahrte die Folien für sie in einer anderen Akte auf, zusammen mit Karten, die er selbst mit feinen Stiften koloriert hatte.

Die meisten Akten legte er in die ausgebleichte Segeltuchtasche zurück. Die wenigen, die übrig blieben, ließ er in den Umschlag aus spanischem Leder gleiten, den er für geschäftliche Angelegenheiten reserviert hatte. Als er mit seinen Vorbereitungen fertig war, brachte der Junge seinen gereinigten und gebügelten italienischen Anzug – gerade rechtzeitig.

Eine Stunde später stand Leidy vor einer wettergegerbten Holztür, die in eine Lehmziegelmauer eingelassen war. Hart ließ er den eisernen Türklopfer gegen das Holz fallen. Ein kleines vergittertes Fenster wurde aufgeschlagen und schloß sich wieder. Die Tür wurde von einem weißgekleideten Diener geöffnet, dessen zerfurchtes Gesicht so schwarz war, daß es im Schatten blau erschien; gestenreich komplimentierte er ihn hinein. Die Finger des Mannes waren unnatürlich lang, seine Bewegungen glichen einem Tänzer oder einem Stummen, der sich durch Gesten verständigte.

Leidy trat über die Schwelle. Die Geräusche der Straße – das Hupen der Autos, das Kreischen der Taxis, die Schreie der Träger, die ihre Karren zogen – verstummten so vollständig, als sich die Tür hinter ihm schloß, daß er einen Moment lang die Orientierung verlor. Er schritt weiter, durch einen schattigen Bogengang und ein mit reichem

Schnitzwerk versehenes Tor aus Zedernholz. Im gefliesten Innenhof ergoß sich ein Wasserstrahl in ein marmornes Brunnenbecken.

Der Schwarze in der weißen Kleidung führte ihn durch den ersten Hof zu einem zweiten, in dem blühende Zitronenbäume standen. Ihr Duft hing zart in der Luft. Mit einer weiteren ausdrucksstarken Geste bedeutete er Leidy zu warten, dann eilte er geschmeidig davon und verschwand unter einer schattigen Arkade. Leidy war alleine im duftüberströmten Garten; er achtete auf den Gesang der Vögel – und das leise Flüstern von Stimmen, das Klingeln der Telefone, das Summen von Fax-Geräten, die aus für ihn unsichtbaren Räumen tönten.

Alaoui erschien. Er trug einen Anzug und eine Krawatte, deren Muster der Krawatte Leidys nicht unähnlich war. »Dr. Hudder, ich danke Ihnen für Ihren Besuch.« Lebhaft schüttelten sie sich die Hände. »Bitte, hier entlang ...«

Alaoui saß seinem Gast gegenüber an einem niedrigen runden Tisch, auf dem sich ein schweres silbernes Teeservice befand. Seine Gestalt verschwand im beschatteten Bereich vor glitzernden Mosaikstrukturen, deren abstrakte Muster auf roten, goldenen, blauen und weißen Fliesen im Sonnenlicht leuchteten, das durch die Bögen hereinfloß.

Leidy öffnete die Hand und ließ ein Dutzend schwarzer Kiesel über die glänzende Zitronenbaum-Tischplatte gleiten. »Sehen nicht besonders aus ...«

»Klären Sie mich auf, Dr. Hudder. Ich bin kein Geologe.« Alaouis Tonfall verriet weder Enttäuschung noch besonderes Interesse an den staubigen Felsstücken. Sein Gesicht – voll, mit einem harten Zug um den Mund und hervorstechender Nase, die durch die tiefliegenden braunen Augen noch hervorgehoben wurde – glich eher einem Banker und nicht einem Wüstenscheich. Leidy wünschte sich, er könnte den Gesichtsausdruck des Mannes besser verstehen.

Leidy saß auf den gestickten Kissen einer Bank, die in die Wand des hohen offenen Raumes gebaut war. Ein Ehrenplatz, trotz der stechenden Sonne. »Das Zeug hier«, sagte er, »besitzt die Farbe und Struktur von Kohle.« Er rieb einen der

Kiesel zwischen Daumen und Zeigefinger; er zerrann zu dunklem Pulver, das seine Haut schwärzte.

»Sie haben ein Kohlevorkommen entdeckt?«

»Es ist Graphit, keine Kohle. Es stammt vom Rif. Aber betrachten Sie sich die Form.« Mit dem Fingernagel stieß er einen der Kiesel an. »Wie zwei Pyramiden, Basis an Basis.«

»Seltsam.«

»Ein Oktaeder. Die charakteristische Gestalt von Naturdiamanten.« Leidy begann einen Vortrag, den er aus langjähriger Praxis routiniert wiedergab. »Diamanten bilden sich normalerweise hundertfünfzig Kilometer tief im Erdmantel, wo die Temperaturen beinahe zwölfhundert Grad Celsius betragen. Die Frage ist: Wie kommen sie an die Erdoberfläche? Der Druck nimmt zur Oberfläche hin rapide ab, wenn jedoch der Druck nachläßt, die Hitze allerdings gleich bleibt, wird aus den Diamanten wieder Graphit. Lange Zeit glaubte man, daß nur vulkanische Explosionen Diamanten schnell genug nach oben bringen können, ohne daß sie sich in Graphit umwandeln – in Lavaladungen steigen sie direkt durch die Erdkruste, wie ein Geschoß, das harte Panzerung durchschlägt. In Südafrika wurde zum ersten Mal diese These aufgestellt. In den Kimberley-Minen wurden bislang zwanzig Millionen Karat an Diamanten gefunden. Deswegen nennt man solche vulkanischen Vorkommen Kimberlite-Röhren.«

Alaoui kaute Mandeln, die in einer Schale auf dem Tisch standen. »Also, kein Kohlevorkommen. Sie haben eine Kimberlite-Röhre gefunden.«

»Nein. Wenn es solche Röhren gäbe, hätte man sie schon vor Jahrzehnten entdeckt. Ich bin auf etwas viel Interessanteres gestoßen.«

»Fahren Sie fort.«

»Das Atlas-Gebirge gehört wahrscheinlich zu den spektakulärsten Gebirgsauffaltungen der Erde, ineinandergeschobene Brocken von Kontinenten und Meeresböden, die bis zum Präkambrium zurückreichen. Stellen Sie sich eine urzeitliche Meeresbodenplatte vor. Die Vorgänge liefen damals ziemlich schnell ab. Die Platte schiebt sich unter einen Kontinent und sinkt direkt in den heißen, zähflüssigen Mantel. Sie kocht. Die Kontinente bewegen sich auseinander, kollidieren erneut, bewegen sich auseinander, kollidieren. Irgendwann im Laufe dieses Prozesses wird die gekochte Platte herausgerissen und nach oben geschoben. Und sitzt dann fünfzehn Millionen Jahre auf dem Atlas, bis die Erosion schließlich einen Teil davon freilegt.«

»Eine bezaubernde Geschichte.«

»Solche Formationen finden sich im Rif und entlang des Mittelmeeres, in Spanien, in Beni Bousera und Ronda. Sie sind reich an oktaedrischen Kohlenstoffkristallen – die Kristalle sind jedoch Graphit. So weich wie ein Bleistift. Ich habe Ihnen gerade einen gezeigt. Pseudomorphe; ihre Gestalt trügt. Aber einst waren diese Kristalle Diamanten. Die Formationen, von denen sie stammen, sind in ihren Ausmaßen riesig und reich an Kohlenstoff. Wenn diese Platten ihre Reise an die Oberfläche etwas schneller zurückgelegt hätten, dann wären sie heute nicht ödes Gestein, sondern zehntausend Mal reicher als die reichsten Kimberlites.«

»Leider haben sie es nicht.«

»Nein, nicht sie. Aber es gibt andere kohlenstoffhaltige Formationen im Atlas – an anderen Stellen.«

»Ein Phänomen, das für Wissenschaftler von großem Interesse sein dürfte«, sagte Alaoui höflich. Hinzuzufügen, daß es für einen Geschäftsmann weniger interessant war, sparte er sich. »Wollen Sie noch etwas Tee?«

Leidy nickte, obwohl er von der süßen grünen Flüssigkeit bereits genug hatte. Alaoui füllte sein Glas mit dampfendem, aromatischen Minztee. Leidy schlürfte ihn hörbar und murmelte seine Anerkennung.

Er stellte sein Glas nieder und holte eine weitere Plastiktasche aus dem Lederumschlag. Den Inhalt schüttete er auf den Tisch neben die Graphitkristalle. »Sie unterscheiden sich kaum, Colonel, und doch besteht ein Unterschied.«

»Ja?«

»Nehmen Sie einen. Tun Sie, was ich vorher tat.«

»Sie meinen, ich soll ihn zerreiben?«

Leidy nickte.

Alaoui nahm einen der schwarzen Steine und rollte ihn zwischen Daumen und Zeigefinger. Rußiger Puder rieselte auf den Tisch. Doch der Colonel bearbeitete den Stein weiter, drückte fester mit seinen kräftigen Fingern und legte allmählich einen harten mineralischen Kern frei – oktaedrisch wie die Hülle, die ihn umgeben hatte, aber trüb-durchsichtig, mit einem öligen Schimmer auf der Oberfläche.

»Sie können eine Raspel nehmen, sogar Karborundum, und werden ihm keinen Kratzer zufügen können«, sagte Leidy.

»Ein Diamant?«

Leidy nickte. »Nicht vom Rif.«

Alaoui zeigte auf die anderen Steine aus der zweiten Tasche. »Sie sind alle wie dieser?«

»Neun von zehn, die ich untersucht habe, besitzen unter der Graphitkruste einen Diamantkern. Ich gebe zu, die Wahrscheinlichkeit, daß Sie einen Diamanten erhalten, beträgt nur neunzig Prozent.«

Einen Moment lang dachte Alaoui nach. »Ein oder zwei Dinge erregen meine angeborene Neugier.«

»Nur zu.«

»Zum Beispiel ... verzeihen Sie, Dr. Hudder, ich meine dies nicht persönlich ... wie schwierig ist es für eine kluge Person, eine Handvoll Rohdiamanten mit einer Graphitkruste zu umgeben?«

Leidy lächelte. »Wenn ich solche Steine kaufen würde, wäre ich sicherlich auch an diesen Dingen interessiert. Allerdings kenne ich die Antwort nicht.«

»Ich fürchte, es befriedigt wenig, dies ...« Er beendete den Satz nicht.

»Ich verkaufe keine salzbestreuten Minen, Colonel.«

»Salz interessiert mich nicht.« Alaoui hob sarkastisch eine Augenbraue.

Alaoui wußte sehr gut, was er meinte, Leidy fügte trotzdem eine Erklärung an. »Ich meine, ich führe niemanden in die Berge und zeige ihm einige Felsen mit Diamanten, die ich dort selbst hingelegt habe. Was ich anbiete, ist fundiertes geologisches Wissen. Eine Karte. Wie diese.«

Er präsentierte die Satellitenfotos und ihre Folien. »Die griechische Regierung hat mich dafür bezahlt – goldhaltige Formationen in Makedonien. Und das sind Nickelvorkommen in den Northwest Territories von Kanada; ein kanadisches Minenkonsortium sponsorte diese Aufnahmen. Natürlich stehen Ihnen meine Referenzen – Namen, Telefonnummern, alle Einzelheiten, die nicht unter die Eigentümerrechte fallen – zur Verfügung.«

Er legte hervorragend detaillierte Bilder der südlichen Gebirgszüge des Atlas, des Hohen Atlas und des Anti-Atlas vor, die mit Landsat-1 aufgenommen waren. »Was ich Ihnen anbiete, sind ähnliche Folien, die Sie darüberlegen.«

»Was zahlte die griechische Regierung für die Karte mit den Goldminen?« wollte Alaoui wissen.

»Um die Karte zu bekommen – meine Ausgaben. Das gleiche galt für die Kanadier.«

»Ausgaben!« Alaoui konnte es nicht glauben.

»Die bis dahin entstandenen Ausgaben. Plus eine Verpflichtungserklärung auf Seiten des Käufers, die Ressourcen auch auszubeuten. Ich behalte mir das Recht vor, sie weiterzuverkaufen, falls dies nicht geschieht. Das war allerdings noch niemals der Fall. Von ihren Erlösen erhalte ich einen Gewinnanteil. Gäbe es nichts zu verdienen, würden sie mir keinen Penny schulden.«

Der Colonel nippte an seinem Teeglas. »Welche Ausgaben?«

»Nicht besonders hohe, Sie können sie aus der Portokasse bezahlen.« Leidy lehnte sich nach vorne. »Die Karte mit den Formationen kostet Sie die Tickets für drei oder vier Flüge von und nach Kalifornien, dazu kommen die Kosten für den Transport hier, Hotel und Verpflegung, Fax, Telefon, eine Sekretärin etc. Am teuersten kommen wahrscheinlich die Anwaltsgebühren. Trotzdem sollten es nicht mehr als zehn- oder zwölftausend Dollar werden.«

»Der Käufer müßte die Vorkommen inspizieren.«

»Ich werde ihn nicht von einem zum nächsten Ort fahren.

Ist er nicht zufrieden, dann gibt es keinen Vertrag. Das Gebiet ist groß, Colonel. Ich bin noch immer damit beschäftigt, es zu kartografieren.«

»Was ist mit bereits bestehenden Minen- und Nutzungsrechten?«

»Das ist Sache des Käufers.«

»Ach ja.« Alaoui klang unzufrieden, Leidy nahm jedoch das Gegenteil an. Hier war ein Verhandlungspunkt, kein bedeutender Nachteil für jemanden, der soviel Land kontrollierte, wie es die Alaoui-Familie tat. »Ich muß Ihnen gestehen, dies alles klingt sehr aufregend. Beinahe romantisch. Aber offengestanden ...«

Leidy war neugierig, welche Entschuldigung sein Gastgeber vorbringen würde, um ihm weiszumachen, daß er nicht das geringste Interesse an einer Diamantmine hatte.

»... werden heutzutage künstliche Diamanten auf sehr effiziente Weise hergestellt.«

»Selbst der kleinste Qualitätsdiamant kostet in der Herstellung mehr, als ihn aus dem Boden zu graben.«

»Sie sind ein Experte in diesen Dingen.«

»Sie haben meine *Vita.*«

»Wie kommt man dazu, einen Blick auf diese Karte zu werfen?«

»Ist der Handel abgeschlossen, gehört die Karte dem Käufer, ihm allein. Inklusive des dazugehörigen Berichts. Daneben meine persönlichen Dienste als Erkundungsführer, falls man mich benötigt.«

»Dennoch gibt es viele Ungewißheiten.«

»Ich bin nicht in Eile.«

Marokkaner lieben den Handel; viele Amerikaner sind schon allein bei dem Gedanken daran entsetzt. Sollte Alaoui allerdings denken, Leidy wolle nur widerwillig verhandeln, so mußte er mit einer Überraschung rechnen.

»Ich habe eine Bitte an Sie«, sagte Alaoui. »Einige meiner Bekannten werden sich dafür sehr interessieren.« Er deutete auf die schwarzen Steine. »Könnte ich sie vielleicht über Nacht ausleihen? Ich werde sie Ihnen morgen in der Frühe zurückgeben. Natürlich erhalten Sie von mir eine Quittung.«

»Colonel, Sie können sie behalten.«

»Im Ernst, Dr. Hudder ...«

»Behalten Sie sie. Wirklich. Dort, wo sie herkommen, gibt es viele von ihnen.«

Zwei Tage später, auf der Fahrt von Agadir nach Osten in die gewundenen präkambrischen Felsen des Anti-Atlas, erblickte Leidy seine Lieblingsgesteinsstruktur – ein dunkelgraues Felsbett, das er nicht vor Irherm erwartet hatte. Aber hier war es, etwa dreihundert Meter über der Schnellstraße, von der darüberliegenden Gesteinsschicht verdeckt, so daß nur ein horizontal blickender Satellit sie hätte wahrnehmen können. Er verlangsamte die Geschwindigkeit und suchte nach einer Route, die ihn näher heranführen würde.

Ein Mercedes-Laster, mindestens zehn Jahre alt und heruntergekommen, bremste ab, als wollte er ihn nicht überholen – ein Verhalten, das für einheimische Fahrer nicht charakteristisch war –, schnell aber hatte der Fahrer seinen Elan wiedergefunden und rauschte vorüber. Auf der Ladefläche des Lasters starrten zwei windzerzauste Männer zu ihm zurück; ihre Kleider hatten die Farbe schmutzigen Salzes.

Zerklüftete Felsen erhoben sich vor ihm und zogen vorüber. Der amerikanische Westen war voll mit Bergen wie diesen, in Nevada und Utah und Arizona, das Death Valley und die Mojave. Die Ähnlichkeit war oberflächlich; diese Berge hier enthielten gefaltete Gesteinsschichten, die pro Quadratkilometer eine größere geologische Vielfalt aufwiesen wie sonst kein Ort auf der Erde. Ein Paradies für einen Steinsammler.

Und die Marokkaner, die entdeckt hatten, daß die Besucher Steine kauften, lieferten Steine. Tische, voll mit Gesteinsbrocken, die schmutzige Quartzkristalle, Geoden, Spat, Pyrit und Fossilien aufwiesen, nicht zu vergessen oxidierte antike Münzen und Pfeil- und Speerspitzen, standen an jedem Eingang zu archäologischen Stätten, in jedem Dorfsouk, neben jeder Straße, mitten im Nichts. Fährt man über den Hohen Atlas südlich von Marrakesch, tauchen kleine Jungen und Mädchen vor dem Wagen auf, balancieren auf den Felsrändern, in ihrem Rücken den Himmel, und bieten flehend Pappkartonschachteln mit Topaz und purpurfarbenen Amethyst an. Wenn man Geologe war, mußte man anhalten. War man an einem Kauf interessiert, mußte man auf den Amethyst spucken, um sicherzugehen, daß seine tiefe rote Farbe keine Tinte war, mit der der Quartz bemalt wurde.

Der Handel mit Steinen war international. Ein bestimmter dunkler Schiefer war durchdrungen mit perlartigen Körpern von Ammoniten, *Orthoceras*, die flachen Phalli glichen. Die Marokkaner gruben die größeren aus und polierten sie einzeln; sie wurden überall verkauft – das letzte Mal hatte er Exemplare davon im Bundesstaat Washington gesehen, in einem Souvenirladen bei Sam Hills Betonversion von Stonehenge, die die Schlucht des Columbia River überblickte. Einige Quadratzentimeter polierten schwarzen Steins mit den Ammoniten kosteten dort vier oder fünf Dollar. In Marokko wurden Steinplatten, in denen Tausende der fossilen Wesen steckten, als Fußbodenbelag verwendet.

Leidy konnte an keinem Gesteinsladen oder Straßenhändler oder Mädchen, das eine Schachtel mit Steinen in ihren Händen hielt, vorbeigehen, sicherlich nicht in Marokko. Bei seinem drittletzten Besuch weiter im Norden hielt er an, um sich umzusehen, und stolperte über ein Nest von erbsengroßen schwarzen Kristallen, die in einem Klumpen zusammensteckten. Mit dem kleinen Mädchen, das den Tisch beaufsichtige, handelte er eine halbe Stunde lang in Französisch – sie mit exotischer Aussprache, seines unvollständig –, bis sie schließlich den Preis auf hundert Dirhams senkte. Dann bot er ihr weitere hundert an, wenn sie ihm sagen konnte, woher die schwarzen Kristalle stammten. Sie holte ihren Onkel. Die Information kostete Leidy schließlich tausend Dirhams.

Was der Mann sagte, war sehr vage, aber es genügte, um

die Suche aufzunehmen. Sie hatte Leidy immerhin zu dieser Gesteinsformation geführt.

Höher in den Bergen traf er mit seinem Land Rover auf eines der vielen Dörfer, die entlang der Schnellstraße lagen; niedrige Arkaden standen zu beiden Seiten der Straße. Ein nagelneues Schild zeigte das Pepsi-Cola-Logo in arabischer Schrift. Der von einem Leinentuch umhüllte Kadaver eines Schafes hing unter einem Bogen; daneben saß ein alter Mann, ebenfalls in weißes Tuch gehüllt, der die Fliegen von dem rohen Fleisch vertrieb.

Hinter dem Souk öffnete sich eine steile Schlucht in die trockenen Berge. Die geteerte Schnellstraße führte über eine steinerne Brücke nach Osten darüber hinweg, der hohe Bergzug lief jedoch nach Südwesten. Leidy hielt an. Er bemerkte den alten Mercedes-Laster, der hinter dem Souk geparkt hatte, dachte sich allerdings nichts dabei. Kinder kamen mit ausgestreckten Händen auf ihn zugerannt. Er schüttelte den Kopf. Ein paar Münzen, einige Dirhams, und er hätte einen Massenauflauf ausgelöst.

Er verließ die Teerstraße und fuhr auf einem rauhen, unbefestigten Weg nach Norden. Während er den Schlaglöchern auswich, versuchte er seiner Felsschicht zu folgen. Dann weitete sich die Schlucht, und die Straße wurde besser; mehr als zehn Meilen fuhr er so, kam an verlassenen Kasbahs vorbei, die auf den Felsen saßen. Es war ein schöner Frühlingsmorgen. Von Osten kam das niedrige, diesige Licht. Die Luft auf dieser Höhe war kühl, die Sonne aber warm.

Die Schlucht verengte sich wieder. Leidy erblickte etwas, das wie wandelnde Heuschober aussah, die auf ihn zukamen, runde Hügel aus Zweigen und Gräsern, beide mit Füßen, daran Sandalen. Gebückte Frauen, die Futter in ihre Dörfer trugen.

Die Straße schrumpfte zu zwei Spurrinnen zusammen. Leidy hatte noch immer einen halben Tank Benzin, daneben noch ein Paar Zwanzig-Liter-Kanister auf den Kotflügeln. Alles war in Ordnung, bis die Nadel der Temperaturanzeige sich dem roten Bereich näherte. Er wollte es nicht glauben.

Muß das Thermometer sein, dachte er, nicht das Kühlsystem – er mußte in Betracht ziehen, daß die Elektrik des alten Rover von Lucas stammte, und nicht ohne Grund bezeichneten die Briten Lucas als den Höllenfürsten.

Er fuhr an die Seite, kletterte heraus und starrte in den Motorraum. Er hörte das gewöhnliche Knistern und Zischen, aber nichts, das überkochte. Er suchte nach einer undichten Leitung, klopfte auf den Schaft der Wasserpumpe, um zu überprüfen, ob sie wackelte; schlug gegen das Thermostat, für den Fall, daß es eingerostet war. Nichts. Trotzdem war es sicherer, das klapprige Ding abkühlen zu lassen.

Bereits vor einiger Zeit hatte er seine Gesteinsschicht aus den Augen verloren; er dachte daran, den nächsten Wadi ein wenig hoch zu schlendern und zu sehen, ob er sie nicht wieder finden könnte. Ein kleiner beiläufiger Erkundungsgang. Er trug Shorts und Sandalen; für das, was er vorhatte, lohnte es sich nicht, Hosen und Stiefel anzuziehen. Wenn der Wind nicht auffrischen sollte, wäre es in der Sonne warm genug. Er nahm lediglich seine Brieftasche aus dem kleinen Handschuhfach, für den Fall, daß ein neugieriger Ziegenhirte vorbeiwandern sollte.

Er stapfte über den weißen Sand zum Eingang des Wadi. Diese nackten Felsfalten waren durch die Kollision von Afrika und Europa aufgeworfen worden. Die Erosion hatte alles Weiche von ihren Spitzen und Klippen abgetragen und dort abgelagert, wo es nun lag, unter Leidys Füßen. Auch wenn er gewollt hätte, er hätte sich nicht schneller bewegen können; bei jedem Schritt sammelten sich in seinen schlappenden griechischen Sandalen Sand und Kiesel unter den Zehen. Das war okay. Ein schöner Augenblick, der in seinem Terminkalender nicht vorgesehen war.

Er sah zu seinem Wagen zurück und weiter, in die sich windende Schlucht in diesiger Ferne – und sah den Mercedes-Laster, der sich um eine Kurve arbeitete. Leidy drückte sich an die Wand des Arroyo und beobachtete den Laster, der anhielt. Die beiden graugekleideten Männer sprangen ab. Wie ein Heuschreckenschwarm fielen sie über seinen

Land Rover her, durchwühlten Toilettenpapier und Zahnpasta, Büchsen mit Motoröl, seinen Schlafsack und Unterwäsche, und warfen alles auf den Boden. Sie blickten in den Motorraum.

Der Fahrer trat zu ihnen, und die drei Männer begannen eine lebhafte Diskussion; er konnte in der dünnen, trockenen Luft selbst aus dieser Entfernung einige arabische Silben vernehmen. Sie ließen den Motor in Ruhe. Vielleicht war er zu alt oder zu britisch, um für sie und ihren deutschen Schlitten von Wert zu sein.

Sie suchten den Sand ab. Leidy sah, wie sie seine Fußspuren fanden. Sie blickten in seine Richtung und deuteten mit den Fingern. Eine leidenschaftlichere Diskussion entspann sich. Sie machten sich in seine Richtung auf.

Leidy wartete nicht auf sie. Er betrat den Wadi. Sein Bett wand sich, mäanderte; bald war er von dem tief ausgewaschenen Flußbett umgeben, altertümliche Geröllschichten, die über Millionen von Jahren abgetragen worden waren und sich tief eingeschnitten hatten. Er ging um eine weitere Windung. Ein dunkles Felsenband, *seine* Struktur, trat an den Felsen über dem Flußbett ans Licht; es zog sich nach Westen hin. Von seinem Standort aus war es nicht zu erreichen; alles, was er tun mußte, so schien es, war weiterzugehen. Nach wenigen hundert Metern mußten sich, bei einigem Glück, das Felsenband und er treffen.

Was sollte er mit den Typen machten, die ihm folgten?

Er nahm die Sandalen ab, hielt sie in den Händen und begann zu laufen.

Der Wadi verengte sich, bis der Himmel über ihn ein leuchtend blauer Streifen zwischen gelben, roten und rosa roten Erdwällen war. Was wie ein leichter Pfad schien, wurde durch eine Schicht harten roten Sandsteins unterbrochen, eine Wand, die sich über den sandigen Boden erstreckte.

Er zog sich einige Meter den trockenen Wasserfall hoch. Wieder hinunterzukommen würde einen guten Sprung erfordern.

Einige Schritte hinter dem trockenen Katarakt weitete sich

der Wadi zu einem natürlichen Amphitheater, aus dem es keinen leichten Ausgang gab. Überall um ihn herum kamen Nebenrinnsale in Miniaturterrassen aus Kies und rotem und gelbem Lehm von den Wänden herab. Ein hübscher Ort, mit freistehenden Sandsteinzinnen, die Märchenschlössern glichen, ihre Schatten diffundierten im reflektierten Sonnenlicht; weiche Farben, die, je länger er sie beobachtete, sich veränderten und intensiver wurden.

Ein hübscher Ort, aber eine Enttäuschung – eine Sackgasse. Er schien gefangen, dort, wo er war; bald würde er Gesellschaft bekommen.

Er suchte und fand einen engen Nebenabfluß. Die Wände waren hier nicht so steil. Fast schien der Weg nach oben ein leichter Spaziergang. Er zog seine Sandalen wieder an. Er würde nur einige Schritte den Abhang hinaufgehen. Wenn es zu schwierig werden würde, hatte er noch genügend Zeit, umzukehren.

Einige Schritte, dann noch einige. Gut, er konnte nicht den gesamten Weg aufrecht stehen. Er wollte nur noch erkunden, ob es einen Weg nach oben gebe. Nur noch ein wenig.

Vielleicht gab es einen Weg nach oben. Aber er hörte im natürlichen Amphitheater unter ihm das Echo von Schritten und verärgerte Stimmen. Er rollte sich seitlich weg, hinter einen Sandsteinkegel. Er versuchte, zusammengekauert in seinem engen Versteck, die Stimmen unten zu verstehen. Leidy konnte einige Worte Arabisch – genug, um das »Bibsi Cola«-Schild im Dorf vor sich hersagen zu können (das Arabische hat keinen P-Laut) –, aber er verstand keine einzige der Berbersprachen.

Die Männer sahen die Furchen, die er im Lehm hinterlassen hatte. Sie taten einige Schritte, sahen nach oben und hielten inne. *Stupide*, sagte einer. Französisch, nicht schwer zu übersetzen. Cette route là, pas possible. Leidy verstand auch dies; wenn sie glaubten, er könne diesen Weg nicht nehmen, dann laß sie es glauben.

Aus seiner schattigen Spalte konnte er nur einen dünnen Streifen des hellen östlichen Himmels erkennen. Seine

Farbe war einzigartig, ein metallisches Blau. Er würde solange warten, bis sie gingen. Er wünschte, er hätte etwas zu essen mitgenommen.

Der Mittag ging vorüber, dann ein endloser Nachmittag. Leidy wartete, zusammengekauert in der steilen Felsspalte hinter dem Vorsprung, aber sie gingen nicht. Der Himmel verdunkelte sich; Dunkelheit kam über den schmalen Ausschnitt, den er sehen konnte, Sterne zogen auf, wenig später der wächserne Mond, begleitet von silbernem Schein. Die Nacht war kalt.

Er entspannte sich, unterdrückte das Zittern und spähte vorsichtig hinaus. Er fürchtete, einen verräterischen Kieselschauer auszulösen. Fahle Gestalten drängten sich um das Feuer aus Zweigen von Wüstensträuchern. Sie kochten Tee. Der Duft von Minze und Holzkohle ließ ihm das Wasser im Munde zusammenlaufen. Dann hörte er die Laute eines Mannes, der ernsthaft krank war.

Die Kälte schüttelte ihn. Er war nun mehr als neun Stunden in die enge schattige Spalte gepreßt. Obwohl es ihm nicht leichtfiel, sich zu bewegen, kroch er so leise wie möglich aus der Spalte, zog seine Sandalen an und begann zu klettern.

Der Abhang war nun steiler, der Rand war noch immer ein gutes Stück über ihm. Er war überrascht, daß seine Verfolger nicht das Kullern der Steine hörten, die in ihre Richtung fielen; er fragte nicht nach seinem Glück. Er kletterte weiter, bis der Pfad aufhörte.

Leidy mußte erkennen, daß er nicht mehr zurück konnte, selbst wenn er es wollte. Er konnte nicht mehr die Vertiefungen für die Hände und Füße unter ihm finden, die, als sie noch über ihm waren, im hellen Mondlicht sicher und natürlich erschienen. Ein falscher Tritt, und er würde sich auf eine lange Talfahrt begeben.

Eine halbe Stunde brauchte er, um auf Knien und Ellbogen weitere vier oder fünf Meter voranzukommen. Er riß sich die Haut auf, ermüdete und saß schließlich fest. Die letzte vertikale Schicht machte ihm einen Strich durch die Rechnung: zusammengepreßter Schotter, die ersten Steine, die er ergriff, lösten sich. Als sie nach unten stürzten, erzeugten sie ein Getöse, das Tote aufwecken konnte.

Er verrenkte sich den Hals in die eine Richtung; bei den Männern, tief unter ihm, sah er keine Bewegung. Er verrenkte ihn in die andere Richtung und betrachtete die Sterne am klaren nächtlichen Himmel. Der obere Rand befand sich noch immer fast zwei Meter über seinem Kopf.

Er war ein großer Mann, doch weiter konnte er sich nicht strecken. Zusammengepreßter Sand und einige Steine waren alles, was sein Gewicht trugen, acht Stockwerke über dem Grund des Wadi. Seine Zehen waren einen Zentimeter tief in die Klippe gegraben, seine Beine begannen zu zittern.

Mit seiner linken Hand umfaßte er das Bruchstück einer schwarzen Platte, die aus dem losen Konglomerat über seinem Kopf herausragte. Wieviel von ihr eingegraben war oder wie tief sie im Boden steckte, ließ sich nicht sagen – nicht viel, nahm er an. Mit seiner Rechten faßte er seitlich nach einem Granitfelsen, der so rund war wie eine Bowlingkugel. Versuchsweise rüttelte er daran, dann etwas stärker.

Sollte er es wagen? Den Sprung machen? Wenn er abrutschte, würde es ihn töten, zumindest einige Knochen brechen; an Flucht war dann nicht mehr zu denken.

Tief atmete er die kalte Luft ein, schwang seinen Körper zur Seite und zielte mit dem Schritt auf den vorstehenden runden Felsen, wo er hart aufschlug. Er drückte den Brustkorb gegen die Geröllwand und versuchte, sich festzukrallen. Schweiß rann ihm in die Schnittwunden unter dem Polo-Shirt; es juckte und stach. Seine Gelenke und nackten Knie waren aufgeschürft, von einer dicken Lehmschicht umgeben, eine Mischung aus Blut und Dreck, die im Mondlicht dunkel schimmerte.

Seine Beine zitterten wie Espenlaub; er drohte das Gleichgewicht zu verlieren. Er mußte sich beruhigen, mußte sich zureden, das gesamte Gewicht dem runden Felsen anzuvertrauen – und es darauf ankommen zu lassen. Seine Füße baumelten frei.

Bereits vorher hatte er erwartet, die Sandalen zu verlieren. Und seine Uhr, deren Lederband beinahe ganz durchgescheuert war. Sogar seine Shorts, die nun mit Kiesel und Sand gefüllt waren. Nach und nach hörte er auf, sich um diese Dinge zu kümmern. Und wenn er nackt hier entkommen würde, wäre er dankbar.

Vor langer Zeit, als er zehn Jahre alt war, hatten seine Eltern ihn zu einem Ferientrip in den Südwesten mitgenommen. Sein Vater und seine Mutter hatten während der gesamten Reise eine stumme Auseinandersetzung, Leidy war daher die meiste Zeit allein. In Bandelier, hinter Los Alamos, konnte er ihnen entkommen, schlüpfte unter dem Zaun hindurch und folgte den alten Stützen entlang des Pfades, der mit »Betreten verboten« markiert war – direkt hinauf zu den Felsen, wo die Anasazi in Höhlen gelebt hatten. Die Felsen der Klippe verwirrten ihn. Sie waren aus Tuff, vulkanischer Asche, die so weich war, daß er sie mit seinen Fingernägeln aushöhlen konnte ...

Mit seiner linken Hand erneuerte er den Griff um den schwarzen Schiefer. Mit der Rechten scharrte er im Gestein über ihm und überschüttete sich mit losem Sand und Kieseln. Zum Teufel mit den Männern dort unten. Wenn sie ihn erschießen wollten, hätten sie es schon längst getan. Nachdem er eine Vertiefung, die groß genug war, um sein Knie fassen zu können, ausgehöhlt hatte, sammelte er seine ganze Kraft und zog den linken Fuß unter seinem Arsch nach oben, auf die Brustwarze der Mutter Natur.

Als er sein rechtes Knie zur Vertiefung schob, die er dafür ausgekratzt hatte, spürte er den Schiefer wegbrechen, hörte ihn die Klippe hinunterpoltern, während er seine rechte Hand wegzog, kurz bevor das Knie in der Vertiefung landete. Mit beiden Händen klammerte er sich an das Geröll. Sein linker Fuß – wunderbarerweise noch immer mit Sandale – bebte auf dem Felsvorsprung.

Die rechte Hüfte begann wieder zu zittern, doch der Sand darunter hielt. Vorsichtig begann er einen Halt für die rechte Hand zu graben. Er keilte sich dort ein und begann einen neuen Halt für das linke Knie.

Er arbeitete sich die Geröllbank hinauf, abwechselnd eine Hand, ein Knie. Es kam ein Moment, wo er die Entfernung nach oben nicht mehr abschätzen konnte; seinen Augen erschien sie kurz zu sein, den müden Beinen aber unendlich weit. Er konzentrierte seine Kraft und Aufmerksamkeit; er bewegte den Fuß dorthin, wo das Knie gewesen war.

Von oben vernahm er ein klapprig-tönendes Geräusch, von der Glocke um den Hals eines Tieres. Er wartete, bis die Glocke sich entfernt hatte und ihn nur noch von weitem quälte. Er sah zum Rand hoch; der Schotter war von dunkler Firnis, anders als das helle Zeug, das er hochgeklettert war, und er dachte, daß er es vielleicht schaffen konnte. Ein letzter Sprung. Er wartete, bis alle Rhythmen übereinstimmten, Herzschlag und Atem und die runde Schwingung des Mondes im leuchtend-schwarzen Himmel.

Es war weniger ein Sprung als ein Strampeln, aber er brachte ein Bein hinauf und zog seinen Körper mit aller Kraft nach. Kiesel stürzten über die Kante nach unten.

Rutschte er ab, fiel er?

Nein. Er lag mit dem Gesicht nach unten auf kleinen Kieselsteinen, die in sein Fleisch schnitten. Er wurde von seinem Gewicht gegen sie gedrückt, nicht durch seine Angst.

Der kalte scharfe Kies vor seinen Augen besaß die Patina von Wüstenfirnis, von mondbeschienener bronzener Farbe. Kleine helle Blumen wuchsen zwischen den Steinen, unzählbare zierliche kleine Sternchen, so weit er sehen konnte. Leidy war überrascht, als sich eine heiße Träne löste und von seiner Nase tropfte.

Er rollte über, setzte sich auf und zitterte in der dämmrigen Welt vor dem Sonnenaufgang.

Die Ziegen waren weit weg in der mondbeschienenen nackten Felsenlandschaft. Leidy betastete sich und stellte fest, daß er seine Brieftasche noch besaß. Und seine Uhr, obwohl ihr Glas zerkratzt war. Und beide Sandalen.

Er war erschöpft. Er stand auf, ihn schwindelte, dennoch machte er sich auf den Weg, bis er weit oben auf dem Abhang auf eine flache, vom Wind geformte Höhle stieß.

Zitternd rollte er sich in ihrer gespeicherten Wärme zusammen.

Leidy schlief, vor dem Himmel geschützt, den ganzen Tag.

Die Kälte weckte ihn kurz nach Sonnenuntergang. Die Höhle, in der er lag, war aus einer Lage schwarzen Gesteins herausmodelliert, die zwischen zwei Schieferschichten lag. Mit einer Hand strich er über die kühle Oberfläche. Sie lag im Halbschatten der Dämmerung, sanft gerundet, als ob sie seit Jahrmillionen auf ihn gewartet hätte. Als ob sie ihn zu sich hingezogen hätte.

Er rieb sich die Knöchel und ergriff einen Schieferbrocken von der Größe eines Baseballs. So fest er konnte, schleuderte er ihn gegen die Steinplatte. Einige poröse Teilchen lösten sich. Er durchsuchte sie, dann begann er wieder zu klopfen. Das war kein Felsen, den man mit dem Fingernagel verformen konnte. Das war ein Felsen, den die Geologen als »kompetent« bezeichnen.

Die Steinplatte stammte aus dem kohlenstoffreichen urzeitlichen Meeresboden; sie hatte eine fabelhafte Reise durch den Erdmantel hinter sich und war wieder nach oben gestiegen. Nicht so schnell wie vulkanischer Kimberlite, aber – Leidy hielt erneut inne und durchsuchte die Gesteinsstücke – schnell genug, wie er aus dem Aussehen eines einzelnen schwarzen Kristalls schloß, den er gerade abgeschlagen hatte.

Er zerrieb die amorphe schwarze Kruste des Kristalls und erblickte im Sternenlicht den oligen Schein eines Rohdiamanten.

Der Mond stand bereits hoch, als Leidy, den Bergzügen folgend, zu seinem Land Rover zurückkam. Der Mercedes-Laster war neben ihm geparkt, der Ort war jedoch verlassen, als seien alle von *Dschinns* fortgeholt worden. Leidy sammelte seine Koffer vom Boden auf, suchte seine Werkzeuge,

Benzin- und Wasserkanister, Ferngläser, alles, was sie herausgenommen hatten, und verstaute es dort, wo es ursprünglich gewesen war. Er warf einen Blick in die Führerkabine des Lasters und fand seine Büchertasche und Karten.

In einem fadenscheinigen braunen Papierumschlag unter dem Beifahrersitz entdeckte er ein maschinengeschriebenes Blatt Papier. Er erkannte den Briefkopf der Royal Moroccan Mineral Company. An die Seite angeheftet war eine Fotokopie von Leidys Reisepaß, die Seite mit seinem Foto.

Leidy blickte zum Wadi hinüber, zu dem er sich vor mehr als dreißig Stunden aufgemacht hatte und wohin ihm die Männer gefolgt waren. Sie konnten nicht immer noch dort auf ihn warten. Wo aber waren sie?

Er fand seine Taschenlampe und inspizierte den Motor des Land Rovers; er schien unbeschädigt. Er schlug die Motorhaube zu, stieß mit dem Fuß gegen die Räder, stieg ein und startete den Motor. Wenn er nicht überhitzte, schien alles in Ordnung zu sein. Er schaltete den Vierrad-Antrieb ein. Statt zur Schnellstraße und zum Dorf zurückzukehren, woher er gekommen war, fuhr er nach Norden. Mit einigem Glück würde ihn der Pfad über den Paß führen.

Fünf Stunden später traf er auf eine befestigte Straße. Das Thermometer log; die Maschine lief, ohne zu überhitzen, obwohl sich die Nadel im roten Bereich befand. Er fuhr den ganzen Tag weiter.

Dick lag der Schnee auf den Spitzen des Hohen Atlas, die Außentemperatur war nahe dem Gefrierpunkt. Die Schnellstraße war eine kurvenreiche zweispurige Teerstraße, die häufig von rotbraunem schlammigen Morast überzogen war. Hier oben, weit entfernt von den Küstenebenen, drängten sich auf den Felsplateaus über den terrassierten Abhängen die Lehmdörfer der Berber. Sie hätten Pueblos im Südwesten der USA sein können, nur besaßen sie keine runden Kivas, die sich in die Erde hinein öffneten; statt dessen besaß jedes Dorf ein Stein- und Lehmminarett, das himmelwärts zeigte.

Kurz nach Anbruch der Nacht kam er zu einer Ansammlung roter Steinhäuser, die dicht aufeinander saßen und sich kaum von den Felsen, an denen sie klebten, unterscheiden ließen. Die Säulen der Portale waren mit dunklen Figurenreliefs besetzt, kauernde Atlanten, furchterregend wie die Götzenbilder der Wikinger – unheimlich und verwirrend in einem Land, in dem die offizielle Religion die Darstellung von Menschen verbot. Ein Wasserfall ergoß sich mitten zwischen den Häusern, unter der Straße hindurch, und fiel in die tiefe, weiter unten liegende Schlucht.

Er fuhr an die Seite und sprach zu den Männern, die aus dem Schatten auftauchten. *»J'ai besoin d'une chambre, d'un lit …«* In lächelndem Unverständnis starrten sie ihn an, einer jedoch rannte los, um den alten Scheich zu holen, einen braunen und faltenzerfurchten Mann, der ein wenig Französisch sprach. Sie gaben sich die Hand. Der alte Mann berührte in ritueller Geste seine Brust.

Leidy speiste diese Nacht ausgezeichnet; er und seine neuen Freunde zerlegten ein Lamm und aßen Schalen mit Erbsen, Kartoffeln und Karotten und das Brot aus dem Lehmofen. Süßer Minztee spülte alles hinunter.

Nach dem Essen sahen sie sich an und rülpsten und lächelten und wußten nicht, was sie sagen sollten. Der Scheich ordnete seine Kleider und stand auf. Er bat Leidy, mit ihm zu kommen. Sie gingen durch enge Gassen und über dunkle Stufen, begleitet vom Rauschen des Wasserfalls, das in die kalte Nacht hinaus dröhnte, und kamen zu einem niedrigen Haus aus perforiertem Blech, dessen Inneres eine Öllampe schmückte.

Drei Leute lagen auf Strohsäcken auf dem Boden. Zwei Männer, die gelegentlich stöhnten, und ein Kind, das leise weinte. Eine nervöse Frau, deren mit einem Schal bedecktes, doch unverschleiertes Gesicht die Stammeskennzeichen auf Wange und Kinn zeigte, kniete in einer Ecke.

»Ce-ça, le mal, comprenez-vouz ça?« fragte der Scheich Leidy mit einem fragenden Blick, der sagte, daß er es nicht als

Beleidigung auffassen würde, wenn Leidy zugab, daß er nichts verstand.

Leidy kniete zu einem der Männer nieder und legte seine rechte Hand auf dessen Stirn; sie war sehr heiß. In seinem kruden Französisch fragte er ihn, was passiert war.

»Il ne comprend pas français«, sagte der Scheich. Er erklärte ihm, daß die drei Schafhirten waren; sie waren oben in den Bergen und erst vor wenigen Stunden zurückgekehrt. Auch andere im Dorf waren gestern plötzlich krank geworden, wenngleich nicht so stark; diese hatten das Dorf nicht verlassen, außer für die Arbeit in den Getreideterrassen.

Leidy stellte weitere Fragen und erhielt bruchstückhafte Antworten. Die Männer waren schwach und durstig – sehr durstig. Aber sie konnten nichts bei sich behalten, nicht einmal Tee, nicht einmal Wasser. Sie konnten nicht essen, ihr Fieber war zu hoch. Alle litten an Durchfall. Der kleine Junge blutete aus einer Wunde an seinem Bein, die sich nicht schließen wollte.

Leidy betrachtete den Jungen und seine nässenden Bandagen. Das Kind trug zerlumpte Fetzen. Er nahm es in den Arm. Die Augen des Kindes waren geöffnet, sein Blick allerdings war trüb und verschwommen. Auf Stirn und Wangen hatte er dunkle Flecken, ähnlich Blutergüssen. Er war ungefähr so alt wie Leidys eigener Sohn.

Er versuchte den Jungen zu beruhigen und strich mit der Hand über seine dunklen Locken; das Haar fiel unter seiner Berührung weg, als wäre es versengt.

Nach dem Paß fiel die Straße schnell ab. Leidy fuhr an grabähnlichen Kilometersteinen vorüber, in Richtung auf die Stadt in der Ebene mit ihren rosafarbenen Wällen, Marrakesch, ein von Palmenhainen umgebener Garten Eden. Gewöhlich war die Schnellstraße voll mit Fußgängern, berittenen Kamelen und Eseln und Fahrrädern, nicht jedoch heute; einige wenige Autos und Lastwagen waren alles, was er traf. Außerhalb der Lehmmauern der Stadt versammelten sich normalerweise die Leute während der Hitze des Tages im Schatten der Palmen oder in den weiten Oliven- und Akaziengärten. Heute sah Leidy niemanden.

Er stoppte den dreckbeschmierten Land Rover vor der Notaufnahme des Hospitals in der Neustadt. Er drängte sich nach drinnen, durch die Menge der schreienden Leute, die die Korridore füllten, und schlug auf das Pult, um die Aufmerksamkeit der Krankenschwester zu erregen.

»Eine Krankheit, eine schreckliche Krankheit, in einem Dorf in den Bergen! Sie müssen einen Arzt schicken!«

Männer, die bereits vor ihm warteten, schrien ihn an, still zu sein. Ein Amerikaner. Welches Recht hatte er, zu fordern, daß er behandelt werde? Die Schreie wurden wütender. Männer zerrten an ihm.

Ein junger Doktor erschien und zog Leidy in eine Ecke des Korridors. »Sie haben noch nichts davon gehört? Sie sind nicht auf dem laufenden, Sir? Dieses Phänomen ist sehr verbreitet, müssen Sie wissen. Es ist keine Krankheit, nicht im gewöhnlichen Sinn. Diese Leute, die Leute in den Bergen, sind Opfer der Sonneneinstrahlung.«

»Der *was?*«

»Der Sonneneinwirkung. Fühlen Sie sich wohl, Sir? Kein Fieber, kein Schwindel?«

»Mir geht es gut.«

»Sie müssen sich von den Bergen fernhalten, Sir. Zum Glück ist die Sonnenstrahlung momentan nicht so schlimm. Ich muß nun gehen, ich habe keine Zeit.«

»Bitte. Was ist passiert?«

»In den Zeitungen finden Sie die Einzelheiten. Es tut mir leid, ich muß gehen. Das Magnetfeld, verstehen Sie? Aber es passiert Ihnen nichts, solange Sie sich in der Stadt aufhalten.«

Leidy fuhr zum La Mamounia. »Ich brauche Zeitungen, Zeitschriften«, sagte er zum Portier an der Rezeption.

»Oui, Monsieur. Wollen Sie die *International Herald Tribune?* Die Londoner *Times?* Das *Time-Magazine,* die internationale Ausgabe? *Newsweek? Le Figaro,* oder vielleicht ...?«

»Die englischsprachigen. Und ich möchte ein Telefongespräch nach Kalifornien anmelden.«

»Wie Sie wünschen, sicher.«

»Wann können Sie die Verbindung herstellen?« Es über das Hotel zu machen war der einzig sichere Weg. Das hatte Leidy gelernt, auch wenn es dreimal soviel kostete.

»Wir werden es sofort versuchen, Monsieur. Vielleicht einige Minuten.«

»Ich hoffe, Sie meinen nicht morgen.«

Das Zucken des Portiers war kaum wahrzunehmen. »Wir tun sicherlich unser Bestes, Sir.«

Leidy dachte an den Jungen im Dorf. Der Arzt hatte gesagt, die Regierung tue alles, was in ihrer Macht stünde. »Ich bin auf meinem Zimmer«, sagte er und folgte dem Portier zum Aufzug.

In seinem Zimmer schaltete Leidy den Fernsehapparat an; während er auf das Bild wartete, nahm er die *New York Times* vom Stapel der Zeitungen. Keine schreienden Schlagzeilen – die Ausgabe war bereits drei Tage alt – doch es gab eine einspaltige Meldung auf der ersten Seite.

WISSENSCHAFTLER VERFOLGEN
DIE WANDERUNG DER MAGNETPOLE

In den letzten 24 Stunden hat sich die Position des nördlichen Magnetpols um beinahe 300 Kilometer in süd-östliche Richtung verschoben und nähert sich nun Kap Farvel in Grönland, wie Professor Gregor Mattasow vom Lamont-Doherty Observatorium der Columbia University mitteilte. Die Wissenschaftler haben keine Erklärung für die plötzliche Änderung.

»Veränderungen der Stärke und Richtung des geomagnetischen Feldes lassen sich nachweisen, solange es geschichtliche Aufzeichnungen gibt«, sagte Professor Mattasow, der als Beispiel die 35 Grad-Verschiebung der Kompaßnadel anführte, die in London zwischen den Jahren 1580 und 1820 gemessen wurde. Doch mußte auch er zugeben, daß »der gegenwärtige

Verschiebungsgrad – beinahe drei Breitengrade pro Tag – bislang einzigartig in der Geschichte ist.«

Leidy legte die *New York Times* zur Seite und schlug die zwei Tage alte London *Times* auf.

SONNENERUPTION BEDROHT MILLIONEN

Wegen des kürzlichen Zusammenbruchs des Magnetfelds der Erde stellen die Sonneneruptionen, die laut Beobachtungen früher als erwartet heute begonnen haben, eine große Gefahr dar. Von den Strahlenschäden sind vor allem Personen betroffen, die sich in großen Höhen dem Sonnenlicht aussetzen, teilten offizielle Sprecher der Weltgesundheitsorganisation WHO mit. Man rechnet damit, daß bis zu fünf Prozent der Weltbevölkerung betroffen sind.

»In Höhen über 2000 Meter besteht während des Tages die Gefahr schwerer Verbrennungen«, sagte Dr. Erika Zuiderweg vom Hauptquartier der WHO in Genf. »Personen in Höhenlagen wird empfohlen, während des Tages im Haus zu bleiben, bis die Eruptionen abklingen.« Der Aufenthalt im Schatten genüge nicht, betonte Dr. Zuiderweg. »Die Menschen sollten, wenn möglich, unter mehreren Meter dicken Stein- oder Betonbehausungen Schutz suchen.«

Weltweit berichteten Observatorien vom Beginn der Eruptionen, die um 5 Uhr 17 Greenwich-Zeit einsetzten. Man nimmt an, daß sie die Erde mit hochenergetischen subatomaren Teilchen überschwemmen ...

Aus dem Fernsehapparat war nun ein klares Bild zu empfangen, und Leidy schaltete die Kanäle durch; eine synchronisierte amerikanische Soap-Opera, ein Naturfilm – und auf dem letzten der einheimischen Kanäle die Nachrichten in Arabisch. Leidy sah Bilder von Leuten, die in Krankenhäuser eingeliefert wurden. Er versuchte die Karten und Tabellen zu entziffern.

Über Satellit sollten andere, europäische Programme zu

empfangen sein, sie erschienen allerdings nur als ein elektronisches Flimmern. Die *New York Times* berichtete, warum:

> »Wir beobachten massive Verzerrungen der Ionosphäre, Berichte von Beeinträchtigungen der Radiofrequenzen liegen vor, die zwischen dem 3 und 30 Megahertz-Bereich liegen«, sagte Dr. John Snodgrass vom National Geophysical Data Center der National Oceanic and Atmospheric Administration. »Dies betrifft den größten Teil des Land–, Luft- und Schiffverkehrs, der Rundfunk- und Fernsehsender, ganz zu schweigen von Satellitenübertragungen.«

Weltweite Unterbrechungen der Kommunikationseinrichtungen, Ausfall der Energieversorgung, mehr als hunderttausend Fälle von, wie sie es nannten, Sonnenbrand ...

> »Jeder, der sich auf Karten verläßt, die die Kompaßabweichung angeben, dürfte wenig Glück haben«, warnte Dr. Snodgrass. Er wies damit auf Landkarten hin, die den Unterschied zwischen geographischem und magnetischem Nordpol angeben, der noch vor kurzem bei Bathurst Island in Kanada lag. »Bereits jetzt treffen Meldungen von vermißten Pfadfindern ein«, sagte er weiter.

Mit einem Auge auf dem Bildschirm durchwühlte Leidy die Zeitungen und fand die neueste, die *International Herald Tribune* vom Vortag.

> KATASTROPHALE FOLGEN DER SONNENEINSTRAHLUNG – TAUSENDE VON TOTEN UND VERLETZTEN WELTWEIT
>
> Meldungen von Toten und Kranken aufgrund der intensiven Sonneneinstrahlung erreichen die internationalen Hilfsorganisationen aus allen Teilen der Erde. Offizielle Sprecher warnen, daß ihre Kapazitäten bald erschöpft seien. Man erwartet, daß die Todeszahlen weiter steigen werden ...

Leidy las von ganzen Dörfern in den Teeplantagen des Himalayas, die der Sonne zum Opfer fielen, von Schweizer Motorradfahrern, die erkrankten, von Indios in Chile, die sich in die weit entfernten Kliniken schleppten – ausführliche Berichte, die mit der Zeit abstumpften. Unter zweitausend Meter, so schien es, war den Menschen nichts passiert, ebenso denjenigen in großen Höhen, die sich unter der Erde oder in befestigten Behausungen aufgehalten hatten. Der Artikel versuchte, wenn auch schwach, Optimismus zu verbreiten.

> Sonneneruptionen und Verschiebungen des Magnetfelds sind verschiedene und voneinander unabhängige Prozesse. Sie finden in regelmäßigen Abständen statt, obgleich Sonneneruptionen kurze und häufiger auftretende Ereignisse sind als große Verschiebungen des Magnetfelds der Erde …

Vom Fernsehen erfuhr Leidy, daß die Sonneneruption an diesem Morgen abgeflaut war. Er überprüfte seine zerkratzte und zerschließene Uhr und rief die Rezeption. »Wie sieht es mit meinem Gespräch nach Kalifornien aus?«

»Ich bin verzweifelt, Monsieur. Ich fürchte, mit den Telefonen stimmt etwas nicht.«

Leidy legte frustriert auf.

Die Sonne war untergegangen. Die Abendgebete verstummten. Ein leichter Wind trieb den Geruch von geröstetem Lammfleisch und Dieselabgasen durch die Menschenmenge der J'maa el Fnaa. Leidys Route führte durch das Gebiet der Koutoubia-Moschee; die Gläubigen verließen das weiträumige schattige Innere, den weiten säulenbestandenen, von bogenförmigen Kolonaden umgebenen Raum, der Ungläubigen verschlossen war.

Das quadratische rosafarbene Minarett der Moschee war das höchste Bauwerk der Stadt. Es stammte aus dem zwölften Jahrhundert und stellte den zweiten Versuch dar, nachdem das erste nicht exakt nach Mekka ausgerichtet war; sie rissen es ab und begannen von neuem. An einer der Wände hatte jemand – ein Lehrer? ein fanatischer Student? – mit Kreide Gleichungen angeschrieben, so hoch, wie ein Mensch reichen konnte; Zeichen und Symbole in Griechisch und Arabisch. Geometrie, Trigonometrie, die Art der Mathematik, mit der die Form der Erde beschrieben wird, die Art der Mathematik, die die Mauren aus den Ruinen der klassischen Antike gerettet und während der Renaissance der westlichen Welt weitergegeben haben. Keine Chance, die Richtung nach Mekka erneut zu verfehlen.

Hier waren sie, die privilegierten Jungen und Mädchen, die nun, da die Sonne untergegangen war, dreist das palmenbeschattete Gebiet der Moschee durchwanderten, ihre Bücher vor sich aufgeschlagen, und dabei murmelten sie und lernten ihre Texte auswendig, um sich auf die bevorstehenden Examen vorzubereiten – und sie benutzten die Wände als Tafeln und kritzelten ihr heiligstes Bauwerk mit Mathematik voll.

Ein Gedanke überkam Leidy – ähnlich wie eine Stechmücke, die einen anfällt –, daß er niemals die moslemische Kultur verstehen würde. Und stechmückengleich taumelte der Gedanke wieder fort; die sich ergebende Schlußfolgerung erreichte ihn nicht: daß er den Glauben nicht verstehen konnte. Er verstand Geometrie und Trigonometrie, schön und gut; von Anfang an war sein Verständnis der Mathematik das Verständnis eines Kindes, das dieses von seiner Muttersprache hat.

Was er neben Steinen noch verstand, war Geld.

»Ihre Freunde hatten die Möglichkeit, die Diamanten zu untersuchen?«

»Ihre Qualität kam der Beschreibung, die Sie gaben, ziemlich nahe«, sagte der Colonel, der sich über das Tee-Service beugte, einem Korb Minzblätter entnahm und sie in die Kanne stopfte.

»Es tut mir leid, daß Sie mein Angebot nicht befriedigt«, sagte Leidy. »Sie hätten mir das sagen sollen.«

Alaoui sah von seiner Beschäftigung auf. »Ich habe nicht auf Ihr Angebot geantwortet, Dr. Hudder.«

»Mir Leute hinterher zu schicken, die sich meine Karten aneignen, stellt mindestens eine halbe Antwort dar, denke ich.« Der Ledertasche entnahm Leidy den Briefbogen der Royal Moroccan Mineral Corporation, an der sein Paßbild geheftet war; er hielt es hoch. »Das habe ich in ihrem Laster gefunden.«

»Erlauben Sie?« Alaoui griff nach dem Blatt und studierte es. »Es enthält zweifellos Informationen über Sie. Doch nichts deutet darauf hin, daß Sie belästigt oder Dinge Ihnen entwendet werden sollten.«

»Ich ließ es übersetzen.«

»Dann wissen Sie, daß ich die Wahrheit sage.« Alaoui legte das Blatt auf den Tisch und schob Leidy ein mit algenfarbenen Minzblättern gefülltes Glas Tee hin.

Leidy ließ das Blatt und sein daran befestigtes Bild auf dem Tisch liegen. »Wissen Sie etwas über diese Männer? Wissen Sie, was mit Ihnen geschah?«

»Das liegt außerhalb meines direkten Verantwortungsbereichs.«

»Ich denke, einige dieser Männer leiden an schwerwiegenden Strahlungsschäden. Wenn sie nicht bereits tot sind.«

»Ein Desaster von internationalen Ausmaßen. Unsere Regierung tut ihr möglichstes. Ich fürchte allerdings, wir sind überfordert.« Die Worte des Colonels kamen ohne Zögern und schienen getragen von Mitgefühl. »Ich glaube, nicht einmal die westlichen Regierungen können uns helfen. Sie müssen mit ihren eigenen Problemen zurechtkommen.«

»Ich sage Ihnen, wo Sie diese Männer finden.«

Alaoui betrachtete ihn eisig. »Sie wollen freiwillig solch wertvolle Informationen preisgeben?«

»Ich sage Ihnen, wo Sie sie finden.«

»Machen Sie sich keine Sorgen.« Alaoui lehnte sich in die

Kissen zurück. »Die Männer wurden gestern geborgen. Einem von ihnen gelang es, uns eine Nachricht zu senden.«

»Ich verstehe.«

»Unser Unternehmen besitzt eigene Kliniken; für die Männer wird gesorgt. Es ist noch zu früh, um Aussagen über ihr weiteres Schicksal zu machen.« Der Colonel machte eine Pause. »Sie können sich meine Erleichterung vorstellen, als ich hörte, daß sie sicher in Ihr Hotel zurückgekehrt sind.«

»Ach ja.« Leidy schlürfte gedankenverloren seinen Tee. »Sehr erfrischend«, sagte er und versuchte, ironisch zu klingen.

»Verlief Ihr Ausflug ansonsten glatt? Sie hatten keine persönlichen Probleme?«

»Die letzte Nacht verbrachte ich in einem Dorf. Es gab dort einen Jungen ... ich wünschte, ich könnte ihm helfen.«

»Ja.«

Leidy schlürfte wieder am Tee. Die Diskussion ärgerte und verwirrte ihn auf dunkle Weise. Er wechselte das Thema. »Die Karten zu erhalten wird wohl teurer, als wir das früher besprochen haben. Zuzüglich zu meinen Ausgaben verlange ich einen Vorschuß auf die zu erwartenden Einnahmen, plus gewissen Garantien.«

»Wirklich?« Alaoui bedachte ihn mit einem sauren Lächeln. »Sie müssen sich natürlich darüber im klaren sein, daß wir genügend Informationen haben, um die Karten selbst zu rekonstruieren.«

»Was Sie haben, ist unvollständig und – Sie zwingen mich dazu, es zuzugeben – irreführend.«

»Irreführend ...?«

»Mit anderen Worten, ich habe Sie belogen. Ich wußte, Ihre Leute folgten mir. Sie verhielten sich nicht besonders geschickt. Ich führte sie auf einen falschen Pfad.«

»Ein falscher ...?«

»Mit dem, was Sie wissen, wären Sie selbst nach mehreren Jahren aufwendiger Arbeit nicht in der Lage, die Karten zu rekonstruieren. Wenn Sie es allerdings versuchen wollen, dann sagen Sie es mir. Jetzt. Wir sind beide vielbeschäftigte Menschen.«

Alaoui verlor nicht seine Fassung. Er war nur neugierig. »Wer sollte Ihnen sonst die Karten abkaufen, wenn nicht unsere Gesellschaft, Dr. Hudder?«

»Mir fallen mehrere Parteien ein, die eine Öffnung des Wettbewerbs in dieser Region willkommen heißen würden.«

»Parteien. Politische Parteien?«

»Es ist nicht meine Aufgabe, sie hier zu beschreiben«, sagte Leidy. »Ich möchte nur feststellen, daß ich dazu neige, diesen Leuten das Geschäft anzubieten, das ich Ihnen vorgeschlagen habe.«

»Das ist sehr idealistisch gedacht.«

»Ich mag es nicht, wenn man mich beraubt.«

»Das kann ich gut nachempfinden.« Der Colonel nickte unmerklich. »Reden wir also über das Geschäft, so, als würden wir ganz von vorne anfangen.«

Sie waren für Stunden beschäftigt.

Leidy amüsierte, daß Alaoui die Verhandlungszeit so weit ausdehnen konnte, wie er es tat; er versuchte, von dem Stapel schwarzer Kiesel auf das enthaltene Karat zu schließen. Sicherlich war den Experten, denen er die Rohdiamanten gezeigt hatte, sofort deren Qualität aufgefallen. Ein lebhaftes Ritual, doch schießlich war das Feilschen vorüber.

Sie drängelten sich kurz um Alaouis Fax und nahmen Kontakt mit dem Hauptquartier der Gesellschaft in Casablanca auf. Die Maschine spuckte einen an Leiden Hudder, Ph. D., beratender Geologe, addressierten Brief aus, der dem Geschäft die Zustimmung erteilte und die zu leistende technische Unterstützung und die finanziellen Modalitäten skizzierte.

Alaoui behielt Leidy beinahe drei Stunden beim Abendessen; sie saßen über Pastilla und Tagine. Sie redeten über viele Themen, allerdings nicht über das Geschäft. Der Colonel verstand es, eloquent sein Mitgefühl für die Armen auszudrücken, die Opfer der Sonnenstrahlung geworden waren. Nach Beendigung des Essens konnte Leidy kaum vom Tisch aufstehen.

»Aber Sie haben ja gar nichts gegessen«, protestierte der Colonel.

»Ich habe heute besser gespeist als das ganze vergangene Jahr.« Es gehörte ebenfalls zum Ritual; sie trennten sich feierlich wie die besten Freunde.

Als Leidy um Mitternacht in sein Hotel zurückkehrte, kündigte der Portier aufgeregt an, daß es ihm soeben gelungen sei, eine Verbindung nach Kalifornien herzustellen.

Leidy nahm das Gespräch in der Kabine in der Lobby entgegen. »Alles okay, Josie?«

»Jaah.« Die Stimme seines Sohnes war verzerrt, weniger durch die Entfernung, als durch den Rotz in seiner Nase.

»Geh während des Tages nicht nach draußen, okay?«

»Warum?«

»Wegen der ...« Das Kind hatte recht, es war dumm. Er lebte an der Küste, nicht in den Bergen. »Vergiß es. Ich liebe dich, weißt du das?«

»Jaah, okay.«

»Ich werde dich bald besuchen.«

»Okay.«

»Ich bringe dir einige Steine aus Marokko mit. Ich glaube, sie werden dir gefallen. Sie sind ziemlich außergewöhnlich.«

»Warum?«

»Nun, sie besitzen interessante Fossilien, und ...«

»Jaah. Bye, Dad.« Die Leitung machte ein knackendes Geräusch – »Mom, kann ich *jetzt* fernsehen ...?« – und Jane nahm den baumelnden Hörer.

»Leidy? Schön, daß du anrufst.«

»Ja. Paßt auf euch beide auf.«

Früh am nächsten Morgen ging er im europäischen Teil der Stadt einkaufen. Er kaufte Lebensmittel in Dosen und nützliche Medikamente – Alkohol zum Einreiben, Jod, antibiotische Salben, nicht mehr; die Apotheken waren geplündert – und Rasseln, Puppen und hölzerne Kreisel. Dann fuhr er in den Hohen Atlas zu dem Dorf, in dem er die Nacht verbracht hatte. Er ließ alles im Land Rover, während er mit dem Scheich Tee trank.

Der alte Mann freute sich, ihn wieder zu sehen. Sie sprachen über dieses und jenes, so gut sie es vermochten. Den Kranken ging es schlechter. Die Regierung hatte sich nicht um sie gekümmert. Für den nächsten Tag war eine Beerdigung vorgesehen. Der Hirtenjunge war während der Nacht gestorben.

Leidy überreichte dem Scheich die Dinge, die er mitgebracht hatte, und verschwand so schnell, wie es ihm unter Wahrung des Anstands möglich war.

Bevor er das La Mamounia verließ, suchte er im Laden in der Lobby nach Postkarten. Eine zeigte einen Mann in wallendem Gewand und einer Djellaba, der vor einer Wüstenlandschaft über einen Bewässerungskanal sprang; er trug teure weiße Turnschuhe und einen Aktenkoffer aus Leder. Er glich Alaoui, obwohl der Colonel wohl niemals in einer solch unwürdigen Position anzutreffen wäre. Josie würde sie vielleicht witzig finden. Die einzigen Briefmarken, die Leidy entdeckte, waren langweilige Porträts des Königs.

Ein kalter Hauch des Überdrucks, ein scharfer Kreis weißen Lichts in der Dunkelheit, das gedämpfte Dröhnen der Turbinen in der Nacht …

Leidy hatte in London die Maschine gewechselt; er war der einzige Passagier in der Ersten Klasse. Der Gedanke, so billig wie möglich zu reisen, freute ihn. Aber wenn eine Fluggesellschaft am Rande des Konkurses stand und sein Meilenbonus beinahe ablief, gab es nichts Besseres, als ihn aufzubrauchen, redete er sich ein.

Er las in der letzten der Zeitschriften, die er aus Marokko mitgebracht hatte, in der internationalen Ausgabe der *Time*, die bereits eine Woche alt war.

> ... Wissenschaftler in Caltech weisen darauf hin, daß die ungewöhnlichen Schwankungen der Stärke des Magnetfeldes bereits zu besorgniserregenden Verschiebungen der magnetischen Pole geführt haben ....

Er überflog den kurzen Artikel. Einige der Personen, die zitiert wurden, Schönwetter-Cowboys am Jet Propulsion Laboratory, waren gute Freunde von ihm. Einer seiner früheren Professoren am Caltech wurde ebenfalls genannt; der Mann war ein verdammt hohes Tier mit einer Reputation für waghalsige Laborexperimente, die, wie er behauptete, viel über die Zustände im Erdinneren aussagten; für Feldstudien auf dem Gebiet des Paläomagnetismus hatte er allerdings nur Verachtung übrig. Er gehörte nicht zu den Freunden von Leidy·Hudder.

Es gab unzählige Warnungen über das Magnetfeld, bevor es zum Desaster kam – in den letzten Jahrzehnten fluktuierte es mehr als in den vorangegangenen vier Jahrhunderten, die Zeitspanne, in der es eingehender beobachtet wurde; viele seiner Kollegen meinten, das Feld wäre schon seit einigen hunderttausend Jahren reif für den Zusammenbruch. Allerdings meinten sie auch, daß sich der Kollaps nicht schnell vollziehen würde, zumindest, wenn man ihn nicht an geologischen Zeitmaßstäben mißt. Leidy jedoch hatte andere Dinge im Kopf.

»Kann ich Ihnen vor dem Essen etwas zu trinken servieren, Sir?« Die Stewardess war eine attraktive junge Frau mit deutschen oder holländischen Vorfahren, wie er an ihrem Akzent und den weißblonden Haaren zu erkennen glaubte – und sie erinnerte ihn an seine ihm fremd gewordene Frau ... auch an seine Mutter; ein Frauentyp, zu dem er sich – wie er erst kürzlich bei einer psychotherapeutischen Sitzung erfahren mußte – unweigerlich hingezogen fühlte. Er ließ sich ein Glas Sekt bringen; sie schenkte vorsichtig ein und zeigte ihm ein gemessenes Lächeln. Das Abendessen war typische Airline-Kost, aber immer noch besser als das, was er in seinen Junggesellenjahren zu sich genommen hatte. Die Stewardess erschien nach dem Essen und räumte die Reste weg; sie ließ sich Zeit, lange genug, damit er wußte, daß sie nun Zeit hatte zu reden. Professionelle Höflichkeit.

»Sie können den Film ausfallen lassen, falls man Sie nicht dazu auffordert«, sagte er. »Ich kann ein Schläfchen gebrauchen.«

»Wie Sie wünschen, Sir. Wollen Sie eine Decke?«

Er spürte ihre Erleichterung, so früh mit der Arbeit fertig zu sein. Er war nicht wirklich müde, er wollte sie nur in Ruhe lassen und selbst in Ruhe gelassen werden. Er verneinte ihre Frage, sie holte trotzdem ein Kissen und sogar eine Decke – »für alle Fälle« – und legte sie auf den Sitz neben ihm. Er drückte den Knopf an der Armlehne und das weiße Licht erlosch.

Hellwach starrte er gegen die verkleidete Decke. Ein Flugzeug auf einer Reisehöhe von zehntausend Metern ist nicht unbedingt der komfortabelste Ort, um über den Zusammenbruch des Magnetfelds nachzudenken. Sogar in normalen Zeiten lösen große Sonneneruptionen Strahlenalarm in den Cockpits hochfliegender Jets aus; die Besatzungen von Passagierflugzeugen verbringen so viel Zeit über der dicksten Schicht der Atmosphäre, daß sie mehr Strahlung aufnehmen als Arbeiter in Atomkraftwerken. Ohne ein starkes Magnetfeld, das geladene Partikel abweist, ist die Luft der einzige Schutz gegen kosmische Strahlung.

Aber es war Nacht; die Erde war unter ihnen; mit oder ohne Magnetfeld waren Leidy und die anderen Passagiere durch eine mehrere Tausend Kilometer dicke Gesteinsschicht vor der Sonnenstrahlung geschützt. Wozu die alte Wochenzeitschrift ihn veranlaßte, war nicht, über die Wanderung des Magnetfelds nachzudenken, sondern über sein eigenes unstetes Wanderleben. Vielleicht hatte es der in der

Zeitung erwähnte Name seines ehemaligen Professors ausgelöst. Vor einigen Jahren – einige Jahre, bevor sein Vater verschwand – hatte Leidy das Institut gegen sich aufgebracht, als er einige unhöfliche Bemerkungen gegen das hohe Tier von Professor äußerte, den die *Times* und alle anderen mit Vorliebe zitierten.

Leidy hielt sich für ehrlich, direkt und wissenschaftlich korrekt. Gut. In jenem Fall war es nur der Zeitpunkt, der ungünstig gewählt gewesen war; er hatte sich selbst aus der Bahn geworfen, noch bevor er auf dem Karrieregleis war. Seit Caltech ihn ziehen ließ, hatte er seine Dienste auf Beraterbasis in der Stadt verkauft, manchmal an JPL, manchmal an USGS, manchmal an ARCO und Chevron und andere Ölgesellschaften, hin und wieder auch an seine früheren Kollegen.

Er hatte damit Geld verdient, sehr viel mehr, als er als Postdoktorand verdient hätte. Noch mehr jedoch erhielt er durch neue, eigene Ideen, die die Lokalisierung und Identifizierung von potentiell wertvollen geologischen Formationen betrafen. Untersuchung, Entwicklung und Verkauf dieser Ideen bedeutete jedoch, daß er oft und lange – manchmal einige Wochen – von seiner Frau und ihrem kleinen Sohn getrennt war.

Ab einem gewissen Punkt hatte sich Jane geweigert, so weiter zumachen. Es gebe viele Themen, über die man sich unterhalten müsse, sagte sie, was an ihr aber am meisten nagte, war die Tatsache, daß er, während er die ganze Zeit an seinem Vater herumnörgelte (er mußte zugeben, er neigte dazu, sich über Cyrus aufzuregen), gleichzeitig versuchte, das Leben seines Vaters nachzuleben. Und wenn das stimmte (es stimmte nicht, aber ja, aus ihrer Sicht ...), dann könne sie die Zukunft vorhersehen, denn dann habe sie keine.

All die lautstarken Auseinandersetzungen, das wütende Schweigen und das schreiende Kind voll rotgesichtigem, verzweifeltem Unverständnis, der Streit darüber, was wem gehöre – es würde nicht verwundern, wenn sie ihn verlassen hätte oder er sie dazu gezwungen hätte. Sie waren noch immer offiziell verheiratet, aber seit einem Jahr hatten sie nicht mehr zusammengelebt.

In einen Schacht fallen, verlassen von allen. Von einer Brücke springen oder hinabgestoßen werden. Oder einfach in den Nebel hineinschreiten und sich auflösen ...

Leidy erwachte aus dem Schlummer, den er nicht gewollt hatte, mit einem sauren gummiartigen Geschmack im Mund. In seinem Schoß befanden sich die Zeitschriften, darüber eine dünne blaue Decke, die ihm jemand übergelegt hatte. Violette und kalte rote Streifen zeigten sich im ovalen Fenster. Die modernisierte alte 747 raste der frühen Morgendämmerung voraus.

Vom Kennedy Airport nahm er, nachdem er sich durch den Zoll gequält hatte, den Airport-Bus zur Grand Central und bestieg einen Zug. Zwei Stunden später traf er seine Mutter im Bahnhof von New Haven.

Greta lächelte aus reiner, heller Freude, als sie ihn sah, umarmte ihn und bestand darauf, selbst zu fahren. Ihr von feinen Falten durchzogenes Gesicht besaß eine gleichmäßige Bräune, ihr grau-blondes Haar, das sie nach hinten legte, war so lang wie zu der Zeit, als sie noch ein Mädchen war. Der blaue Volvo hatte auf dem Dach Skiständer.

Ihr schindelbedecktes Cottage war einst die Sommerwohnung ihrer Eltern gewesen; es lag am Long Island Sound, auf einer kleinen Granitspitze, die mit Birken bestanden war. Jedesmal, wenn er zu Besuch war, wies er auf die, wie er meinte, horrende Heizkostenrechnung im Winter hin, und jedesmal antwortete sie: »In fünf Jahren warst du, alles in allem genommen, keine zwei Wochen hier. Du weißt nicht, wovon du sprichst.«

»Ich sehe die Risse in den Wänden.«

»Bleib einen Winter hier. Dann kannst du alles in Ordnung bringen.« Was heißen sollte, daß sein ganzes Leben in Unordnung war.

»Komm nach Pasadena und lebe bei mir«, entgegnete er. Er nickte den Wellen zu, die den Granitstrand umspülten. »Wasser macht mich nervös.«

»Genau wie dein Vater.« Womit dieses Thema erledigt war, wie jedesmal.

Leidy stand in der Küche, während seine Mutter das Essen – Rindsroulade mit Sauerkraut als Hauptmahlzeit – zubereitete, und erzählte ihr abenteuerliche Einzelheiten von Bergtouren im Hohen Atlas und dem Schrecken seiner Zusammenstöße mit fundamentalistischen Moslems. Es war etwas Merkwürdiges in seinem Vortrag. Er erwähnte die Hirten und das tote Kind, ging aber schnell darüber hinweg; seine Geschichten handelten von Abenteuern, die ihm widerfuhren. Seit er ein Teenager war und anfing, sich bewußt in gefährliche Situationen zu bringen, erzählte er seiner Mutter Schreckensgeschichten. Etwas in ihm freute sich, wenn er sah, daß sie sich Sorgen machte.

Sie hatte gelernt, ihm nicht den Gefallen zu erweisen.

Sie aßen auf der großen Veranda. In den durchbrochenen Fensterscheiben spiegelten die späten Strahlen der Sonne die neuen Blätter der Birken und das durchscheinende Grün der Wellen. Während sie sich unterhielten, zerpflückten sie Artischocken und tauchten die Blätter in selbstgemachte Mayonnaise.

»Dink hat mir wieder Unterlagen geschickt«, sagte sie.

»Ja?«

»Etwas über die Patente. Eine Eingabe oder ähnliches. Er sagte, du hast ihn darauf angesetzt.«

»Ja.«

Sie sah mit verzweifelter Miene auf. »Gut, ich kann natürlich mit Dink darüber reden, zu den Preisen, die er für die Stunde nimmt«, sagte sie. »Oder damit unsere Freunde am Chemischen Institut belästigen. Oder vielleicht könntest du mir es auch einfach erklären.«

»Sicher, ich versuche es.« Ein Jahr zuvor war Leidy über einen wissenschaftlichen Bericht in *Science* gestolpert, betitelt war er mit »Stöchiometrischer Niederschlag und Kristallisierung einer metastabilen Beryllium-Karbon-Verbindung im Vakuumbogen«, er stammte von einer gewissen Marta Cellini-Sanchez McDougal samt ihren Kollegen vom Brookhaven National Laboratory auf Long Island.

Greta unterbrach ihn, noch bevor er anfangen konnte. »›Stöchiometrisch‹?«

»Alle Atome, die in der Verbindung vorhanden sein müssen, sind in den richtigen Verhältnissen da. Und sonst keine.«

»Behauptet sie, sie habe Hudderit erfunden«, fragte seine Mutter. Sie konzentrierte sich auf die Artischocke.

»Nicht so schnell, Mom. Sie zitiert die relevanten Artikel. Was sie sagt – jedenfalls indirekt suggeriert – ist, daß es vielleicht mit ihrem Verfahren in großen Mengen hergestellt werden kann.«

»Was ist daran so schlimm?« fragte Greta, die ihn mit glänzenden Augen anschaute. »Wenn sie aus den nutzlosen Patenten einigen Nutzen zieht ...«

»Zum einen wären, wenn sie wirklich ein Verfahren gefunden hätte, um es in großen Mengen herzustellen, Industriediamanten nahezu wertlos ...«

»Dein Vater hatte immer gesagt, daß eines Tages Diamanten ...«

»In den letzten zwei Jahren basierte mein Geschäft zu sechzig Prozent darauf, Diamanten zu finden, nach denen vorher keiner gesucht hatte«, antwortete Leidy ungeduldig.

»Was zählt das denn, wenn die Patente deines Vaters schließlich doch noch etwas wert wären? Vielleicht würdest du dann sogar davon ablassen, mich mit der Heizkostenrechnung zu nerven.«

»Es sind verschiedene Patente betroffen.« Leidy setzte die Gabel ab, die er zum Mund führen wollte. »Das Patent auf die grundlegende Verbindung kann nicht angefochten werden. Allerdings läuft es nur noch ein paar Jahre, außerdem ist es kaum was wert.«

»Nein?«

»Das Zeug an sich ist wertlos, wenn man es nicht in großen Mengen herstellen kann. Billig.«

»Dein Vater hatte auch Herstellungsverfahren patentieren

lassen, oder?« Sie lächelte. Ihr Lächeln war eine Herausforderung.

»Er patentierte Druckwellen. Ionenstrahlen – winzige Mengen. Eine ineffiziente Methode, die auf chemischen Niederschlag beruht. Nichts, das außerhalb des Labors wirklich zu gebrauchen wäre.«

»Und du glaubst, diese Frau hat ein Verfahren entdeckt, das dein Vater nicht vorausgesehen hat?«

»Genau das möchte ich herausfinden.«

»Falls es so ist, hast du dann vor, sie vom Gebrauch ihrer Erfindung abzuhalten?«

»Ich ...« Leidy wischte sich den Mund mit der Papierserviette ab und gab vor, den Faden verloren zu haben. Seine Mutter allerdings wartete und ließ ihn nicht entkommen. »Nein, natürlich nicht, nicht sie davon *abhalten*«, sagte er. »Sie arbeitet für die Regierung. Wenn es eine kommerzielle Verwendung gibt, dann, glaube ich, ist das auch zu unserem Vorteil ...« Er verstummte.

Greta zeigte ein dünnes Lächeln. War ihr Sohn daran interessiert, seinen Lebensunterhalt zu sichern, oder wollte er, daß die Arbeit seines Vaters weiterhin im dunkeln blieb? »Was sagt Dink zu dem allen?«

»Er hat einige Untersuchungen angestellt, einige Briefwechsel ...«

»Daran zweifle ich nicht. Dink war schon immer ein fleißiger Briefeschreiber.«

»Ja. Er sagt, McDougal würdigt Dad auf ... angemessene Weise.« Er spürte, daß seine Mutter ihn beobachtete. Manchmal wußte sie nicht im geringsten, was in seinem Kopf vorging, und dann gab es Zeitpunkte, Zeitpunkte wie diesen, wo es schien, als könnte sie in seiner Seele lesen. »Aber Dink meint, sie ... wie er meint ... habe sie den künstlichen Herstellungsprozeß weit über das hinausgeführt, was Dad erreicht hatte.« Das erschien ihm richtig zu sein. Tatsächlich hatte Marta McDougal nicht nur auf Cyrus Hudder hingewiesen, sie hatte ihn überschwenglich hervorgehoben »Ja. Dink sagt, Patente könnten aufgrund ziemlich einfacher Verbesserungen verteilt oder aufgehoben werden. Deswegen möchte er eine Eingabe abwenden.«

»Sicherlich gibt es irgendwo eine klare Grenze. Zwischen Cyrus' Arbeit und ihrer.« Greta legte die Gabel beiseite. »Was habt ihr beiden vor?«

Auch Leidy legte die Gabel weg. »Nun, ich bat ihn, hart am Ball zu bleiben.«

»Das bedeutet?«

»Wir werden uns mit ihr treffen. Dink und ich. Morgen.«

»Das klingt, als wolltet ihr einen Streit anfangen.«

»Es gibt da noch was. Es scheint, daß McDougal auf Dads Ideen gestoßen ist, als sie in den Gibbs Laboratorien arbeitete.«

»Sie war bei Gibbs angestellt?« Gretas blaßblaue Augen glänzten vor Interesse.

»Ja.«

»Sie muß in ihrem Fach gut sein.« Greta wandte sich wieder ihrem Essen zu.

»Dink fragt sich, ob Northeast ... nachdem sie seine Ansprüche angefochten hatten ...«

»Ich denke, ich verstehe.«

»Wenn sie herausbekommen, wo sie etwas über Hudderit erfahren hatte, dann könnten sie vielleicht die Gelegenheit ergreifen ...« Leidy sah das strahlende Gesicht seiner Mutter und fragte sich, ob er nicht in ihren Augen aus der unbekannten Dr. Marta McDougal eine Heldin gemacht hatte. »... und den Fall wieder aufrollen.«

»Nun«, sagte sie und nickte. »Er meint ... du meinst, wir sollten wirklich den schlafenden Drachen wecken?«

»Vielleicht gibt es keine andere Möglichkeit.«

»Es gibt *immer* andere Möglichkeiten. Man muß sie nur erkennen, bevor sie vorübergezogen sind.« Das war das leidenschaftlichste, was sie an diesem Tag gesagt hatte. »Fahr fort. Ich halte dich vom Essen ab.«

»Ich nehme an, Sie haben sich die Kopien und Diagramme angesehen, auf denen deutlich verzeichnet ist, daß die Regierung keine Angaben darüber macht, daß der Gebrauch von den hier zur Disposition stehenden Informationen, Apparaten, Produkten oder Verfahren *nicht* gegen private Patentrechte verstößt.«

Vier Leute saßen sich an dem stählernen Konferenztisch mit seiner gummierten Oberfläche gegenüber. Leidy und Dink an der einen Seite. Die U.S.-Regierung an der anderen, vertreten durch Marta McDougal, die sich als junge Frau herausstellte, die ein modisches, grau-gestreiftes Leinenjackett und einen Rock trug, und ein Rechtsanwalt, ein noch jüngerer Mann, der sich in einen engen, dunklen Wollanzug gepreßt hatte. Sein Name war Norman; er trug einen Bart und hatte einen ehrlichen Blick, sein abgekauter Nagel am Zeigefinger klopfte auf den Tisch, wenn er redete. »Das bedeutet, sollte eine dritte Partei ...«

Dink Pearce – Fortnam Pearce IV – unterbrach eher beiläufig. »Sie wissen, wenn wir über die Laborbücher eine Einigung erzielt hätten, wären wir nicht hier.« *Hier,* das war die technische Bibliothek am Brookhaven National Laboratory auf Long Island. Eine neblige Frühlingssonne schien durch die altmodischen Jalousien am anderen Ende des Raums; Stahlregale an den grünen Wänden enthielten Aktenordner und papiergebundene Bände mit Titeln wie *Vorträge der 11. Internationalen Konferenz über Modifikation der Oberflächenbeschaffenheit von Metallen durch Ionenimplantation.* »Da wir aber hier *sind,* könnte vielleicht Dr. Hudder einen Blick auf die Dinger werfen.« Dink sah auf seine Uhr; dabei senkte er seinen Kopf so unmerklich fein, daß es sehr unfein wirkte.

Norman sagte: »Es gibt eine Anzahl von ...«

»Er meint, da er von mir persönlich bezahlt wird, und *alle* hier Sie bezahlen ...« warf Leidy ein.

Norman starrte Leidy an, sprachlos und beleidigt. In der Stille flackerte hörbar das Neonlicht an der Decke.

Die Frau gab ein Geräusch von sich, das sich wie *iisch* anhörte. »Dann laßt uns das doch machen«, sagte sie und schob abrupt und ungeduldig, sie endlich alle loszuwerden, den Stuhl nach hinten.

Norman stoppte sie durch einen festen Griff um ihr Handgelenk. »Ich möchte, wenn Sie erlauben, auf einen Punkt hinweisen«, sagte er mit gequältem Gesichtsausdruck.

McDougal gefror; sie starrte auf seinen ermahnenden Finger. Leidy beobachtete sie fasziniert; er bemerkte, wieviel Kraft es sie kostete, den Kerl nicht einfach zu verprügeln.

Mit einem Ohr lauschte er dem Geplänkel der Rechtsanwälte. Sie kannten sich durch die Korrespondenz und Telefongespräche, dies hier allerdings war das erste Mal, daß sie sich trafen. Dr. Marta Cellini-Sanchez McDougal war nicht sein Typ – sein jetziger Therapeut würde dem sicherlich zustimmen. Ihr Haar war schwarz; in steifen Wellen umrahmte es ihr Gesicht. Sie besaß einen vollen Mund mit scharfen weißen Zähnen, ein spitzes Kinn, dicke schwarze Augenbrauen über dunkelbraunen Augen. Sie war nur wenig kleiner als er selbst; ihre Hüften waren breit, ihre Brüste nicht groß, aber, nun, unter dem Jackett deutlich zu erkennen. Da er seinen Blick nicht auf ihr lassen wollte – sie nahm alles so *persönlich* –, betrachtete er ihre kleinen Hände, die auf dem gelblinierten Notizblock Diagramme zeichneten, oder was immer das Gekritzel auch darstellen sollte. Aber er hatte ihre Bewegungen gesehen, als sie den Gang herunter gekommen war.

»Haben Sie was dagegen, wenn ich rauche?« sagte McDougal plötzlich und schnitt Norman mitten in seinen Ausführungen das Wort ab. Sie klopfte auf eine frische Pakkung Pall Mall Filter.

»Ja«, sagte Leidy.

»Schön. Ich bin draußen.« Der Stuhl knarrte, und sie stand auf.

»Dr. McDougal«, sagte der Regierungsanwalt verärgert. Dieses Mal war sie zu schnell für seinen Finger.

Sie ging auf ihn los. »Wie er bereits sagte, Norman, Sie werden dafür *bezahlt*. Ich werde ihnen nun die Dinger zeigen, und dann können Sie sie wegpacken. *Weit* weg.« Sie verließ die Bibliothek, Leidy hörte ihre kleinen flachen Schuhe, die über den gewachsten Asbestboden tappten.

Einen Moment lang sagte niemand etwas.

Norman murmelte: »Ich nehme an, wir können keine wirklichen, fundamentalen ...«

Doch Dink war schneller. »Gut, laßt sie uns ansehen.«

McDougals Labor war eine lange stählerne Halle, die mit Werkzeugen und Maschinen vollgestopft war; ein massives Magnetjoch verstellte beinahe den Eingang. Im Zentrum des Raums befand sich eine drei Meter lange Vakuumkammer, die einem gestrandeten Miniatur-U-Boot glich. Auf einer langen Werkbank entlang einer Wand lagen zerlegte Maschinenteile.

»Dies sind die Komponenten des Vakuumbogens«, sagte McDougal. Sie steckte die Zigarettenschachtel wieder in ihre Tasche; anscheinend war der Drang zu rauchen nicht so groß, nachdem sie ihren Willen durchgesetzt hatte. »Er liefert hohe Stromstärken mit mehrfach geladenen Ionen. Ian Brown am LBL entwickelte ein früheres Modell, das als Beschleuniger für schwere Ionen diente; er und noch einige von uns erkannten, daß er noch andere Möglichkeiten besitzt.« Sie sprach mit schneller, tonloser Stimme, als wäre sie im Vorlesungssaal.

Die in der Werkstatt neben dem Labor handgefertigte Maschinerie besaß Eleganz; hier eine Metallanze mit rundem Kopf, hier eine breite Aluminiumscheibe, die wie eine Knoblauchpresse mit Löchern durchsetzt war, dort ein zylindrischer Vogelkäfig aus Aluminiumstahlrohr. Eine polierte Halbkugel aus Stahl lagerte auf der Werkbank, sie diente zur Aufnahme der montierten Baugruppen; eine runde Scheibe aus dickem Stahl brachte dies alles in die Vakuumkammer, wo die Experimente abliefen.

Obwohl das Ding zerlegt war, hatte Leidy die Diagramme im Kopf – er konnte seine Grazie und geniale Ausführung würdigen. Jede gebogene glänzende Metalloberfläche war von den Handwerkern gewienert und poliert, jede funkelnde Schraube, Niete und Mutter war einzeln angesetzt und festgezurrt worden. Leidy mochte schöne Apparate.

McDougal fuhr fort. »Die funkengebende Elektrode

schlägt auf die Kathode; ein mehrfach geladenes Ionenplasma bildet sich an verschiedenen Stellen der Kathode und wandert dann zur Anode.« In ihrer Hand hielt sie einen goldenen Kugelschreiber, den sie wie einen Zeigestock verwendete. »Man kann es als einfache Plasma-Kanone ansehen. Oder das Plasma extrahieren und als feinen Strahl beschleunigen.«

Dink blickte zu Leidy, der in den Apparat vertieft schien.

»Metalle, das kann ich verstehen, aber wie gewinnt man aus anderen Elementen Plasma? Nichtleitend?« fragte Dink. Wenn Leidy sich schämte, törichte Fragen zu stellen, dann fragte Dink für ihn.

»Solange die Kathode leitet. Selbst wenn ein oder mehrere der konstitutiven Elemente nichtleitend sind, entsteht an einer leitenden Kathode ein Plasma. Titankarbid, Zirconiumkarbid, Siliziumkarbid. Sauerstoff- und Stickstoffverbindungen – Titanoxid, Titannitrit und so fort. Man gewinnt in jedem Fall aus allen konstitutiven Elementen Plasmagebilde – es ist in der Literatur nachzulesen.«

»Aber die Zusammensetzung der Elemente im Plasmastrahl ist nicht dieselbe wie in stöchiometrischen Zusammensetzungen«, schlug Dink hilfreich vor. »Ich meine, sind denn nicht im allgemeinen die nichtleitenden Elemente unterrepräsentiert?«

»Das ist richtig.« McDougal ließ ihren klaren braunen Blick auf ihm verweilen. Das waren nicht ganz dumme Fragen.

Dink strich sich mit nervöser Hand über seinen Bürstenhaarschnitt. »Ich bin ein blutiger Laie, Dr. McDougal. Halten Sie sich nicht mit *mir* auf.«

Sie schaute zu Leidy, der über Dink die Stirn runzelte. »Das erste Problem, das uns bei der Herstellung von *Hudderit* begegnete«, sagte sie, wobei sie das Wort betonte, »lautete: Wie können wir sicher sein, daß die Beryllium- und Kohlenstoffionen in den richtigen Verhältnissen vorliegen?«

»Wie haben sie es gemacht?« fragte Leidy.

»Wir nahmen zuerst Berylliumkathoden, dann Kohlenstoffkathoden, um eine Ausgangsbasis zu erhalten. Dann eine Reihe von polymorphen Einheiten in unterschiedlichen Verhältnissen. Wir veränderten das Rezept solange, bis wir das Ergebnis erzielten, das wir haben wollten.«

»Der Strahl mußte doch eine Menge zusätzlichen Kohlenstoff enthalten haben. Wie schwemmten sie den Abfall aus dem Substrat?«

»Hiermit«, sagte sie. Sie wuchtete eine schwere Bronze-Stahlscheibe von der Asbest-Arbeitsfläche und stellte sie auf ihren Rand. Leidy wunderte sich über die Kraft in ihren kleinen Händen.

Die Scheibe war außen ein glatter Kreis, innen jedoch tief ausgebogen. »Aufeinander abgestimmte magnetische und elektrische Felder, die den Strahl reinigen«, sagte sie. Die Spitze ihres Kugelschreibers kreiste um die innenliegenden exzentrischen Kurven. »Was als Substrat ankommt, ist genau das, was wir wollen.«

»Hübsch«, sagte Leidy.

Ihr Stolz riß sie fort. »Man findet solche Dinge durch Experimente heraus. Bevor man es macht, erklären die Theoretiker, daß es nicht klappen kann. Nachdem man es gemacht hat, erklären sie, wie es funktioniert.« Sie redete nun zu Leidy, die umstehenden Rechtsanwälte waren vergessen.

»Gut, Sie haben auf diese Weise einige Kubikmikrometer gewonnen.« Das bremste sie ein wenig, vielleicht, doch Leidy meinte es als Ausdruck seines Interesses, nicht als Kritik.

»Ja. Aber wir haben das seit dem Artikel in *Science* weiter verbessert«, sagte sie, noch immer interessiert. »Nun versuchen wir es mit reinen Elementen in alternierenden Schüben, die auf eine elektromagnetische Umgebung charakteristisch reagieren. Daneben haben die Theoretiker mein Interesse auf stehende Wellen gelenkt.«

»Indem sie Ihnen sagten, daß es nicht funktionieren könne?« Er wußte selbst nicht, was er damit meinte, er spürte aber, worauf sie anspringen würde.

Diesesmal zeugte das Funkeln in ihren Augen von Erheiterung. »Ich möchte sagen, ich habe die Grenzen nicht ...«

»Nun, ich *muß* hier einschreiten, Dr. McDougal«, sagte

Norman, der Regierungsvertreter, der sich im Labor bislang still im Hintergrund gehalten hatte und fleißig damit beschäftigt war, an der geröteten Haut seiner abgenagten Fingernägel zu kauen. »Was Sie getan haben ist eines, was Sie *vorhaben* zu tun, etwas *gänzlich* anderes.«

»Was ich *vorhabe*, ist, Cyrus Hudders Traum zu verwirklichen«, sagte sie, noch immer an Leidy gewandt.

»Oh, Dad wäre von *Ihnen* begeistert gewesen«, sagte Leidy. Seine freundliche Aufgeschlossenheit kühlte sich merklich. »Zu schade, daß er mit niemandem konnte, der nicht darin übereinstimmte, daß er ein Genie war.« Bereits in dem Moment, wo er die Bemerkung vorbrachte, bedauerte er sie. Wie hatte er sich so von ihr provozieren lassen können. Wenn er nicht so müde wäre, vielleicht. Nun, es tat nichts zur Sache.

Dink, so unbedarft, als hätte die Morgendämmerung der Aufklärung gerade seinen borstigen Skalp erleuchtet, sagte: »Diese stehenden Wellen ...«

»Das ist wirklich *alles*, was sie Ihnen erzählen kann«, unterbrach Norman bestimmt.

Dink ignorierte ihn. »Müßte man nicht in Betracht ziehen, daß ...«

»Ja. Danke.« Leidy legte seine Hand auf Dinks Arm und hielt ihn zurück. Er nickte Marta McDougal zu. »Wir bleiben in Verbindung.«

Dinks graue Mercedes-Limousine beschleunigte und dröhnte – akustisch isoliert – durch den Strom des späten Nachmittagverkehrs nach Osten, zu den Hamptons. »Warum hast du mich unterbrochen? Ich hätte diesen Teenager-Anwalt fertiggemacht.« Dink spielte an seinem Radar-Detektor, bis er ein beruhigendes Trillern von sich gab. »Ich denke, sie hätte sich dir wirklich geöffnet.«

»Ich sage dir eins«, unterbrach ihn Leidy mit abrupter Lebhaftigkeit. »Es wird immer einen Markt für Industriediamanten geben.«

»Du solltest die Möglichkeit in Betracht ziehen, daß diese

Frau wirklich einmal Hudderit in großen Mengen herstellt«, sagte Dink. »Das wäre das schlimmste Szenario. Sie läßt ein Verfahren im großen Maßstab patentieren, gerade zu dem Zeitpunkt, wo Cyrus' Patente auslaufen. Es wird sich schnell herumsprechen, und dein Markt ist ruiniert.«

»Müh dich nicht ab, mich zu beunruhigen.«

»Ich glaube, du solltest deinen Horizont erweitern, Leidy. Es ist Zeit, über Diamanten hinauszuschauen. Auch über Kohlenstoff. Erinnere dich, auch Aluminium war einmal ein wertvolles Metall.«

Leidy, der unruhig geworden war, setzte sich in dem Ledersitz auf. »Die Patente laufen noch eine Weile.«

»Sicher. Ich werde argumentieren, daß Cyrus' Beschreibungen das, was sie gemacht hat, so weit abdecken, auch wenn er nicht ihren Vakuumbogen spezifizierte. Die Formulierung der Anklage wird entscheidend sein.« Ein netter Grad an Präzision würzte die Breite der Anklageschrift. Dink hatte sie selbst aufgesetzt.

»Du kennst sie auswendig«, sagte Leidy.

Es war nicht Dinks Fehler, mit einem guten Gedächtnis ausgestattet zu sein. Er kannte die meisten der synoptischen Evangelien auswendig – Ergebnis seiner zwei Jahre im Priesterseminar. »Jede Eingabe sollte angefochten werden«, sagte er. »Man weiß nie, in welcher Erdfalte der Goldstaub verborgen ist. Außerdem, wie sollten wir Barrakudas sonst unsere unrechtmäßigen Gewinne einstreichen?«

Leidy blickte nach Süden, wo die grünenden Felder zwischen Dünen der flachen grauen See Platz machten.

Dink versuchte es ein weiteres Mal. »Zum anderen, wenn Erfinder auf Patentanwälte hörten, würde niemand mehr etwas publizieren, jedes Geheimnis wäre sicher verschlossen und der Fortschritt käme zum Stillstand.« Selbstbezichtigung eines Anwalts hatte etwas Verführerisches. Aber Leidy hatte alles schon einmal gehört.

Dinks Wochenendhaus schien sich in seinem abblätternden Glanz hinter einem Streifen Sand und Ufergras zu räkeln, der breit genug war, um die rechteckigen modernen Konstruktionen der Nachbarn auf Abstand zu halten. Die See war nicht zu sehen, jedoch war man sich ihrer stummen Gegenwart hinter den Dünen bewußt. Der Sand hatte sich landeinwärts bewegt, seitdem vor achtzig Jahren das Grundstück bebaut worden war; kupferfarbenes Licht umrandete die nahen Dünenkämme, während die beiden Männer ihre Taschen aus dem Wagen luden.

Drinnen rochen die geräumigen Zimmer nach trockenem Holz und jahrzehntealten Farb- und Wachsschichten, die der Fäulnis zuvorkommen sollten. Der Schimmelgeruch war durch einen kürzlichen Renovierungsschub ausgetrieben worden: neue Vorhänge und Möbel, neue Polster auf den alten Sesseln. Und es gab den schärferen mineralischen Geruch von feinem Sand; Leidy fühlte sich an Afrika erinnert.

Dink gab ihm das oben gelegene Schlafzimmer, das einst Dinks Söhnen gehört hatte. Das Zimmer war bis auf ein Messingbett, einen Schrank und eine Kommode leergeräumt; an die Tapete waren Sportwimpel geheftet, alle waren grau geworden und ausgebleicht. Nachdem er seine Hosen und Jacken aufgehängt, seine Hemden und seine Unterwäsche verstaut hatte, stand Leidy vor dem salzverkrusteten Fenster und betrachtete die leuchtenden Dünen und das purpurne Meer. Er zitterte.

Er hörte Dink unten herumräumen, Teppiche ausrollen, Sicherungen einschnappen und Lebensmittel wegpacken. Leidy ging hinunter.

In der Küche warf ihm Dink eine schwitzende Flasche Carlsberg-Bier zu. »Trink sie, bis im Kühlfach Eiswürfel sind.«

Leidy sah ihm zu, während er Zwiebeln hackte und sich vergnügt lang und breit über die Steuern und andere Kosten des Hauses ausließ und wie immer seiner Frau dafür die Schuld gab. »Gehört, seitdem es fertiggestellt wurde, zur Familie, es war eines dieser Anlageobjekte ihres Großvaters, des Immobilienhais. Ich kann ihn mir richtig vorstellen, wie er den Dummkopf, dessen Traum dieses Haus war, um seinen letzten Kupferpenny geprellt hat.« Wenn es nach ihm gegangen wäre, behauptete Dink, hätte er das Grundstück in einzelne Parzellen geteilt und bereits vor einem Jahrzehnt verkauft, »für einen riesigen Gewinn.« Aber nein, Joan liebte den Sandstreifen und den lahmen bleichen weißen Elefanten darauf. Nun wollte er das Haus erneut anstreichen, das dritte Mal, seitdem es in seinen Besitz übergegangen war.

Es gab Zeilen in diesem Skript, die dem Zuhörer vorbehalten waren – »Komm schon, du weißt doch, daß du ebenso das Haus liebst, denk an all die Erinnerungen«, und so weiter. Gewöhnlich spielte Leidy seinen Part, heute aber fragte er: »Wo ist Joan?«

»Für ein Wochende bei Kat – habe ich dir das nicht erzählt?« Dink warf ihm einen seltsamen Blick zu. Was hatte Leidy auf dem Herzen? »Du hast recht, ich bin ein fürchterlicher Langweiler. Das gleiche Band, immer und immer wieder. Wenn du ein Nachbar wärst, würde ich darauf achten, mich nicht zu wiederholen.«

Leidy schnippte mit dem Daumen einen Kondenstropfen von der Bierflasche, sagte »beruhige dich« und verfiel wieder ins Schweigen.

Dink setzte einen Topf mit Wasser für die Pasta auf, schüttete die gehackten Zwiebeln und das Fleisch in eine Pfanne und öffnete eine Dose mit Tomatensauce. Da es solche Zeiten gab, wo er es nicht ertragen konnte, nicht amüsant zu sein, schwätzte Dink weiter, wechselte so schnell wie TV-Scanner die Themen; er versuchte, Minenaktien zu diskutieren, und als er keine Antwort erhielt, wechselte er zum Immobilienmarkt, sprang dann schnell zu den neuesten Filmen und bemerkte schließlich, als er sich selbst über die gegenwärtige Retrospektive am MOMA extemporieren hörte, daß er zu sich selbst redete.

Leidy hatte sich zurückgezogen und zerkleinerte gleichmütig Salatblätter.

Sie trugen ihre Teller zum Tisch, um, wie Dink dachte,

schweigend das Abendessen einzunehmen. Er ging zum Seitenregal und wählte einen neunjährigen Bordeaux, entfernte die Plastikumhüllung und attackierte den Korken mit einem schönen Spiralöffner.

»Ich hör mich wie ein Schwachkopf an, oder?« sagte Leidy plötzlich. »Immer, wenn das Gespräch auf meinen Vater kommt.«

Der Korken ploppte. Dink schenkte den Wein ein und spielte auf Zeit. »Kann ich dir folgen?«

»Natürlich kannst du das. An diesem Nachmittag, mit der McDougal. Welche Rolle spielt es schon, was sie über ihn denkt? Was geht das mich an? Warum fahre ich da aus meiner Haut?«

»Keiner behauptet, daß er ein guter Vater war.«

»Bist du ein guter Vater, Dink?«

Dinks Verteidigung stand auf wackeligen Beinen. Er prüfte Leidys fragenden Blick, wich aus und machte sich an der Flasche zu schaffen. Dink sah sogar zu gut aus, um ein guter Vater zu sein, und er wußte es. Braungebrannt, sportlich, kurzgeschnittene graue Haare, ein Mann, der auf die sechzig zuging, jedoch eher wie fünfundvierzig aussah. Gute Väter machen keine Spaghetti und tragen dabei blauweiße Schürzen über ihre gesteiften Oxford-Hemden, deren Ärmel bis zu den Ellbogen hochgerollt sind. Das war Junggesellen-Outfit.

Leidy rettete ihn vor einer Antwort. »Ich bin kein guter Vater. Ich habe Josie vielleicht zweimal in drei Monaten gesehen. Hab ihm aus Marokko keine Postkarten geschickt, da ich dachte, ich wäre wahrscheinlich noch vor ihnen da.«

»Was wahrscheinlich auch richtig ist. Und Josiah ist wie alt – vier, fünf?«

»Außerdem waren die Briefmarken ziemlich lausig.« Leidy lachte, wenig amüsiert. »Er würde sich freuen, wenn er sie hätte. Eines Tages.«

»Iß ruhig weiter«, sagte Dink. »Ich bin gleich wieder da.«

Leidy wollte warten, konnte aber nicht. Er war hungrig. Er grub in die Pasta und wurde mit jedem Bissen hungriger.

Er hatte fast seinen Teller geleert, als Dink wieder ins Licht trat, mit einem Packen von Polaroid-Fotos in der Hand.

»Ich habe sie im Schrank gefunden, als wir das Wohnzimmer renovierten. Hatte vergessen, wohin ich sie getan habe.« Er hielt die Bilder fächerförmig vor sein Gesicht und studierte sie, als wären sie ein gutes Blatt, bevor er den Fächer zusammenklappte und ihn Leidy reichte.

Es waren blasse Schwarzweiß-Fotos, aufgenommen hier am Strand; über den Dünen spitzte der Giebel des Hauses hervor. Sie zeigten einen sehr viel jüngeren Dink, die Haare gingen ihm bis zu den Ohren, in unförmigen Bermuda-Shorts, die bis zu seinen knubbeligen roten Knien reichten. Und Joan, seine Frau mit ihren großen Augen, geschmeidigen Haaren, die aussah wie eine gutgenährte Audrey Hepburn, in weißen Capri-Pants und schwarzem Top.

Und es war ein schlaksiger Cyrus Hudder zu sehen, barfuß, der einen ausgebeulten Tweed-Anzug trug, der ihm unten zu kurz und in den Schultern zu weit war.

Und hier kletterten die drei in das mit der Gaffel aufgetakelte Dinghi, das Dink im Schuppen stehen hatte. Sie lagen auf Grund, so weit oben am Strand, daß erst die Flut kommen mußte, bevor sie es zu Wasser lassen konnten. Hier kletterten sie wieder heraus – Cyrus mit bis über die Knöchel hochgerollten Hosenbeinen, komischerweise trug er noch immer sein Jackett – und schoben das Boot näher ans Wasser.

Weitere Bilder, auf dem Meer aufgenommen. Das Dinghi war so groß, wie Dinghis nun einmal sind; vier Personen füllten es gänzlich aus. Hier Dink am Ruder, Joan hoch oben an der Luv-Reling, Cyrus darunter, der mit alarmiertem Blick das Schlickwasser betrachtete, das nur wenige Zentimeter unter ihm vorbeischwappte. Hier war Cyrus am Ruder, besorgt starrte er auf Dink, der sein wissendes WASP-Grinsen grinste.

Dann mußten Joan oder Dink die Kamera übernommen haben, denn Greta hatte sich zu Cyrus im Heck des Bootes gesellt. Sie trug ein ausgebeultes Yale-Sweatshirt. Cyrus'

Gesichtsausdruck war noch dämlicher, Greta allerdings blickte direkt in die Kamera, so hoffnungs- und erwartungsvoll, daß Leidy, der das Bild seiner Mutter aufsog, das Herz überging.

»Wann wurden die Bilder gemacht?« fragte er.

»Deine Mutter hat die meisten davon aufgenommen«, murmelte Dink mit vollem Mund, als ob Leidy einen Grund gehabt hätte, dies in Frage zu stellen.

»Ich meinte, wann.«

»Du warst einige Jahre alt. Als du Josie erwähnt hast, fielen sie mir wieder ein.«

Leidy sah wieder auf die abgegriffenen, verkratzten und ausgebleichten rechteckigen Bilder. Zwei weitere blieben noch. Erneut seine Mutter, nun ein wenig entspannter; sie lächelte ihrem Ehemann zu, der nun ein wenig vertrauter mit Segel und Ruderpinne hantierte.

Auf dem letzten Photo, das aus einer anderen Perspektive aufgenommen wurde, war Greta verschwunden – zweifellos hielt sie nun wieder die Kamera –, und Dink war bei Cyrus im Heck: zwei junge Männer, der eine ein privilegierter Prinz, der andere ein gläubiger Kämpfer, der wußte, daß er ein Hinterwäldler war und trotzdem versuchte, zu grinsen, der gefallen wollte, obwohl er den harten und bitteren Kern der Offenbarung in sich trug.

Leidy schaute auf und sah Dink, der ihn anstarrte.

»Danke«, sagte Leidy. Sein Herz drohte ihm zu zerspringen, aber er wußte nicht, was er sagen sollte.

»Hallo?«

»Dr. McDougal, hier ist Leiden Hudder.«

»Ah, Sie.«

»Ich weiß, das klingt fürchterlich, aber ...«

»Ich bin nicht befugt ...«

»... ich dachte, Sie könnten vielleicht ... was?«

»... mit Ihnen zu reden. Was wollen Sie?«

»Nichts Geschäftliches.« Leidy stand in der Eingangshalle von Dinks Strandhaus, vor ihm auf dem Kabinettschränkchen das aufgeschlagene Telefonbuch. Ihre Nummer war leicht zu finden; es gab nicht so viele Cellini-Sanchez McDougals auf Long Island. »Mein Vater – Sie sagten einige Dinge, und ...«

Aber sie hatte sich abgewandt; er konnte sie brüllen hören. »Keine Diskussionen, junge Lady! Oder willst du den ganzen Tag im Haus verbringen? Mich stört das nicht, *überhaupt* nicht.« Im Hintergrund waren die hohen Töne von Kindergeschrei und entrüsteter Protest zu hören. »Rufen Sie mich in fünf Minuten wieder an, Leidy. Ich habe hier einiges zu erledigen.«

Das Telefon war tot; sie hatte aufgehängt.

Aber seltsamerweise hatte sie ihn Leidy genannt.

Genau fünf Minuten später wählte er auf der altmodischen Wählscheibe erneut ihre Nummer.

»Hallo, hi.«

»Hier ist nochmal Leiden, äh, Leidy Hudder.«

»Okay, Sie wollen über Ihren Vater reden.«

»Nun, was ich meinte, war ...« War das ein Kommentar, oder versuchte sie nur, ihre verworrenen Gedanken zu sammeln? »Ich wollte nicht über Geschäftliches oder ähnliches reden.«

»Ich habe Luisa – meiner Jüngsten – versprochen, mit ihr zum Karneval zu gehen. Wie lange wollen Sie hier bleiben?«

»Ich werde morgen abreisen. Wo findet der Karneval statt?«

»Es geht nicht, sie will nicht mitmachen. Rufen Sie mich von der Westküste aus an, wir können am Telefon miteinander reden.«

»Wenn es das ist, was ...«

Weitere Schreie im Hintergrund. »Es tut mir leid, aber hier herrscht ziemliches Chaos. Rufen Sie mich an. Ich meine es ernst.« Sie legte auf.

Leidy ging auf die Veranda, wo Dink sich mit Abdeckplanen und Farbeimern herumschlug. »Was machst du am Wochenende?«

»Ein riesiges Strandhaus anmalen. Willst du mir helfen?«

Es war spät morgens am Sonntag, als Leidy hinunterging und in Dinks Küche stolperte. Er war müde, wund und hatte Farbe unter seinen Fingernägeln; Dink hatte ihn am vergangenen Tag die meiste Zeit auf der Leiter gelassen. Dink hatte bereits Kaffee gekocht und ein Pfund Speck in der Pfanne. Leidy murmelte ein Hallo und ging hinaus zum Telefon. Ihre Nummer kannte er mittlerweile auswendig.

»Hi, wer ist dran?«

»Leidy Hudder. Ich ...«

»Sie sind in Kalifornien? Es muß dort sechs Uhr dreißig morgens sein.«

»Ich bin noch auf Long Island. Habe meine Pläne geändert.«

»Gut, dann können wir zusammen zu Mittag essen. Sie können mir erzählen, was Sie auf dem Herzen haben.«

»Toll. Wo?«

»Kommen Sie zu mir rüber. Ich mache Sandwiches. Oder vielleicht bekomme ich auch einen Babysitter. Wissen Sie, wo ich wohne?«

»Ja, mehr oder minder«, sagte er. »Ich habe Ihre Adresse.«

»Bis dann.« Sie legte auf.

Er ging zurück in die Küche, auf seinem Gesicht ein dümmliches Lächeln. »Ich glaube, ich kann dir heute nicht helfen. Sie sagte, ich solle vorbeikommen.«

Dink sah ihn skeptisch an. »Sei vorsichtig – ich hatte den Eindruck, daß sie genauso launisch ist wie du.«

»Wenn sie auf mich losgeht, ziehe ich den Kopf ein.«

»Ich wollte sagen, schlage ich nicht zurück.«

Ihr Haus in Stony Brook war eine Doppelhaushälfte mit Zedernholzverkleidung und Schieferplatten auf dem Dach. Es lag auf einer Anhöhe voller buschartiger Laubbäume, die den Blick auf die Flußmündung versperrten. Es war spät im April, die Blattknospen waren zart und grün und versprühten einen symbolischen, törichten Optimismus.

Zumindest schien es Leidys voreingenommenen Augen so, als er durch das Fenster über der Küchenspüle starrte, während er an Martas Frühstückstisch saß und an dem Weißbrot-Fleisch-Sandwich kaute, das sie ihm hingeschoben hatte. Marta rannte hin und her und jagte ihren Töchtern nach. Sie hatte zwei Kinder, Luisa und Linda, vier und sechs. Der Babysitter sollte jeden Moment kommen.

»Also. Sie erzählten mir ...«

»Ja, als Sie sagten ...«

»Verdammt.« Und weg war sie wieder.

Schließlich erschien doch noch der Babysitter. Es war nach zwei Uhr nachmittags, und die Mädchen waren ihrer unruhigen Spiele überdrüssig und müde. Gören. Dennoch verspürte Leidy ihnen gegenüber neidische Sympathie. Betrachte es von ihrem Standpunkt aus: Er war ein Mann, der nicht ihr Vater war, aber wer war er? Das wollten sie wissen, und er hatte keine Antwort für sie.

Der Babysitter übernahm. Marta brachte ihn zu den Docks der Stadt, seine vagen Proteste nahm sie nicht wahr.

In einem Bootsschuppen hatte sie ihr Dinghi untergebracht – es glich Dinks Boot auf den alten Fotos –, und mit Leidys kümmerlicher Hilfe brachte sie es in die ruhigen Frühlingsgewässer des Hafens. Sie verrichtete die Arbeit, setzte sich geschickt vor die leichte Brise und steuerte auf hübschem Kurs die Bojen an, die die Hafenmündung markierten. Auf einem Boot war Leidy so sanft wie sein Vater und so sicher wie ein einjähriges Baby, das auf dem Rand einer vollen Wanne schaukelte. Er kauerte sich so weit in die Mitte des Rumpfes, wie ihm sein Anstand gestattete.

»Nette kleine Mädchen«, log er nervös, als er sich schließlich so weit entspannt hatte, daß er glaubte, nicht sofort ertrinken zu müssen.

»Der Typ, den ich geheiratet habe, war Chemiker«, sagte sie. »Er kam aus Schottland. Wir lernten uns in Cambridge, in England, kennen. Schließlich verschlug es uns beide nach Harvard. Er ist jetzt wieder in Großbritannien. Mir blieben die Kinder.«

»Gratuliere.«

»Ich habe dann für Gibbs gearbeitet. Aber das ging nicht

lange.« Sie hielt inne und betrachtete das Segel, dann sagte sie: »Bastarde.«

»Wer ...?«

»Gibbs Laboratorien. Northeastern.«

»Keine Diskussionen hier.«

»Es war schließlich mein Fehler.« Sie seufzte. »Nehme ich an.«

»Was meinen Sie?«

»Ich lasse anderen Leuten keinen Raum. Das paßte ihnen nicht. Diese Arschlöcher mit ihrer Firmenpolitik. Aber ich habe daraus gelernt.«

»Ja?« Lakonisch, wenn nützliche Details fehlten.

»Ich arbeitete an künstlichen Halbleitern. IBM und GE und die Russen und Japaner waren auf dem Gebiet künstlicher Diamanten meilenweit voraus. Cornell und Pennsylvania ebenfalls. Ich habe mich nach anderen Möglichkeiten umgesehen – Bornitride, Siliziumkarbide. Und die Arbeit Ihres Vaters, natürlich. Er hat viele Patente angemeldet.«

»Das ist eine Untertreibung.«

»Ich hole über. Ducken Sie sich, und gehen Sie dann auf die andere Seite.«

»Ja, okay.«

»Fertig ... hart an Lee«, schrie sie.

Der Mastbaum kam auf ihn zu. Nervös und angespannt, duckte sich Leidy und bewegte sich, wie sie es ihm gesagt hatte. »Was bedeutet das, ›hart an Lee‹?«

Sie schnitt eine Grimasse. »Hart an Lee. Wir sagen das so. Tradition.«

Das niedrige Küstenland des Hafens strich an ihnen vorüber; die kleine Holzschale des Bootes schnitt durch das Wasser. Er streckte sich und richtete sich vorsichtig auf. »Ich bin von keinem Nutzen«, sagte er. »Ich kenne mich mit Booten nicht aus.«

Was keinen Kommentar von ihrer Seite bedurfte. »Ich stieß auf einen Stapel von Cyrus' Aufzeichnungen, den die Anwälte der Gesellschaft vermißten, als sie seine Patente anfochten. Das half mir zu verstehen, was er gemacht hatte, und das, was ich vorhatte. So wurde ich auf seine Arbeit aufmerksam. Und auf ihn.«

»Es war mir ernst, als ich sagte, daß ich nicht über das Geschäft reden wollte«, sagte er. Leidy schien es, als pflüge das Dinghi wie ein Rennboot durch das Wasser, seltsamerweise bewegte sich die Küste nicht; er kannte nicht die Illusion von Geschwindigkeit, die ein Segelboot erzeugt, das hart am Wind segelt.

»Was heißt hier Geschäft. Ihr Vater war ein großer Mann. Er hatte Prinzipien. Er hatte sich seiner Arbeit verschrieben. Sie können nicht über ihn reden und das nicht anerkennen.«

Er sah sie an. Sie saß im Heck und predigte in den Wind. »Sie sind ziemlich hart, Marta. Sie haben mich noch nichts über ihn erzählen lassen.«

»Einerseits bin ich neugierig, andererseits will ich es nicht hören. Kinder sind nicht die besten Richter ihrer Eltern.«

»Kinder? Meinen Sie damit mich?«

»Sie auch.«

»Dad war brillant – ja, vielleicht sogar ein Genie«, sagte er. »Aber ein großer Mann? Eine große Person?«

Ihre dunklen Augen funkelten. »Okay, Ihre Version. Er verdrosch Sie mit einem Kleiderbügel oder so ähnlich.«

Sie tauschten Blicke aus. Das Wasser strömte unter den Schandeckeln vorbei.

»Er war nicht schlecht; er war niemals da«, sagte Leidy. »Ich habe viel über das nachgedacht, was er mir nicht erzählen konnte, weil er nicht da war. Ich habe Nachforschungen angestellt. Zum einen konnte ich herausfinden, warum er von der Idee so fasziniert war, ein tiefes Loch in die Erde zu bohren.«

Sie starrte ihn lange an, dann grinste sie. »Okay. Lassen Sie es mich hören.«

Im Sommer 1940, als er neunzehn Jahre alt war, arbeitete Cyrus Hudder als Kassierer und stellvertretender Rausschmeißer in einem der neuen Spielcasinos, die entlang der Virginia Street in Reno, Nevada, aus dem Boden schossen.

Er war groß, muskulös, zu jung noch, um legal spielen zu dürfen, aber nicht zu jung, um Statistik zu studieren. Auf der Suche nach jemanden, der für ihn spielte, machte er die Bekanntschaft von Virgil Ellyard, Physikprofessor an der Universität von Nevada und süchtig nach den Spieltischen. Ein hagerer Graubart, der seinen akademischen Pflichten in einem Zustand permanenter Ablenkung und Zerstreutheit nachkam. Darin, und nur darin, glich er Cyrus' großem Vorbild, Albert Einstein.

Cyrus vermochte nicht, sich und Ellyard zu einem Vermögen zu verhelfen, doch das Paar erspielte sich während des Sommers einen bescheidenen Gewinn. Ellyard ließ seine Beziehungen spielen und machte Cyrus, unterstützt durch das finanzielle Hilfsprogramm der Universität, für das kommende akademische Jahr zu seinem Assistenten.

Cyrus verbrachte fünfzehn Stunden in der Woche in Ellyards Büro im Kellergeschoß der School of Science, kopierte Buch- und Zeitschriftentitel auf Karteikarten und ordnete sie in die langen engen Karteikästen ein, die in Ellyards Eichenholzkabinett standen. Die meiste Zeit arbeitete Cyrus alleine und folgte den Anweisungen, die der Professor auf Notizzetteln hinterlassen hatte. In den Wintermonaten schwand früh das Licht, nur der blasse Schein der Sterne drang durch die auf Bodenhöhe liegenden Fenster. Wenn Cyrus nach den Vorlesungen eintraf, schaltete er die Schreibtischlampe an und beugte sich über die Karteikarten, dankbar dafür, daß der tiefliegende Raum die Wärme des Tages gespeichert hatte.

Ellyard lehrte klassische Physik – Optik, Elektromagnetismus, Thermodynamik, Newtonsche Mechanik – und hatte damit zu tun, auf dem Gebiet der Nuklearphysik und ihren Entdeckungen auf dem laufenden zu bleiben. Atomstrukturen waren das wichtigste Feld, seit mehr als einem Jahrzehnt blühte es. Doch der alte Professor fand keinen Geschmack an Theorien, vor allem der Quantenmechanik und der Relativitätstheorie und ihren Abkömmlingen. Er bat Cyrus, Artikel über relativistische Atomtheorien und andere Themen der »neuen« Physik, die er selbst nicht lesen wollte, für ihn zusammenzufassen.

Nicht aus Neugierde, sondern weil er einen neuen Vorrat an Karteikarten oder einen Stift oder eine versiegelte Schachtel kubanischer Zigarren brauchte, die zu holen der Professor ihn gebeten hatte, lernte Cyrus bald den Inhalt der Kabinettschränke und Schubladen Ellyards kennen.

Es dauerte nicht lange, bis er auf die Prüfungsfragen stieß.

Abgegriffene, maschinengeschriebene Durchschläge, die zusammengeheftet in einem der braunen Aktenordner verstaut waren. ›Einführungskurs Zwischenprüfung, '38, '40‹ war ein Blatt mit Ellyards krakeliger Handschrift überschrieben. Andere waren mit ›Junior Abschlußprüfung, '31, '36‹, ›Senior Abschlußprüfung, '33, '38‹ markiert, und so fort. Es gab Fragen, die begannen mit ›Die kristalline Struktur von Eisen bei Raumtemperatur ist kubisch ...‹ oder ›Beweisen Sie, daß es auf einem Druck/Volumen-Diagramm einer gegebenen festen Masse keine zwei adiabatischen Kurven gibt, die sich überschneiden ...‹ oder ›Natriumatome, die mit einer Temperatur von 800 Grad Celsius auf eine Oberfläche treffen, sind zu 99 Prozent ionisiert ...‹

Cyrus durchblätterte die Akte und dachte an praktische Dinge; daß jedes Jahr jeder Test neu getippt und gedruckt werden mußte, daß anscheinend ganze Listen alle paar Jahre erneut vorgelegt wurden. Möglichkeiten, diese Methoden zu verbessern, kamen ihm beinahe augenblicklich. Statt einzelner Tests wäre es besser, für jede Kategorie eine Fragenliste zu erstellen, die nach dem Schwierigkeitsgrad geordnet wäre; sie könnte schnell auf den neuesten Stand gebracht, die Fragen könnten für jeden Test neu zusammengestellt werden.

In den nächsten Wochen, wann immer er einige freie Minuten im Büro hatte, begann er, eine solche Liste anzulegen. Wenn er damit fertig wäre, hätte er sie seinem Professor präsentiert; ihre Vorteile lagen auf der Hand.

Es kam der Frühling, und eilig neigte sich die Sonne dem Sommer entgegen. In einer Juninacht ging Cyrus im dämmrigen Licht eines Himmels, der die Farbe ausgebrannten Stahls hatte, nach Hause. Es war im Jahr 1941, der Krieg auf der anderen Seite der Weltkugel wurde schlimmer, aber es war nicht Amerikas Krieg. Die Luft in jener Nacht war warm und duftete, genug, um einen Optimisten zu bestärken und einen Pessimisten zweifeln zu lassen. Hinter seiner Maske beständiger Düsternis spürte Cyrus den Anflug von Fröhlichkeit. Ein Chevrolet Cabrio, voll mit jungen Männern und Frauen, fuhr vorbei, das Verdeck war heruntergelassen, jemand drückte auf die Hupe, die großen Frontscheinwerfer leuchteten. Er winkte schwach zurück, obwohl sie wahrscheinlich jemand anderen angehupt hatten.

Er ging die Stufen hoch. Durch die Vorhänge sah er im Wohnzimmer Licht, das übrige Haus lag in Dunkelheit. Als er den Schlüssel aus seiner Hosentasche holte, fragte er sich, ob seine Mutter nicht sparsamer war, als es wirklich notwendig wäre.

Drinnen fiel er beinahe über das Gepäck, das im Flur stand.

»Mutter?«

»Ich bin hier, Junge«, sagte sie. Sie saß im Lehnstuhl, die Beine eng zusammen, die Hände hielt sie im Schoß. Das Licht war blaß und rosa, es kam von der Stehlampe und ihrem tulpenförmigen Glasschirm. In dem schwarzen Wollkleid, das er niemals zuvor an ihr gesehen hatte, war sie beinahe nicht zu sehen; in ihren Händen hatte sie Lederhandschuhe – sie war reisefertig. »Wir müssen miteinander reden.«

»Was tust du?«

»Ein Taxi wird bald kommen, das mich zum Zug bringt.«

»Was ist los?« Er spürte Panik in sich aufsteigen.

»Nichts ist los.«

»Aber wohin gehst du?« Er wollte sie nicht das fragen, was er nicht hören wollte, daß sie krank war, daß sie fortgehen mußte, weil sie in Nevada nicht die medizinische Behandlung erhalten konnte, die sie brauchte.

Ihre Stimme wurde hoch und dünn. »Cyrus, ich habe diesen Ort hier immer *gehaßt*. Dieses schäbige Haus, diese schäbige Stadt. Diese *Wüste*. Ich war gezwungen, hier zu leben; nach unserem Unglück war diese Stelle hier als Chemielehrer die einzige Arbeit, die dein Vater bekommen konnte. Dann, die vergangenen zwei Jahre, nach seinem Tod ... es wäre nicht richtig, dich von der Universität zu nehmen. Aber das ist bald vorbei. Ich will, daß du mich so bald als möglich in San Francisco besuchst.«

»Wirst du nicht bei meiner Graduierung hier sein?«

»Es tut mir leid. Ich werde diese Stadt nicht mehr betreten.« Im schräg einfallenden, warmen Licht verliehen ihr die feinen Gesichtzüge das Aussehen eines widerspenstigen Mädchens, das sie einst gewesen war.

»Warum? Sie haben dir doch nichts getan!« sagte Cyrus. Wütend verleugnete er, was wirklich zur Debatte stand.

»Es geht um das, was *er* getan hat«, sagte sie mit schneller, tiefer Stimme, »jede Woche, fast jeden Tag, er kam nach Hause und trank sich zu Tode.«

Cyrus war schockiert; er verstummte. Max Hudder hatte seine Launen, er mochte seinen Bootleg-Gin. Aber auch Cyrus' Mutter war einem oder zwei Gläsern Schwarzmarkt-Sekt nicht abgeneigt. Cyrus hatte darüber nicht nachdenken wollen – darüber, welche Spannungen und Konflikte, welche unsichtbaren Kräfte dies zwischen den beiden erzeugt hatte. Er wollte niemals wissen, was seine Mutter meinte, wenn sie davon sprach, was Max hier *tat*.

»Wo werde ich wohnen?« fragte er.

»Das Haus ist verkauft, aber du kannst hier noch bis zum Ende des Monats wohnen. Dann bist du willkommen, den Sommer bei mir zu verbringen.«

»In San Francisco?«

»Großtante Carol macht mir Platz. Und dir. Bis September. Hier ist die Adresse. Und ihre Telefonnummer.« Sie hielt ihm ein gefaltetes Blatt Papier hin. Als sie sich nach vorne beugte, rückte ihr Gesicht aus dem Zentrum des weichen rosafarbenen Lichtscheins an dessen Rand, und er sah wieder die harten Züge der Enttäuschung.

Er nahm das Blatt, gleichzeitig hörte er einen Wagen vorfahren. Cyrus spürte einen Aufschrei in seinem Inneren, tausend Stimmen, die forderten, die Fragen zu stellen, die er sich zu stellen weigerte. An der Tür klopfte es.

Seine Maske verhärtete sich, er sagte kein Wort, er ließ kein Anzeichen seiner Gefühle an die Oberfläche.

»Wirst du dich melden?« fragte seine Mutter. Sie begann, die Handschuhe anzuziehen.

Einige Tage später öffnete Cyrus eine andere Tür. Der Mann, der ihm gegenüberstand, hatte einen borstigen Schnurrbart und besaß die Aura eines Wyatt Earp: es war der Vize-Präsident der Universität, alleine in seinem Büro. Er bat Cyrus nicht, sich zu setzen. »Sagen Sie mir die Wahrheit, Mr. Hudder. Andernfalls verschlimmern Sie nur die Situation.« Er hob einen Stoß Papiere von seinem Schreibtisch auf, nach einigen Sekunden ließ er ihn wieder fallen.

Cyrus erkannte seine Handschrift. Sofort wußte er, um was es ging, nicht allerdings das Ausmaß des Schadens. »Ich war davon überzeugt, die Prüfung zu bestehen«, sagte er. »Ich möchte mich dafür entschuldigen, daß ich nicht im Prüfungsraum anwesend war.«

»Sie sollten zusammen mit ihrer Klasse in fünf Tagen an dieser Universität graduieren«, sagte der Vize-Präsident. Er starrte Cyrus nur an, halb bemitleidend, halb ihn auffordernd ... um was zu tun? Nach seiner Six-Gun zu greifen?

Was war falsch gelaufen? Abzustreiten, daß er die Examensunterlagen gestohlen hatte, würde Cyrus nur in weitere Schwierigkeiten bringen. Alles zuzugeben würde die Sache noch mehr verschlimmern. Sein Gesicht zeigte einen Ausdruck stoischen Schmerzes, der ihm seit seiner Kindheit eigen war. »Ich habe die Prüfung gemacht ... Ich habe bei der Beantwortung der Fragen nicht betrogen. Ich habe sie runtergeschrieben. Keine Bücher. Keine Gespräche mit anderen. Ich habe mir nicht mehr Zeit gelassen.«

»Sie waren nicht *da*. Sie hatten jemanden, der die Antworten für eine Prüfung abgab, bei der Sie nicht anwesend waren.«

»Das ist vollkommen richtig, Sir. Trotzdem ist es so, wie ich gesagt habe. Ich habe nicht betrogen.«

Der Bart des Vize-Präsidenten zuckte. »Mr. Hudder, Sie haben eine andere Prüfung eingereicht.«

»Eine andere Prüfung, Sir?«

»Eine andere, als die übrige Klasse geschrieben hat.«

Plötzlich war alles nur zu klar. »Wenn Sie das sagen, Sir.«

Der Vize-Präsident schüttelte traurig den Kopf. »Gut.« Er setzte sich. »Erzählen Sie mir, was passiert ist.«

»Nun, ich arbeitete ...«

»Setzen Sie sich«, sagte der Vize-Präsident. Der herausfordernde Ton in seiner Stimme war verflogen. Sein Schmerz war der Schmerz eines Mannes, der große Hoffnungen in den Jungen gesetzt hatte und nunmehr wenig Hoffnung sah, ihn vor dem System zu retten; der aber trotzdem wünschte, daß er gerettet werde, und wenn möglich unter ehrenvollen Bedingungen. »Professor Ellyard hat eine hohe Meinung von Ihnen, wissen Sie das?«

Cyrus saß auf der Kante eines Holzstuhls. »Ich habe viel in diesem Jahr von ihm gelernt. Ich war in seinem Büro und habe die meiste Zeit für ihn gearbeitet.«

»Und wo Sie auch die Prüfungsfragen gefunden haben.«

»Schon vor Monaten. Sie lagen einfach rum. Er ist ein vertrauensseliger Mensch«, sagte Cyrus. »Ich denke, es ist richtig, jemanden zu trauen, Sir.«

»Ist es das? Sie ›liehen‹ sich eine Abschlußprüfung, von der sie meinten, daß er sie drannehmen würde.«

»Ich hatte bereits alle Prüfungen gemacht, Sir. Ich hatte die Idee, sie neu zu organisieren.«

Der Mann hob interessiert eine Augenbraue. »Sie haben alle versucht?«

»Ich habe sie alle durchgearbeitet, die Aufgaben und Essays. Um ihren Schwierigkeitsgrad einschätzen zu können.«

Der Vorsteher warf einen scharfen Blick auf die Uhr, dann auf Cyrus. »Und dann?«

»Nun ... ich überprüfte, was ich gemacht habe. Ich habe sie nicht alle perfekt gelöst. Aber fast.«

»Mr. Hudder – auch wenn es nichts daran ändert –, ich würde Ihnen wirklich gerne glauben, daß Sie die Antworten nicht nachgeschlagen haben. Wie soll ich das?«

»Ich nehme an, dies ist nicht möglich, Sir.«

»Ich habe zur Kenntnis genommen, daß die Universität von Chicago Ihre Bewerbung bereits angenommen hat. Hätten Sie sich nicht einfach reinsetzen und die Fragen beantworten können? Wahrscheinlich hätten Sie ein A bekommen. Aber so haben Sie sich einen unfairen Vorteil verschafft. Warum haben Sie sich das angetan?«

Cyrus starrte ihn dumpf an.

»Ich möchte wissen warum.«

Cyrus sagte nichts. Auf seinen Augen allerdings spürte er einen Druck, den er sofort als das Bedürfnis verstanden hätte zu weinen. Warum nur? Arroganz? Wut? Der Wunsch nach Selbstzerstörung? Er konnte keine Worte finden für die Wahrheit, seine unaussprechliche Trauer für einen Mann und eine Frau, seine Eltern, die er kaum gekannt hatte.

Der Vize-Präsident stand unvermittelt auf. »Sind Sie es, Professor Ellyard?«

»Ja, ja«, grummelte der Ältere und schob sich durch die Tür mit dem Glasfenster.

»Ich habe mir schon Sorgen gemacht.«

»Hier haben Sie, was Sie wollten. Es ist nicht in den Unterlagen; er kann davon keine Ahnung haben.« Ellyard legte ein handbeschriebenes Blatt Papier auf den Tisch vor Cyrus. »Nun, ich gehe dann wieder.«

»Das ist die Prüfung?« fragte der Vize-Präsident

»Das hier, ja. Nicht Ihre Schuld, natürlich«, sagte Ellyard, der von ungefähr auf Cyrus blickte. »Sollte etwas gesagt haben. Nun, ich gehe wieder.«

»Jemand sollte hier bleiben, Professor«, sagte der Vize-Präsident in scharfem Ton. »Ich bin eh schon zu spät. Wer bleibt hier? Wer bewertet das?«

»Oh, das überlasse ich Ihnen«, sagte Ellyard. »Er ist ein sehr kluger Junge. Er besteht mit Auszeichnung. Wenn es nach mir ginge, meine ich. Diese administrativen Dinge ... tut mir leid, Junge. Nun, ich gehe.«

»Professor!«

Aber Ellyard stellte sich taub und war verschwunden.

Der Vize-Präsident starrte auf Cyrus. »Schreiben Sie alles auf. Ich werde mich bald mit Ihnen in Verbindung setzen.«

»Sie lassen mich hier allein, Sir?«

»Sie werden *hier* keine Antworten finden. Ich vertraue Ihnen. Bleiben Sie solange im Zimmer, bis Sie fertig sind. Und lassen Sie dann die Arbeit auf dem Schreibtisch.«

Er ließ Cyrus im Büro, dessen Schatten dunkler wurden, mit der handschriftlichen Prüfung, die Professor Ellyard für ihn vorbereitet hatte. Cyrus betrachtete sie neugierig. Auf dem Blatt befand sich lediglich eine Aufgabe, die in zwei Sätzen erläutert wurde.

Welches ist das tiefste Loch, das in die Erde gegraben werden kann? Erklären Sie knapp die Grenzen, Konstruktion und die technischen Voraussetzungen, die notwendig sind, um das Loch zu graben und zu erhalten.

Cyrus, der keinen Grund hatte, nach Hause zu gehen, nahm sich Zeit und schrieb eine ausführliche Antwort – ausführlich in Theorie und Praxis. Noch vor dem Abschlußtag akzeptierten Ellyard und der Vize-Präsident seine Resultate und erwähnten nie wieder Cyrus' Indiskretion.

Seine Antwort allerdings war keine endgültige, sie konnte es niemals sein.

»... und er hat niemals die Frage vergessen«, sagte Leidy.

Marta lächelte. »Eine gute Geschichte.« Sie ließ das Dinghi vom Wind abfallen; die Landschaft bewegte sich schneller als das Boot in der Dünung. »Niemand kann Ihnen widersprechen.«

»Ich werde Ihnen seine Prüfung zeigen. Ich habe sie in ihren Akten gefunden.«

»Sicher, ich würde sie gerne sehen. Ganz egal, warum er sie schrieb.«

Sie brachte ihn noch vor Sonnenuntergang zum Hafen zurück. Er führte sie zum Abendessen in ein Fischrestaurant. Keiner von ihnen aß viel, sie leerten allerdings eine Flasche Weißwein.

»Verdammt, bin ich angetrunken. Bringen Sie mich hier raus.«

Er unterzeichnete den Scheck, was sie zu erwarten schien, und brachte sie raus, die dunklen Straßen hinauf nach Hause.

An der Eingangstür hielt sie an und betrachtete sein Gesicht, mit einem Blick, der tief ging und ihn seltsam bewegte – obwohl sie nicht hübsch war und in ihrem dunklen Blick nichts Süßes lag. Jedoch besaß sie eine Mischung aus Offenheit und anmaßender Begierde, wie sie ihm noch niemals begegnet war.

»Ich habe Sie aufgehalten«, sagte er. »Lassen Sie mich den Babysitter bezahlen.«

»Seien Sie kein Idiot«, sagte sie.

»Okay. Dann bezahlen *Sie* den Babysitter.«

Sie seufzte, ein ausdrucksstarkes Seufzen, das er nicht deuten konnte, dann öffnete sie die Tür, die den Blick freigab auf einen halb verwirrten, halb erschöpften Babysitter.

»Ich möchte alles über Cyrus erfahren«, sagte Marta zu Leidy, »obwohl Sie kein besonders verläßlicher Erzähler sind. Nichts, das ich ... Oh, zum Teufel. Vergessen Sie es.«

»Morgen?«

»Vielleicht. Nichts Persönliches. Ich möchte alles wissen.«

Er nahm das Bild ihrer dunklen Augen und hellen Zähne mit sich in die Dunkelheit.

»Es dürfte klar sein, daß niemand auch nur die geringste Vorstellung davon hat, was im Erdkern vor sich geht.«

»Danke, daß Sie mich noch eingeschoben haben.« Leidy trieb Dinks Telefonrechnung in die Höhe; er trieb sich in dem leeren Haus herum, das Dink ihm überlassen hatte, nachdem er wieder nach Manhattan zurückgekehrt war. Leidy hatte fast eine Stunde gebraucht, um zu Gregor Mattasow vom Lamont-Doherty Geological Observatory durchzukommen; seitdem er in der *New York Times* zitiert wurde, war Mattasow zum Medienexperten für Magnetfelder aufgestiegen.

»Mangel an Wissen wird die Flut natürlich nicht stoppen.« Mattasow war vor einem Jahrzehnt aus Rußland in die Vereinigten Staaten gekommen und hatte mittlerweile einen New Yorker Akzent angenommen.

»Flut?«

»An theoretischen Artikeln. Zu schade, daß Sie nicht beim Geomagnetismus geblieben sind, mein Freund. Das ist das heißeste, was uns momentan widerfährt.«

»Ich ging nicht freiwillig, ich wurde gegangen. Nicht daß ich Caltech vermissen würde.« Leidy ließ seiner Enttäuschung freien Lauf. »Die Theorien werden von Jahr zu Jahr billiger. Jeder, der einige diamantene Verlobungsringe und eine Baracke mit einem Laser besitzt, kann seine persönliche Version des Erdinneren kreieren.«

»Ein Diamant-Amboß hat durchaus seinen Nutzen. Ein Großrechner ebenfalls.« Gregors Reputation als Geophysiker beruhte auf Computermodellen.

»Ohne einen Cray, ohne einen Diamant-Amboß, einzig und allein durch das Studium der Karten und der Gesteine habe ich – mit meinem eigenen Kopf – einige Ideen entwikkelt, die bislang noch niemand widerlegen konnte.«

»Für einen Freiberufler haben Sie durchaus einige interessante Vorschläge gemacht«, sagte Gregor freundlich. »Leider haben Sie dabei sehr viel Geld verdient. Man wird Sie *niemals* mehr respektieren können.«

»Zum Teufel mit dem Elfenbeinturm. Was wir bräuchten, ist ein tiefes Loch. Ein Teleskop, das in das Erdinnere blickt. Wir sollten runtergehen und nachsehen, was da vor sich geht.«

»Das haben Sie bereits früher vorgeschlagen, oder?«

»Das war ein anderer Hudder«, sagte Leidy.

»Schön, wenn Sie herausgefunden haben, wie man ein so tiefes Loch bohrt, dann lassen Sie es mich wissen«, sagte Gregor. »Ich bin der erste, der sich freiwillig meldet.«

»Abgemacht.« Leidy legte auf. Er schaute auf die Uhr. Er hatte diese Nacht einen Flug vom Kennedy Airport. Aber erst mußte er sie sehen. Er mußte einfach. Warum passierte es, daß in Zeiten wie diesen die Uhren langsamer gingen?

Er wartete vor Martas Haus, bis sie von der Arbeit nach Hause kam. Sie hatte für ihn nicht viel Zeit; jede Minute konnte die Nachbarin kommen, die ihre Mädchen von der Schule zurückbrachte. Er folgte ihr ins Haus.

Sie fanden sich schließlich in der Garage auf Martas Seite des Doppelhauses wieder, die sie in ein Atelier umgewandelt hatte. Stahlflaschen mit Gas und schwere Metallplatten standen an die Wände gelehnt, Schweißwerkzeuge lagen auf der Werkbank und vor der Garagentür befand sich ein großes Industriegebläse, das die Abgase durch ein dreißig Zentimeter breites Loch nach draußen saugte.

Der Boden war mit einem halben Dutzend rostiger Eisenskulpturen vollgestellt, die durch die einzige Birne an der Decke schwach beleuchtet wurden.

»Das ist eine Tetrahelix«, sagte sie und wies auf die facettierte, gewundene Säule aus oxidiertem Metall, die in der Mitte des Betonbodens stand. Sie fischte eine Zigarette aus der Packung, während sie die Arbeit betrachtete. »Hätte ich gewußt, daß bereits jemand vor mir so etwas gemacht hatte – eine große, oben in Kanada – und dafür einen Haufen Geld erhalten hat, dann hätte ich mir die Arbeit gespart.« Sie zündete die Zigarette mit einem roten Plastikfeuerzeug an.

»Beeindruckend.« Der Metallturm schien gleichzeitig sanft gewunden und zerklüftet zu sein; das Stück sah aus, als hätte sie mit ihm gerungen, hätte es niedergezwungen und ihm seine Gestalt aufgedrängt. Er betrachtete die anderen Werke; die meisten glichen in ihrem Aufbau – sie bestanden aus zusammengeschweißten Metallpolygonen – dem ersten. Alle waren beeindruckend, wenn auch nicht ästhetisch überzeugend. »Stark«, sagte er. »Schön, manche.«

»Sie sind ehrlich.« Sie lachte. »Sie wissen wahrscheinlich

nicht einmal, daß das Wort ›schön‹ in der Kunstwelt einen verächtlichen Beigeschmack besitzt.«

»Sie zeugen von einem hohen Maß an rationaler Durchdringung. Nicht nur vage Gefühle.«

»Sind Gefühle das?«

»Ich gebe mir Mühe«, sage er.

»Verzeihen Sie den schlampigen Ausdruck, aber mögen Sie sie denn?«

Er fühlte sich gedrängt. »Einige von ihnen, auf den ersten Blick«, antwortete er. »Vielleicht komme ich später zu der Erkenntnis, daß ich manche lieber mag. Ich bin kein Kunstkritiker.«

»Das werden Sie.« Sie ging zur Tür.

»Geben Sie mir noch eine Minute.«

»Die Mädchen sind zurück, glaube ich. Ich höre Ruths Wagen.«

»Dann eine Sekunde.« Als er die Skulpturen betrachtete, bemerkte er, was sie inspiriert hatte. Sie waren kristalline Strukturen, wirkliche molekulare Strukturen, die um ein Vielfaches vergrößert und in platonischer Einfachheit wiedergegeben wurden. »Sie sagen, Sie seien ein Experimentalphysiker?«

»Das bin ich.«

»Das ist nicht die ganze Geschichte.«

»Die Zeit ist um, Leidy.« Sie drückte ihre kaum angerauchte Zigarette in einem vollen Aschenbecher auf der Werkbank aus. »Die Kinder sind da.«

Sie gingen ins Haus, als die Eingangstür knallte. Martas Töchter fielen über sie her und blickten an ihr vorbei zu Leidy, der in der Küche stand. Das ältere Mädchen, Linda, ignorierte ihn geflissentlich, während Luisa, mutiger, zu ihm rannte und ihm ans Knie schlug.

»Warum sind *Sie?*«

»Warum bin ich was, meine Kleine?«

»Mommy *mag* Sie nicht«, sagte sie und schaute zu ihm auf. Ihr Gesicht war zu einer Grimasse verzerrt, dann brach sie in gellendes Gelächter aus.

»Okay. Ich gehe jetzt.«

»Warum?«

»Weil es spät ist und Zeit für euer Abendessen.«

»*Warum?*«

Er schaute sie an. »Du und mein Junge würden gut miteinander auskommen, glaube ich.«

»*Warum? Warum? Warum? Warum?*«

Er seufzte und schleppte sie in den Flur. Sie klammerte sich an sein Hosenbein und ritt auf seinem Schuh. Marta hatte die ältere Tochter nach oben geschickt.

»Ich denke, ich gehe lieber. Ich will nicht mein Flugzeug verpassen.«

Marta schaute ihn mit einem seltsamen Gesichtsausdruck, beinahe verärgert, an. »Sie können den Flug ändern.«

Der an sein Bein geklammerte Hausaffe schrie, »*Warum?*«

»Was meinen Sie damit?«

»Jetzt, da ich darüber nachdenke, meine ich gar nichts.«

»Ich werde Sie anrufen«, sagte Leidy.

»*Warum?*«

»Mal sehen«, sagte Marta. »Ich soll mit Ihnen nicht reden.«

»Was kümmert das Sie?« sagte er.

Er betrachtete ihre dunkelbraunen Augen, ihre weißen Zähne. Sie schüttelte schnell den Kopf.

Mit ihrer Hilfe befreite er sich von dem überdrehten Kind und ging zur Tür.

»Gut, rufen Sie mich an, wenn Sie in Nevada sind«, sagte sie.

»Kalifornien.«

»Ja, natürlich, Kalifornien.« In ihm schrillten die Alarmglocken. Marta schenkte ihm ein flüchtiges Lächeln, er trat hinaus und schloß hinter ihr die Tür.

Vom Flughafen rief er Dink in seinem Apartment in Manhattan an.

»Irgendwelche Fortschritte«, fragte Dink.

»Wir haben nicht über ihre Arbeit gesprochen, sondern über ihre Kunst.«

»O Junge, Junge. Als Betriebsspion bist du eine totale Niete.«

»Ich habe über die Diamantmine nachgedacht, die ich den Marokkanern verkauft habe. Eine solche werde ich wohl nie wieder finden. Und ich habe darüber nachgedacht, was du mir gesagt hast, daß Aluminium einmal ein wertvolles Metall war.«

»Halt mich auf dem laufenden«, sagte Dink. »Joan läßt dir liebe Grüße ausrichten. Und vielen Dank für deine Hilfe bei dem Haus. Es war schön, dich um mich zu haben.« Es sollte herzlich klingen, klang allerdings nur nach Einsamkeit.

Leidy legte auf und dachte nach. Er rief Marta an. Die Leitung war besetzt. Er rief noch einmal an und noch einmal. Als sie schließlich nach zwanzig Minuten den Hörer abnahm, sagte er: »Gut, ich habe den Flug abgesagt. Genauer, er ist ohne mich gestartet.«

»Wirklich?«

»Wir sollten über einige Dinge reden, zu denen wir noch nicht gekommen sind. Kann ich Sie morgen sehen? Irgendwo, wo wir nicht gestört werden.«

»Ohne die Kinder, meinen Sie? Kommen Sie morgen nachmittag ins Labor. Ich werde am Tor Ihren Namen hinterlassen. Sie können mich zum Essen einladen.«

»Sie sollten doch nicht mit mir reden.«

»Zum Teufel damit.«

Das Mittagessen nahmen sie in der Pizzeria eines Einkaufszentrums ein. Während sie auf das Essen warteten, tranken sie Bier und schauten sich über den Tisch hinweg an. Auf der Fahrt hierher hatte er erfahren, daß sie nicht wußte, wie sein Vater das Hudderit fand; sie wußte nur, daß er in den Gibbs Laboratorien daran arbeitete. »Ich werde es Ihnen erzählen«, sagte er.

»Eine weitere Kostprobe Ihrer historischen Studien?« Ihr Lächeln war eine Herausforderung.

»Diesmal können Sie die Geschichte nachprüfen.«
»Wie?«
»Fragen Sie meine Mutter.«

April 1942, Chicago. Die Straßen draußen waren wie ausgestorben, die Temperatur lag unter dem Gefrierpunkt. Drinnen war das italienische Restaurant voller Menschen und aromatischer Dünste, es roch nach Knoblauch.

»Es wird mittels sogenannter ultramikro-chemischer Methoden durchgeführt. Man benützt dazu eine Waagschale aus einer einzigen Quarz-Fiber. Die Schalen bestehen aus Platinblättchen, die so klein sind, daß man sie praktisch nicht sieht. Legt man das Zeug auf die Schale, krümmt sich die Faser – die Abweichung wird dann mit Hilfe eines Lichtstrahls gemessen.« Der Typ gegenüber Cyrus unterstrich seine Sätze mit einem gelegentlichen Schlenker seiner Gabel, an der Würstchen aufgespießt waren. Er hielt die Gabel in seiner Linken, mit der Rückseite nach vorne. Er behauptete, so täte man es in Europa. »Alle Vorbereitungen muß man unter einem Mikroskop durchführen.«

Cyrus war noch nie zuvor hier gewesen, aber er mochte das Lokal. Eine Bedienung ging am Tisch vorüber und ließ aus ihren großen dunklen Augen einen heißen Blick zu ihm gleiten, und über dem Teller mit Pasta, den sie trug, hob sie ein wenig ihre Brüste. Er schaufelte eine weitere Gabel der fettigen Spaghetti in sich hinein.

»Jedenfalls habe ich dir alles, was ich kann, erzählt«, sagte der andere. »Vielleicht sogar mehr, als ich sollte. Wovon handelt deine Arbeit?«

»Das habe ich noch nicht entschieden. Irgendwas über Kristallografie.«

»Das liegt dir im Blut.« Der Typ, der Arnie hieß, nickte. »Ich habe ein Auge auf dich geworfen. Und nicht nur ich.«

»Wer noch?«

»Kennst du Fermi und Urey? Hast du schon mal von Seaborg gehört? Aus Berkeley?«

Cyrus nickte lebhaft mit weit aufgerissenen Augen, während er mit vollem Mund weiterkaute. Er hatte von allen gehört, wußte allerdings wenig über das neue metallurgische Laboratorium, das Met Lab, außer daß sie in den Squash Courts unter der Tribüne des Stagg Fields irgendwelche Experimente planten; alles verlief ziemlich heimlich. Es war zwei Spielzeiten her, daß Chicago sein Football-Team aufgelöst hatte.

»Es geht alles recht schnell. Sie brauchen Hilfe. Seaborg ist für einige Konferenzen in der Stadt. Willst du mit ihm reden?«

Nichts wollte Cyrus lieber.

»Ich bring dich morgen rein, damit du ihn sehen kannst. Ich weiß noch nicht, wann oder wo. Bleib zu Hause, bis ich dich abhole.«

Der nächste Tag war noch kälter, eine hohe hellgraue Wolkenschicht reflektierte das Licht des nördlich gelegenen Sees. Cyrus saß auf dem Wohnzimmerboden des Gamma-Alpha-Gebäudes, gegen einen klopfenden Heizkörper gekuschelt, und überflog das ausgeliehene Exemplar von Paulings *Formen der chemischen Bindung*.

Cyrus war nicht der Typ für eine Studentenverbindung, Gamma Alpha jedoch war eine ungewöhnliche Verbindung – fünfzehn Männer lebten in dem dreistöckigen Haus zusammengepfercht, die meisten davon älter als Cyrus, alle teilten sich ein einziges Badezimmer und einen großen barackenähnlichen Schlafsaal. Alles Studenten der Naturwissenschaften ohne große gesellschaftliche Ansprüche; obwohl es von Vorteil war, wenn man Bridge spielen oder auf dem Piano im Wohnzimmer mehr oder weniger melodisch herumhämmern konnte. Cyrus konnte weder Bridge noch Klavier spielen, er tat sich schwer, mit anderen auszukommen, aber er konnte mit der Hälfte der Brüder über Physik reden – die anderen waren Biologen –, und er konnte mithelfen, die Miete zu bezahlen.

Die Eingangstür schlug auf. »Los!« Es war Arnie, in einen Mantel und einen langen Schal gehüllt, den er in Dänemark gekauft hatte. »Seaborg verläßt die Stadt, aber er wird eine halbe Stunde vor der Abreise am Bahnhof sein. Er wird dich dort treffen.«

Sie fuhren mit einem Taxi zum Bahnhof; Arnie zahlte.

Glenn Seaborg stellte sich als kalifornischer Schwede heraus, mit schwarzem, nach hinten gestrichenem Haar und einem dümmlich wirkenden Holzfällergesicht. Ein so hagerer Mann, daß sein Trenchcoat und doppelreihiger Anzug an ihm herunterhingen wie Segel bei Flaute. Er war kaum dreißig Jahre alt, und jeder sagte, daß er auf dem Weg zum Nobelpreis war.

Einige warteten bereits, um mit ihm zu reden; aus einer Ecke des weiten hallenden Warteraums im Bahnhof hatte er ein Büro gemacht. Cyrus versuchte wahrzunehmen, was vor sich ging, aber alle flüsterten nur. Die große Uhr an der Wand ließ die Zeit in minutengroßen Stücken vertickern. Cyrus wollte bereits aufgeben; niemals würde Seaborg zu ihm durchdringen.

Er schaffte es, als noch fünf Minuten blieben. Seaborg nutzte sie, um mit leiser Stimme eine kurze Erklärung zu geben und viele Fragen zu stellen; die meisten handelten von Nuklearchemie. Dann fragte Seaborg: »Wären Sie bereit, Ihre Karriere eine Zeit lang zurückzustellen – vielleicht sogar Ihren Abschluß um ein bis zwei Jahre aufzuschieben –, wenn Sie wüßten, daß Ihre wissenschaftliche Arbeit ein wichtiger Beitrag zur Verteidigung des Landes darstellt?«

1942 wurde Energiegewinnung aus Atomkernen allgemein als Science Fiction angesehen, Cyrus allerdings hatte genügend über die neue Physik gelesen, um es besser zu wissen – und erkennen zu können, worauf Seaborg hinaus wollte. »Ja«, sagte er. Lieber Amerika als die Nazis.

Seaborg sah ihm in die Augen. »Die Regierung möchte wahrscheinlich ihre Akten einsehen, Mr. Hudder, soweit es jedoch mich betrifft, sind Sie angestellt.«

Die Regierung stimmte zu; so lernte Cyrus, »unsichtbare Materie mit unsichtbaren Waagen« zu messen, wie Seaborg es ausgedrückt hatte. Aber auch Cyrus' muskulöse Statur war gefragt, denn Teil seiner Arbeit war es, mit Bleiziegeln und noch schwereren Kisten mit Urannitrat-Hexahydrat umzugehen. Er war dabei, als diesen Sommer – Donnerstag, den 20. August 1942 – ein Element seine erste kaum sichtbare Erscheinung – als rosafarbener Niederschlag in einer winzigen Glasphiole – feierte. Es war das erste Mal, wie Seaborg in seinem Tagebuch notierte, daß genügend Plutonium in einer solch großen Menge gesammelt wurde, daß es »vom Auge eines Menschen wahrgenommen werden konnte.«

Wäre er in der Forschungshierarchie etwas höher gestanden, hätte Cyrus den gesamten Krieg über in Chicago bleiben können. Da es ihm jedoch an Alter mangelte, und wegen der ungewöhnlichen Eigenschaften eines anderen Elements, das als essentiell für den Krieg galt, befand sich Cyrus bereits nach wenigen Monaten in einem Abteil des Santa Fe Super Chief, der in westliche Richtung nach New Mexico ratterte. Er wagte es kaum, den Speisewagen des Zuges zu betreten, ohne die schwere Aktentasche mitzunehmen, die, wenngleich nur in seiner Einbildung, mit Handschellen an seinen Handgelenken befestigt war.

Polonium – benannt nach der Heimat seiner Entdeckerin, Marie Sklodowska Curie – war ein natürliches Element, das so gut wie nie in der Natur vorkam; so ungeduldig war es, zu etwas anderem zu zerfallen. Das silbergraue Metall strahlte in seiner reinen Form so viele Alpha-Partikel ab, daß sich die Luft blau färbte, und es besaß die eigenwillige Gewohnheit, ohne fremdes Zutun aus jedem Gefäß zu klettern, in das es gelegt wurde. 1942 war es ein seltener Stoff, so selten, daß man es sich nicht erlauben konnte, es fortlaufen zu lassen. Weswegen der junge muskulöse Cyrus Hudder ausersehen wurde, einen der ersten Transporte vom Mittleren Westen in den Südwesten zu begleiten; er sollte sicherstellen, daß es in seinem Behältnis in der bleiummantelten Aktentasche blieb.

Der Santa Fe-Eisenbahnlinie gelingt es, auf ihrem Weg nach Albuquerque, vorbei an den südlichen Ausläufern der Sangre de Cristo-Berge, Santa Fe in einem Abstand von einigen Meilen zu passieren. Der einundzwanzig Jahre alte Cyrus kletterte an einer staubigen, in trockener Landschaft gelegenen Haltestelle namens Lamy aus dem metallenen Stromlinienzug, die Aktentasche hatte er an seine Seite geklemmt. Eine Chevrolet-Limousine mit trübem olivgrünen Anstrich wartete auf ihn, um mit ihm in den fahlen Sonnenuntergang zu fahren.

Auf eigenen Wunsch und unter Mithilfe einiger bürokratischer und wissenschaftlicher Vorfälle kehrte Cyrus nicht eher nach Chicago zurück, bis der Staub einer Stadt namens Hiroshima sich über die ganze Welt gelegt hatte.

April 1945. Cyrus befand sich in einem tiefen Canyon, umgeben von Klippen aus sandigem, gelbgrauen vulkanischen Tuffgestein. Es war ein schöner Ort, so schön wie keiner mehr, seitdem ihn vor vielen Jahren sein Vater zu den Ponyausritten in die Sierra Nevada mitgenommen hatte. Grashüpfer zirpten faul in der klaren warmen Luft. Hohe Pinien stöhnten im Wind und der leichte Lufthauch, der durch sie hindurchfuhr, ahmte die Geräusche eines Flusses nach, der über Granitfelsen stürzte. Die Luft war erfüllt mit Harzgeruch und dem Vanilleduft der Ponderosa-Rinde.

Eine amplifizierte Stimme, bar ihrer resonanten Frequenzen, hallte durch den engen Canyon. »Alle Personen das Gebiet verlassen. Das Gebiet verlassen und Schutz suchen. Noch dreißig Sekunden bis zur Detonation.«

Cyrus war nicht hier, um die Szenerie zu genießen; sein Weg zu diesem Ort war kein Spaziergang, den er zu seinem Vergnügen unternommen hatte. Er verkroch sich mit anderen Männern im kühlen Inneren eines mit Sandsäcken verstärkten Blockhauses, mit einem Fernglas spähte er durch einen engen Schlitz in den friedlichen Sandia Canyon. *Sandia* bedeutete im Spanischen Wassermelone; seine Aufmerksamkeit gehörte zwei weiteren Sandsack-Blockhäusern, die eine Viertel Meile entfernt lagen und Kameras und elektronische Instrumente beherbergten und vor allem dem

Ding, das sich, so groß wie eine Wassermelone, zwischen ihnen befand.

Dort, auf einer hölzernen Plattform, eingehüllt in Kabelbündel, saß eine Kugel mit Sprengstoff, die in ihrem Inneren ein Kugellager enthielt, groß und schwer genug, um das Gewicht einer hydraulischen Turbine zu tragen.

»Zwanzig Sekunden bis zur Detonation.«

Die G-Gruppe – G für Gerät – hatte in die Mitte des Stahllagers eine Öffnung gebohrt und eine walnußgroße Weichmetallkugel eingesetzt. Dann hatten sie die Öffnung mit einer großen Schraube verschlossen, was zum Spitznamen *Screwball* führte. Es war nicht der erste *Screwball*, den die G-Gruppe im Sandia Canyon in die Luft jagte, noch sollte es der letzte sein. Nicht für die Wochen, die noch folgen sollten.

»Zehn Sekunden. Neun. Acht ...«

Zweck der Übung war die Entwicklung eines Auslösers für die Plutoniumbombe; das Stahllager stellte die Plutoniummasse dar, ein Metall, das so begierig danach war, mit sich selbst zu reagieren, daß man es von sich selbst fernhalten, daß man es von sich selbst zurückhalten mußte in Form zweier getrennter subkritischer Halbkugeln – bis zum Moment der Detonation. In diesem Moment sollten die umliegenden Sprengstofflinsen die Halbkugeln von allen Seiten eindrücken, so daß eine kritische Masse entstand. Ein skeptischer Wissenschaftler verglich das Problem mit dem Versuch, eine Bierdose zu zerschmettern, ohne daß dabei Bier verschüttet werde.

Eine kleinere Weichmetallmasse saß zwischen den Plutoniumhemisphären, die dafür sorgen sollte, daß das Plutonium effizient mit sich selbst reagierte. Manche bezeichneten die Masse als »Igel«, doch das war unüberlegt, verwies es doch auf seine äußere Form; ein Igel oder Seeigel trägt, solange er am Leben ist, Stacheln zur Schau, oder er besitzt, wie die ausgebleichte Schale eines Seeigels, Löcher oder Grübchen.

Unabhängig von seinem exakten Aussehen bestand das Herzstück des Igels aus radioaktivem Polonium, die äußere

Lage des Kerns aus dem zweitleichtesten Metall, Beryllium. Polonium ist eine sprudelnde Quelle von Alpha-Partikeln. Unter dem Bombardement von Alpha-Partikeln wird Beryllium zu einer sprudelnden Quelle von Neutronen. Neutronen setzen Kettenreaktionen in Gang.

So begierig ist der Kern eines Berylliumatoms – vier Protonen, fünf Neutronen –, sein übriges Neutron abzugeben, daß bereits mehr als ein Dutzend Jahre früher, 1932, Beryllium die Quelle für die ersten Neutronen darstellte, die erkannt und benannt wurden – von dem Engländer Chadwick. Zusammen ergeben Polonium und Beryllium den idealen Auslöser für eine Bombe. Durch die Implosion, so war es beabsichtigt, vermischte sich das innere Plutonium vollständig mit dem äußeren Beryllium. Dafür waren die Grübchen oder Stacheln des Igels (solange er leben sollte – Cyrus würde es nie sagen können) da.

»Detonation!«

Es gab einen Lichtblitz, heller als die Nachmittagssonne, und einen fürchterlichen Knall, der durch den Canyon hallte ... dann eine sich himmelwärts wälzende Säule aus grauschwarzem Rauch.

Brennende Holzteile und glühende Metallsplitter hatten im Umkreis der kleinen Lichtung zwischen den Ponderosas das Gras in Flammen gesetzt –

»Das Gebiet absichern.«

– Feuerwehrleute der Armee rannten hinzu, um den Flächenbrand zu löschen, bevor die Bäume Feuer fangen konnten. Einige Sekunden später erschienen die Wissenschaftler aus ihren Bunkern und rissen die Schutzräume auf, die die Röntgenbildkameras und andere Instrumente enthielten. Einige der Männer, sie trugen schwere Handschuhe und Geigerzähler, strichen durch die Trümmer und suchten nach Überresten des zerfetzten *Screwballs*.

Die Experimente der G-Gruppe konnten niemals so perfekt symmetrisch gestaltet sein, wie die Implosion der Bombe zu sein hatte; es gab keine Möglichkeit, sie aufzuzeichnen und zu messen. Es mußte Platz für Proben gelassen werden und Öffnungen, durch die Drähte und Kabel gezogen wurden. Nur die Röntgenbilder, das Klicken und Rattern der Detektoren und die chemischen Analysen der zurückgebliebenen Metallteile konnten eine ungefähre Antwort liefern – funktioniert es, oder funktioniert es nicht. Eine ultimative Antwort konnte letztendlich nur ein Test der Bombe selbst geben.

Trinity lag noch fünf Monate in der Zukunft. Jahre später konnte sich Cyrus an Trinity besser erinnern als an Hiroshima. Es war dieser Nachmittag, an dem die G-Gruppe einen weiteren *Screwball* zur Implosion brachte, an den sich Cyrus am besten erinnerte. Es war der Tag, der über sein weiteres Leben entschied.

Cyrus half seinen Kollegen beim Sieben des Staubes. Sie fanden verbogene Metallscherben. Wenn sie jetzt, wie sie es versucht hatten, die Bierdose zerschmetterten, lief geschmolzener Stahl heraus. Cyrus' Aufgabe war es, festzustellen, wie weit sich Beryllium und Polonium verbunden hatten. Er nahm Erdproben, und während er Erde aufsammelte, fand er einige Körner eines schwarzen Kristalls, die im Staub unter dem verschwundenen Holzstand lagen, auf dem sich der *Screwball* befunden hatte. Er ließ die Fragmente in die Probentasche gleiten.

Zwei Tage später blickte Cyrus durch das doppelte Augenstück eines Leitz-Mikroskops – eines der besten der Welt, in Deutschland hergestellt, das er noch vor dem Krieg in Chicago erworben hatte – auf ein von hinten beleuchtetes Stück des schwarzen Kristalls, das auf dem Objektträger lag. Was er sah, trug nicht dazu bei, die Deutschen zu besiegen; das hatte bereits Hitler erledigt. Es half auch nicht, Japan zu besiegen. Das kristalline Material auf dem Objektträger spielte für die Atombombe keine Rolle.

Trotzdem war es ... faszinierend.

Er unterzog es einer Röntgenkristallografie, opferte sogar einen Krümel für eine Spektrometrie und reservierte andere für chemische Tests. Trotz seiner Geschicklichkeit auf dem Gebiet der Ultramikrochemie entzogen sich ihm die Einzelheiten dieser Struktur. Er hatte einfach zu wenig Material, mit dem er arbeiten konnte. Er wußte lediglich, daß es eine

Verbindung war, Kohlenstoff und irgend etwas anderes – Eisen oder Magnesium oder Sauerstoff oder Stickstoff, Fluor vielleicht, Elemente, die in Stahl und Sprengstoffen vorhanden waren und die sich im Moment hoher Temperatur, hohen Drucks und intensiver Neutronenstrahlung vermischten. Kohlenstoff und irgend etwas anderes und ein drittes Element, das sicherlich Beryllium war.

Das war alles, was er wußte, als er das Zeug dem geologischen Standard-Test unterzog. Er hatte einfach keine Ahnung, daß er einfach einen Diamanten ankratzte.

Von Martas Pizzahälfte war nichts mehr übrig außer der verschmierten Sauce auf dem Pappteller. »Er hat die Geschichte niemals veröffentlicht?«

»Er hat sie nicht einmal meiner Mutter erzählt, erst, als er sich mitten in der Auseinandersetzung mit Northeastern befand.« Leidy zerrte an den Pizzastücken, die er kaum angerührt hatte.

»Er wollte die Regierung draußen halten?«

»Ja. Wenn man damals für die staatlichen Labors gearbeitet hat, war man verpflichtet, ihnen die Rechte für jede tolle Idee, die man hatte, für einen Dollar zu verkaufen.«

Sie spielte mit der Bierflasche herum. »Sie sprechen viel über Geld.«

»Tue ich das?« Er schien überrascht. »Vielleicht, weil ich mich selbst finanziere. Keine große Firma, keine Universität, keine Regierungsstelle kümmert sich um mich.«

»Sie vermissen sie nicht besonders.«

»Sie machen sich ebenfalls über Geld Gedanken.«

»Natürlich tue ich das.« Sie stellte die Flasche auf den Tisch. »Seitdem der Vater meiner Kinder beschlossen hat, nicht für die großen Ögesellschaften zu arbeiten, erhält er den Lohn, den die Regierung Wissenschaftlern in Großbritannien zahlt, was verflucht wenig ist. Und er ist nicht immer pünktlich mit den Unterhaltszahlungen.« Sie seufzte, offenbar unzufrieden mit sich selbst. »Aber das geht Sie nichts an.«

»Lassen Sie es gut sein.«

»Für Sie ist es nicht dasselbe. Geld, Immobilien, Patente, das eine steigt, das andere fällt – für Sie ist es wie ein Hobby. Haben Sie Ihren Spaß daran?«

»Darüber muß ich erst nachdenken.« Er nahm die übriggebliebene Pizza. »Ich laß sie einpacken. Vielleicht habe ich später Appetit.«

Nach dem Essen fuhren sie zu Martas Labor. Das riesige Brookhaven-Center vereinnahmte einige Hektar ehemaligen Ackerlands auf Long Island, hinter dem Tor jedoch mußten sie zwischen den dichtstehenden Gebäuden nach einem Parkplatz suchen.

Sie führte ihn in das winzige Büro in einer Ecke des Labors und befreite für ihn einen Stuhl von den Papieren, die auf ihm herumlagen. Sie saß hinter ihrem Schreibtisch, in ihren Stuhl zurückgelehnt. Sie strahlte; ihre rosige Haut glühte, der Brustkorb hob und senkte sich unter der weichen Baumwolle ihres purpurfarbenen Pullovers. »Worüber haben wir zu reden?«

»Als ich in Marokko war, sah ich in den Bergen viele kranke Leute. Ein Kind – es starb später. Von den Veränderungen im Magnetfeld und den anschließenden Sonneneruptionen.«

»Es tut mir leid, Leidy. Es war keine günstige Zeit, sich in den Bergen aufzuhalten.«

»Ich frage mich, ob es jemals wieder eine günstige Zeit geben wird, um in die Berge zu fahren. Das Feld krankt bereits seit langer Zeit – laut der Statistik wird es in tausend Jahren gegen Null gehen. Aufgrund dessen, was wir letzte Woche erfahren haben, kann dies allerdings schon morgen geschehen. Die Dipol-Konfiguration – der nördliche und südliche Magnetpol, meine ich – verschoben sich um mehr als drei Grad am *Tag*, und das über drei Tage hinweg. Bei dieser Geschwindigkeit ist das Magnetfeld in einem Monat bei Null. Die Pole sitzen dann auf dem Äquator.«

»Ja.« Sie öffnete eine Schublade und griff nach ihren Zigaretten.

»Wenn wir nichts unternehmen, werden viele Menschen sterben. Nicht nur eine kurze Zeit lang und nicht nur in den Bergen. Auf lange Sicht kann ein großer Teil der oberen Atmosphäre ionisiert werden. Die Ozonschicht dürfte vollständig zerfallen. Und wir wären der ultravioletten Strahlung schutzlos ausgeliefert. Wir würden zu Nachtwesen werden. Würmer. Dann beginnt der Planet um uns herum abzusterben.«

Sie zündete sich mit einem purpurfarbenen Bic die Zigarette an und wartete.

»Das Magnetfeld wird im flüssigen Kern aufgebaut. Es verändert sich, da sich dort unten die Fließrichtungen ändern. Was wäre, wenn wir herausfinden könnten, was im Erdkern wirklich vor sich geht? Zumindest hätten wir ein Frühwarnsystem.«

»Wir können nicht einmal Erdbeben vorhersagen«, sagte sie und blies Zigarettenrauch aus.

»Weil dies vertrackte Probleme sind. Platten, die herumschlittern, sich festhaken, kollidieren, unter anderen wegtauchen. Der Kern wäre einfach. Eine Schale mit geschmolzenem Eisen.«

»Also wissen Sie es besser.« Sie lächelte beinahe.

»Ich weiß einiges über die Erde. Und Sie wissen einiges über Hudderit. Mein Vater zeigte sich so enthusiastisch über Hudderit, weil er dachte, es könnte ihm seinen Traum verwirklichen. Er hatte die Vorstellung, daß man es nicht nur für Bohrspitzen wie für Diamantenschneider verwenden könnte, sondern als Material für Bohrungswerkzeuge und Instrumente, die man in großen Tiefen benötigt. Sogar für eine Bohrlochverkleidung.«

»Deswegen konzentriere ich mich auf Methoden, die Hudderit in großen Mengen liefern«, sagte Marta. »Nicht um Löcher zu bohren, aber alle Anwendungsarten werden später folgen. Das ist jedoch noch alles in weiter Ferne.«

»Ihre Methoden funktionieren noch nicht perfekt. Aber das tun sie bei niemanden.«

»Sie wollen ein Loch bis zum Erdkern bohren? Ich weiß nicht einmal, wie weit es bis dorthin ist.«

»Bis zum äußeren Kern, etwa zweitausendneunhundert Kilometer.«

»Was ist das tiefste Loch, das jemals gebohrt wurde?«

»Das haben die Russen gebohrt, auf der Halbinsel Kola. Sie sind zwölf Kilometer tief gekommen.«

Sie warf ihren Kopf zurück und sagte, *»Ha!«*

»Es gibt eine Reihe von Problemen.« Er verkniff sich ein Lächeln. »Vor allem Hitze und Druck.«

An der Wand befand sich eine große weiße Tafel, die mit Farbkreide beschrieben werden konnte. Leidy begab sich zu ihr, wischte alles, was darauf stand, weg, malte dann in Rot und Orange konzentrische Bögen und bezeichnete sie als »Kruste«, »Mantel«, »äußerer Kern«, »innerer Kern«.

»In der Übergangszone zwischen Kern und Mantel«, begann er, »der sogenannten Kern-Mantel-Zone, eine Region, die lediglich zwei- bis dreihundert Kilometer dick ist, steigt die Temperatur von dreitausend Grad Celsius im Mantel auf viertausendfünfhundert Grad im Kern. Das kommt der Temperatur an der Sonnenoberfläche nahe. Bei atmosphärischen Druck würde dies heiß genug sein, um Tungsten zum Schmelzen zu bringen. Der Druck in der Kern-Mantel-Zone ist jedoch tausend Mal größer, und unter diesem Druck schmilzt Tungsten nicht. Bei einem Druck wie diesem ist vieles härter als ein Diamant. Xenon, ein flüssiges Gas hier oben, wäre dort unten ein Metall – härter als ein Diamant. Geophysiker wenden viel Zeit auf, um Druck-Temperatur-Kurven und Statusgleichungen zu studieren.«

»Tungsten können wir herstellen«, sagte sie.

»Einer der Vorteile von Hudderit ist, daß es ein metastabiles Material ist. Wir können mit ihm an der Oberfläche arbeiten, gleichzeitig schmilzt, brennt oder verformt es sich nicht unter diesen Temperaturen oder unter diesem Druck, ganz egal, ob sie gesondert oder zusammen einwirken. Sie wissen das aus den Artikeln meines Vaters.«

»Sie wollen eine dreitausend Kilometer lange Röhre aus Hudderit bauen«, sagte sie.

»Im wesentlichen ist das richtig«, sagte er. Er zeichnete die Röhre, eine schwarze Linie von der gekrümmten Erdoberfläche zur stärker gekrümmten Kurve des äußeren Kerns. Er zeichnete gut; obwohl er sie freihändig ausführte, war die Linie beinahe gerade. »Wenn diese Röhre ein einzelnes, vollkommenes Kristall wäre, hätten wir keine Probleme. Aber das ist wahrscheinlich mehr, als man verlangen kann.«

»Vorausgesetzt, Sie wollen das im Laufe der nächsten Jahrhunderte schaffen«, sagte sie.

»Daneben gibt es einige Dinge, die das Innere der Röhre betreffen. Zum Beispiel könnte das flüssige Eisen im Kern durch das Loch nach oben kommen. Wir werden die gesamte Röhre mit einem Medium aufzufüllen haben – vorwiegend Bohrschlamm, besser aber mit geschmolzener Lava. Wir müßten sie unter Druck setzen. Und wir bräuchten abschließbare Abschnitte in der Röhre.«

»Nun ja«, sagte sie. »Vergessen wir die Röhre für eine Minute. Was wollen Sie als Bohrer benützen?«

»Nun, wahrscheinlich dürfte es irgendeine *Downhole*-Turbine sein.«

»Was ist eine *Downhole*-Turbine?«

»Wenn man mit einer Bohrkrone nicht mehr weiterkommt, benützt man eine Turbine. Die Russen fanden heraus, daß sie selbst mit einer Bohrkrone, die aus einer Magnesiumlegierung bestand, nicht tiefer kamen als zehn Kilometer. In einer Turbine wird die Krone durch den Bohrschlamm angetrieben, der durch sie hindurchgeht. An diesen Turbinen sind Instrumente, Gyroskope etc. angebracht. Diese schicken die Daten zur Erdoberfläche. Sie steuern sie durch den Boden wie unterirdische Raumschiffe, die an einem Kabel hängen.«

»Und Sie wollen geschmolzene Lava dreitausend Kilometer tief in einer Röhre durch die Turbine schicken«, sagte sie.

Er dachte darüber nach. »Wahrscheinlich nicht.«

»Was wir brauchen, ist ein Maulwurf, etwas, das ganz alleine gräbt«, sagte sie. »Energie und Richtungsanweisungen liefern wir von der Oberfläche aus.«

»Ich denke, da haben Sie recht.«

»Und dieser Maulwurf stößt einen beinahe vollkommenen Hudderit-Kristall hinter sich aus, während er sich vorwärtsbewegt.«

»Etwas in der Art.«

»«Nun, das sollte nicht schwer sein«, sagte sie voller Freude. »Auf diese Art graben wir das Loch bis zum Kern. Und was dann?«

»Wir injizieren Instrumente in den flüssigen Eisenkern.«

»Wie kommunizieren diese Instrumente mit uns?«

»Auf die gleiche Weise, wie wir mit dem Bohrer kommunizieren, mit Glasfiberkabeln, die ständig von der Oberfläche nachgeschoben werden.«

»Wissen Sie, ich kann es richtiggehend vor mir sehen«, sagte sie. »Das ist das erste Mal, daß ich mir es bildlich vorstellen kann.«

»Die Technologie existiert bereits«, sagte er. »Wenn man sich die technischen Mittel vergegenwärtigt, dann kann man sich auch alles andere vorstellen.«

Sie verzog den Mund. Charmeur. »Welche Art von Instrumenten, die wir auf der Oberfläche konstruieren, können viertausendfünfhundert Grad Celsius standhalten?«

»Eine gute Frage«, sagte er. »Galliumarsenide?« fragte er hoffnungsvoll.

Sie war skeptisch.

»Wir müssen dann die Instrumente kühlen«, sagte er. »Die Energie beziehen wir von den Geothermen – und ebenso erhalten wir durch Geothermik die Kühlenergie.«

»Geothermik?«

»Wovon wir soeben gesprochen haben – die Erhöhung der Temperatur mit zunehmender Tiefe. Wenn wir erst eine gewisse Tiefe erreicht haben, steht uns das mächtigste Kraftwerk der Erde zur Verfügung. Temperaturen, die sehr viel höher liegen als in jedem Atomreaktor. Schickt man Wasser hinunter, kommt es als überhitzter Dampf herauf. Jedes Medium, das man nehmen will, kommt als Nebel herauf. Geothermik. Auf diese Art kühlen wir die Instrumente.«

»Sie meinen wirklich, diese Dinger schweben in flüssigem

Eisen und haben in einigen Kilometern Entfernung unter sich einen Hitzetauscher ...«

»Und über ihnen einen Heizkörper«, warf er ein.

»... im Grunde sind sie also angeleinte Ballone«, sagte sie. »Das Problem ist nur: Wie versenkt man einen Ping-Pong-Ball in einem Schmelztiegel mit flüssigem Stahl?«

»Wir brauchen einen Thermodynamiker, der sich damit beschäftigt«, sagte er.

»Nun, in diesem Fall sollte es wirklich einfach sein«, sagte sie und warf ihm einen seltsam unschuldigen Blick zu.

»Wir können unsere Modelle in einem Stahlwerk testen oder in einem Hochofen.«

»Ich würde lieber nach Hawaii gehen«, sagte sie zwinkernd. »Und sie in einem aktiven Vulkan eintauchen.«

»Wie wäre es statt dessen mit Island?«

»Nur im Notfall.«

Sie arbeiteten den ganzen Nachmittag durch. Sie konnte ihn nie länger als eine halbe Minute am Stück ernst nehmen, doch das tat nichts zur Sache. Gute Wissenschaft beruht nicht auf unablässiger Ernsthaftigkeit; wenn, dann könnten Wissenschaftler ebenso Krankenversicherungen verkaufen. Hin und wieder ertappte sie sich dabei, daß sie an seinen verrückten Plan glaubte.

Ich kann es machen, dachte sie, ich *kann* es. Dann kam sie auf den Boden der Tatsachen zurück. Auf die Oberfläche der Erde.

»Wo beginnen wir das Loch? Wo stapeln wir das Gestein, das dabei nach oben kommt?«

»Wie lang ist Ihre Maschine?«

»Was hat das damit zu tun?«

»Als Anhaltspunkt. Wie lang also, ein Meter?«

»Weniger.«

»Sagen wir einen Meter. Wir lassen sie in das Loch hinunter, dazu benötigen wir ein Loch mit einem Durchmesser von einem Meter und einer Länge von dreitausend Kilometern. Das dazugehörige Volumen ist das eines Zylinders, Pi mal Durchmesser im Quadrat mal Höhe, Pi mal eins mal dreitausend, ergibt etwa dreieinhalb Millionen Kubikmeter. Das ist der Inhalt eines Kubus mit mehr als zwei Kilometer Seitenlänge, ein ziemlicher Berg.«

»Aber, wie Sie doch vorhin sagten, füllen wir einen Teil davon wieder in das Loch. Das, was Sie als Bohrschlamm bezeichneten.«

»Ja, richtig«, sagte er. »Daran habe ich nicht gedacht. Vielleicht können wir es abbauen, vermischen, einschmelzen und wieder zurückgießen. Das ergäbe weniger Abfall als eine Bergwerkshalde.«

»Trotzdem noch eine ganze Menge.«

»Dann müssen wir es dort tun, wo die Leute an Halden gewöhnt sind.«

»Wir könnten es im Meer machen.«

»Großer Gott, nein.« Seine Entrüstung war beinahe komisch.

»Ist es Furcht oder Respekt?«

»Das Meer ergibt keinen Sinn.«

Sie ließ nicht locker. »Ist es nicht so, daß die Kruste unter dem Ozean dünner ist? Wurde nicht das Mohor-Loch von einem Schiff aus gebohrt?«

»Die Mohorovicic-Diskontinuität ist für uns von untergeordnetem Interesse. Unser Problem ist, durch den Mantel zu bohren. Erdmantelgestein besitzt die Dehnbarkeit einer gespannten Klaviersaite. Verglichen damit ist die Erdkruste nasser Sand. Sandstein, Kalkstein sind nichts dagegen. Granit ist leicht. Wir müssen nicht im Meer bohren.«

»Okay, Leidy, vergessen wir das Wasser.«

»Und wir halten uns von den Plattenrändern fern, den Vulkanen und Erdbebenzonen. Betrachten wir eine Karte. Zentralasien, Zentralafrika, Nordamerika, sagen wir Alberta. Das westliche Texas wäre nicht schlecht. Irgendwo, wo es Straßen und Eisenbahn gibt. Wo die Bevölkerung das Unternehmen unterstützt.« Leidy glich einer Bulldogge, die sich in einen großen Plan verbissen hatte. »Ich mag West-Texas. Fliegen Sie mal von San Antonio nach El Paso, der Boden unter Ihnen sieht aus, als hätte jemand darauf herumgekritzelt, um das Papier zu füllen – überall Zufahrtswege zu Bohr- und Pumpstationen. Die Kalksteinhügel strotzen vor Pumpen und Bohranlagen. Die Leute dort kennen sich mit solchen Dingen aus, zumindest auf den ersten fünf oder sechs Meilen.«

»Würde mir West-Texas gefallen?«

»Wir müßten einen Weg finden, um Sie zu beschäftigen.«

Er gestikulierte und fuchtelte mit den Armen, bis es Abend wurde. Dann begleitete er Marta nach Hause. Die Kinder kamen vom Babysitter und waren wenig erfreut, Leidy in ihrer Küche vorzufinden – obwohl er chinesisches Essen und Ein-Liter-Plastikflaschen mit Coke mitgebracht hatte. Er ertrug die Mädchen. Sie ertrugen ihn. Nach dem Abendessen präsentierte er drei Videocassetten, die er ebenfalls unterwegs besorgt hatte, einige Abenteuergeschichten mit Ratten und Mäusen als Hauptdarsteller und *Watership Down*. Zu seiner Überraschung stürzten sich die kleinen Ratten auf die Hasen, griffen sich die Cassette, rannten nach oben und schoben sie in den VCR. Kein Wort des Dankes, die nächsten eineinhalb Stunden allerdings verhielten sie sich ruhig.

In der Küche unterhielten sich Leidy und Marta, mußten jedoch bald feststellen, daß sie nichts mehr zu sagen wußten. Nicht, daß das Problem weniger interessant und faszinierend geworden wäre; ohne Daten, auf denen man aufbauen konnte, war es unmöglich, endlos neue Ideen zu produzieren. Die Schlafenszeit für Linda und Luisa war eine willkommene Unterbrechung.

Sie kam die Treppe herunter. »Wo wollen Sie schlafen?«

»Ich werde mir ein Motel suchen, irgendwo in der Stadt«, sagte er.

»Es ist nach zehn. Die Couch im Wohnzimmer läßt sich ausziehen. Ich hole Bettzeug und Decken.«

»Danke.«

Es dauerte fünf Minuten, bis die Couch hergerichtet war. Zehn Minuten später schlief er.

Irgendwann nach Mitternacht erwachte er und sah sie auf dem Boden sitzen. Neonstraßenlicht kam durch ein Fenster und zeichnete golden die Umrisse ihres Körpers unter dem Nachtgewand. Sie beobachtete ihn.

»Was ist los?« fragte er verschlafen.

»Nichts ist los«, sagte sie.

Er setzte sich auf und schwang seine Beine über die Bettkante. Sie bewegte sich nicht. Er ging zu ihr und setzte sich neben ihr auf den Boden. Dann beugte er sich zu ihr und küßte sie. Sie erwiderte den Kuß, hart preßte sie ihren Mund gegen seine Lippen. Seine offenen Hände strichen über ihren Körper, unter ihr Nachthemd, von ihren Händen geführt.

Er zog ihr das Nachthemd über den Kopf, sie half ihm dabei. Er stand und half ihr auf. Eng umschlungen umarmten sie sich und wollten den ersten Augenblick, der nur einmal geschehen konnte, nicht wieder loslassen. Ihr Haar roch nach Shampoo und, sehr schwach, nach Zigarettenrauch; es roch gut, dachte er, süß, doch nicht allzu süß, vermischt mit harzigem Holzgeruch, wie ein Wald an einem Wintertag. Weiter unten an ihrem Hals und dem Ansatz ihrer Brüste lag ein intensiver, wärmerer Duft. Ihr Körper war fülliger, als er es gewohnt war, ihre Hände und Füße zierlicher. Er wußte, warum die alten Griechen die Knie einer Frau anbeteten. Er wußte, daß er ihr bereits jetzt verfallen war, daß es emotionalen Dynamits bedurfte, um ihn von ihr wegzusprengen. Sie war alles andere als unsicher. Sie holte sich, was sie wollte, sagte es ihm durch Gesten oder in geflüsterten Worten. Als sie sich voneinander lösten, gingen sie so leise wie möglich zur ausgezogenen Couch und bewegten sich kaum mehr. Sein Körper aber war von Kopf bis Fuß ein einziger harter Muskelstrang, gespannt wie ein Bogen, und sie war ein Ozean.

Leidy verbrachte den Rest des Frühlings zwischen Pasadena und der Ostküste. Marta nannte es ›Küstenspagat‹, was wie eine Anklage klang. Den sozialen Aspekten der Geografie hatte er niemals Aufmerksamkeit geschenkt. Grenzen zu respektieren war nicht seine Sache. Das einzige, was ihn störte, war die Tatsache, daß er nun so oft flog, daß er keine Billig-Tarife mehr bekam.

An der Westküste verbrachte er die ersten zwei Wochen des Sommers mit Josie – in Zoos, protzigen Vergnügungsparks, Eisbuden und Pizzerien. Sein Sohn wollte vor allem immer woanders sein. An der Ostküste wurde er von Martas Töchtern oft mehrere Stunden lang geduldet.

Ende Juni hatte Leidy mit Dink in dessen Anwaltsbüro in Manhattan eine intensive Unterredung. Er eignete sich Dinks Xerox-Kopierer an und nahm, einige Stunden später, einen beeindruckenden Stapel Kopien mit auf den langen Weg zu Martas Labor.

»Ich möchte dir diese Aufzeichnungen geben, die mein Vater über seine Experimente geführt hatte. Es sind späte Arbeiten, nichts davon ist bislang veröffentlicht. Teilweise Rohmaterial, Labornotizen. Meine Mutter und ich haben sie aus den Hudder-Research-Akten ausgegraben, nachdem er verschwunden ist.«

»Wo liegt der Haken?« Marta klopfte mit ihrer Zigarette gegen die Schreibtischfläche. Der Rhythmus ihrer Bewegung unterstrich ihre Vorbehalte.

»Kein Haken. Das Zeug gehört dir.« Leidy stand neben dem Papierstapel. »Aber ich möchte eine Einladung aussprechen. Ich möchte gerne, daß du mit mir eine Firma gründest, mit mir und meiner Mutter, zur kommerziellen Entwicklung des Hudderit. Gleiche Anteile für jeden.«

»Ich dachte, du wolltest ein Loch bohren.«

»Ja. Und wir brauchen dazu Hudderit. Daneben besitzt es viele andere potentielle Verwendungsmöglichkeiten.«

»Interessant.« Sie zündete mit ihrem Plastikfeuerzeug die Zigarette an.

»Hitzebeständigkeit – denke an Raketentriebwerke aus Hudderit. Festigkeit – als ich in Marokko war, gab es eine dieser Konferenzen über eine Verbindung zwischen Afrika und Europa über die Straße von Gibraltar. Im Hotel traf ich einige Ingenieure – Japaner, Tschechen. Einige waren für einen Tunnel, andere für eine Brücke. Alles Zukunftsmusik. Aber wenn sie es wirklich realisieren wollten ... nichts verfügt über diese Härte und Festigkeit wie Hudderit. Härte – Autokarosserien aus Hudderit. Senkt den Treibstoffverbrauch.«

»Unmöglich zum Recyclen.«

»Verdammt. Dann denke an Züge.«

»Du bittest mich, das BNL zu verlassen. Ich bin keine Unternehmerin – ich kann es mir nicht leisten, solche Risiken einzugehen.«

»Nicht sofort, vielleicht auch gar nicht. Dink meint, du mußt deinen Job hier nicht aufgeben. Es gibt viele Möglichkeiten, eine geschäftliche Partnerschaft einzugehen.«

»Erinnerst du dich an Norman? Den bärtigen Anzugträger. Er wird sich als unkooperativ erweisen. Er war nicht bei Mr. Pearce.«

»Ja. Aber denk darüber nach.«

»Okay.«

»Willst du mit mir zu Abend essen?«

Sie zog an ihrer Zigarette und blies zugleich mit dem Wort »Abendessen« den Rauch aus. »Nur aus Neugierde. Warum hast du mit dieser Frage bis zur letzten Minute gewartet?«

Er fingerte an seinen hochgekrempelten Hemdsärmeln herum. »Ich wußte nicht, ob ich heute hierher komme. Oder morgen. Ob ich mit dem hier fertig werde.« Er zeigte auf die Kopien, die, dicker als ein Telefonbuch, auf ihrem Schreibtisch lagen.

»Ich glaube dir nicht«, sagte sie. »Ich glaube, du glaubst, ich sei mit allem einverstanden.«

Er betrachtete sie. Sie gab sich kühl und aufreizend, er wußte nicht, ob der Blick in ihren dunklen Augen Wut oder Lust bedeutete. Sie verwirrte ihn völlig. Seit Wochen schon hatte er dieses Gefühl. Er konnte sich nicht daran erinnern, jemanden so begehrt zu haben wie sie. Und er war sich nicht sicher warum.

Sie drückte die angerauchte Zigarette aus. »Die Mädchen sind diese Woche fort, um ihren Vater in Schottland zu besuchen«, sagte sie. »Sie sind in einem Alter, wo sie fürchterlich aufgeregt sind, wenn sie verreisen. Normalerweise bin ich das auch. Aber du sagtest, du wolltest aufkreuzen.«

»Dann zum Abendessen.«

»Ich habe noch keinen Mann kennengelernt, der so zimperlich ist wie du«, sagte sie. »Wir können es hier tun, sofort.« Ihre rechte Schulter sank nach unten. Hinter dem Schreibtisch war ihre Hand nicht sichtbar. »Oh, Mann. Ich lehne mich einfach gegen die Tür. Für den Fall, daß jemand versuchen sollte, hereinzukommen.«

Er wurde rot. »Ich glaube nicht ...«

»Männer. Ihr seid so leicht in Panik zu versetzen.« Sie lächelte, ihre kleinen, scharfen weißen Zähne blitzten. »Kein Grund zur Sorge.« Sie blieb sitzen. »Ich warte. Ich fürchte, es bleibt mir nichts anderes übrig.«

»Vielleicht auch nicht.«

Drei Wochen hatten Marta und er für sich. Sie machte ihn schwindlig. Sie veranlaßte ihn, nachzudenken. Vielleicht war dies auch umgekehrt so, aber er war sich dessen nicht sicher.

Eines Abends betrachtete er fasziniert, wie sie in ihrem Garagenatelier mit dem Schweißgerät hantierte. Sie sagte, es störe sie nicht, wenn er zusehe; was sie machte, war die Drecksarbeit, die zwar Geschicklichkeit erforderte, nicht aber kontemplatives Nachsinnen über platonische Ideale. Sie drängte ihm eine Schutzbrille auf, damit er nahe bei ihr sein konnte. Ihr blauweißer Bogen produzierte meteorgleiche Funken, während er langsam die glühend-heiße Naht zwischen zwei Stahlplatten entlangfuhr; dämonische Schatten und zitternde Lichtbündel tanzten über die Garagenwände, die Decke und den Boden. Die Funken schlugen und verbrannten auf dem Beton. In der Garage roch es wie in der Unterwelt.

»Welche Form ist das«, fragte Leidy.

»Ich habe sie von Cyrus. Seine Notizbücher enthalten Abschweifungen, Träumereien, nichts über Hudderit. Über die Gitterstruktur von Eis, von Diamanten, Berylliumflourid, das Siliziumoxid durchdringt.«

»Gitterstruktur von SiO? Das wäre ein gewöhnliches Silikat, ein Kristobalit.«

»Das ist richtig.«

»Und BeF? Fluor ist das reaktivste aller Elemente.«

»Ich glaube, du setzt ihn herab. Tu das nicht. Er spielte herum, mit Variationen, neuen Strukturen. Die Eigenschaften neuer Verbindungen und Strukturen können in allen, in den meisten Fällen nicht aus den vorhandenen abgeleitet werden«, sagte sie. »Theorie führt hier nicht weiter.«

»Ich hoffe, du verschwendest nicht deine Zeit.« Das letzte, was er wollte, war, daß sie sich für neue Verbindungen zu interessieren begann.

»Im Gegenteil.«

»Was ist mit dem eigentlichen Zeug? Hast du was herausgefunden?«

»Es gibt interessante Notizen. Ich werde eine Reihe von Experimenten durchführen. Wenn du willst, kannst du zuschauen, obwohl es nicht viel zu sehen gibt.«

Sie lagen nackt auf den Laken ihres Bettes vor dem geöffnetem Fenster. Die Ulmen und Platanen waren mit dichtem Laub bedeckt, die Luft war ruhig und schwül. Die gelbe Straßenlampe warf sich langsam bewegende Schattenflecken an die Decke.

»Ich denke weiter, vorausgesetzt, es gelingt mir.«

»Du klingst zuversichtlicher«, sagte er, um die Leere zu füllen.

Sie nahm seine linke Hand und preßte sie an ihre Brüste. »Sei mir nicht böse für das, was ich dir sagen möchte. Ich habe das Gefühl, Cyrus spricht zu mir; er sagt mir, wie es zu machen ist.«

Er lachte, ohne daß ihm dazu zumute war.

»Du glaubst nicht, daß er tot ist«, sagte sie.

»Er ist fort.«

»Väter sind immer fort. Was ist daran so besonderes? Vielleicht ist das gar nicht so schlecht. Was wir brauchen, sind Lehrer, keine Väter.«

»Redest du vor dir selbst?«

»Mein Vater verließ uns, als ich noch jung war, aber ich hasse ihn deswegen nicht. Er war im Auswärtigen Dienst. Er mußte zwischen Familie und Pflicht abwägen.«

»Manche machen sich nicht die Mühe«, sagte Leidy. Er dachte vielleicht an Cyrus oder an ihren Ex-Ehemann oder an sich selbst. »Wenn wir Glück haben, springen die Mütter ein.«

Sie biß an. »Cyrus war ein Visionär – rebellisch und unabhängig. Er besaß Integrität. Die Leute mochten ihn nicht. Schlecht für sie. Mein Vater hatte seine Pflicht. Mein Ex, der Hurenbock, hatte nur andere Frauen. Was immer Cyrus auch gewesen sein mochte, er war kein Lügner. Er war kein Betrüger.«

Leidy sagte nichts.

»Jedenfalls bin ich nicht abergläubisch«, sagte Marta. »Ich meine damit nicht, daß Cyrus ein Geist sei, der zu mir spricht.«

»Das habe ich nicht behauptet.«

»Die Notizen, die du mir gegeben hast, sind so interessant wie seine übrige Arbeit, die Aufzeichnungen, auf die ich bei Gibbs gestoßen bin. Ich sehe, wie sein Geist arbeitet. Er kommt auf verrückte Ideen, und einige von ihnen funktionieren. Er besaß Humor.«

»Leute, die ihn kennen, wären darüber verblüfft.«

Sie war still.

»Es tut mir leid«, sagte sie. Er nahm seine Hand von ihrer Brust und fuhr mit ihr sanft über ihren Bauch; seine Fingerspitzen streichelten die feinen Haare. »Ich kann ihn nicht so sehen, wie du das tust. Aber wenn er dein Lehrer ist ... Ich glaube zu verstehen, was du mit Lehrer meinst.«

Sie drehte sich weg. »Es ist heiß. Ich kann nicht schlafen.«

»Ich nerve dich. Entschuldige.«

Sie schwang ihre Beine über die Bettkante und setzte sich auf. »Nein.« Sie schüttelte den Kopf. »Morgen bin ich völlig zerschlagen.«

Er blieb still, entschlossen, ihr zuzuhören. *Das erste Gebot der Liebe ist, zuzuhören*, hatte ein Franzose geschrieben. Seine

Mutter hatte es ihm einmal zitiert, aus einem der Romane, die sie so liebte.

Sie verließ das Zimmer. Die Minuten verstrichen, seine Augen wurden schwer. Er war fast eingeschlafen, als sie zurückkam.

»Genug von ihm«, sagte sie bestimmt. »Ich möchte etwas von dir hören.«

»Jetzt?«

»Jetzt oder nie.«

Er setzte sich auf und rieb sich die Augen. Sie meinte es ernst; soweit kannte er sie mittlerweile.

Nach einer Weile begann er zu reden. »Ich erzähle dir von meinem Lehrer«, sagte er. »Sein Name war Mendez.«

RENO, NEVADA, 1967

Als Leiden Hudder sechzehn Jahre alt war, war sein Vater die meiste Zeit fort – in New York oder Los Angeles oder Hong Kong oder sonstwo – und verbrachte seine Zeit damit, Hudder Research International Inc. am Laufen zu halten. Leidy wuchs, wild und verwahrlost, am Stadtrand von Reno auf, die, obwohl sie sich größte Kleinstadt der Welt nannte, in jenen Jahren eine ziemlich kleine Stadt war. Er war glücklich. Die Wüste und die Berge sind ein besserer Ort als die Straße, wenn man auf sich alleine gestellt war; die Natur kümmert sich nicht, aber sie ist nicht heimtückisch.

Der Junge hatte seine Konflikte mit dem Gesetz. Jeder, der es in einer Samstagnacht auf sich nimmt, vierzig Meilen zu fahren, weiß, daß die Wüste nicht so leer ist, wie sie scheint. Zu der Zeit, in der er das gesetzlich vorgeschriebene Alter erreicht hatte, einen Wagen zu steuern, hatten sich Leidy und seine übel beleumdeten Freunde angewöhnt, Autoteile zu stehlen, Radkappen zumeist. Einmal klauten sie an einem Samstagabend einen ganzen Wagen, einen Pickup, der vor irgendeiner Straßenspelunke stand. Der Farmer, dem der Wagen gehörte, zerschmetterte mit einem Schuß aus einem 45er Revolver die Heckscheibe, während sie flüchteten – Leidy saß am Steuer –, und die Highway Patrol hatte deswegen keine Probleme, den Wagen zu identifizieren. Daß er von seiner an der Ostküste und in Privatschulen erzogenen Mutter aus dem Provinzgefängnis in Nevada befreit wurde (sein Vater war damals, Gott sei Dank, im Orient), war für Leidy so demütigend, daß er sich endgültig vom Autodiebstahl und seinen speziellen Freunden lossagte – nachdem er die Heckscheibe bezahlt und die gemeinnützigen Arbeiten hinter sich brachte, zu denen der Richter ihn verurteilt hatte.

Trotzdem schlich er von Zuhause und von der Schule fort – fort in die trockenen Berge, zu den alten Minen und Probebohrungen, die die verbrannte Landschaft wie schlimme Akne überzogen. Nicht, daß er bereits damals mit einer Liebe zur Wüste losgezogen wäre; aber er war nicht dumm; er verschwendete keine Zeit vor dem Fernsehgerät, er las, wonach ihm der Sinn stand, mehr als die meisten seiner Altersgenossen. Er war nicht gleichgültig gegenüber der Geschichte.

Es faszinierte ihn, daß alle paar Generationen ein neuer Run auf den Dreck einsetzte. Die ersten Bergleute nahmen, was sie mit Pickel und Pfanne von der unberührten Oberfläche loshacken konnten. In Nevada klassifizierten die ersten Schürfer die Berge nach der Vegetation, die darauf wuchs – nackte Flächen waren reich an Sulfiden, was manchmal darauf hinwies, daß es unter der Oberfläche reiche Erzvorkommen gab. Die Bergleute bildeten sich ein, daß der Erzgehalt zunehmen mußte, je tiefer sie gruben. Das traf fast niemals zu; die ›supergenen Anreicherungen‹, wie sie genannt wurden, waren das Ergebnis von Sickerprozessen. Sie waren schnell erschöpft.

Selbst bei wirklich ergiebigen Minen mit tiefen Schaften und Stollen, großen Förderanlagen und Schmelzöfen, die die ungeheuren Mengen an Erzen verarbeiteten, kam der Punkt, wo die Aufwendungen den Ertrag nicht mehr deckten – und die Arbeiter eiligst wieder abzogen. Dreißig oder vierzig Jahre später kam jemand anderes mit neuen Abbaumethoden und grub sich durch die weniger erzhaltigen Vorkommen und Halden. In den dreißiger Jahren durchstöberten Männer, die sonst keine Arbeit finden konnten, die alten Halden, spülten sie, falls Wasser zur Verfügung stand, mit einer Zyanidlösung und nahmen das Gold und Silber, das sie dabei auswuschen. Mitte der sechziger machten sich die Schürfer mit Hilfe von Satellitenfotos an die Minen, die man bislang übersehen hatte.

Mit sechzehn studierte Leidy weder Wirtschaft noch ein technisches Fach. Was er über Geologie, Chemie, Metallurgie wußte – es war nicht besonders viel –, hatte er im Haus seines Vaters aufgeschnappt; hatte es aus den Büchern in dessen Arbeitszimmer, von der Post, in die er einen Blick warf, von Telefongesprächen, bei denen er mithörte. Gerade genug, um draußen in der Wüste mehr als wütend zu werden, als er den Claim eines neuen Schürfers erblickte, der oben an einem mit Salbei bewachsenen Berghang Holzpflöcke mit orangefarbenen Plastikbändern um eine neunzig Jahre alte Mine gesteckt hatte – wie es oft blauäugige College-Geologen tun, die glaubten, damit ein oder zwei Dollars hinzuverdienen zu können. Leidy riß die Pflöcke aus. Nicht, weil er die bereits ramponierte Landschaft retten wollte. Er fühlte sich einfach betrogen.

Er traf sich nicht oft mit Mädchen. Am Promotionswochenende seines Junior-Jahres allerdings unternahm er einen Versuch. Leidy sah nicht schlecht aus; er war groß, drahtig, mit schönen dunklen Haaren, die er bis zur Schulter trug. Das Mädchen aber gab ihm einen Korb. Als er sie nach dem Grund fragte, sagte sie, er sehe aus wie ein Hippie und sie wolle ihre Unterstützung für unsere Jungs in Vietnam zeigen. Für Leidy kam es sehr überraschend, daß ihm vorgeworfen wurde, er habe irgendwelche politischen Ideen. Vietnam interessierte ihn nicht die Bohne, weder seine noch ihre Jungs; hätte man ihn gefragt, hätte er geantwortet, er habe keine Vorbilder. Also schickte er das Mädchen zum Teufel und lieh sich den Buick seiner Mutter, ohne vorher darum zu fragen, und fuhr diese Nacht einige hundert Meilen hinunter zum Ichthyosaur State Park im Shoshonen-Reservat.

Ichthyosaurier hatten die Gestalt von Delphinen oder Thunfischen und die Größe von Killerwalen, waren allerdings Echsen – Fischechsen, so lautete ihr Name, wie er wußte. Ihre fossilen Skelette lagen an diesem Ort aufeinandergestapelt – in einem Canyon zwischen Wacholder und Kiefern, der Staat hatte ein Blechdach darübergesetzt –, wo sie vor Millionen von Jahren an einem schlammigen Strand gestorben waren, zu einer Zeit, als der größte Teil von Nevada unter Wasser lag und der Himmel erfüllt war von kreisenden Pterosauriern.

Leidy war einmal bereits hier gewesen, die roten Skelette hatten sich ihm eingeprägt. Er mochte fossile Knochen – sein Zimmer zu Hause war voll davon –, und er machte sich viel Mühe, herauszufinden, wie die Welt damals, aus der sie stammten, ausgesehen hatte. Die Nacht verbrachte er alleine auf dem Picknickplatz im Auto seiner Mutter; er träumte von riesigen Fischechsen, die wie verwirrte Delphine in der Brandung strandeten, er sah sie dort sterben, die erwachsenen Tiere neben den jungen, hoch und trocken aufragen, unter einer wahrscheinlich sehr viel heißeren Sonne. Er träumte von wogenden Stürmen, die ihre eng zusammengepreßten Leiber mit Schlamm bedeckten, Schicht auf Schicht, jahrtausendelang, und er träumte von Auffaltungen und Erosionen, die sie nach oben drückten und die Ablagerungen der Äonen wieder abtrugen, bis auf ihre blanken Knochen, die blanken Knochen der Vergangenheit.

Leidy erwachte; die Luft war kühl, die Sonne heiß und klar. Seine Zunge fühlte sich an wie nasse Wolle. Das Frühstück bestand aus gewürztem Schinken, den er mit seinem Schweizer Armeemesser aus der Dose schälte und mit einem Schluck warmen Schlitz Malt Liquor hinunterspülte. Er warf den Abfall hinaus und drang mit dem Buick in das Shoshonengebiet ein. Er fuhr auf einem Feuerweg den Canyon hinauf, bis Felsblöcke, die höher waren als seine Stoßstange, den Weg versperrten. Er wünschte sich, seine Mutter wäre gestern nicht mit dem Vierrad-Jeep seines Vaters unterwegs gewesen; den hätte er nun zu gerne gehabt – so fuhr er vom Weg runter, stieg aus und machte sich zu Fuß auf. Jemand war hier weiter gekommen als er; er stieß auf die frischen Spuren von Autoreifen, die hinauf- und hinabführten.

Eine Stunde lang folgte er den Spuren und stieß auf eine kleine Mine, die hoch oben an der steilen Seite einer bewaldeten, nach Westen gelegenen Wasserrinne lag. Er sah die verrosteten Überreste eines Wagens; die Karosserie war verschwunden, der Rahmen war zur Seite gekippt, und der Motor war eine einzige korrodierte Masse, die vor langer Zeit als Winde unter einem nun verfallenen A-förmigen Hebewerk aus knochenbleichen Kiefernstämmen gedient hatte. Ein ausgefranstes Stahlseil lief vom Motor über die verrostete Winde hinunter in die Schwärze des offenen Schachtes. Der alte Wagen deutete darauf hin, daß in den dreißiger Jahren jemand hier war; die Mine mußte sehr viel älter sein.

Zwischen den Kiefern war eine Hütte versteckt. Sie bestand aus blanken Kiefernbrettern, die mit rostigen Nägeln zusammengehalten wurden; Bretter, die von Wind und Schnee so in Mitleidenschaft gezogen waren, daß die Holzmaserung deutlich hervortrat. Das Holz war braun geworden, ein charakteristisches, ausgetrocknetes rötliches Braun, das Leidy nur allzu bekannt war; wie immer fragte er sich, woher die Farbe stammte, ob es vom Holz selbst kam, da die noch lebenden Bäume Eisen aufgenommen hatten, oder vom Wüstenwind.

Doch die alte Hütte hatte eine neue Tür aus glänzendem rohem Sperrholz, das Dach war mit frischer Teerpappe belegt, und ein neues Vorhängeschloß hing an der Tür. Leidy zerrte und stieß daran, dann ließ er es und blickte sich um. Das erste, was er sah, waren Holzpflöcke zwischen den Kiefern, an denen orangefarbene Plastikbänder hingen.

Hinter dem Minenschacht lag die Halde, ein Abhang aus ockerbraunen Felsen, der in die steile Wasserrinne führte. Leidy ging einige Schritte hinab, mit jedem Schritt lösten sich kleine Gesteinsbrocken und rollten hinunter. Er war neugierig zu erfahren, woraus der Abfall bestand; schließlich hatte ihn jemand für wertvoll befunden und hier seinen Claim abgesteckt.

Die Gesteinsbrocken sahen aus wie gewöhnliches Felsmaterial. Aber leider stellte er sich vor, daß bald unten an der ausgetrockneten Wasserrinne eine Plastikwanne stehen und ein Zyanidsumpf angelegt werden würde, um die Metalle herauszuwaschen.

Er kümmerte sich wenig um das Land oder die Landschaft, aber er dachte an die Skelette der Ichthyosaurier und was mit ihnen geschah, wenn die Schürfer auf sie stießen, während sie nach Gold oder Silber oder Kupfer gruben. Er fühlte Wut in sich aufsteigen, ein heißes Gefühl, trocken wie eine Droge, bar jeder Vernunft.

Er kletterte den Abhang der Halde hinauf, Kaskaden staubigen Gerölls stürzten in die Tiefe, rannte zu den Pflöcken mit den orangefarbenen Fähnchen und riß alle, die er sehen konnte, aus der sandigen Erde, bis er ein halbes Dutzend in seinen Händen trug und sie in den offenen Minenschacht hinabwarf; er hörte sie gegen die Wände schlagen, mit jedem Stoß drang ein tieferes, hohles Echo nach oben. Er ergriff vom Autowrack eine verrostete Stoßstange und rammte sie gegen die Tür der Hütte.

Wie ein Besessener schlug er auf die Tür ein; er erzeugte soviel Lärm, daß er den Wagen, der den Weg hochkam, nicht hörte. Er hörte nichts, bis der Typ ihn anbrüllte.

»Hey! Du! Wirf das Ding weg!«

Leidy drehte sich um; er war außer Atem; geladen, gleichzeitig wurde seine Wut neu entfacht.

Ein kleiner dunkler Mann stand vielleicht zehn Meter von ihm entfernt. Er trug ausgewaschene, abgewetzte Jeans und ein Drillichhemd, das seltsamste an ihm aber waren die langen grauen Haare, die hinten zu einem Pferdeschwanz zusammengebunden waren. Und die ausgefransten Mokkasins an den Füßen. Er sah aus wie ein Indianer.

Er hielt ein Gewehr in Händen, das ungefähr auf Leidys Hüfte zielte. Ein 22er Bolt-Action-Rifle. Genug, um Bierflaschen zu zersprengen oder Präriehunde zu schießen. Um damit allerdings Wild zu erlegen, war eine 22er einfach lachhaft. Andererseits, wenn man sie direkt unter die Nase gehalten bekam, fiel es nicht leicht zu lachen.

»Willst du mich erschießen?« Leidy wollte ihn nerven.

»Nicht, wenn du den Knüppel fallen läßt.«

»Den …? Ah.« Leidy ließ die verrostete Stange fallen. Er kam sich töricht vor, was ihn nur noch wütender machte. »Und, was nun?«

Der Mann brachte den Lauf des schlanken Gewehrs horizontal zu seinem Körper und schnellte den Bolzen nach hinten; er ließ eine lange Gewehrpatrone in seinen Handteller fallen.

Er schaute zu Leidy. »Und nun erzähl mir, was zum Teufel du hier tust?«

»Vergiß es, okay?« Leidy wollte an dem Typen vorbeimarschieren, den Berg hinauf, um auf der anderen Seite wieder zum Weg zu kommen.

»Du kannst gehen, wenn du meine Frage beantwortest«, sagte der Mann.

»Willst du mich aufhalten?« Leidys Spott war unüberhörbar. Der Typ hatte sein Gewehr entladen, oder? Sein kleines Schießgewehr?

»Ich werde dich aufhalten, Junge.«

»Ja, sicher.« Leidy rannte los, den Berg hinauf.

»Je schneller du rennst, desto schneller kriege ich dich«, rief ihm der kleine Mann hinterher.

Leidy rannte weiter.

Nach nicht einmal drei Minuten war er außer Atem. Er rannte einen Berg hoch, die Höhe betrug etwa zweitausendfünfhundert Meter, seit Wochen war er nicht mehr draußen gewesen, aber er war jung und der andere war alt, oder? Also würde es nichts machen, wenn er langsamer lief. Verdammt, er mußte langsamer laufen.

Zwischen seinem Luftholen, dem Pfeifen in seinen Ohren hörte er Schritte, Mokkasins. Leidy riß sich zusammen und begann wieder zu laufen. Der Typ hatte gesagt, »je schneller du rennst …«, also sagte sich Leidy, okay, laß es uns damit versuchen, und rannte langsamer, mit gleichbleibendem

Tempo, keuchte und rang nach Luft, zwang sich aber dazu, seine Schmerzen und sein Selbstmitleid zu ignorieren.

Er brauchte nicht lange, um den Weg zu finden; im Grunde führte er diesen Blödmann zum Buick seiner Mutter. Er rannte, verdammt, es mußten bereits mindestens zehn Minuten sein. Die Schmerzen im Brustkorb und im Herzen wurden schlimmer und schlimmer.

Und schlimmer. Seine Beine wollten nachgeben. Aber das bildete er sich nur ein. Er mußte hart gegen sich bleiben.

Er stolperte über einen ein Zentimeter hohen, orangegefleckten Quartzstein und fiel der Länge nach hin.

Verdammt, ich bekomme einfach keine Luft mehr dieser alte Säufer ich kann es einfach nicht glauben ich klapp zusammen und lieg hier vor diesem Arschloch diesem Landräuber und muß mich demütigen lassen lieber wollte ich sterben als mich von diesem Scheißtypen diesem Wrack o verdammt …

Er plagte sich auf und begann wieder zu laufen, aber nun wankte er, tat so, als liefe er, mit so langsamen Schritten, daß er zwischen den Bäumen hinter ihm das Knacken hörte. Seine Knie schmerzten, als ob sie unter seiner Jeans bluteten.

Er hörte die stetig näherkommenden Schritte.

Dann sah er den Buick, gerade vor ihm, halb am Wegrand abgestellt. Er fiel wieder. Er hörte die Schritte des kleinen Mannes, der ihn einholte. Er kam hoch, taumelte zum Wagen und hielt sich am Türgriff fest. Ein Finger berührte seine Schulter. Er wollte sich umdrehen und ihm eine verpassen, fiel aber auf die Knie.

»Ja … du Fucker … hau ab.« Er stieß die Worte zwischen seinem atemlosen Keuchen aus.

»Wie heißt du, Junge?«

»Fuck you« – er holte Luft – »Fuck you.«

»Hey, entspann dich. Ich will nichts Schlimmes von dir.«

»Fuck you« – er holte Luft – »Mann.«

»Was du sagst, spricht nicht für dich.«

Leidy keuchte nur.

»Ich will, daß du mit mir redest, verstanden? Ich werde dir nicht die Ohren abreißen.« Seine Stimme drückte jedoch genau das Gegenteil aus. »Zum Teufel, du mußt mir nicht einmal den Namen deiner Versicherung mitteilen.«

Leidy drehte sich um und starrte zu dem Typen hoch, der in dieser Pose dastand, die er wahrscheinlich für ungezwungen hielt – als ob kleine alte Typen jemals ungezwungen dastehen können – und der sich in seinen Jeans und Mokkasins gegen die grünen Fichten und den blassen blauen Himmel im Hintergrund abhob. Er hatte nicht einmal sein Gewehr bei sich; er mußte es zurückgelassen haben.

»Ja, was ... wenn ich nicht ... aaah ... gehen will?«

Der kleine Typ hob die Augen, wahrscheinlich befragte er die Götter, und blickte dann wieder hinunter. »Ich glaube, du willst gehen.«

Leidy saß auf dem Boden, gegen die Tür des Wagens gelehnt; da er hier keinen Ausweg mehr sah – wenn er nur wollte, dann hatte der Typ bereits das Kennzeichen vom Wagen seiner Mutter – und ganz egal, wie cool Leidy sich nun aufführte, er war sechzehn Jahre alt, ging auf siebzehn zu und hatte nicht die geringste Vorstellung, was als nächstes in seinem Leben passieren sollte. So wie die Dinge liefen, würde er sich als einer »unserer« Jungs in Vietnam wiederfinden, und da keine noch so ausführliche Erklärung seiner Mutter begreiflich machen würde, warum er die Pflöcke des Typen in den Schacht geworfen und warum er versucht hatte, die Tür zur Hütte einzuschlagen, begann er zu weinen.

Der Typ setzte sich auf die andere Seite des Weges, den Blick nach wie vor auf ihn gerichtet. »Keiner muß davon erfahren, Junge.«

»Verdammt«, sagte Leidy. Er sah nicht auf, mit seinem dreckigen Handrücken wischte er über das Gesicht und verschmierte Tränen und Rotz. Er schluchzte wieder, ein zukkendes Schluchzen.

Der indianisch aussehende Typ sagte nichts; er wartete darauf, daß Leidy sich beruhigte.

»Es tut mir leid«, flüsterte Leidy. Er schluchzte nun nicht mehr, die Tränen brachen wie eine Flut aus ihm heraus.

»Was hast du mit den Pflöcken gemacht?« fragte der Typ.

»Die sind im Schacht.«

»Okay, das ist nicht schlimm. Ich fragte nur. Wenn du was zu essen oder Geld gesucht hättest, dann hätten sie dich wohl nicht interessiert.«

Leidy schniefte und wischte sich die Nase. Er atmete tief durch und seufzte.

Der Typ sagte: »Also dachte ich, es hatte vielleicht politische, ideologische Gründe.«

Leidy antwortete nicht.

»Verstehst du mich?«

»Ja, ich glaube schon.« Leidy sah ihn nicht an.

»Also? War es das?«

»Nein.« Er brachte das Wort wimmernd hervor.

»Hör zu, zufällig glaube ich, daß es so etwas wie gedankenlosen Vandalismus nicht gibt. Es gibt einen Grund dafür, auch wenn die betreffende Person so dumpf ist und ihn nicht artikulieren kann. Deswegen möchte ich begreifen, was dein Motiv dafür war.«

Leidy hob den Kopf und starrte den kleinen Typen an. Er war alt, wahrscheinlich sogar älter als sein Vater, aber er sah verdammt hart aus. Zum Teufel, er mußte verdammt hart sein. Härter als Leidy. Vielleicht nicht so stark, obwohl ...

»Das hier ist kein Wettbewerb«, sagte der Typ, der ihn beobachtete. »Es gibt hier nichts zu gewinnen, auch nichts zu verlieren.« Er hatte ein kantiges, ledernes Gesicht mit hohen Wangenknochen und einem vollen Mund mit purpurdunklen Lippen und langen Lidern, die sich über braune Augen legten. Ein Gesicht, das hart und weich zugleich war. Ein indianisches Gesicht, sicherlich. Er sah so ruhig und nachdenklich aus, als ob er zur Runde seiner besten Freunde reden würde. »Mein Name ist Mendez, so nennen mich alle. Und du?«

»Leiden, ich meine Leidy«, flüsterte Leidy.

»Okay, Leidy, hier ist meine Hand.« Mendez beugte sich in seiner Hockstellung nach vorne und streckte die rechte Hand aus. »In Europa, in der Renaissance, streckten die Männer ihre Schwerthand aus, um damit anzudeuten, daß sie sich keinen Schaden zufügen wollten.«

»Ich weiß«, sagte Leidy. Er verlagerte sein Gewicht und streckte ebenfalls die Rechte aus. Der Waldweg war nicht breit; ohne daß sie ihre Stellungen verlassen mußten, berührten sich ihre Hände gerade in der Mitte des Weges, genug, um die Fingerspitzen aneinander zu pressen.

Sie saßen eine Weile da, beobachteten sich gegenseitig und sagten nichts.

Schließlich sagte Mendez: »Ich denke, was du mir für das Ausreißen der Pflöcke schuldest, sind drei wahre Sätze.«

»Was?«

»Das ist mein Eröffnungsangebot.«

»Was meinst du?«

»Sag mir drei wahre Dinge. Dann werde ich dich nicht mehr belästigen.«

Leidy dachte darüber nach; er saß erschöpft und leer an der Tür des Buick seiner Mutter und ertappte sich dabei, wie er spöttisch zu lächeln begann. »Wenn das dein Angebot ist, dann biete ich ... einen Satz.«

Mendez zuckte mit den Schultern und wischte mit der rechten Hand seinen grauschwarzen Pferdeschwanz von der Schulter. »Von welcher Qualität ist dieser eine Satz? Gib mir ein Beispiel.«

»Ich mag keine Leute, die vom Land stehlen, ohne dem Land etwas zurückzugeben«, sagte Leidy.

»Ein kühner Satz, ein schöner Satz«, sagte Mendez. »Du gibst mir einen Satz wie diesen?«

»Ich ... Das war es.«

»Das war ein Beispiel. Ich möchte den wirklichen Satz. Wenn er genauso kühn und schön und wahr ist, dann bin ich mit einem einverstanden.«

Leidy spürte Blut in sich hochsteigen. Er errötete. Wer war dieser fremde kleine Indianer, der die Wahrheit dessen beurteilte, was er sagte?

Aber er hatte recht. O Gott, wer wußte schon, was wahr war? Was konnte er denn sagen, das, wenn er nur eine halbe Sekunde darüber nachdachte, nicht bereits ein anderer vor ihm gesagt hatte?

»Du willst die Halde ausschwemmen«, sagte Leidy. »Ich

dachte darüber nach, was du alles durchpflügen wirst. Ichthyosaurier. Du lachst mich vielleicht aus – Ichthyosaurier, das ist für dich vielleicht nichts anderes als ein seltsames Wort.« Er schaute den Mann herausfordernd an.

Mendez hob eine Augenbraue, um zu zeigen, daß er noch zuhörte.

»Ein dummes langes Wort, wer kümmert sich schon darum, sie leben nicht mehr«, fuhr Leidy fort, »aber die ... die Geschichte, denke ich.»

»Ja?«

»Ich wollte, daß du dafür bezahlst. Wer immer du auch sein mochtest.«

Mendez nickte langsam. »Okay. Nicht schön, aber wahr. Wir sind quitt.« Er stand auf, langsam, aber mit einer Grazie, die von langer Erfahrung zeugte.

Leidy zog sich am Türgriff des Buick hoch. In den Beinen und im Rücken spürte er die Schmerzen. »Das ist alles?«

»Wenn du willst«, sagte Mendez. Er war einige Schritte den Weg weitergegangen. Sein natürlicher Bewegungsablauf war durch ein Hinken beeinträchtigt.

»Bist du okay?« Leidy war selbst über die Frage überrascht.

»Normalerweise laufe ich in Mokkasins nicht durch die Berge. Sie sind zum Fahren.«

Leidy öffnete die schwere Fahrzeugtür und stand da. Er schaute Mendez hinterher. »Was machst du da oben«, fragte er heiser.

Mendez wandte sich um. »Das, was du dir denkst. Diese Mine wurde 1882 geöffnet. Silber. Irgend jemand versuchte sich dann in den dreißiger Jahren und ließ es dann bleiben, ich weiß nicht warum. Ich habe ein paar Proben genommen – in der Hütte habe ich ein Labor –, und sie scheint ziemlich reich zu sein. Also werde ich sie auswaschen. Habe gestern und heute in meinem Truck das nötige Werkzeug gebracht.«

»Du bist ein Schürfer?«

»Nur zeitweise. Ich bin Geologe«, sagte Mendez. »Aber ich könnte einen Ichthyosaurierknochen nicht von einem

Kuhknochen unterscheiden. Nicht mein Gebiet. Woher weißt du so viel?«

»Ich weiß gar nichts.« Leidy zögerte.

»Oh?«

»Mein Großvater tat das gleiche wie du.«

»Goldwaschen, meinst du?«

»Ja.«

»Hat er damit Geld gemacht?«

»Ja, das hat er.«

»Das ist ermutigend.«

»Er hat alles wieder verloren.« Leidy zuckte die Schultern. »Ich kannte ihn nicht.«

Mendez' Blick war, während er zuhörte, unerschütterlich auf Leidy gerichtet. Leidy wurde nervös und wollte sich abwenden. Mendez sagte: »Willst du was essen? Ich wollte gerade Mittagessen machen. Reis und Bohnen, so viel du willst. Du kannst mir dann nachher helfen.«

»Dir dabei helfen, die Grube anzulegen?« Es war eine Einladung, die Leidy am wenigsten erwartet und die er sich, zu seiner Überraschung, am meisten gewünscht hatte.

»Ja. Du kannst aufpassen, daß ich nicht versehentlich Ichthyosaurier mit auswasche.«

Einen Monat später, nachdem sie sich ein wenig besser kannten, sprach Mendez eine zweite Einladung aus, eine, die Leidy seinen Eltern vortragen mußte. Trotz seines Enthusiasmus – es war lange her, daß ihn seine Eltern so begeistert gesehen hatten – wollten sie keine sofortige Antwort geben. Sie hatten lange Diskussionen miteinander und vertrösteten Leidy.

Und dann luden sie Mendez zum Dinner ein.

»Professor Mendez, welch eine Freude ...« Gretas Blick verlor sich für einen Moment, während sie damit beschäftigt war, das kantige braune Gesicht des Mannes und sein Haar, das glänzend grau war, zu betrachten.

»Mrs. Hudder.« Seine Stimme war voll, sein Handschlag fest. »Nennen Sie mich Mendez – jeder macht das so.«
»Ja. Sicher. Ich bin Greta.«
»Dr. Hudder, es freut mich, Sie kennenzulernen.«
»Cyrus – natürlich«, polterte Cyrus.
Cyrus und Greta bestanden auf ungezwungene Umgangsformen. Greta – vierzig Jahre alt, eine gestylte Frau, mit langen, blaßgoldenen Haaren, die nach hinten gebunden waren, und den feinen, schönen Gesichtszügen – trug Wellington-Boots, Kordsamthosen und einen seidenen Cashmere-Sweater; sie glich eher einer Pferdezüchterin von der Ostküste als einer Hausfrau im Westen. Der hagere Cyrus in ausgebleichten Khakis und einem kurzärmeligen weißen Hemd, dessen Kragen ihm zu weit war, sah aus wie der müde Geschäftsmann, der er war.
Sie hatten nun Zeit genug gehabt, sich an Mendez' Lederjacke zu gewöhnen, seinen perlenbesetzten Gürtel und die Cowboy-Stiefel, die mit Türkisen besetzten Ringe an seinen Fingern und das Bola-Tuch mit der türkis- und silberfarbenen Spange, das um den Kragen seines Baumwollhemdes hing. Ihr Lächeln erstarrte in Erwartung eines langen Abends. Als er in das Wohnzimmer geführt wurde, strich Mendez' Blick zu Leidy, der im Küchenflur stand. Leidy rollte mit den Augen, sein Gesicht war heiß.
»Oh, bevor ich es vergesse ...« Mendez holte aus der Papiertasche, die er trug, eine Flasche Weißwein. »Die Kollegen aus der Önologie meinten, der Wein sei in Ordnung. Ich hatte ihn im Eisfach auf dem Weg hierher.«
»Amerikanischer Wein – wie schön«, sagte Greta.
»Das ist ein Pinot, oder?« Cyrus schien interessiert.
»Gewiß.«
»Laßt ihn uns gleich aufmachen. Ich bin neugierig«. Cyrus wies den überraschten Blick seiner Frau zurück. »Ich mag Pinot.«
»Bin gleich wieder da.« Sie eilte in die Küche und drängte sich, verwirrt, an ihrem Sohn vorbei; so weit sie wußte, mochte Cyrus Gin.

Der Wein war ein Erfolg; die ersten Gläser flossen langsam, während die Erwachsenen höflich versuchten, ernsthafte Themen anzugehen.

»Leidy erzählte, Sie seien ein Paläomagnetiseur«, sagte Greta. »Das klingt ziemlich exotisch.«

Mendez lächelte. »Eine Jargon-Bezeichnung für jemanden, der das Magnetfeld der Erde studiert. Ein Feld mit Zukunft. Das, was ich den kommenden Sommer machen werde.«

Der Ofen summte. »Oh, ich fürchte, Sie müssen mich entschuldigen«, sagte Greta. Sie stand schnell auf, um den Braten zu retten. Cyrus leerte den Rest der Weinflasche in das Glas von Mendez und sein eigenes. Leidy, der zu Hause 7 UP trank, saß daneben und verfolgte sie aufmerksam.

»Nun, Sir, was machen denn Ihre beiden Jungs diesen Sommer? Sie haben doch zwei, so weit ich das verstanden habe«, sagte Cyrus unbeholfen.

»Drei. Meine beiden anderen Kinder sind Töchter.«

»Ach ja.«

»Mein Ältester hat soeben geheiratet, eine fehlgeleitete Seele. Aber ich habe ihm zu verstehen gegeben, wenn er das Mädchen, das sich ihren Arsch aufreißt, um ihn durch das Jura-Studium zu bringen, verläßt, dann werde ich ihn persönlich durchprügeln. Und der Pastor wird mir dabei assistieren. Der zweite Sohn ist vierzehn und wild entschlossen, eine fernöstliche Kampfsportart zu erlernen. Die meiste Zeit verbringt er in einer Turnhalle, die er Dozo oder Dojo nennt. Der dritte ist vier und spielt auf den Trommeln – meine Frau sagte mir, es war ein großer Fehler, ihm die Dinger gekauft zu haben.«

»Ach.« Cyrus dachte angestrengt über die mißliche Lage nach –

– während Mendez fröhlich fortfuhr. »Die ältere Tochter ist in Berkeley und kann sich nicht entschließen, Philosoph oder Sozialarbeiterin zu werden. Solange sie nicht anfängt, Gebäude in die Luft zu sprengen … Und die achtjährige begeistert sich momentan für den Forellenfang. Weiß nicht, woher sie das hat.«

»Wirklich nicht?« sagte Leidy grinsend. Sein erster Beitrag zur Konversation.

Mendez reagierte mit einem Nicken, behielt aber weiterhin Cyrus im Auge. »Ich werfe hin und wieder ganz gern eine Fliege aus.«

»Mrs. Mendez ist Lehrerin«, warf Leidy ein.

»Dolores stellt eigentlich Lehrpläne zusammen. Für die Kinder haben wir eine Hilfe.« Mendez' braunes Gesicht zeigte ein feines Lächeln. Cyrus hatte ihm eine dreiste Frage gestellt; er hatte sie dreist und ausführlich beantwortet.

Greta rief die Männer zu Tisch. Sie bat Leidy um Hilfe in der Küche. Teller mit Roastbeef und Schüsseln mit Gemüse machten die Runde am Eßtisch, Cyrus entkorkte eine Flasche italienischen Pinot Grigio, den Greta noch gefunden und in einem eisgefüllten Silberkübel schnell kalt gestellt hatte. Das Funkeln in ihren Augen lud zu einem Kommentar über den Wein ein; Cyrus verpaßte die Gelegenheit.

Nicht so Mendez. Er nahm einen Schluck und sagte: »Verdammt guter Wein. Ich glaube, die USA haben da noch einen weiten Weg vor sich.«

»Es freut mich, daß er Ihnen schmeckt.« Sie sah ihn kühl und fragend an.

Eine Minute lang verstummten die Gespräche, nur die Geräusche des Bestecks, das auf das Porzellan schlug, und diskretes Kauen und Schlucken waren zu hören.

»Ihre Ringe«, begann Greta, »... erinnern mich an den Schmuck, den wir in Santa Fe gesehen haben.«

»Sie kennen Santa Fe?«

»Ich habe während des Krieges in Los Alamos gearbeitet«, sagte Cyrus.

»Der zweite Weltkrieg«, sagte Leidy.

»Die Mutter meiner Mutter stammt aus einem Laguna-Pueblo, unten am Rio Grande«, sagte Mendez. »Nach den Bestimmungen der Regierung macht mich das zu einem Indianer.«

»Sein Dad konstruierte Düsenjets«, sagte Leidy.

»Jets?« fragte Greta.

»Er arbeitete für Lockheed«, sagte Mendez. »Erst letztes

Jahr ging er in Rente. Ich bin in Burbank aufgewachsen und ging so bald als möglich in den Osten, um dem Tal zu entkommen, und dann ging ich so schnell wie möglich in den Westen, um New Jersey zu entkommen. Das Roastbeef ist ausgezeichnet, Greta.«

»New Jersey?« fragte Cyrus.

»Princeton«, sagte Mendez.

»Wie habt ihr beide euch kennengelernt?« fragte Greta. »Ich meine, ihr kennt euch doch schon seit einigen Monaten.« Sie hatte Leidys Version der Geschichte gehört, die sie für völlig unglaubwürdig hielt.

»Er stieß auf eine alte Mine, die ich im Shoshonen-Gebiet wieder aufgemacht habe«, sagte Mendez. »Eine meiner Wochenendbeschäftigungen. Manchmal finde ich einen guten Forellenbach, manchmal auch etwas Besseres.«

Leidy säbelte an seinem Braten und vermied die Blicke seiner Eltern.

»Wir haben uns unterhalten«, fuhr Mendez fort. »Leidy weiß mehr über Geologie als andere Teenager. Er hat ja auch Max Hudders Monografien gelesen.«

»Hat er das?« Cyrus Überraschung war offensichtlich.

»Sie stehen im Regal in meinem Zimmer«, sagte Leidy.

»Aber dein eigentliches Interesse«, sagte Mendez zu Leidy, »gehört der Paläontologie, oder? Fossilien?«

»Skelette«, sagte Greta mit leichtem Ekel in der Stimme. »Sein Zimmer ist voll davon.«

»Sie sind faszinierend«, murmelte Leidy. »Manchmal.«

»Ich werde diese Reise zu den Basaltfelsen in Oregon unternehmen«, sprach Mendez zu ihr. »Ich brauche eine billige Hilfe. Mein zweiter Sohn meinte, er möchte den Sommer damit verbringen, ein Samurai-Krieger zu werden. Leidy und ich haben darüber gesprochen und er hat sich freiwillig dafür gemeldet. Es würde mich freuen, wenn er mich begleitet.«

Greta sah zu ihrem Ehemann und wartete.

»Es scheint so, als ob er das machen will«, sagte Cyrus. Er blickte zu seiner Frau. »Wir haben nichts dagegen. Sie sind ein sehr direkter Mann ... Mendez. Ich wollte sie vorhin nicht beleidigen.«

»Keine Sorge, Cyrus.« Und mit seinen warmen braunen Augen sah er zu Greta. »Sie sind beide sehr liebenswürdig.«

Die Erwachsenen schüttelten sich die Hände und verabschiedeten sich an der Eingangstür, nachdem sie sich eine Stunde lang beim Nachmittagskaffee und Brandy über die Einzelheiten unterhalten hatten. Leidy ging mit Mendez zum Pickup in der Einfahrt.

»Baah, war das grausam.« Leidy wischte sich die Handrücken an seiner Jeans ab.

»Sie sind okay, Junge. Wir haben alle unterschiedliche Prioritäten.« Mendez kletterte in den Wagen. »Also hole ich dich am Samstag in zwei Wochen ab. Du weißt, was du mitzunehmen hast?«

»Ja.«

»Bis dann.« Er drehte den Zündschlüssel um.

»Danke«, sagte Leidy.

»Bedanke dich nicht, noch nicht«, sagte Mendez. Der winselnde Anlasser sprang an, und Mendez setzte den Truck rückwärts zurück.

Mendez nahm Leidy mit in die nördlichen Ausläufer des Basin und der Range, in die Oregon-Wüste, zu den Malheur- und Steens-Mountains, zu den Basaltfluten, die vor siebzehn Millionen Jahren in diesem Teil der Welt Hunderttausende von Quadratkilometern überschwemmt hatten.

Leidys Bewunderung für Mendez und dessen Verhalten beim Essen – die Erinnerung an seinen grauen Pferdeschwanz, der unter dem kleinen Kronleuchter im Eßzimmer schimmerte, die Art und Weise, wie er die genuschelten Einwürfe seines Vaters beantwortete und in höflichster Form auf die Unterstellungen seiner Mutter einging – wurde bald von neuen Eindrücken überlagert. Leidy befand sich nun mit diesem Mann in der Wüste, und Mendez schien zu glauben, das er hier war, um etwas über Steine zu lernen.

Die meisten Tage fuhren sie in Mendez' Pickup, die meisten Nächte verbrachten sie draußen; der Wagen war mit einem Camper-Aufbau ausgestattet, der nach Segeltuch, Fischköder, Propangas und verschüttetem Bier roch, aber sie hielten sich kaum dort drinnen auf, Gott sei Dank.

Draußen lag meistens graues, salbeibewachsenes Grasland, der Pelz der Erde, hin und wieder unterbrochen von Lavagestein und dunklen Kiefernwäldern. Manchmal aber erstreckte sich das Gras nach allen Richtungen, so weit das Auge reichte. Ihre Lager schlugen sie auf sandigen Abschnitten auf, kochten ihre Mahlzeiten auf Mendez' altem Coleman-Kocher, schlürften Mendez' bitteren Kaffee und starrten schweigend in das knisternde Feuer aus duftenden Wüstensträuchern. Dann krochen sie in ihre Schlafsäcke, lagen auf dem Rücken und suchten den Himmel nach Meteoren ab. Mendez behauptete, alle zwanzig Minuten käme einer vorbei, selbst in den fadesten Nächten. Leidy wußte von all dem nichts. Manchmal sah er einen, manchmal schlief er, niemals aber konnte er darauf schwören, daß er zwanzig Minuten lang wachgelegen war.

Im Spätsommer gab es einen Meteorschauer, er sah sie überall um sich herum vorbeischwirren, eine Minute lang, an zwei aufeinanderfolgenden Nächten, manche so hell wie Raketen ...

Am Tage hämmerten sie Steine vom Straßenrand los, kletterten auf eisenfarbene Mesas und sammelten versteinerte Nüße und Samen, die der blaue Lehm der Canyons ausgewaschen hatte. Leidy war überrascht, Mendez bei der Ausübung seines Regierungsjobs ebenso leidenschaftlich ans Werk gehen zu sehen wie bei der Reaktivierung alter Minen. Fast so leidenschaftlich wie bei der Suche nach Forellenbächen. Dazwischen versuchte er, Leidys Kopf mit Fakten vollzustopfen. Die meiste Zeit gab Leidy vor, nicht hinzuhören.

»Nenne mir noch einmal die Klassen.« Sie arbeiteten sich einen dunklen Abhang hoch, der mit zerbrochenen Lavafelsen, gekrümmtem Salbei und leuchtenden, gelbblühenden

Goldastern überzogen war. Blasse vertikale Rinnen von ausgetrockneten Wasserfällen zogen sich streifenweise durch die Felsen.

»Welche?«

»Die Mineralklassen.«

»O *Jesus* ...«

»Beginn mit den Elementen.«

»Metalle«, sagte Leidy und gab dem neutralen Wort einen sarkastischen Unterton. »*Semi*metalle, *Nicht*metalle.«

»Gut. Ein Beispiel eines Semimetalls?«

»Ah ... Antimon.«

»Welches oft verwechselt wird mit ...?«

»Arsen.«

»Richtig. Ein Nichtmetall?«

»Diamant.«

»Was ist ein Diamant?«

»Kohlenstoff, meine ich.«

»Richtig. Die nächste Klasse? Du mußt sie nicht in der richtigen Reihenfolge aufzählen, aber versuche es – es ist leichter so, auf lange Sicht.«

»Ich habe es vergessen.«

»Zum Beispiel Sulfide.«

Leidy blies Luft aus seinen Backen. »Ich habe es vergessen, sagte ich.«

»Also, dann hör noch einmal zu. Sulfide. Oxide. Nitrate ... Was kommt als nächstes?«

»Ich habe es vergessen.«

»Du hast es vorhin bereits gesagt.«

»Ah, Kohlenstoff. Carbonate.«

»Richtig. Und die anderen -ate. Borate. Sulfate. Chromate. Molybdate, Phosphate, Arsenate, Vanadate und so fort. Und last ...«

»Ja.«

»But not least ...«

»Ja, ja.«

Mendez' braunes Gesicht verzog sich zu einem Ausdruck des Unmuts. »Was ist das?« Er bückte sich, faßte ein Stück eines rötlichbraunen Steins und hielt ihn Leidy vors Gesicht.

Trotz der aggressiven Geste schien er die Grenzen des Jungen zu kennen.

»Sieht aus wie versteinertes Holz.«

»Vielleicht.«

»Nein, es ist Hornstein.«

»Hornstein«, sagte Mendez befriedigt, »ist eine Form von ...?«

»Du willst Silikat hören. Quarz. Der am häufigsten auf der Erde vorkommende Stein. Bist du nun glücklich?«

»Das am häufigsten auf der Erde vorkommende Mineral. Mit ihm und Eisen und einer Handvoll anderem Zeug baut man einen Planeten. Und andere Leute davon überzeugen zu wollen, daß du dumm bist, kannst du dir sparen, Junge.« Der säuerliche Gesichtsausdruck des Indianers konnte nur von jemanden, der ihn wie Leidy in den vergangenen Wochen kennengelernt hatte, als ein glücklicher gelesen werden. »Du glaubst, sie mögen dich dafür. Das tun sie aber nicht.«

»Woher hast du ihn?« wollte Leidy wissen.

»Warum fragst du?« gab Mendez zurück.

»Das weißt du.«

Was weiß ich? Was weißt *du?*«

»Er stammt nicht von hier«, sagte Leidy. »Du hattest ihn bereits in der Hand.«

»Was macht es?«

»Warum?«

»Um dich ... zum eigenen Denken anzuregen. Jedenfalls hast du recht«, sagte Mendez und wartete nicht auf eine Erklärung. »Er stammt nicht von hier.« Er warf den Stein fort, hinab in die braune Basaltböschung. »Woher wußtest du das?«

Leidy wußte es, da ... nun, wenn er die richtigen Worte gefunden hätte ... das Stück Hornstein kam ihm vor, als sei es unter Wasser gebildet worden, wo die meisten auch gebildet werden. Nicht hier.

Hier, auf den Steens-Mountain, war der Basalt in dünnen Schichten über das trockene Land geflossen, eine Schicht über der anderen, wie übereinander gelegte Pfannkuchen.

Der ganze Berg war eine Aufschichtung steinerner Pfannkuchen, die mit Eisenoxid verziert war. Der Grund, warum Mendez hierher kam.

Da er ein praktisch veranlagter Mensch war, ließ Mendez Leidy die schweren Sachen schleppen, den großen alten Benzinmotor einer Kettensäge, einen Benzinkanister und, schlimmer noch, einen Pumpkanister und fünf Gallonen mit Wasser. Alles, was Mendez trug, waren ein Notizbuch, eine leere Leinwandtasche und einige Stahlzylinder mit einem Durchmesser von zwei Zentimetern, deren oberer Rand eine Diamantauflage besaß.

Mendez wandte sich zur Seite und drückte seinen Daumen gegen die Lavaschicht an der Wand des Canyon. »Solange die Lava noch heiß war, konnte sich der Magnetit darin nicht orientieren; es ging alles durcheinander, in alle Richtungen. Als sich die Lava dann abkühlte, richteten sich die magnetischen Teile wie Stabmagneten aus – wie eine Kompaßnadel. Als sich der Stein erhärtete, zeigten alle in die gleiche Richtung, in die Richtung des damaligen Magnetfelds der Erde«, sagte er. »Dorthin zeigen sie noch immer. Ein fossiler Kompaß.«

Er nahm den Kettensägenmotor und steckte einen der diamantbesetzten Stahlzylinder auf. Er säuberte die Felsoberfläche vom Dreck und startete mit einigen Zügen am Anlasserseil den Motor. Als er den Bohrer an den Felsen setzte, pumpte Leidy Wasser aus der Kanne, wie Mendez es ihm gezeigt hatte. Mendez mußte den Grund dafür kein zweites Mal erklären; Leidy wußte, daß sich der »fossile Kompaß«, wenn der Stein zu heiß wurde, neu ausrichten würde.

Der Motor heulte auf, Felssplitter besprenkelten ihre Jeans. Nach einigen Minuten harter Arbeit und vergossenen Schweißes zog Mendez den Bohrzylinder heraus. Er setzte eine Manschette auf die Bohrung, auf der ein Gerät angebracht war, das einer winzigen Sonnenuhr glich; dann drehte er die Manschette in die Richtung, in der der Schatten des Gnomons deutete. Er blickte zur Uhr und hielt die exakte Uhrzeit in seinem Notizbuch fest. Er brach die Stange ab, holte sie aus dem Felsen und verstaute sie in seiner Leinwandtasche.

Sie machten am gleichen Ort ein halbes Dutzend Bohrungen, mit dem Sonnenkompaß stellten sie jeweils die genaue Position der Sonne fest und notierten sorgfältig die Zeit – Mendez sagte, er brauche die Ephemeris, um die genaue Position der Sonne bestimmen zu können, aber das komme später –, und mit einem Magnetkompaß bestimmten sie die Lage des gegenwärtigen Magnetfeldes.

»Schau, nach dem Kompaß liegt in dieser Richtung Norden.« Sie standen am Fuß eines steilen Abhangs. »Aber hier, vor fünfzehn Millionen Jahren, hätte er in diese Richtung Norden angezeigt.«

»Das ist Süden«, sagte Leidy.

Bevor sie gingen, sammelten sie einige Gesteinsbrocken, die Mendez später in seinem Labor für Gegenproben anbohren wollte. Er führte Vermessungen durch, schrieb und zeichnete in sein Notizbuch. Schließlich überreichte er Leidy den Kettensägemotor und sie kletterten wieder hinauf.

Mendez trat Basaltstücke in der Größe von Ziegelsteinen los; Leidy, der sich hinter ihm emporkämpfte, wich der Lawine aus.

»Nun, hier oben würde der nach Norden weisende Pol unserer alten Kompasse – der natürlich ein magnetischer Südpol ist, anzeigen, daß in *dieser* Richtung Norden liegt.« Mendez wies auf die trockene, sonnenbeschienene Ebene, die sich hinter ihnen nach Osten erstreckte.

Unter erneutem Aufheulen und dem Gestank des Benzinmotors holten sie eine weitere Gesteinsprobe – und dann weitere sechs, alle aus derselben Schicht. Jede Stange markierte einen Datenpunkt. Leidy schien es, daß jeder Datenpunkt mit enorm viel Lärm und Schweiß verbunden war.

Sie kletterten höher. »Und manchmal ist die magnetische Nordrichtung auch hier«, sagte Mendez und zeigte direkt auf den Boden, »oder wieder dort unten im Süden. Oder hier, oder dort.«

Sie sammelten und notierten weitere Gesteinsproben und kletterten weiter, bis sie den Rand erreicht hatten. Als sie sich aufrichteten, erkannten sie, eine halbe Meile entfernt, ein Reh mit ihrem Kitz; sie standen neben einer mächtigen knorrigen Kiefer und starrten regungslos auf den Mann und den Jungen.

»Hier oben, zwei Millionen Jahre später – etwa vor dreizehn Millionen Jahren – liegt Norden ungefähr in der Richtung, an die wir uns heute gewöhnt haben. Gib mir das Ding, ich nehme trotzdem eine Probe.«

Er tat es, mit noch mehr Lärm und noch mehr Schweiß.

»Es dauerte zwei Millionen Jahre, bis sich die Richtung des Magnetfelds geändert hat?« fragte Leidy.

»Gute Frage. Manchmal ging es schneller – an manchen Stellen sind die Schichten sehr dünn. Betrachtet man sie sich genauer, kann man feststellen, daß sich die Pole schnell drehten, bevor sie sich ganz abkühlten. Einige Grade im Monat, in der Woche – vielleicht sogar an ein oder zwei Tagen! Aber sie kamen einige Millionen Jahre nicht zur Ruhe.«

»Warum aber ändert sich das Magnetfeld überhaupt?« fragte Leidy, der Basaltsand von den Knien seiner Jeans klopfte.

»Das weiß niemand. Die Antwort liegt irgendwo da unten, im Erdkern.« Mendez zeigte auf die Erde. »Man könnte Karriere machen, wenn man es herausfindet.«

Leidy sah den Köder und weigerte sich anzubeißen. Lehrer können nicht anders; sie müssen immer lehren. »Macht sowieso keinen Unterschied.«

»Das denke ich auch«, stimmte Mendez liebenswürdig zu. »Jedenfalls kehrte sich das Feld, seitdem der Planet besteht, ziemlich oft um. Erst vor einigen Jahren, als man Magnetometer auf dem Meeresgrund befestigte, stieß man auf magnetische Umkehrungen in den MORBs, dem Basalt, der aus den im Ozean verlaufenden Gebirgsformationen tritt. Trägt man die Veränderungen als schwarze und weiße Markierungen auf einer Karte ein, erhält man Gebilde, die wie Zebrastreifen aussehen – und die sich, ausgehend von den Formationen, in beide Richtungen erstrecken. Mit parallelen Händen, die Finger bewegten sich wie Turbinenmesser, schlug Mendez die Luft weiter und weiter auseinander. »Norden, Süden, Norden, Süden, immer schön symmetrisch. Daher wissen wir auch, daß die Gebirgsformationen der Grund sind für das Auseinanderdriften der Kontinente.«

Leidy hörte zu, auch wenn er so tat, als interessierte es ihn nicht. Seine Aufmerksamkeit war auf das Reh und ihr Kitz gerichtet, die sich nicht bewegt hatten und deren Augen unablässig auf den Mann und den Jungen gerichtet waren, die sich am Rand des Abhangs bewegten.

Mendez verstummte und schritt weiter. Leidy ließ ihn vorangehen, weit genug, um eine kleine rebellische Botschaft auszusenden, dann folgte er. Noch einmal blieb er stehen, zögerte und tat einen Schritt auf das Reh zu. Doch das ließ sich nicht täuschen; ruhig blickte es weiterhin zu ihm herüber.

Wäre Leidy von einem Biologen statt einem Geologen in das knochentrockene Oregon geschleppt worden, wäre aus ihm wahrscheinlich was anderes geworden. Er stand früher als Mendez auf, und während er in diesen bitterkalten Frühstunden vom Lager wegging, in den Dreck pinkelte und sich umsah, spürte er in sich einen unbeschreiblichen Schmerz aufsteigen; die Sonne kam herauf und warf ihr hartes orangefarbenes Licht über den Basalt, den Salbei und die Pappeln in den Flußläufen. Leidy schaute nach Tieren aus, er schabte an Flußufern nach versteinerten Knochen.

Er liebte es, den Pronghorn-Antilopen zuzusehen. Richtiges Rehwild, sagte Mendez, aber sie waren schneller als andere Rehe und schöner mit ihren muskulösen Körpern und dem gelbbraun gemusterten Fell; und sie waren klüger, da sie die Weizenfelder dem hohen trockenen Grasland vorzogen, das für sie reserviert war, weil kein Farmer oder Rancher es haben wollte. Wenn er und Mendez zu den schlammigen Gründen hinunterstiegen, die neben den Flüssen lagen, die keinen anderen Ablauf besaßen als die seichten verdunstenden Seen, war er von den schlanken Kranichen verzaubert, die in Zweiertrupps ihrem schwerfälligen Geschäft nachgingen und Frösche, Mäuse und Grashüpfer fingen, war verzaubert von ihrem braun-gesprenkelten Federkleid, ihren rostbraunen Kappen, ihren absonderlichen Schreien, ihrer Wildheit und Seltsamkeit. Und an den weiten blauen Seen des Malheurs betrachtete er die Schwadronen weißer Pelikane, die auf dem salzigen Wasser patrouillierten.

Überall in der hochgelegenen Wüste hingen Habichte gedankenverloren am Tageshimmel, in der Nacht heulten Kojoten; in den Ohren des Teenagers klang es wie aufgeregtes, böswilliges Geschwätz. Nichts aber faszinierte Leidy in diesen Sommer mehr als der Anblick der Fischadler, die mit den frischgefangenen Forellen in den Fängen zu ihren Nestern davonflogen; sehr geschäftigsmäßig richteten sie die Köpfe der erstaunten und verdrossenen Fische nach vorne, um den Luftwiderstand zu reduzieren. Er fühlte Mitleid mit den Fischen, auch wenn er sich schwor, die Rolle des Adlers einzunehmen.

Sechs Wochen lang hielten sie sich selten lange genug in der Nähe einer Post auf, damit Mendez einen Scheck einlösen konnte, auch Banken konnten ihn auf die schnelle nicht gegen Bargeld umtauschen. Die Zeit lief ab, und als der August da war, sagte Mendez, daß er, so gerne er auch den Jungen bei sich behalten möchte, eingestehen mußte, daß Leidy von der Regierung nicht mehr bezahlt wurde. Er wies darauf hin, Leidy nach Reno zurückbringen zu müssen. Leidy bettelte. Mendez sagte, er müsse für sich selbst eine Lösung finden. Zum ersten Mal in diesem Sommer rief Leidy seine Mutter an. Sie trafen eine Übereinkunft: regelmäßige Berichte, per Telefon oder Telegramm, und er mußte eine Woche vor Labor Day zurück sein.

Mendez wurde ebenfalls nicht mehr von der Regierung bezahlt. Obwohl sie weiterhin Gesteinsproben sammelten, hatten sie nun mehr Zeit, nach alten Minen zu suchen. Unter der aus Oaxaca stammenden Decke, die die Sitzbank des Ford überspannte, befanden sich USGS-Karten, Karten, die Leidy dort nicht vermutete und deren Markierungen Mendez ihm nicht erklären wollte. »Weil du Intelligenz zu schätzen weißt, Junge, und weil du sicherlich über mich erzählen wirst und jemand dir sicherlich zuhören wird.«

Sie fuhren Straßen hoch, die nirgendwo endeten, sie gingen zu Fuß, und das erste, worauf sie stießen und das Mendez auf seiner Karte eingezeichnet hatte, war ein natürlicher Wasserfall. Wenig intelligent. Sie gingen trockene Bachbette hoch, schafften in der Stunde drei Meilen, bis es nicht mehr weiterging, sie folgten den pappelbestandenen Bächen an den Hängen dürrer Berge und fanden, daß die Desperados in der Depressionszeit bereits alle Farbe aus den Felsen ausgewaschen hatten.

An einem der Bergzüge nordöstlich des Pyramid Lake marschierten sie vier Meilen auf den bis zur Unkenntlichkeit erodierten Spuren eines alten Weges, bis er sich im Gestrüpp umgestürzter Pappeln auflöste, die bereits gelb wurden. Hier fanden sie eine brauchbare Mine – eine Reihe von eingefallenen Gebäuden, Hütten und ehemaligen Geschäften, und die Ziegelfundamente eines Stampfwerks, umgeben von den schwarzen verrosteten Überresten der Maschinen. Der Berghang war überzogen mit Schächten und terrasierten Abflüßen, die in vertrauenerweckender Farbe schimmerten. Seit der Schneeschmelze im Frühjahr war niemand mehr hiergewesen, niemand auf Rädern.

An den Felsen führten sie mit Säuren und Brennern Tests durch, Prozeduren, die Mendez Leidy gelehrt hatte, und sie kamen zu dem Schluß, daß sie sehr wahrscheinlich auf eine reiche Mine gestoßen waren.

Mendez stieß aus Leibeskräften einen Schrei aus. Seine Freude war so groß, daß er loslief und von der nächsten Geröllhalde nach unten sprang. Er stürzte sechs Meter tief hinunter und löste eine Lawine aus, die weitere zwanzig Meter hinabfiel und ihn beinahe unter sich begrub. Leidy beobachtete ihn gespannt und erschreckt – er sah diesen alten Typen, der johlte und lachte; der mit seinem grauen Pferdeschwanz aus dem Staub herausragte wie ein Surfer aus der Brandung, der auf einer Felslawine schwamm und der davon mehr als angetan war. Mendez mußte gewußt haben, was er tat; er brach sich nicht die Knochen, die Felsen begruben ihn nicht. Aber er hatte einen langen staubigen Anstieg über das lose Felsgestein.

Sie verpackten die Säureflaschen, den Gasbrenner und einige schöne große Brocken des Gesteins in dem Rucksack, der Mendez gehörte und den zu tragen Leidys Privileg war. Als der Himmel sich im Westen rot färbte, machten sie sich auf zum Truck. Ein zerrissener Kondensstreifen hing diagonal am Himmel und jagte der Sonne hinterher, ein Silberstreif am goldenen Himmel.

»Ich meine, wir sollten in der Nacht hier nicht mehr wegfahren«, sagte Mendez, als sie eineinhalb Stunden später den Pickup erreichten. Leidy sagte nichts. Die Straße besaß Stellen, an denen durch die Windschutzscheibe nichts als der Himmel zu sehen war. Er hatte ein mulmiges Gefühl. »Außerdem ist das County-Gericht bereits geschlossen«, fügte Mendez bedauernd an.

Sie warfen ihre Schlafsäcke über die alte Straße, die einzige ebene Stelle an dem Gebirgshang, und bereiteten die Hormel Chili-Dosen über dem Brenner zu.

»Wir müssen uns noch über das Geschäft unterhalten«, sagte Mendez beim Essen. »Wie teilen wir den Profit auf, der nicht unbeträchtlich sein dürfte.«

»Wie hätte ich gewußt, daß da oben was ist?« sagte Leidy überrascht. »Du hast die Nachforschungen angestellt.«

»Wir können es von diesem Gesichtspunkt aus betrachten, aber dann habe ich dir deinen Lohn zu zahlen, noch bevor ich auch nur einen Dime gesehen habe. Ansonsten könntest du mich später verklagen.«

»Fuck you«, sagte Leidy und lächelte, weil es vielleicht nur ein Witz war. Falls nicht, dann versuchte er sein gekränktes Gefühl zu vertuschen.

»Ziehe ich die anderen in Betracht, die mich hierbei unterstützt haben, denke ich an fünfzehn Prozent des Nettogewinns für dich.«

»Ich will es nicht haben.«

»Okay, dann lege ich es als Stipendium an. Du kannst dann an das Geld ran, wenn du auf dem College bist. Oder einundzwanzig Jahre alt wirst. Irgend etwas in der Art.«

Leidy wußte nicht genau, was auf Colleges vor sich ging – eine Highschool ohne Ende, stellte er sich vor, nur daß man nicht jeden Abend nach Hause gehen mußte. Seine Eltern waren am College interessiert. Und sein einundzwanzigster Geburtstag, der lag noch ein oder zwei Jahrhunderte in der Zukunft. Wenn die Armee ihn nicht einzog. Wenn er solange noch lebte. »Schätze, ich kann dich nicht davon abhalten.« Er löffelte das Chili. Später murmelte er. »Danke.«

Nach dem Essen zerdrückten sie die Dosen und warfen sie in den Abfallsack und wuschen das Geschirr. Während Leidy dürre Salbeizweige für das Feuer suchte, kramte Mendez im Camper herum und tauchte mit einer schlanken Flasche Zinfandel aus den Sierra-Foothills auf. Er hatte sie bereits geöffnet, als Leidy zurückkam. »Hab sie aufgehoben, falls es was zu Feiern gibt. Da wir heute nirgendwo mehr hinfahren, kannst du mir dabei helfen.«

Leidy hatte während des Sommers seine Nase in ein oder zwei Biere gehalten – Mendez hielt ihm darüber keine Predigten. Aber er hatte sich schon lange nicht mehr gelangweilt und verspürte kein Bedürfnis, sich zu betrinken. Ein Schluck Zinfandel aus der blauen Porzellantasse schmeckte seltsam; aber nach einigen Schlücken, auf einer Höhe von zweitausendfünfhundert Metern, das Gesicht von den hellen, duftenden Flammen des Feuers gewärmt, spürte Leidy, wie sich in ihm etwas löste.

»Was, wenn ich dir sage, daß ich Geologe werden möchte?«

»Ich würde dir sagen, du wählst einen wenig angesehenen und unterbezahlten Beruf. Außer du bist bereit, die Scheißarbeiten für Ölfirmen zu übernehmen.«

»Glaubst du, ich bin dafür geeignet?«

»Sicher. Wenn du dich dafür entscheidest.«

»Du meinst Noten?«

Mendez zuckte mit den Schultern. »Kommt darauf an. Welche Art von Geologe möchtest du sein? Sagen wir mal, du interessierst dich für Geophysik und möchtest zum Caltech.«

»Ich könnte niemals dort hin.« Das hatte er gehört. Nur die Schlauesten besuchten Stätten wie Caltech oder Chicago oder das MIT oder die legendäre Ivy League.

Mendez genoß den Wein. »Du hast die Wahl.«

»Glaubst du, daß ich es dorthin schaffe?«

»*Ich* weiß es nicht. Darauf kommt es nicht an. Um im Leben zu machen, was du gerne machen möchtest, bedarf es des Abwägens, mehr noch als Talent. Kämpfe, wenn du kämpfen mußt, aber nicht, wenn es nicht notwendig ist. Wenn du gezwungen bist zu kämpfen, dann versuche, dich nicht mehr zu verletzen, als die andere Partei verletzt wird. Lasse dich nicht ablenken.« Eine weitere Mendez-Rede.

»Du meinst Noten?« beharrte Leidy.

»Was willst du? Willst du, daß ich sage, was dir deine Mutter oder dein Vater sagen?«

»Vielleicht.«

»Ist es nicht egal, wer es sagt? Wenn es für dich Sinn ergibt.«

Leidy nahm einen Schluck und dachte nach. »Ich schaffe es, vielleicht. Ich möchte nur wissen, ob ich es versuchen soll.«

Mendez zog sein staubiges Haar über die Schulter und kämmte es mit den Fingern einer Hand. »Du magst dieses Leben, Leidy. Felsen. Dreck. Die Geheimnisse, die sie beinhalten. Was gefällt dir denn besser?«

Am nächsten Morgen fuhren sie. Sie waren überzeugt, daß sie ihr Glück gemacht hatten. Bevor sie allerdings nach Reno zurückkehrten, wollte Mendez noch einen Punkt auf seiner Karte überprüfen. Nachdem sie auf dem Freeway zum Sitz des County gefahren waren, wo sie ihre gemeinsamen

Ansprüche auf die Mine anmeldeten, schlugen sie den Weg nach Süden, durch die Wüste, ein.

Der neue Ort war eine Enttäuschung; er lag weit unten am Berghang, an einer Verwerfung im Talgrund. Weiter oben im Tal gab es heiße Quellen, die sandige Hauptstraße war von den Rädern der Motorräder und Geländewagen in eine Miniaturdünenlandschaft verwandelt worden. Anscheinend kannte jeder die Mine; lange Zeit hatte sie wohl für Plünderungen und als Schießstand herhalten müssen. Der Tunnel stand offen. Mendez reichte Leidy einen zerkratzen Helm, der hinter dem Sitz im Pickup lag, und preßte sich selbst einen Helm mit einem großen Loch auf seinen kantigen Schädel.

Einige Schritte hinter dem Mineneingang waren die Wände mit Graffiti bedeckt, unzureichende Pornografien und amateurhafte Versionen von Hexensymbolen, in Silber und Schwarz auf den Felsen gesprüht und gemalt. Welch eine Mine. Jefferson Airplane. Moby Grape. Acid. Metal. Mit jedem Schritt wurde der Geruch von Ammoniak stärker. Leidy gefiel es nicht. Er begann, sich aus einem unbestimmten Grund Sorgen zu machen.

Mendez richtete das Licht auf die modernen Piktogramme. »Die Leute wissen nichts mit sich anzufangen«, sagte er. Seine Stimme klang im engen Felsschacht tot; er besaß gerade die richtige Breite, um Echos zu ersticken. So weit gingen seine moralischen Verurteilungen. Mendez sprach selten über Respekt oder Besitzrechte, nur über Ignoranz oder Motivation. Er hatte niemals ein Wort über unsere Jungs in Vietnam verloren.

»Was machen *wir* hier drinnen?« fragte Leidy, als Mendez sie weiter in den Tunnel führte. Seine Nerven flatterten mit jeder Sekunde mehr. Niemals zuvor war er an einem solch dunklen und engen Ort gewesen, ein Ort, an dem verdammt viele Steine über seinem Kopf hingen. Mendez hielt sich fast nie damit auf, in alte Minen zu sehen, da, wie er Leidy erzählte, alles, was Menschen mit Pickeln und Schaufeln aus dem Gestein herausholen konnten, bereits fort war. Entweder befand es sich in der Halde oder im Stampfwerk.

»Ich erwarte nicht, hier irgend etwas zu finden«, gab Mendez zu. »Aber ist dir nicht die kleine Halde draußen aufgefallen?«

»Die Mine hatte es also in sich.«

»Der Tunnel geht tief hinein, wie wir feststellen können. Du kannst mir nicht weismachen, daß das Gestein, das draußen auf der Halde liegt, alles war, was hier rausgeholt wurde. Die Mine mußte ziemlich ergiebig gewesen sein.«

»Vielleicht haben sie alles zum Stampfwerk gebracht«, gab Leidy zu Bedenken. »Oder vielleicht kamen später welche und haben alles zum Stampfwerk abtransportiert. Es gibt hier drinnen nichts mehr für uns.«

»Mag sein.« Mendez' suchender Taschenlampenstrahl fand zerbrochene Bierflaschen, einen Büstenhalter, der an einen verrußten Pfosten genagelt war, Unterhosen an einem anderen Holzträger. In einer Ecke Wachsstalagmiten geschmolzener Kerzen. Weiter drinnen lag ein vergilbtes Photomagazin aufgeschlagen – skandinavischer Herkunft, nach den blassen Haaren der über die Schulter blickenden nackten Modells zu schließen. Mendez sparte sich Bemerkungen zu den Kulturprodukten. »Aber vielleicht haben Plünderer wie wir den einen oder anderen guten Stein übersehen. Ich kann es einfach nicht glauben. Und ich kann mich selbst nicht ertragen, wenn ich nicht einen Blick darauf geworfen habe.«

Leidy haßte die dunkle stickige Höhle, deren Seitengänge ins Nichts führten. Er klammerte sich an den Glauben, daß Mendez wußte, was er tat. Mendez' Lichtstrahl glitt rhythmisch über die Wände und den Boden. Er bewegte sich vorsichtig voran, sorgfältig darauf achtend, wohin er den Fuß setzte.

Dann brach der Boden, der im kreisrunden Schein der Lampe einen festen Eindruck gemacht hatte, unter ihm weg, und das Licht erlosch.

»*Mendez*«, schrie Leidy. Seine Stimme klang in der Dunkelheit schrill.

Lange hörte er das Gepolter der Felskaskade, die Schwärze füllte sich mit dem Geruch der aufsteigenden

Staubwolke. Dann war es still, bis auf das Rieseln der Kieselsteine und plötzlich gab es Echos, die vorher nicht da waren.

Niemand antwortete auf Leidys Rufen.

Er hatte in seiner Jackentasche eine billige Plastiktaschenlampe. Er leuchtete damit in den Schacht, der sich vor ihm auftat. Nichts war zu sehen außer Dunkelheit und Staub.

»*Mendez!*«

Im Truck gab es ein Seil und einen Erste-Hilfe-Kasten. Und eine stärkere Taschenlampe. Er brauchte diese Dinge; er rannte los. Zehn Minuten später war er wieder am Abgrund zum Schacht, sein Herz klopfte, seine Lungen keuchten, er rang so laut nach Luft, daß er glaubte, nicht mehr denken zu können, obwohl er wußte, daß er ganz klar dachte.

»*Mendez!*«

Er glaubte ein Stöhnen zu hören, das Pulsieren des Blutes in seinen Ohren war allerdings so stark, daß er sich dessen nicht sicher war. Mit dem schmalen Strahl der Taschenlampe leuchtete er die Wände des Stollens ab, bis er einen Pfosten fand. Er schlug mit den Füßen dagegen und prüfte, ob er fest genug war, dann band er das steife gelbe Seil daran fest.

Er wußte nicht genau, was er tun sollte, er improvisierte; er schlug das Seil um seine Hüften und ließ sich über die Kante. Mit dem Kopf stieß er gegen die Wände des Schachtes. Mit Knien und Ellbogen versuchte er sich wegzudrükken, ohne Erfolg, er schwang weiterhin vor und zurück und schlug gegen die Felsen.

Dann befand er sich im freien Raum.

Er ließ sich weiter hinab, ließ sich am Seil hinunterrutschen, bis seine Füße Boden berührten.

»*Mendez!*«

»Hier.« Die Stimme war ein schmerzerfülltes Flüstern.

Leidy fand ihn mit der Taschenlampe, eine blasse gekrümmte menschliche Gestalt, die auf einem geisterhaft weißen Schutthügel lag.

»Ich habe ein Seil«, sagte Leidy.

»Keine Chance«, flüsterte Mendez.

»Was kann ich tun?«

»Wasser?«

»Ja, hier.« Leidy hielt ihm die volle Feldflasche hin.

Mendez besaß genügend Kraft, sie in seine Hände zu nehmen und daraus zu trinken. Er ließ die schwere Flasche auf seiner Wange ruhen. »Hol Hilfe. Ich brauche einen Arzt.«

»Ich soll dich hier alleine lassen?«

»Schau, daß du verdammt noch mal wieder das Seil hochkommst.«

»Hier, ich habe M&M's gebracht. Willst du meine Taschenlampe?«

»Nein. Geh.«

Das Seil hochzuklettern, das wußte er nach wenigen Sekunden, war die härteste körperliche Anstrengung, die er jemals unternommen hatte. Er rutschte einen Meter nach unten, hakte sich fest, begann von neuem, rutschte wieder einen Meter ab – die Hälfte der Strecke bis nach oben. Das dritte Mal schaffte er es über die Kante, trotz des Brennens seiner Hände. Seine Handinnenflächen waren offen, Blut trat hervor; die Narben würden immer bleiben.

Als er sich über die Kante schwang, spürte er die Enden verfaulter Planken gegen seinen Magen stoßen. Jemand hatte den Schacht vorsätzlich mit morschen Brettern bedeckt und darüber Dreck gestreut. Keine Schürfer. Irgendwelche Bastarde, die wollten, daß irgend jemand reinfiel und starb. Eine Fallgrube. Vielleicht hätte Mendez gesagt, sie wußten nicht, was sie mit sich anfangen sollten.

Leidy rannte aus der Mine, setzte sich in den Truck und fuhr die dreißig Meilen nach Austin, zur nächsten Polizeistation. Es dauerte drei Stunden, bis wieder jemand zur Mine kam, die Rettungssanitäter brachten alles mit, was notwendig war. Wenn sie Mendez hätten retten können, dann hätten sie ihn gerettet. Er war tot, als sie eintrafen.

Es gab später einige Komplikationen, einige davon blieben Leidy im Gedächtnis. Er konnte niemals ganz verstehen, warum seine Mutter und sein Vater ihn fragten, warum er zu Mendez' Beerdigung nach Kalifornien wollte. Er konnte ihnen deswegen nicht vergeben. Die kalten leeren Blicke, die er von Mendez' Frau und den Kindern bekam, konnte er verstehen. Er konnte ihnen vergeben, aber er konnte sie nicht vergessen. Er war sich nicht einmal sicher, ob er sich selbst vergeben konnte. Oder Mendez, weil er nicht durchgehalten hatte, bis er zurück war.

MANHATTAN 1985

Ein dunkler Oktobermorgen; der Regen ging so hart nieder, daß von Dink Pearces Bürofenster aus kaum was zu sehen war. Die Lichter auf seiner Telefonanlage blinkten wie in der Vorweihnachtszeit. Seine Sprechanlage summte diskret. »Noch nicht«, schrie er hinein.

»Ja, Sir«, erwiderte seine verwirrte Sekretärin.

Auf Dinks Schoß befand sich ein dickes Dokument, der schwarze Umschlag war mit einem weißen Etikett beklebt, auf dem in Schwarz ein einziges Wort stand: CORE. Dink schlug das Cover um, blätterte durch und suchte die Stelle, die er verloren hatte. Er überflog die Textteile und besah sich die Diagramme, die mit Desktop-Graphikprogammen erstellt waren.

Skizzen von neuen Werkzeugen und neuen Maschinen. Pläne von Kraftwerken, der Wasserversorgung, Versorgungseinrichtungen. Gebäude für eine kleine Stadt. Karten der Transportwege, der Städte und Dörfer, von geologischen Strukturen.

Tabellen mit den geschätzten Kosten – »Wow«, stieß Dink aus – eine Summe, die beinahe einem Drittel des jährlichen Verteidigungshaushalts der Vereinigten Staaten entsprach, und das jedes Jahr, fast ein Jahrzehnt lang.

Dink seufzte und ließ die Akte auf seinen Schreibtisch fallen. Ein Loch zur Mitte der Erde. Warum nicht gleich bis nach China?

Es gab nicht die geringste Möglichkeit, daß das auch nur einer mit Wohlwollen zur Kenntnis nahm. Die Vereinigungen der Physiker und Geologen hatten Komitees, die das wandernde Magnetfeld beobachteten. Die National Academy of Sciences hatte eine Gruppe, die sich mit dem wandernden Magnetfeld befaßte. Die OTA, die NSF, die USGS, sechs andere föderale Vereinigungen und mindestens zehn Kongreß-Komitees ließen ihre Mitarbeiter alles zusammentragen, was an Wissen über das wandernde Magnetfeld vorhanden war. Dies war der American Way, mit Krisen umzugehen – warten, bis die Tatsachen eingetreten sind, und dann Komitees bilden.

Solchem Enthusiasmus waren Grenzen gesetzt. Was stand politisch auf dem Spiel, die Bergregionen der dünn besiedelteten Staaten im Westen? Niemand außer den Bewohnern und den Wissenschaftlern kümmerte das, und die Wissenschaftler verschwendeten die Hälfte ihrer Energie mit Grabenkämpfen.

Und nun ein Leiden Hudder –

»Schicken Sie ihn herein«, sagte Dink in die Sprechanlage.

»Ja, Sir.«

– der ein kleines persönliches Vermögen besitzt, einige interessante wissenschaftliche Veröffentlichungen vorweisen konnte, der aber in den letzten fünf Jahren keinen richtigen Job hatte. Er präsentiert einen weitreichenden und überaus teuren Plan, um einen Blick auf das Herz des Erddynamos zu werfen. Seine einzigen Vermögenswerte liegen in den Patenten seines Vaters. Und in seiner Beziehung zu einer intelligenten jungen Frau.

»Nimm Platz«, sagte Dink, nachdem Leidy sich gesetzt hatte. Dink schob das Dokument auf dem Schreibtisch weg. »Freut mich zu hören, daß Dr. McDougal das MacArthur-Stipendium bekommen hat. Richte ihr meine Glückwünsche aus.«

»Werde ich tun.«

»Und dann frage sie, was sie für uns in letzter Zeit getan hat.«

Leidy hob eine Augenbraue.

»Ich will es erklären«, sagte Dink. »Trotz allem Enthusiasmus und ihrem Genie hat sie bislang nicht mehr als einige Quadratmillimeter sehr dünnen Hudderit-Films hergestellt. Haben ihre Patente ihr bisher auch nur einen einzigen Dime eingebracht? Einen harten kommerziellen Dime, meine ich, nicht die weichen des Stipendiums?«

»Dink, du siehst nicht glücklich aus.« Leidy selbst sah in diesen Tagen sehr glücklich aus.

»Das ist ein ziemlich gewagtes Vorhaben.« Dink schlug auf die Akte. »Die Leute werden euch für verrückt halten. Sogar Leute, die euch so gut kennen wie ich.«

»Wir wollen es gemeinsam tun«, sagte Leidy.

»Warum? Es hat nichts mit dem Wiederaufbau von Hudder Research zu tun, noch mit Dr. McDougals Forschungen. Nicht direkt. Wir sollten uns nicht zu sehr von den rein technischen und Marketing-Aspekten eurer gemeinsamen Arbeit ablenken lassen. Eurer *angestrebten* Zusammenarbeit.«

»Wenn ich sie dazu bringe, zu einem neuen HRI ja zu sagen, wird sich die Welt einen Weg bahnen zum HRI. Und du wirst so damit beschäftigt sein, Prozesse um Patentverletzungen zu führen, daß du reicher als wir beiden werden wirst.«

»Das ist genau der Punkt, warum ich Patentanwalt bin«, sagte Dink.

»Wir wissen, daß wir Unterstützung von der Regierung benötigen; zweifellos brauchen wir internationale Unterstützung. Der Präsident hat einen wissenschaftlichen Berater, oder? Da könnten wir ansetzen, ganz formlos.«

Dink versuchte seine Gefühle nicht zu zeigen. Er hatte nicht die Absicht, sein gutes, über Jahre hinweg aufgebautes Verhältnis zu Arthur Berg, dem wissenschaftlichen Berater des Präsidenten, aufs Spiel zu setzen. »Der einzige Ort, wo Berg sich entspannt«, sagte er, »ist auf seinem Boot. Und du – du hast *fürchterliche* Angst auf dem Wasser.«

»Ich habe mich mittlerweile an Martas Dinghi gewöhnt«, sagte Leidy.

»O toll, du kannst eine Fangleine nicht vom Hauptsegel

unterscheiden.« Dink sah auf die Lichter an seinem Telefon. »Ich muß dich leider hinauskomplimentieren. Laß da, was du geschrieben hast.«

»Es ist nur ein roher Entwurf.«

»Es wird dieses Büro nicht verlassen. Glaub mir, keiner wird es zu Gesicht bekommen.«

»Setz es einfach auf. Ich habe bereits mit meiner Mutter darüber gesprochen.«

»Was also?« Leidys Plan, so schien es Dink, war leicht zu durchschauen. Vielleicht könnte Arthur Berg – ein Nuklearchemiker aus Yale, der ein Protégé des ausgezeichneten Professor Leiden, Gretas Vater, war – ihren Sohn, Greta zuliebe, irgendwo in seinem Terminkalender unterbringen. Selbst wenn er nur daran dachte, verschwendete er seine Zeit.

»Also ruf sie an, Dink.«

Dink seufzte. Er konnte sich weigern, Berg anzurufen, aber er konnte sich nicht weigern, Greta zu sprechen. Nicht, wenn Leidy ihn dafür bezahlte. »Greta Hudder«, sagte er in die Sprechanlage.

Greta hatte den Anruf bereits erwartet. »Arthur wartet auf deinen Anruf, Dink.«

Dink warf Leidy einen kalten Blick zu. »Tut er das, wirklich?«

»Ich habe ihn letzte Nacht bei sich zu Hause gesprochen.«

»Ich wußte nicht, daß du ihn so gut kennst.«

»Nach dem Tod von Cyrus schrieb mir Arthur einen sehr freundlichen Brief. Er interessierte sich sehr für Cyrus' Arbeit.«

»Ich verstehe«, sagte Dink. »Okay, Greta. Danke für deine Hilfe.« Er verabschiedete sich und blickte zu Leidy. »Ich werde ihm einiges aufbürden, aber ...«

Leidy sagte nichts, beobachtete nur, aufmerksam und freundlich.

Dink seufzte. »Scheint, ich habe keine andere Wahl.«

Berg traf Leidy und Marta einen Monat später in seinem Yacht-Club an der Küste Connecticuts. Ursprünglich wollte Dink ebenfalls kommen, Berg allerdings wiegelte ab; er meinte, er wolle freien Gedankenaustausch, so frei wie möglich. Für Dink bedeutete dies, daß er Leidy wie eine Dampfwalze plattmachen wolle.

Der November wurde noch nasser und windiger als der Oktober. Berg, ein kleiner Mann mit einem Büschel schlohweißen Haars, stand einige Male vom Tisch im Speisesaal auf und sah durch den Regen auf seine breite, teakgetäfelte Schaluppe, die im aufgewühlten graugrünen Wasser an den Schiffstauen zerrte. Die entfernte Küstenseite der Bucht war im trüben Wetter nicht zu erkennen. Das Wetter war so schlecht, daß Leidy ein Segeltörn erspart blieb; allerdings auf Kosten der vollen Aufmerksamkeit Bergs.

In seiner Zerstreuung rezitierte Berg eine Rede, die klang, als wäre sie bereits einmal aufgezeichnet worden. »Es handelt sich hier um ein Gebiet intensivster Forschungstätigkeit. Der Haushalt des Präsidenten sieht neue Satelliten vor, eine neues Netzwerk von Erdbeobachtungsstationen, neue Initiativen zur Computerdarstellung. Wir haben Forschungsprogramme, die sich mit historischen Aufzeichnungen beschäftigen, wir rüsten Expeditionen aus, die das Magnetfeld neu vermessen, wir eröffnen neue Datenbanken. Der Plan des Präsidenten sieht die Revitalisierung des kontinentalen Tiefbohrprogramms vor.«

»Wir möchten darauf hinweisen«, sagte Leidy, »daß kein Programm, das sich auf die Erdoberfläche beschränkt, die unmittelbare Beobachtung des Erdkerns ersetzen kann. Die aufregendsten neuen Ideen – über Kern-Mantel-Topografie und chemische Zusammensetzung, über Austauschprozesse zwischen dem Kern und der Oberfläche durch den Mantel – werden niemals mehr als Hypothesen sein, wenn man nicht in den flüssigen Kern selbst vorstößt.«

Berg fuhr fort, als hätte er dies nicht gehört. »Das OBM steht hinter uns. Die USGS unterstützt uns. Die ganze geophysische Gemeinschaft ist auf unserer Seite ...« Er saß nicht, er umkreiste mit schnellen Schritten den Tisch und äugte mißtrauisch auf seinen Ceasar-Salat. »Geophysiker sagen, sie bauen ein Teleskop in die Erde.«

»Teleskope!« fiel Leidy ein. »Wenn Geophysiker von Teleskopen sprechen, dann meinen sie Computerprogramme. Das ist ...«

Unter dem Tisch stieß ihn Marta barsch an.

»Entschuldigen Sie, Sir, aber das ist eine unzulängliche Metapher.«

»Geowissenschaftler haben aufgehört, sich darüber zu beschweren, daß sie ignoriert werden«, sagte Berg, ohne auf Leidy zu achten. »Jedem Campus im Land, der ein Hochdrucklabor besitzt, werden staatliche Gelder zugeschoben.« Er umrundete noch immer den Tisch und rezitierte. »All das stammt von Vorschlägen, die seit Jahren an uns herangetragen werden.«

Leidy blickte zu Marta. Wahrscheinlich wären sie schneller vorangekommen, wenn sie draußen auf der Schaluppe wären.

Berg blieb stehen und fixierte Leidy. »Offen gesagt, sehe ich für dieses ... *Superloch* ... nicht den Hauch einer Chance, solange Sie nicht in der Lage sind, Hudderit in solchen Mengen wie Stahl zu produzieren.«

»Das wird zwei Jahre dauern«, sagte Marta entschieden, »vielleicht achtzehn Monate.«

»Oh, *Unsinn*«, sagte Berg fröhlich. »Eine Wunschvorstellung. Wieviel Quadratmillimeter Hudderit haben Sie bislang erzeugt?«

»Ich habe das hergestellt«, sagte Marta. Sie holte aus ihrer Mappe eine rechteckige polierte Folie von dreißig Zentimeter Seitenlänge.

»Oh, sehr schön, glauben Sie mir.«

»Verbiegen Sie sie.«

Berg beugte sich über und entriß ihr fast die Folie. Er verdrehte seine Handgelenke und versuchte, sie zu verbiegen; sie war so dünn wir Aluminiumpapier, aber so fest wie drei Zentimeter dicker Stahl.

Leidy beobachtete ihn; er erinnerte sich an den Tag vor einem Monat, als Marta ihm die erste Probe überreichte, nicht größer als ein Streifen Kaugummi, die sie in ihrer Vakuumkammer aus diffusem Plasma gewonnen hatte, das bis auf stellare Temperaturen erhitzt worden war.

»Das ist Hudderit?« fragte Berg. Er versuchte erneut, es zu biegen.

»Ein perfektes Kristall. Erzeugt durch Ionenablagerung an Titanoxid-Platten und auf eine Dicke von über hundert Mikrometer gebracht, durch ein Verfahren, das wir nun patentieren lassen wollen. Ein elastisches Material; es biegt sich unter Belastung. Trotzdem ist es härter als alles andere in der Natur.«

»Nicht zu zerbrechen?«

»Es kann entlang bestimmter kristalliner Ebenen unter hohem Druck brechen«, sagte Marta – nun, nichts ist vollkommen – und fuhr schnell fort: »Aber es besitzt andere interessante Eigenschaften. Zum Beispiel ist der thermische Expansionskoeffizient praktisch ...«

»Großer Gott, Leute, mit dem hier, wozu braucht ihr da noch *mich?*« Berg warf die Folie auf den Tisch. »Wenn das auf den Markt kommt, dann können Sie beide – ich weiß nicht, dann können Sie die nächsten Hewlett und Packard sein.«

»Wir haben nicht vor, damit Geld zu machen«, sagte Leidy, »Privatvermögen können das CORE-Projekt nicht finanzieren.«

»Wenn Sie signalisieren«, sagte Marta, »daß Sie, daß der Kongreß unserem Projekt zustimmen ...«

»Ein Hinweis nur, daß CORE als nationales Ziel eingestuft wird«, sagte Leidy.

»Dann könnte es in sieben Jahren verwirklicht werden«, fuhr Marta fort. »Höchstens fünfzehn Jahre.«

»Wir wollen nicht blauäugig optimistisch sein, sagen wir dreißig Jahre«, erwiderte Berg.

»Andere Nationen werden sich daran beteiligen wollen«, sagte Leidy.

»O tatsächlich?« Berg lächelte sarkastisch. »Genauso enthusiastisch, wie sie für eine Raumstation zahlen wollen?«

»Das hier sind keine abgehobenen Untersuchungen im Himmel. Das ist eine schadstoffreie Energiequelle, die potentiell so groß ist wie das Erdinnere selbst. Wir können sie auch als todsichere Lagerstätten für Atommüll verwenden.«

»Ich will Sie nicht enttäuschen, aber Lagerstätten für Atommüll sind nicht gerade eine Empfehlung ... wenn sie die Regierung nicht davon überzeugen können, daß man später eventuell wertvolle Materialien, die Sie in der Röhre versenkt haben, nicht wieder zurückgewinnen kann.«

»Vergessen Sie den Atommüll«, sagte Marta, bevor Leidy sich vergaß und einen Streit vom Zaun brach. »Denken Sie an die Energie. Unabhängigkeit von der OPEC.«

Berg kam zum Tisch zurück und setzte sich nun. »Sie wollen von mir also nur, daß ich der Exekutive sage, das hier ist *interessant?*« Er klopfte mit dem Finger auf das Hudderit-Rechteck, das auf dem plastikbezogenen Lukendeckel lag, der die Tischplatte bildete.

»Wir wissen, daß Sie interessiert sind.« Marta beobachtete fasziniert, wie Berg sich über seinen Salat hermachte und ein glänzendes Salatblatt in seinen Mund schob. »Es kommt nicht so sehr darauf an, daß man es sagt, sondern daß man es wissen läßt. Auf überzeugende Art und Weise.«

»Eine Haushaltsrichtlinie würde genügen«, sagte Leidy. »Über DOD, DOE – DOE hat schon Martas Labor – irgendeine Institution, die das tut, was der Präsident sagt.«

»Okay, ich werde meinen Stab darauf ansetzen.« Mit seiner freien Hand klopfte Berg auf den Abriß des Projekts, den sie ihm gegeben hatten. Er kaute laut.

»Bitte lesen Sie es zuerst«, sagte Leidy. »Was Sie darin finden, kann für die Regierung sehr nützlich sein, wenn die Katastrophe wieder hereinbricht ... was, das versichere ich Ihnen, eher früher als später der Fall sein dürfte.«

Berg schluckte und sah sie irritiert an. »Was immer auch passieren mag, Sie können dann sagen: ›Ich habe es Ihnen gleich gesagt.‹«

»Wenn das Magnetfeld der Erde gegen Null geht, was, wie ich glaube, geschehen wird, und niemand in verantwortlicher Position geeignete Gegenmaßnahmen empfiehlt, dann bin ich versucht zu sagen, daß ich es Ihnen gleich gesagt habe.«

Leidy spürte Martas kalte, zurückhaltende Finger auf seinem Arm.

»Geeignete Gegenmaßnahmen?« Berg ging darauf ein. »Verfügen Sie über Mittel, eine Katastrophe abzuwenden? Gehen wir davon aus, sie setzen diese hyperdermische Nadel in den Erdkern; Sie injizieren Ihre Instrumente. Was dann?«

»Nun …« Leidy zögerte. »Sie kennen doch die Antworten all Ihrer anderen Kunden, die öffentliche Gelder verschlingen, aber nicht in der Lage sind, Ihnen mit Gewißheit zu sagen, was sie beobachten.«

»Wie lautet *Ihre* Antwort?« forderte Berg.

»Wenn wir lernen, die Zeichen zu lesen, die frühen Warnungen, dann können wir Abwehrmaßnahmen einleiten.«

»Das gleiche sagen auch die anderen. Kommen Sie schon. Sie *müssen* mehr als das zu sagen haben.«

»Wir wären Dummköpfe«, sagte Leidy, »wenn wir vorschlugen, was zu tun wäre. Wir wissen noch nicht, was vor sich geht …« Er wußte nicht weiter.

Marta kam ihm zu Hilfe. »Wir können auf dieser Entwicklungsstufe nicht mehr sagen.«

»Warum nicht?« Berg ließ nicht locker. »Keine Vorstellungen?«

»Das ist, als ob … Zum Beispiel gibt es Spekulationen, wie man einen Asteroiden oder Kometen davon abhalten könnte, auf die Erde zu stürzen«, sagte sie. »Einige Astronomen sehen *durchaus* eine Verbindung zwischen Kometeneinschlägen und Veränderungen des Magnetfelds.«

»Das ist ja interessant. Wie ist das möglich?« fragte Berg.

Marta schaute zu Leidy.

Worauf, zum Teufel, wollte sie damit hinaus? Es war nicht unbedingt seine Lieblingshypothese. »Eine kontroverse Idee, aus Berkeley, brandneu«, sagte er. »Ein komplizierter Prozeß, der auf Vereisung, sich änderndem Meeresspiegel, daraus sich ergebenden Veränderungen der Erdrotation beruht – und damit die Zirkulation des flüssigen Kerns beeinflußt – und damit wiederum die Stärke und Richtung des Magnetfelds.« Er hoffte, Berg wollte von ihm keine Einzelheiten.

»Was ich sagen will«, sagte Marta, »ist, daß während der letzten zehn Millionen Jahre relativ wenige Asteroideneinschläge zu verzeichnen waren, trotzdem schlagen ernsthafte Leute vor, Atombomben zu verwenden, die – außerhalb der Umlaufbahn des Mars – Asteroiden oder Kometen lenken sollen.«

»Ja, Bomben«, sagte Leidy. »Können Sie sich das vorstellen?« Aber Marta ließ ihm einen einschüchternden Blick zukommen. Er verstummte und hörte zu.

»Keiner regt sich darüber auf«, fuhr sie fort und fixierte dabei Berg. »Zum einen gibt es dafür keine geeigneten Trägersysteme – eine Bombe dort draußen abzuladen erfordert genaues Timing und Präzision. Mit anderen Worten, das Projekt steht nicht ernsthaft zur Debatte. Diese Leute haben ihren Spaß mit den Medien.«

»Ich habe den Faden verloren.« Berg stocherte in seinem Salat. »Schlagen Sie etwa vor, wollen Sie *suggerieren* – ich äußere jetzt eine wilde Vermutung –, daß Sie durch Atomexplosionen das Magnetfeld beeinflußen können? Im Inneren der Erde?«

Tun wir das? dachte Leidy. Dann sagte er: »Wir wollen nicht in unverantwortlicher Weise über Dinge spekulieren, von denen wir zu wenig wissen.«

»Ja, aber ... Berg betrachtete den Regen, der über dem weiten grünen Fluß niederging ... »gibt es irgend etwas, das wert ist, erklärt zu werden?«

»Vielleicht können wir ein Modell entwerfen«, sagte Marta.

Leidy schaute sie an. In ihren Diskussionen sind sie noch nie so weit gekommen; das war wildes Improvisieren. Sie ließ ihm einen Blick zukommen, der sagte, nimm die Beine unter die Arme und lauf los. »Ja.« Er räusperte sich und schaute zu Berg. »Ich vermute, Sie meinen die Idee des selektiven Zuwachses von Eisenverbindungen, die sich, so nimmt man an, aufgrund chemischer Reaktionen in der Kern-Mantel-Zone gebildet haben.«

»Vielleicht«, sagte Berg. »Vielleicht.«

»Sie haben vollkommen recht«, sagte Leidy. »Manche glauben, sie besitzen die Größe von Bergen, von ganzen Bergzügen – Bewegungen einer solchen Masse durch den Kern beeinflußen sicherlich die Zirkulation des flüssigen Kerns.«

»Es gibt allerdings gute Gründe, solche Ideen in unserem Plan nicht zu erwähnen«, sagte Marta bedeutsam.

»Wir wollen in aller Deutlichkeit sagen, daß wir nicht zitiert werden wollen, daß wir solche Dinge behaupten«, sagte Leidy.

Der Regen schlug hart gegen die Fenster. Arthur Berg, der sein Segelboot vergessen hatte, lachte wie ein Teenager. »Bomben im Erdkern.«

Einen Augenblick später veränderte sich sein Gesichtsausdruck »Lassen Sie uns wieder ernst werden«, murmelte er.

An diesem Abend machte Leidy Spaghetti mit Knoblauch und Olivenöl, frischem italienischen Brot und grünem Salat. Linda und Luisa stocherten darin herum und verließen den Tisch, so schnell sie nur konnten. Als sie verschwunden waren – nur die Geräusche des Fernsehapparats waren oben zu hören –, öffnete er die Flasche Chianti, die er zum Essen gekauft hatte, und füllte zwei Gläser.

Marta saß am Küchentisch, drehte noch immer Spaghetti auf die Gabel und sah zerstreut aus. Plötzlich sagte sie: »Ich mache bei deinem Unternehmen mit.«

»He!« sagte er. »Bist du dir sicher?«

»Keine Sorge, ich werde dich nicht verklagen, wenn ich kein Vermögen verdiene.« Einen Moment lang schwieg sie. »Nur, wenn du dein Wort brichst.«

»Mein Wort brechen?«

Sie legte die Gabel hin. »Cyrus hat es niemals bis dahin geschafft – aber er hat es möglich gemacht.« Sie schaute zu ihm auf und hob ihr Glas. »Du und ich, wir werden zum Erdkern reisen, Leidy Hunter.«

AUF DER ANDEREN SEITE DER ERDE, AM GRUND DES MEERES

Zur gleichen Zeit, als Leidy und Marta auf Long Island Spaghetti aßen, steuerte eine junge Einheimische Tongas namens Elizabeth Tabou das Forschungstauchboot *Vinland* in die schwarzen Tiefen des Tonga-Grabens.

Nur ein geographischer Zufall hatte Queenie Tobou auf die Inseln zurückkehren lassen, auf denen sie geboren wurde – das erste Mal, daß sie wieder diese Lavafelsen und Korallensandaufschüttungen betrat, nachdem sie mit achtzehn Jahren an die Universität von Cambridge ging. Sie hatte einen langen Weg um die Erde hinter sich, Woods Hole in Massachusetts und das Forschungsinstitut im kalifornischen Monterey Bay Aquarium; da sie am und auf dem Meer aufgewachsen war, verdiente sie sich nun ihren Lebensunterhalt unter Wasser. Und tiefer als im Tonga-Graben konnte sie kaum mehr gehen – es ist der um einige hundert Meter zweittiefste Ort auf der felsigen Oberfläche des Planeten.

Die kleinen runden Bullaugen der *Vinland* glichen kaum den großen Observationsfenstern, die Captain Nemos Plüsch-Wohnzimmer auf der *Nautilus* zierten; doch das, was Queenie und die anderen Mitglieder der Crew durch sie gesehen hatten, war fremdartiger als alle Träume Nemos: Fische mit alptraumhaften Fratzen, die wie Neonröhren leuchteten, Überreste einer lange verschwundenen Vergangenheit; Tintenfische, Quallen und Nacktkiemer von fragiler Zierlichkeit, manche davon tödlich giftig; Schlote auf den Schultern von unterseeischen Vulkanen, die schwarze und weiße Rauchwolken auszustoßen schienen, die Heimat von riesigen Röhrenwürmern, Riesenmuscheln und blinden Krebsen – eine fremde Ökologie, deren Existenz vom Ursprung des Lebens auf der Erde zeugte. Und einmal die Andeutung eines dieser mythischen Zusammentreffen – eine Andeutung, die der Computer aus den Daten hochauflösenden Sonars auf den Bildschirmen des Tauchbootes rekonstruierte, denn der Aufenthalt in Sichtweite der beiden Duellanten wäre tödlich gewesen –; der Todeskampf eines Pottwals mit einem riesigen Tintenfisch, mehr als drei Kilometer in der Tiefe.

Im Augenblick aber beleuchteten die mächtigen Flutlichter des Tauchbootes nichts anderes als eine beinahe vertikale schwarze Schlickmauer, die nur wenige Meter entfernt lag. Queenie rückte ihr Gesicht an eine kleines rundes Fenster und murmelte kaum hörbar.

Der Wissenschaftler neben ihr war ein magerer Engländer, der sich zusammenrollte, um in das Boot zu passen. »O Gott, Queenie, wir streifen nun schon seit einer Stunde und zwanzig Minuten um denselben Klippenabschnitt. Wo liegt das Problem?«

»Würde es Ihnen was ausmachen, mich ein wenig in Ruhe zu lassen, Dr. Ralph. Sie gehen mir auf die Nerven.«

Über die Lautsprecher in der winzigen runden Kabine kamen die weichen Töne des Sonars, die leisen Schläge, die den Navigationsmonitor mit den Positionsdaten fütterten. Dimitrakis Georgiou, der zweite Pilot, war der dritte in der vollgestopften Kugel. Er verhielt sich ruhig, wenn Queenie arbeitete; leise sprach er nun zu ihrer Verteidigung. »Es ist ein verdammt schwaches Signal, aber wir hören es. Warum können wir es nicht sehen?«

Die Funksignale, die die *Vinland* suchte, gehörten zu einem der Instrumentenpakete, die sie zwei Jahre früher entlang des Grabens ausgesetzt hatten; sie zeichneten seismische Aktivitäten auf, sammelten Daten zum Erdmagnetismus und erstellten chemische Analysen des Meerwassers. Diese Pakete waren kaum größer oder komplizierter als die Geräte, die auf dem Mars oder der Venus ausgesetzt wurden, um dort Weltraumproben zu entnehmen. In sechs Kilometer Tiefe waren sie allerdings fast ebenso schwierig zu plazieren. Ihr Vorteil lag – zumindest hypothetisch – darin, daß *diese* Proben wieder eingesammelt werden konnten.

Das Tauchboot erzitterte, als die Verkleidung der Heckschraube einen unsichtbaren Felsvorsprung rammte. »Verdammt, wir haben hier eine Strömung. Ich habe den Grund verloren.« Queenie drückte die vertikalen Düsen und versuchte, über das unsichtbare Hindernis hinwegzuschweben. Eine kleine Schlammlawine floß den Abhang hinunter, das Wasser um sie herum trübte sich durch Schwebeteilchen. »Wo ist der Grund?«

Queenie schaltete die Lichter aus, um Batterie zu sparen. Sie überprüfte die Anzeigen. Sie hatten noch genug Energie und Luft, aber sie konnten die Suche nicht ewig fortsetzen. Sie waren bereits so tief wie kaum ein Tauchboot jemals zuvor; den Rekord hielten sie selbst, als sie mit der *Vinland* die Instrumente am Graben ausgesetzt hatten. Im orangefarbenen Schein der Anzeigen prüfte Queenie die Penetratoren, die Titan-Stahl-Anschlüsse, die die Batterie- und Instrumentenkabel von der Außenseite des Tauchboots durch den Passagierraum führten. Vielleicht waren sie nicht wirklich der schwächste Teil des Bootes, für die Passagiere jedoch waren die Penetratoren ständiger Anlaß zur Sorge. Im Dämmerlicht glaubte sie Feuchtigkeit eindringen zu sehen, die die gewölbten Wände des Rumpfes hinabfloß.

»Takis, würdest du sagen, daß die Penetratoren nässen?«

»Ein wenig. Sie sind neu, sie passen sich noch ein.«

Lange Zeit waren alle still, hin und wieder wurde ein Knöchel in diese, ein Schulterblatt in jene Richtung verschoben.

»Ich denke, ich muß ...« sagte Dr. Ralph.

»Schlamm«, sagte Queenie plötzlich. »Wir starren schon die ganze Zeit auf das verdammte Ding. Es ist voller Schlamm.«

»Pinkeln«, sagte Ralph. »Ich muß pinkeln.«

»Sie brauchen nicht unsere Erlaubnis«, sagte Queenie.

»Ich brauche Licht. Ich kann in der Dunkelheit mein PMG nicht finden.«

»Okay.« Sie drehte die Kabinenlichter an, und der Wissenschaftler lokalisierte einen Stahltopf mit einem leuchtend gelben Etikett, sein Persönliches Miktionsgefäß.

Während er beschäftigt war, sagte Queenie zu Takis: »Das Objekt ist unter Schlamm verschüttet. Ich würde einfach dem Sonar vertrauen, so schwach es auch ist, und mit den Klauen zu graben anfangen.«

»Fragst du, ob ich Einwände habe? Es ist ziemlich viel Schlamm, schlechte Sicht, das heißt, wir werden nur langsam vorankommen, was unser System beanspruchen wird.«

»Stellt es für dich ein Problem dar?«

»Nicht für mich. Ich bin dafür, wenn unser Passagier zustimmt. Wir sollten Rücksprache mit oben halten.«

Sie erhielten die Erlaubnis der *Chrysis*, ihrem Mutterschiff, das verschüttete Instrumentenpaket auszugraben. Es dauerte nicht lange, bis sie die Geräte entdeckten und vorsichtig von allem Schlick befreiten.

Als sie die Wasseroberfläche erreichten, wurde die Luft sauer; die Tiefsee-Instrumente hatten sie im Probenkorb des Tauchboots. Die Mission war ein Erfolg.

Der westliche Pazifik ist überzogen von tiefen Gräben, an denen die Ozeanplatte sich unter die Kontinente von Australien und Asien schiebt und dabei, wenn die Platten einsinken und sich bis zum Schmelzpunkt erhitzen, Gruppen von vulkanischen Inseln aufwirft – darunter die Tongas, die Marianen, Japan, die Philippinen. Schon nach einem Tag, an dem die geborgenen Instrumente untersucht wurden, hatten sie interessante Funde preisgegeben. Die Wissenschaftler an Bord der *Chrysis* forderten weitere Daten.

Also brachte Takis Georgiou die *Vinland* ein weiteres Mal nach unten, um ein neues Paket zu plazieren, das die geborgenen Instrumente ersetzte. Wieder gehörte Dr. Ralph zu den Passagieren, neben einem der Instrumentenbauer von Scripps in La Jolla.

Queenie Tobou blieb an Bord des Mutterschiffes und betrachtete die Videoaufzeichnung, die von der *Vinland* kam. Der Tauchgang verlief zunächst ohne besondere Vorkommnisse.

Auf sechstausend Meter sagte Takis: »Nur eine Fußnote, Queenie – ich sehe wieder Feuchtigkeit an den Penetratoren, genau wie gestern.« Takis, Queenie und die anderen Piloten hatten das Problem der Penetratoren oft mit den Ingenieuren und Konstrukteuren besprochen; sie hatten mit verschiedenen Dichtungen und druckfesten Verschlüssen experimentiert. Während dieser Serie von Tauchgängen griffen sie auf bewährtes Material zurück.

Die *Vinland* fiel weitere eineinhalb Kilometer, die Übertragungen aus der Tiefe wandten sich anderen Themen zu; die Stimmen waren kaum noch voneinander zu unterscheiden. *Verdammt, wo ist dieses stinkende Kliff? Ich sehe doch was, oder? Nein, du siehst nichts. Außer Schlamm. Wir fallen in ein tiefes Loch, ich kann mich daran nicht erinnern. Was ist hinter uns? Wasser ist hinter uns, sage ich. Können wir Bilder haben, können wir einige Bilder haben ...?*

Die Bilder, die oben ankamen, waren von guter Qualität, beeinträchtigt nur durch die unvermeidlichen Verzerrungen des Weitwinkelobjektivs, das in die dichtgepackte Kugel spähte. Die meiste Zeit schoben sich ein Haarbüschel oder ein Ellbogen ins Blickfeld, fünfzehn Mal so groß wie die Haare und Ellbogen, die nur einen Meter entfernt waren, und blockierten die Sicht.

Aber es gab Momente, wo die Sicht frei war und in denen Takis sagte: »Queenie, wenn du dort oben bist, wir haben hier ein wenig viel Feuchtigkeit im Rumpf, und diese beiden Typen hier schwitzen nicht mehr als die anderen mutlosen Feiglinge auch, also denke ich, daß diese verdammten Penetratoren ...« Das war das letzte, was auf dem Band zu hören war. Denn in diesem Augenblick platzte der Titanrumpf der *Vinland*.

In den Tagen und Wochen, die darauf folgten, wurde das Videoband endlos vor- und zurückgespielt; das Bild, das es wiedergab, zeigte einen Wasserschwall, der annähernd an der Stelle eines der Penetratoren im Rumpf hereinbrach, hart und flach. Er kam mit solcher Geschwindigkeit, daß kein Zweifel daran bestand, daß er auch für die andere, unbestreitbare Tatsache im letzten Sekundenbruchteil verantwortlich war – daß der Kopf des Piloten, bevor der Bildschirm erlosch, vom Rumpf abgerissen wurde.

NEW YORK CITY, SPÄTWINTER 1989

Gregor Mattasow war ein kurzer, gedrungener Mann mit einem affenähnlichen Lockenhaarpony, weichen Augenbrauen, bonbonartigen Lippen und den rosafarbenen Wangen eines Renaissance-Puttos. Er war in seinen Vierzigern, hatte bereits mit zwanzig so ausgesehen und dürfte noch so aussehen, wenn er starb. Er trug seine Nerzfellkappe nicht aus Eitelkeit; er trug sie und seine Lederhandschuhe und den dicken Mantel, der ihn wie einen ausgestopften Bären aussehen ließ, weil es draußen kalt war. New York im Winter war ihm immer kälter erschienen als Moskau. Aber vielleicht trogen auch nur seine Erinnerungen.

Er stieg aus dem Taxi, das ihn vom Lamont-Doherty Geological Oberservatory hierher gebracht hatte, und eilte die Stufen zur Subway hinunter. In der U-Bahnstation war es wärmer, er zog die Handschuhe aus und öffnete den Mantel. Lange bevor der Downtown-Express sich mit seinem Crescendo von aneinanderreibenden Eisen ankündigte. Er sah den Stern des Frontlichts in der Dunkelheit heller werden, roch die naßkalte Luft, die aus dem Tunnel strömte, und fühlte sich im letzten Moment von der Windlawine des vorbeirauschenden Zuges von den Gleisen zurückgestoßen. Wie immer schien das Ding nicht anhalten zu wollen, aber jeder am Bahnsteig konzentrierte seinen Willen, projizierte, psychisch gesehen, die vereinigten Willenskräfte auf das Ding – ABBREMSEN! ANHALTEN! –, bis es überwältigt war, nachgab und mit schrillem metallischen Kreischen und pneumatischem Stöhnen zu einem ruckartigen Halt kam.

Gregor sprang an Bord und nahm an der Frontseite Platz, die vollständig mit Graffiti übersprüht war. Mit beiden Händen preßte er seinen Aktenkoffer an sich und schützte seinen Schoß. Das langsame harmonische Grummeln des Motors unter ihm war eine Bedrohung – *War*tet *nur* bis ich *wie*der*komm* ... Wixer –, dann schlossen sich die Türennüstern und die Muskeln des Motors spannten sich, und der große Wurm bohrte sich wieder in die vergiftete Erde, schreiend und kreischend, während er wegfuhr.

So reiste man unter der Erde, von weit draußen in der Stadt tief in ihr Zentrum. Gregor stellte sich vor, mit der U-Bahn doppelt so schnell, ohne Stopps, von New York City nach Cheyenne, Wyoming zu reisen. So ähnlich wäre es, das Bohrloch zum Erdkern hinabzufahren, wenn das Loch denn jemals gebohrt werden sollte. Natürlich müßte man den menschlichen Faktor mitberechnen.

Er betrachtete den menschlichen Faktor. Keiner der müden und gelangweilten Leute im Zug stellte so weit eine Bedrohung dar; er würde sich wieder auf dem Rückweg Sorgen machen können. Jetzt aber war alles, was er zu tun hatte, sich auf das Treffen mit Vasily vorzubereiten.

Er würde ein gutes Essen bekommen, soviel stand fest. Er hatte nichts gegen Vasilys gelegentliches anmaßendes Verhalten, noch gegen sein fanatisches Pochen auf Geheimhaltung, was verständlich und sogar notwendig war, obwohl es für Gregor, der es liebte, sich mitzuteilen, eine Bürde darstellte. Gregor wünschte sich, Vasily würde ihm etwas mehr von seiner Arbeit mitteilen, statt immerzu in Gregors Gehirn auf ziemlich einseitige Weise herumzupicken. Aber er verstand, daß Vasily sich in einer sehr prekären Situation befand und sich seiner Unterstützung nicht sicher sein konnte. Trotzdem war Gregor froh, ihm eine Hilfe sein zu können.

So wie es Gregor sah, fing alles damit an, daß Vasily seine Hoffnungen auf die Ideen eines Thomas Gold richtete, diesen Astrophysiker aus Harvard – jetzt in Cornell, um richtig zu sein –, der seine Aufmerksamkeit der Geophysik zuwandte. Gregor hatte versucht, Vasily davor zu warnen – wirklich, man konnte doch keine Theorien auf bunte Anekdoten aufbauen –, aber es blieb zwecklos. Vasily hatte seinen Sponsoren im Mittleren Osten einen großen Plan verkauft, der auf Golds Ideen beruhte; er war entschlossen, ein tiefes Loch zu graben, entschlossen, die Gasvorkommen anzubohren, die laut Golds Zusicherungen dort unten liegen mußten.

Und anscheinend machte das Projekt Fortschritte – was bemerkenswert war, bedachte man den bevorstehenden

Zusammenbruch der Sowjetunion. Was vielleicht mit Vasilys Entscheidung zu tun hatte, sich wieder mit Gregor in Verbindung zu setzen; Gregor allerdings glaubte, daß die Dinge einfacher lagen, daß sie mit CORE zu tun hatten. Vasily hatte seinen alten Freund ein paar Tage, nachdem *Science* den ersten Forschungsbericht über CORE gebracht hatte, angerufen – eine Geschichte, die vielleicht im Tonfall ein wenig höhnisch war, in der allerdings Gregor ausführlich zitiert wurde ...

Der schaukelnde Eisenwurm raste voran und brachte Gregor schließlich an sein Ziel. Er sprang aus dem Ding und floh die Stufen empor, hinaus in das winterliche Licht, das dünn zwischen den hohen Gebäuden einfiel.

»Vasily, mein Freund!« Gregor begrüßte ihn mit offenem Mantel und ausgebreiteten Armen. Sie umarmten sich herzlich.

Vasily, groß und elegant wie immer, mit sandfarbenem Haar, massivem Körper, gab Gregor einen zusätzlichen Schlag auf die Schulter und zog ihn dann fort, durch die vornehmen Straßen, vorbei an den alten Steingebäuden mit ihren gußeisernen Fassaden. »Wir essen gleich hier in der Nähe. Ein Lokal, von dem ich weiß, daß es dir gefallen wird.«

Die Wände des Restaurants waren mit modisch-monochromen Wandgemälden bedeckt, Werbegraphiker-Versionen der WPA-Bilder aus den dreißiger Jahren: heroische muskulöse Arbeiter, unerschrockene Frauen, die Schraubenschlüssel in den Händen hielten und bei ihren Männern standen. Gregor lachte, als er die Gemälde erblickte; Vasily hatte seinen Humor nicht verloren.

Vasily orderte für beide Wodka und wandte sich dem Geschäft zu. »Etwas Neues von CORE?«

»Nun, laß mich erzählen.« Gregor strahlte. »Dr. Hudder und Dr. McDougal sind ein dynamisches Team. Persönliche Gespräche, Tagungen, Insider-Seminare, die Gordon-Konferenzen – jede nützliche Gelegenheit, die sich ihnen bot, um sich ihren Kollegen vorzustellen, haben sie ergriffen. Nicht zu vergessen die Kongreß- und Regierungsabgeordneten. Viele leidenschaftliche Reden ... Wo soll ich anfangen?«

Vasily lächelte. »Ich muß zugeben, mich interessiert die Wissenschaft mehr als die Politik.«

»Heutzutage geht das eine nicht mehr ohne das andere. Meine Freunde aus Washington erzählen, daß Hudder und McDougal kurz vor dem Erfolg stehen. Laß mich dir eines sagen, Vasily. Da niemand, der etwas auf die Beine stellen möchte, dem Energie-Department vertrauen kann – der sogenannten verantwortlichen Behörde für das CORE-Projekt –, hat sich der wissenschaftliche Berater des Präsidenten auf sehr effektive Weise eingeschaltet ...« Gregors cherubisches Gesicht war rot vor Bewunderung. »... und ein Konsortium von Universitäten und privaten Institutionen zusammengebracht. Sie nennen sich University Association for Deep Earth Research. Berkeley, Caltech und das Carnegie-Institut in Washington und Harvard und Michigan und MIT und Stanford und Texas und UCLA und Yale und ...«

»*Da*«, sagte Vasily. »Hör auf zu keuchen, mein Freund.«

»Und der Vorsitz geht an SUNY in Stony Brook – die sehr gute Geowissenschaftler haben. Wo Marta McDougal Professorin für Physik ist – bislang allerdings nur Zusagen, nichts Festes.«

Vasily grunzte. »Wunderbar, sehr geschickt.«

»Natürlich schrien einige Kongreßleute auf – andere applaudierten –, als CORE vom DOE zu diesem Konsortium transferiert wurde. Aber als der Vorsitzende von Dr. McDougals Institut entdeckte, daß er einem Komitee vorsteht, das das *teuerste* wissenschaftliche Projekt, das jemals unternommen wurde, leitet – und erkannte, daß er *ihr* den Job verdankte ...«

»Also, Victor, doch eine bindende Vereinbarung.« Vasily lächelte erneut, ließ ihn jedoch wissen, daß es ihm einige Anstrengung kostete. »Die Welt fällt um uns herum auseinander, und du erzählst mir die bewegende Geschichte einer Frau, die sich ihre wissenschaftliche Karriere absichert. Es erschreckt mich – was du mittlerweile für ein Happy End hältst.«

Gregor nahm einen großen Schluck von dem steinharten Wodka. Vasily ließ ihm Zeit, das Getränk zu verdauen, dann fragte er: »Was hast du da in diesem Sack? Zeichnungen, vielleicht? Einige numerische Ergebnisse? Hast du was mitgebracht, das wirklich von Interesse ist?«

»Einige Skizzen. Du hast bestimmt Gerüchte über das letzte Experiment gehört.«

»Wovon sprichst du?«

»Man sagt, sie wollen versuchen, Bomben zu legen. Um den Kern zu beeinflußen. Bomben im Erdkern!«

Vasilys Gesicht wurde hart. »Das ist keine originelle Idee.«

Gregor war verwirrt. »Originell?«

»Sacharow hat es als erster vorgeschlagen.« Vasily lehnte sich vom Tisch zurück. »Er wollte damit große Erdbeben verhindern. Oder zumindest den Zeitpunkt beeinflußen.«

Gregor zuckte mit den Schultern. »Nun, es gibt viele wilde ...«

»Er war ein Genie,« sagte Vasily, »Andrej Dmitriewitsch.«

»Erdbeben? Was genau willst du damit sagen?«

Vasily versank in Erinnerungen. Dann nickte er. »Ein verwirrter und getäuschter Mann, ja. Erst ein Held, dann ein Verräter seines Landes. Dann wieder ein Held, irgendwie. Für manche. Aber immer ein Genie.«

Gregor fand das Thema zu kompliziert, um es weiter zu verfolgen. Er schob einen Stoß Zeichnungen über den Tisch. »Es freut mich, dir mitteilen zu können, was ich weiß.«

Vasily betrachtete sie. »Das sind konzeptionelle Zeichnungen. Konzepte eines Künstlers.«

»Ich wünschte, ich könnte dir Einzelheiten überreichen. CORE hat mich noch nicht angestellt.«

»Ich dachte, du wärst ein Insider, Gregor Gregorewitsch. Vielleicht solltest du einer werden.« Ihr Essen kam. »Wie sagt man hier? Nichts ist umsonst?« Vasily lächelte erneut. »Aber mach dir keine Sorgen, ich bin davon überzeugt, daß aus deinem geliebten CORE niemals etwas werden wird.«

»Vasily!«

»Welchen *raison d'être* gibt es? Keinen – falls das Universum den politischen Sponsoren nicht etwas wirklich Schreckliches zustoßen läßt.«

Gregor wußte auf seinen Pessimismus nichts zu antworten. Überrascht mußte er feststellen, daß er so aß, wie er in den Jahren vor seiner Emigration gegessen hatte – als wäre es die letzte Mahlzeit in absehbarer Zukunft.

Sicherlich war seine verzweifelt schnelle Nahrungsaufnahme nicht unbedingt eine genaue Wiederspiegelung seiner hoffnungsvollen Seele; trotz Vasilys schwer verdaulichem Spott, war er – als er sich bereits wieder auf dem Rückweg befand – so optimistisch wie immer. Er hegte keinen Zweifel, daß er ein Insider werden würde, ein CORE-Insider, und das ziemlich bald.

Fast den gesamten Morgen hatte Marta auf ihrer Tastatur herumgehackt und ihre Maus stranguliert. Zwischen Wutausbrüchen, die dem Computer galten, starrte sie aus dem Fenster.

Stahlhallen, graue Dezemberfelder über Brookhavens gepflügte Straßengräben – ein Krähenschwarm vor dem drohenden Himmel. Sie starrte auf das Bücherregal. Sie kannte jeden trockenen technischen Titel auswendig. Sie las fast jedes Buch ganz. Sie starrte auf den Graphikbildschirm, auf die verworrenen blaßfarbigen Polygone, mit denen sie sich abmühte.

Das waren die Bohrwerkzeuge, das Ende des Bohrlochs, das die Arbeit verrichtete. Die Bohrer würden durch Felsen schneiden, die unter so hohem Druck standen, daß sie explodierten, würde man sie freilegen. Die Bohrer würden sich durch kontinuierliche Erdbeben vorarbeiten.

Ein sehr kleines Erdbeben, das sich noch weiter abschwächte, bis es die Oberfläche erreichte und dabei die Eigenschaft einer ausgezeichneten Informationsquelle besaß. Man konnte dem Bohrer durch Seismogramme nachgehen, ihm nachfühlen, man konnte ihn dort unten regelrecht spüren, wie er eindrang. Indem man ihn erspürte, indem man ihn hörte, konnte man sich das Unsichtbare vorstellen. Das war die Theorie.

Aber dieses wandernde Hyperzentrum, diese konstante gewalttätige Implosion des Tiefengesteins schuf eine schwierige lokale Umgebung.

Ein gewöhnliches Bohrloch ist ein ziemlich unregelmäßiges Loch, das wegen der Rotation der Bohrer dazu tendiert, eine spiralförmige Gestalt anzunehmen – es weicht von der Vertikalen ab, verändert sich von einer Gesteinsschicht zur anderen, ist manchmal breiter, manchmal schmaler, und ist mit sogenannten Voogs durchsetzt, wie sie die Ölleute bezeichnen. In einem gewöhnlichen Bohrloch ist das okay. Erst bohrt man es, dann wird es ausgeschachtet, dann mit Zement verkleidet. Dann wird die Leitung gelegt, Stück für Stück wird sie nach unten gelassen, anschließend der Raum zwischen Leitung und dem Schacht mit Zement ausgegossen. Hunderttausende von Kubikmetern werden unter hohem Druck hineingepumpt. Dann, angenommen, man will aus dem Loch, das gerade ausgeschachtet und zementiert wurde, etwas herausholen, führt man Sprengladungen ein, läßt sie in die Schicht hinab, an der man interessiert ist, und zündet sie; durch den Zement, den Schacht und das umliegende Felsgestein werden Löcher gebrochen, Löcher, durch die das Gas oder Öl oder der Dampf in die Leitung dringen können.

Nervös holte Marta eine Zigarette aus der Pall Mall-Pakkung, klopfte sie gegen ihr Desktop, zog den dichtgepreßten Zylinder einige Male unter ihrer Nase entlang und inhalierte das Aroma des Tabaks, während sie gedankenverloren in die winterliche Landschaft hinausschaute.

Das CORE-Bohrloch würde keinen Schacht haben. Nach den ersten zehn oder zwanzig Kilometern funktionierten die traditionellen Bohrtechniken nicht mehr. Man konnte keine Leitung mehr in das Loch legen; man konnte keinen Zement mehr eingießen. Der Stahl würde sich verziehen und schmelzen, das Kalziumkarbonat würde in Flammen aufgehen, selbst wenn das Loch lange genug offen wäre, um Stahl und Zement einzuführen – was es natürlich nicht war.

In den letzten Jahren hatten sie alle diese Probleme gelöst, zumindest theoretisch. Ihr Bohrer, eine Art Entkerner, der aus Hudderit bestand, war so konzipiert, daß er die Kräfte des lokalen Bebens absorbierte und übertrug, das entstehende zertrümmerte Gestein kanalisierte und durch die Mitte des Bohrgehäuses nach oben führte. Darüber lag eine lange Säule heißen Schlamms – eigentlich künstliche Lava –, die die Schockwellen des Bebens an die Oberfläche trug. Die Umkehrung des konventionellen Bohrers; seine Spitze war von außen nach innen und von unten nach oben gekehrt. Die O-Ring-Vibrationsunterdrücker waren einzigartig, eine Technologie, für die – so hofften Marta und Leidy erwartungsvoll – die beteiligten Unternehmen Hudder Research International einiges zahlen würden.

Es wäre schön, wenn das CORE-Bohrloch vollkommen gerade wäre, da jede Abweichung von der Vertikalen Zeit und Geld kostete. Wenn es nicht gerade war, dann war es wichtig, daß es nicht holprig wurde. Es mußte noch während des Bohrvorgangs verkleidet werden. Verkleidet inmitten des eigenen Erdbebens. Die Verkleidungsmaschine saß auf dem Bohrer. Sie mußte an die Seiten des Loches vollkommen angepaßt sein.

Die Verkleidungsmaschine aus Hudderit würde in einer Umgebung aus explodierendem Gestein arbeiten müssen. Greifer aus einer Wolframlegierung versiegelten den Arbeitsraum, gesintertes Wolframkarbid kühlte die Oberfläche, und zwischen den Greifern legte die Maschine ein spiralförmiges Sandwich aus Titanoxid und Hudderitfilm. Die Greifer, Dutzende davon, arbeiteten synchron; wie eine Raupe, die in ein Loch kriecht, gruben sich Bohrer und Greifer kontinuierlich vorwärts.

Im Labor konnten die Arbeitsbedingungen nicht vollständig simuliert werden. In vierhundert Kilometer Tiefe mußte die Konstruktion der Maschine und die chemische Zusammensetzung der Auskleidung eine andere sein als in sechshundertundsiebzig Kilometer Tiefe, und in zweitausendneunhundert Kilometer Tiefe wieder eine andere. Man mußte die Phasenverschiebung von Wolfram, Wolframkarbid, Titanoxid und Hudderit kennen – ganz abgesehen von der Zusammensetzung des örtlichen Gesteins; und das in einer Genauigkeit, die erst dann gemessen werden konnte, wenn man auf das Gestein traf.

In der Zwischenzeit wurden die unzusammenhängenden Laborergebnisse in parallel-verarbeitende Computer gefüttert – Messungen über das Verhaltung der Materialien unter hohem Druck und normaler Temperatur, unter hoher Temperatur und normalem Druck, und alles, was dazwischen lag; Messungen über das Verhalten von mikroskopischen Chips, die im Diamantamboß ungeheueren Belastungen ausgesetzt und mit Laser erhitzt wurden, und den daraus sich ergebenden Extrapolationen der Temperatur, Druck, Größe und Struktur. Selbst mit einem Supercomputer war es nur möglich, zwei Dimensionen in die Gleichungen miteinzubeziehen, nicht aber drei. Die Theorie wurde zu Hilfe gerufen. Vermutungen aufgestellt.

Marta sah wieder aus dem Fenster.

An manchen Tagen zeigte der Winter Charakter – Schneeverwehungen, von der Sonne beschienener Schnee, gräßliche oder erfreuliche Ansichten –, heute aber präsentierte er sich charakterlos. Unter rußigem Matsch zeigte sich braunes Gras. Die Krähen waren verschwunden; sie konnte aufhören, an Van Gogh in Auvers zu denken. Ein Taubenschwarm wanderte über den bleiernen Himmel. Dreckige Tauben, hatte sie ihre Mutter bezeichnet. Immer in einem Wort. Dreckigetauben.

Dummetauben. Während sie, ohne besonders aufmerksam zu sein, nach draußen schaute, flog der ganze Schwarm in eine Stahlhalle, die hundert Meter entfernt lag. Krachten in sie hinein. Sie hörte das dumpfe Knallen der Aufschläge. Flogen einfach hinein, mit voller Geschwindigkeit. Totetauben nun, wenigstens die Hälfte von ihnen.

Was zum Teufel sollte das?

Marta schüttelte eine Zigarette aus der Packung und stand vom Schreibtisch auf. Sie starrte durch das Fenster, dessen Glas von ihrem Atem beschlug. Einige der Tauben lagen betäubt auf dem Parkplatz, plumpe Federbüschel. Hätten sie sich selbst gesehen, dann müßten sie sich schämen. Andere hatten sich wieder in die Luft zurückgezogen, trunken flogen sie umher. Marta zündete ihre so lang liebkoste Zigarette an. Das Telefon klingelte.

»Hallo«, sagte sie.

»Gregor Mattasow hat mich gerade von Lamont-Doherty angerufen. Wollte, daß wir es zuerst erfahren.« Leidy rief vom HRI-Büro in Stony Brook an.

»Mattasow.« Der Typ, der ständig nach einem Job bettelte. »Das heißt, wir können es morgen in der *Times* lesen.«

»Der magnetische Nordpol bewegt sich wieder nach Süden. Fast zwei Breitengrade über Nacht. Das Feld kollabiert schnell. Aber die Sonne ist ruhig; momentan kein Grund zur Sorge.«

Marta zog den Rauch der Zigarette tief in ihre Lungen. Die Luft im Gebäude war eine graue, durch die Zentralheizung ausgetrocknete Winterluft; sie hustete. Durch das Fenster sah sie auf dem Asphalt des Parkplatzes tote Tauben liegen.

»Marta?«

»Ich bin hier.«

»Vielleicht sollte ich es gar nicht sagen ...«

»Ich weiß«, sagte Marta. »Du meinst, das ist unsere große Chance.«

So wie Leidy es sah, waren die Firmenbüros der wiederbelebten Hudder Research, ein Backsteinbau im Zentrum von Stony Brook, wenig mehr als eine phantasievolle Geschäftsfassade. Er hatte bekommen, was er wollte, aber er haßte den Ort. Die wirklich wichtigen Dinge passierten im wenige Meilen entfernten Brookhaven, in Martas Labor, das von allen Einrichtungen des Konsortiums wohl am besten mit Geld ausgestattet war.

Aber DOE war ganz groß, was den Technologietransfer betraf, und Martas Technologie wurde zu ihm transferiert, wo sie an die Werkzeughersteller und Ölkontraktoren weitergeleitet wurde; nach Texas, Michigan, Alabama, Massachusetts, Kalifornien, New Jersey, Orte wie diese. Hinter seiner »Geschäftsfassade« waren vierzig kluge Leute über Computerterminals gebeugt, die an einen Cray angeschlossen waren, und in einem weiteren Dutzend großer Geschäfte, die über das ganze Land verteilt waren, bereiteten sich andere darauf vor, Bohrspitzen aus Hudderit herzustellen – hudderitverkleidete Gasturbinen, Hudderit-Raketendüsen, integrierte Stromkreisplatinen aus Hudderit, Hudderit-Messer und -Scheren …

Nicht unbedingt ein Fortschritt hin zur Mitte der Erde. Aber die Einkünfte ergaben mehr als nur die Miete.

Alles Hudderit, das jemals produziert wurde, würde nicht einmal ausreichen, um eine Straße in Lower Manhattan zu pflastern, wie ihn Dink gelegentlich erinnerte. Leidy nahm an, Lower Manhattan war der Bezirk, den Dink am besten kannte. Er wollte, daß Leidy dankbar und bescheiden blieb. Warum sich um das Unmögliche mühen? Jules Verne kam selbst im Roman dem Erdzentrum nicht mehr als einige Kilometer näher.

Weil ich die Welt retten möchte, Dink. Ich will, daß keiner mehr an Sonnenverbrennungen stirbt. Selbst du, du zynischer Kauz, der du einige Jahre im Priesterseminar verbracht hast, solltest das verstehen.

In der Vergangenheit, in den Zeiten, in denen das Magnetfeld zusammengebrochen war, hatte sich das Leben geändert – nehmen einige Paläontologen an. Die Evolution vollführte eine Kurve. Mit Blick auf paläomagnetische Aufzeichnungen behaupten sie, daß alte Lebensformen abrupt ausstarben und neue entstanden, synchron zu großen Schwankungen des Feldes. Die Menschheit als Spezies konnte gegen diese alten Prozesse nicht immun sein.

Die Sonne, von der das Leben auf der Erde abhängt, wird periodisch zu einer Todesmaschine. Sonneneruptionen verströmen energetische Strahlung, Röntgen- und Gammastrahlen, die sich mit Lichtgeschwindigkeit fortbewegen; sie brauchen neun Minuten, um zur Erde zu kommen; aber es gibt keine Vorwarnung, da kein Signal schneller ist als Licht. In dem Moment, in dem man sie sieht, sind sie bereits da. Man ist ein angezündetes Streichholz.

Andere Teilchen wie Elektronen oder Protonen sind langsamer. Die schnellsten brauchen vierzig Minuten von der Sonne zur Erde – das entspricht einer halben Stunde Vorwarnzeit –, allerdings treffen sie stunden- und tagelang ein. Eine Art hyper-ultra-mikroskopisch kleiner ballistischer Raketen. Unsichtbare Atomraketen.

Leidy dachte an den Jungen im Berberdorf und an sein dunkles Haar, das ihm unter seinen Händen ausgefallen war.

Wenn es für CORE einen Grund geben sollte, dachte er, einen vernünftigen Grund, der die Regierungen überzeugte – wenn CORE mehr sein sollte als ein teures Laborprogramm –, dann mußte es mehr sein als reine Wissenschaft. Eltern, Steuerzahler, die große Masse der Regierten, sie wollen ihre Kinder retten. Sie wollen, daß jemand mit Überzeugung sagen kann: »Wir werden euch helfen, eure Kinder zu retten.«

Wie konnte er diese Behauptung aufstellen? Behaupten, daß er Kinder retten könnte? Nicht nur Warnungen aussprechen, die Kinder vom Sonnenlicht fernzuhalten, sondern den Sonnenschein sicher machen?

Wir haben das behauptet. Welchen politischen Fortschritt hätten wir erreicht, wenn wir das nicht getan hätten? Aber – nur zwischen Marta und mir – wie konnten wir das behaupten?

Schreckliche Koninzidenzien, unvermeidliche Koninzidenzien. Einige Tage, nachdem das Magnetfeld seine Wanderung wieder begonnen hatte, kam es zu einer gewaltigen Sonneneruption. Durch besondere Filterteleskope war sie teilweise an den rosafarbenen Flammen zu erkennen. Die meiste Zeit aber war sie unsichtbar – und tödlich.

Es folgten lange Stunden und Tage knisternder Radioübertragungen und flimmernder Fernsehbilder; telefonieren wurde beinahe unmöglich; Satelliten konnten nicht mehr mit Schiffen und Flugzeugen kommunizieren. Tausende von Menschen starben oder erkrankten tödlich – Arme und

Reiche, Ungebildete und Gebildete gleichermaßen, in den wirtschaftlich »fortgeschrittensten« Staaten ebenso wie in den unterentwickelten Ländern.

Natürlich starben, proportional gesehen, mehr aus den armen Schichten, aus den bekannten Gründen – aber nicht, weil sie über die Gefahr schlechter informiert waren. Während dieser langen Tage gab es wenige Informationen, und die wenigsten Menschen hatten überhaupt eine Ahnung davon, was passierte. Alles, was die Glücklichen von den Unglücklichen unterschied, war die Bedachung, die sie über dem Kopf hatten.

Schließlich kollabierte die Eruption – doch trotz des verzweifelten Instinkts der menschlichen Rasse, schnell wieder zu vergessen, was sie gelernt hatte, hielt die grausame Lektion an. Und was für das Manhattan Projekt die Furcht vor einer deutschen Atombombe war, das war letztendlich für CORE die Wirklichkeit einer Erde, die einer unkontrollierbaren wilden Sonne ausgeliefert war.

Um vier Uhr morgens klingelte das Telefon im Hudder Research. Nichts Ungewöhnliches. Seit die Eruptionen begannen, arbeiteten viele während der Nacht, obwohl es für die meisten nicht nötig war; wie Leidy einmal aus dem Stegreif vorhergesagt hatte: »Zuerst werden wir zu Würmern.«

»Ja.«

»Ich möchte, daß Sie es zuerst erfahren«, sagte Gregor Mattasow. »CORE. Es ist eine beschlossene Sache.«

»Woher wissen *Sie* das, Gregor?«

»Ich sage Ihnen, was mir meine Quellen zugetragen haben – Quellen an der UNO, in Moskau, Tokio, Berlin ...«

»Ich bin beeindruckt.«

».. aber ich hoffe, Sie halten Wort. Das erste Mal kam dies zur Sprache, als Sie mich von Long Island angerufen haben. Aber das haben Sie vielleicht vergessen.«

»Sie erinnern mich jedes Mal daran«, sagte Leidy.

»War es nicht ein Versprechen?«

»Gregor – Professor Mattasow – Sie sind auf dem Höhepunkt Ihrer Karriere. Seien Sie versichert, sobald wir hier eine Organisation haben, die Ihrer Talente würdig ist, die Ihnen genügend – wie lautet das Wort, nach dem ich suche? – *Prestige, Einfluß, Macht* – sichert, und die es sich ... *leisten* kann, Sie ...«

»Ich liebe Sie.«

»Unterbrechen Sie mich nicht. Wenn dieser Tag kommt, wollte ich gerade sagen, sind wir gerührt, geehrt, wenn Sie den höchsten Posten in unserer Theorie-Abteilung akzeptieren würden. In unserer Abteilung für die Physik des Erdinneren. Oder wie wir sie auch immer nennen werden. Den wichtigsten Titel, den wir uns nur ausdenken können. All das wird in blumiger Sprache über meine Signatur gesetzt, sobald wir auch nur Briefköpfe drucken. Was sofort dann geschehen wird, wenn wir ein richtiges Programm haben.«

»Gratulieren Sie mir!« jubelte Gregor. »Ich werde annehmen.«

»Die Sonne verhält sich ruhig und es gibt keine Anzeichen dafür, daß sie sich anders als ruhig verhalten wird, also, Mädels und Jungs, keine Sorge heute und viel Vergnügen im Freien.« Im Radio des Armaturenbretts knatterte die näselnde Stimme des Diskjockeys aus Fort Stockton, Texas, eines fröhlichen jungen Typs, der die Country-und-Western-Stücke mit Öl–, Vieh–, Baumwollpreisen und den Wetterberichten unterbrach. In diesen Tagen gehörte populär gestaltete Astrophysik zum Wetterbericht.

Jim Love bog von der U. S. 285 ab und fuhr die Ranch Road nach Osten. Leidy saß in dem großen alten Chrysler Station Wagon neben ihm. Ein Frühlingsgewitter zog am Horizont vor ihnen her, schwarze Wolken, zuckende Blitze. Sie befanden sich nördlich von Sanderson, Kalksteingebiet, Mesquite-Land, das vor dornigen Palmlilien und stacheligen Birnen nur so strotzte und nach dem Regen nach wilden Blumen und Gräsern duftete.

»Schön, für ein flaches Land«, sagte Leidy.

»Meine ich auch«, erwiderte Love. »Alles, was hier lebt, besitzt Hörner, Dornen oder Klauen.«

Ein Taubenpaar flatterte vorbei, mit knapper Not entkamen sie der Windschutzscheibe.

»Beinahe alles«, sagte Love seelenruhig.

Es war leeres Land, hin und wieder tauchte ein verrosteter Draht auf, hinter dem einige sanfte Hereford- und Santa Gertrudis-Rinder standen. Leer bis auf die allgegenwärtigen eisernen Heuschrecken, die Pumpstationen mit ihren nahegelegenen Separatoren und Lagertanks für Rohöl. Leidy stellte sich so nicht unbedingt eine Wüste vor, aber er glaubte, er könnte sie mögen. Schade, das er hier war, um ein gutes Stück davon zuzupflastern.

Jim Love fuhr mit der Linken am Lenkrad, sein linker Ellbogen lag auf dem Seitenfenster, die rechte Hand war frei, um nach dem Radio zu greifen – das er nach dem Wetterbericht ausstellte – oder nach dem Zigarettenanzünder im Armaturenbrett oder, wenn er alleine oder mit einem Freund unterwegs war, nach dem Styroporkühlset auf der Rückbank, um sich eine Bierdose zu holen. Sein mächtiger runder Bauch, der wunderbar sein perlmutterfarbenes Hemd ausfüllte, ruhte leichthin in seinem Schoß. Er sah aus, als hätte er die letzten zwanzig Jahre hinter dem Lenkrad verbracht. Er war ein Immobilienvertreter und Berater aus dem Midland, dessen Aufgabe es war, Verträge auszuhandeln und Projekte durch die Texas Railroad Commission zu schleusen, die hier im Staat die Bohrrechte vergab und es gerne gesehen hätte, um CORE einigen Wirbel zu veranstalten, obwohl CORE ein internationales Projekt war und behauptete, nicht nach Öl oder Gas zu bohren; aber CORE hatte durch OMB und DOE einige bürokratische Wellen geschlagen, die prozeßwütigen Anwälten ein Betätigungsfeld zu eröffnen glaubten.

»Hier ist die Garrett-Ranch.«

Love steuerte den großen Chrysler von der Ranch Road auf einen roten Feldweg; der Wagen fuhr durch ein Tor und klapperte über die Viehschranke, ein von den Reifen blankpoliertes Gitter. Eine Meile weiter zog Love den Wagen vom schlammigen Weg und pflügte durch das Gras und die Kakteen, nach fünfzehn Metern kam er zum Halten. Er öffnete die Tür, zwängte sich nach draußen und schlenderte in den Busch. Leidy folgte vorsichtig. Love trug Cowboy-Stiefel aus Ziegenleder; Leidy dünne griechische Sandalen.

Sie standen an der Kante eines steilen, graugefleckten Kalksteinabhangs, der vor ihnen wie eine riesige Schichttorte abfiel. Die Landschaft, die sich unter ihnen öffnete, war versteinerter Meeresgrund, in schönen, leicht zu unterscheidenden Schichten abgelagert. Ehemals hatte sich darüber ein seichter Ozean erhoben, dessen Boden noch immer Abflüsse wie den Pecos River oder den Rio Grande in den Golf von Mexiko hinausschickte, wie die Rinnsale, die sich bei Ebbe am Strand bilden.

»Kalkstein aus dem Perm, bis auf eine Tiefe von etwa dreitausend, dann Pennsylvanium, Mississippium, Devon – dann Ordovizium, bis auf fünftausend, dann trifft man auf präkambrischen Granit. Eine regelmäßige Abfolge von Gestein«, sagte Love.

»Das ist einer der Gründe, warum wir daran interessiert sind«, sagte Leidy.

»Und ich dachte, es sei die Tradition«, sagte Love.

»Tradition?«

»Tiefe Löcher. Vor einigen Jahren haben sie hier auf der Cerf-Ranch, nicht weit von hier, etwa zehntausend Meter tief gebohrt. Hat drei Jahre gedauert und brachte ihnen einige hundert Diamantsplitter ein.«

»Wir bohren schneller als sie.«

»Das möchte ich sehen«, sagte Love.

Leidy sah über die endlosen Kalksteinhügel und die Bohrbrunnen, die sie wie Punkte überzogen. Er stellte sich ein Straßennetz und Parkplätze vor. Er sah Fabriken und Kraftwerke, Schulen, Häuser, Kirchen und Supermärkte. Er sah einen dreißig Stockwerke hohen Bohrturm.

»Das meiste, was sie hier sehen, ist Garrett-Land«, sagte Love. »Auf dieser kleinen Anhöhe befinden sich das alte Ranch-Haus und die Ställe. Der Ort ist schon seit geraumer Zeit verlassen. Die Erben werden froh sein, wenn Sie einziehen. Sie erzählen viel von Ihrer neuen Stadt. Die Brunnen hier sind schnell erschöpft und Rechte sind billig zu erlangen. Wenn wir es richtig anstellen, natürlich.«

»Das liegt vor allem an Ihnen, Mr. Love«, sagte Leidy. »Ich gebe Ihnen den Auftrag, es zu kaufen.«

Während der langen Fahrt zurück ließ Leidy seine Gedanken über den leeren, weiten Horizont schweifen. Seit Jahren war er nun schon unterwegs, zahlte Miete, lebte aber meistens aus dem Koffer. Auf Long Island hatte er sich niemals heimisch gefühlt, auch nicht mit Marta – das lag zum Teil daran, wie sie miteinander umgingen, vor allem aber wußten sie, daß sie umziehen mußten, wenn ihr Plan gelingen sollte.

Nun eröffnete sich Leidy die Aussicht, wieder an einem Ort zu wohnen, in einer Stadt, die er als Zuhause bezeichnen konnte, eine Stadt, die er für sich bauen sollte. Ein seltsames Gefühl. Er hatte bislang keinen Grund, einen Ort sein Zuhause zu nennen, seitdem sein Vater in den Nebel hinausgegangen war.

NEW YORK CITY, 1983

Wenn die achtziger Jahre für jemanden gut begannen, dann für Dink. Aber noch immer hatte er für seine Freunde Zeit – nicht viel, aber immerhin. Er setzte das Telefon an sein Ohr, drehte sich mit dem Stuhl und starrte auf die dunstige Skyline Manhattans. »Greta. Was kann ich für dich tun?«

»Hast du was von Cyrus gehört?« fragte sie.

Die Verbindung war gut; sie hätte genausogut ein Stockwerk tiefer sitzen können, und nicht einen halben Kontinent entfernt in Nevada. »Nein«, sagte Dink. »Ich habe daran gedacht, dich anzurufen.« Es klang entschuldigend, er hörte es selbst; vielleicht hatte er sogar Schuldgefühle. Wahrscheinlich ein Jahr her, daß sie miteinander gesprochen hatten.

»Er wollte vor zwei Tagen aus San Francisco zurückkommen, aber ich habe von ihm noch nichts gehört«, sagte Greta. Sie versuchte, ihre Stimme zu kontrollieren, so, als könnte dies hin und wieder vorkommen, eine kleinere Verständigungschwierigkeit. »Ich dachte, vielleicht hättest du ...«

»Was machte er dort?«

»Traf sich mit Leuten aus Hongkong, Investmentleuten, ich bin mir aber nicht sicher. Er erzählte dir nichts davon?«

Gemäß Dinks Akten war Hudder Research in den letzten ein, zwei Jahren mit viel Arbeit und Aufwand verbunden, hatte allerdings wenig Profit abgeworfen, aber das brauchte er Greta nicht zu erzählen. »Wo wohnte er in San Francisco?«

»Das habe ich ihn nicht gefragt.«

Er verstand. Greta war nicht die Frau, die der Sekretärin ihres Ehemannes sagte, sie wüßte nicht, wann ihr Mann nach Hause komme. »Ich werde selber anrufen. Mach dir keine Sorgen.«

»Danke, Dink.« Greta zögerte, dann sagte sie es noch einmal, »danke.«

Cyrus' Sekretärin sagte, sie hätten ihn gestern zurückerwartet, aber er änderte oft kurzfristig seine Pläne – niemandem war es eingefallen, sich Sorgen zu machen. Dink wollte sie nicht beunruhigen, er wollte von ihr nur den Namen des Hotels und die Namen der Leute, mit denen sich Cyrus angeblich in San Francisco getroffen hatte.

Dink versuchte es zuerst mit den Investoren aus Hongkong. Unter der Nummer, die die Sekretärin ihm gegeben hatte, meldete sich niemand. Die Firma war im Telefonverzeichnis Hongkongs nicht aufgeführt. Doch das besagte nichts.

Das am Hafen liegende Hotel hatte eine Liste mit den Reservierungen, Cyrus allerdings war dort niemals angekommen; um elf Uhr dreißig vergaben sie an diesem Abend sein Zimmer an jemand anderen.

Dinks Zeit war mindestens einige hundert Dollar in der Stunde wert, das hatte ihm der Rechnungsprüfer der Firma gesagt, aber er wußte, wenn etwas sein persönliches Engagement brauchte. Er blieb am Telefon, wählte die Reiseagentur, die das Ticket ausgestellt hatte, und vier Anrufe später war Dink zufrieden; Cyrus war in San Francisco gelandet – er hatte seinen vorgesehenen Flug genommen; er hatte sein Gepäck für San Francisco eingecheckt; das Gepäck wurde offensichtlich am Flughafen abgeholt. Aber Cyrus nahm nicht den Avis-Wagen, den er reserviert hatte. Dink rief die anderen Mietwagenagenturen an, die er aufgelistet fand, und erreichte schließlich einen Discount, der einige Meilen vom Flughafen entfernt lag, einen von denen, die einen mit einem Bus abholen, wenn man sie von der Gepäckausgabe anruft. Ja, sie hätten Mr. Hudder einen Wagen vermietet, eine Toyota-Limousine, und, ja, er wäre einige Stunden – nun, eher eineinhalb Tage – überfällig, aber die Rechnung ging auf American Express, und darum würden sie sich keine besonderen Sorgen machen. Dink entlockte ihnen die Nummer des Kennzeichens. Dann meldete er sich bei der Polizei in San Francisco.

Auf die Bitte der MP hatte das SFPD zwei Nächte zuvor um 18 Uhr 15 den Wagen vor einem Haus im Presidio abschleppen lassen, da er die Einfahrt eines Militärarztes blockiert hatte. Er befand sich in gutem Zustand und war nicht als vermißt gemeldet worden. Der Fahrer des Abschleppwagens hatte ihn in das Parkhaus der Mission Street, im Stadtzentrum, gebracht, sie hatten auf die Windschutzscheibe einige weiße Zahlen gekritzelt und ihn stehenlassen; früher oder später würde sich jemand melden, oder vielleicht würde sich auch niemand melden, währenddessen ging ein Schreiben an den registrierten Besitzer, die Kosten würden steigen und die Stadt erließ einen Strafbefehl oder würde einfach den Wagen versteigern.

Als Dink von New York anrief und dem Polizei-Sergeant das Modell, Baujahr und Kennzeichen durchgab, sagte der

Sergeant: Ja, wir haben ihn, gehört er Ihnen? und Dink sagte, es sei vielleicht ein Verbrechen geschehen, und der Sergeant sagte: Oh, welches? Dink gab ihm einige Hinweise, und der Sergeant sagte, damit könne er wenig anfangen, und Dink erzählte ihm, wer der wirkliche Besitzer des Wagens war, der Sergeant aber sagte, da läge uns aber keine Meldung vor, und so ging es hin und her.

Dann deutete Dink an, was der Distriktsanwalt von San Francisco, der zufällig ein alter Freund der Familie sei (gelegentlich übertrieb Dink ein wenig), veranlassen könnte und welche Auswirkungen dies auf die Personalakte des Sergeants hätte, wenn er nicht langsam seine Füße in Bewegung setzte.

Der Sergeant, der viele Drohungen gehört hatte und dem nichts lieber gewesen wäre, eines Tages eine legale Ausrede zu haben, um einen, nur einen der Typen wegzublasen, die ihn mit irgendwelchen Beziehungen drohten, sagte, er werde zwei Beamte losschicken, und legte auf. Dann rief er die Verleihfirma an.

Die Nacht verbrachte Dink im Flugzeug. Nach einer Viertelstunde verdrießlichen Umherirrens im Polizeigebäude von San Francisco fand er das Büro des Sergeants.

»Sie sagen, Sie seien mit den Vollmachten eines Anwalts ausgestattet?«

»Ich *bin* sein Anwalt.«

»Wollen Sie den Wagen in Besitz nehmen?«

»Ich habe es Ihnen am Telefon erzählt. Ich kümmere mich um die Kosten, all das.« Dinks hohe Stirn war bis hinauf zu den Wurzeln seines Bürstenhaarschnitts glühend rot. »Ich möchte Ihnen nur viel Papierkram ersparen.«

Der noch rotgesichtigere, weißhaarigere irische Cop blickte zu Dink auf, der seinen beigefarbenen Sommeranzug, das steife Leinenhemd mit den vertikalen weißen und blauen Streifen, die blaue Krawatte und seinen Bürstenhaarschnitt trug. »Sie können den Wagen nicht haben. Das ist eine polizeiliche Untersuchung.«

»Gut«, sagte Dink. Er zog ein kleines Notizbuch aus der Jackentasche und kritzelte mit seinem goldenen Füller etwas hinein. Dann steckte er das Notizbuch wieder in die Jackentasche und den Füller in die Tasche seines Hemdes, nahm seinen Koffer und wandte sich zur Tür.

»Warten Sie einen Moment«, sagte der Sergeant. »Die Beamten wollen mit Ihnen sprechen.«

Dink blieb stehen, blickte zu dem fetten Mann hinter dem Schreibtisch und zog seinen Goldfüller aus der Hemdtasche. Er hielt ihn aufrecht nach oben und ließ ihn einige Male in Richtung des Sergeant kreisen. »Danke, daß Sie zum Punkt kommen.«

»Kleinere Verständigungsschwierigkeiten, auf beiden Seiten«, sagte der Beamte. »Wir arbeiten daran. Wir haben Richtlinien. Wir brauchen wirklich die Mitarbeit von Bürgern wie Ihnen.«

»Es ist nur einer von mir da«, sagte Dink.

»Was?«

»Die Zeitumstellung – vergessen Sie es. Was wissen Sie?«

Der Polizeibeamte war ein Latino in seinen späten Zwanzigern, ausstaffiert aber wie ein Teenager. Sein glattes schwarzes Haar war über den Ohren ausrasiert, er trug dicke schwarze Basketballschuhe, ausgebeulte schwarze Hosen, die am Knöchel eng zusammenliefen, und eine weite schwarze Jacke, wie sie in diesem Jahr Mode war und die verdeckte, was er darunter zu verstecken hatte. Er besah sich Dink sorgfältig, bevor er ihm einen transparenten Plastikumschlag reichte, der ein weißes Blatt enthielt. »Habe das auf dem Fahrersitz des Wagens gefunden. Ist das die Handschrift Ihres Klienten?«

Dink nahm den Umschlag und sah auf die fahrige Kugelschreiberschrift, die auf dem billigen Papier stand.

> Geliebte Frau, geliebter Sohn, meine Freunde,
> ich konnte nicht sagen, was ich fühle. Ich habe mehr Versprechen gemacht, wörtliche und in Andeutungen,

als ich halten kann. Das tun die meisten, nehme ich an, das alleine ist also nicht der Grund ...

Wo einige Worte dick durchgestrichen waren, zerknüllten tintige Flecken das Papier.

Aber ihr sollt wissen, daß ich niemanden für meine Verzweiflung verantwortlich mache, sicherlich nicht euch. Nicht einmal mich selbst.

Es lief nicht gut. Zum Teil war das mein Fehler. Falsche Entscheidungen, Energien, die in die falschen Richtungen geleitet wurden. Aber ich hoffe, ich bin Realist. Ich weiß, daß Glück eine wichtige Rolle im Leben spielt und daß das Glück nicht auf meiner Seite war. Ich meine nicht das Schicksal oder Gott, nur das Glück. Es ist die Energie, die nötig ist, um weiterzumachen, und die mir fehlt, nicht die Hoffnung. Irgendwie bin ich immer ohne Hoffnung zurechtgekommen. Ich denke, ich hinterlasse die rechtlichen Dinge wohlgeordnet, zumindest nicht in hoffnungsloser Unordnung. Ich möchte mich aufrichtig für die notwendigen, aber kurzzeitigen Unbequemlichkeiten entschuldigen, die mein Tod verursachen wird.

Seid frei von mir.
Cyrus Hudder

»Es sieht wie seine Handschrift aus«, sagte Dink. »Klingt aber nicht nach ihm.«

»Was meinen Sie?«

»Er sprach nicht in dieser Art. Er sagte nicht solche Sachen.«

»Im Kofferraum befand sich ein Koffer, eine Schultertasche, sein Name und seine Adresse waren auf den Anhängern. Meinen Sie, Sie könnten sie identifizieren? Oder einige seiner persönlichen Dinge? Seine Kleidung?«

»Vielleicht. Sie fanden nicht zufällig eine alte Aktenmappe aus Leder? Die würde ich erkennen.«

»Andere Sachen tauchen vielleicht noch auf, das kommt

darauf an«, sagte der Beamte. Er holte ein Notizbuch heraus und schrieb etwas hinein. »Wir haben letzte Nacht damit erst angefangen. Könnten Sie uns eine neuere Fotografie von Mr. Hudder geben? Proben seiner Handschrift? Namen und Adressen – von seiner Frau, seinem Büro und so weiter.«

»Sie müssen sich mit dem Bild in seinem Führerschein zufriedengeben«, sagte Dink. »Sagen Sie mir, was Sie haben.«

Der Beamte breitete es vor ihm aus, die kurze, bürokratische Version. Cyrus oder jemand mit seiner American Express-Karte und seinem Führerschein aus Nevada und einer Unterschrift, die seiner glich, hatte den Wagen gemietet und war wahrscheinlich in den Presidio in der Nähe der Golden Gate-Brücke gefahren, hatte dort den Wagen schlecht geparkt und ihn mit seinem Gepäck und dem Brief stehen lassen. SFPD hatte Nevada um Fingerabdrücke gebeten.

»Vielleicht dachte er, er sei schlau«, sagte der Beamte. »Wenn ein Typ seinen Wagen am Parkplatz bei der Brücke abstellt und dann auf die Brücke geht, glaubt er vielleicht, daß sie ihn auf den TV-Monitoren beobachten. Und wenn er sich komisch benimmt, könnten sie ihn vielleicht aufhalten. Nicht wahrscheinlich, aber das könnte er sich gedacht haben. Also ließ er den Wagen im Presidio. Er hatte Glück mit dem Nebel. Wenn Sie es als Glück bezeichnen wollen.«

»Sie haben niemanden gesehen, der gesprungen ist?«

»Sie haben seit sechs Wochen keinen mehr springen sehen.«

»Kann ich telefonieren?«

»Wir haben diese Kosten-Richtlinie ...«

»Ich zahle es.«

Es war bereits nach elf, als Dink Greta erreichte. »Es gibt ein Problem – vielleicht ist es ein Problem –; es ist noch zu früh, um das sagen zu können.«

»Hast du ihn gefunden? Ist er okay?«

»Greta, laß mich erzählen, was ich weiß.«

Er gab ihr eine verkürzte Fassung dessen, was er wußte, was mehr war, als er zu wissen wünschte. Noch in der Woche waren sie sich sicher, so sicher, wie sie es nur sein konnten, daß Cyrus tot war.

»Der Brief ist echt«, sagte Dink. Er war wieder in Manhattan; in einem vollen irischen Pub in der Nähe seines zentral gelegenen Büros sprach er über einem Lammkotelett zu Leidy, er mußte laut reden, unter dem kleinen Tisch stießen ihre Knie aneinander. »Sein Papier, seine Handschrift.«

»Ja, vielleicht. Was er schreibt, klingt nicht nach ihm.«

Leidy steckte eine Gabel voll Lammfleisch in seinen Mund und kaute. Es war lauwarm und fettig. Er war sich nicht sicher, ob er überhaupt hier sein wollte. »Es gab keine Zeugen«, sagte er.

»Keine Geheimnisse.« Dink sägte an seinem Kotelett, das außen schwarz und innen am Knochen blutig war. »Nacht. Dicker Nebel. Man konnte keine zwanzig Meter weit sehen. Wenn er nicht auf dem Geländer saß und eine Stunde lang nachdachte, wie es, wie sie sagen, die meisten tun ... Jedenfalls war es sein Gepäck, auf dem Wagen waren seine Fingerabdrücke. Eine positive Identifizierung durch die Verleihfirma.«

»Sie haben ihn nicht gefunden.«

»Die Strömung bei Sonnenaufgang betrug vier Knoten, Ebbe. Ging hinaus, meine ich. Manchmal können sie die Leichen von Leuten nicht finden, die sie springen sehen. Die Küstenwache kommt nicht so schnell zu ihnen, wie die Strömung sie hinaustreibt. Dort sinken sie den Festlandsockel hinab.«

Leidy verzog das Gesicht. »Die Polizei meint also, er hat den Wagen im Presidio geparkt, damit sie ihn nicht in der Nähe der Brücke parken sehen.«

»Das sagen sie.« Dink hielt inne und nahm einen Schluck von seinem purpurfarbenen Burgunder.

»Und blockiert jemand anderem die *Zufahrt?*«

Dink setzte das Weinglas ab und nahm eine Gabel Fleisch. »Geisteszustand«, murmelte er und kaute.

»Ich denke, mein Vater hat alles nur vorgetäuscht. Er will, daß wir glauben, er sei tot.«

Dink schluckte bedächtig. »Alles ist möglich.« Die Anwaltsversion eines toleranten Geistes. »Noch eines. Eine CHP-Streife berichtete, daß er auf der Brücke einen Mann überprüfte. Mittleren Alters, könnte dein Vater gewesen sein. Aber der Cop konnte sich an nichts mehr erinnern; er wurde abberufen, bevor er ihn sich genauer anschauen konnte, konnte die Personalien nicht aufnehmen.«

»Er ist nicht tot«, sagte Leidy.

»Wo ist der Haken?« fragte Dink. »Was könnte er gewinnen? Er plünderte nicht die Firma. In den letzten Wochen steckte dein Vater den größten Teil seiner Ersparnisse in die Gehaltszettel seiner Firma. Wäre es nach mir gegangen, hätte ich die Hälfte von ihnen bereits vor zwei Jahren ausgestellt.«

»Vielleicht wollte er, daß sie ihn auch dann noch lieben, wenn sie sich eine neue Arbeit suchen müssen«, sagte Leidy.

»Nein, er behielt sie, weil er glaubte, er besitze noch eine Firma.«

Leidy legte Messer und Gabel weg. Er hatte keinen Appetit mehr.

»Ich glaube, er haßte dieses Leben, aber er haßte es nicht genug, um es zu beenden. Er wollte von vorne anfangen.«

Dinks Gesicht war vom Schlafmangel der vergangenen Tage aufgequollener, als es sein militärisches Aussehen gewöhnlich erlaubte. »Wenn er das wollte, hätte er es leichter haben können, und billiger.«

»In solch ehrenvollen Dingen wie Scheidungsverfahren wäre die Wahrheit aufgeflogen«, sagte Leidy. »Aber so kann er uns bestrafen.«

Dink sah auf seinen Teller, als schämte er sich. Er hatte diesen Jungen immer gemocht, schon damals, als er noch in den Windeln lag. Leidy hatte den Optimismus seiner Mutter und etwas von ihrem Charme. Cyrus mußte seinen Sohn, ohne dies zu wollen, mit einem Teil seines eigenen Grolls, seiner eigenen Reserviertheit infiziert haben. Und der Junge hatte seine eigenen Probleme. Schließlich war er von Caltech gefeuert worden.

Dink wischte sich mit der schweren Leinenserviette den Mund ab. »Schau, es ist doch nicht so, daß die Polizei in San Francisco sich nicht ihre eigenen Gedanken machen würde. Daß ich nicht darüber nachgedacht hätte. Ich sagte ihnen alles, was ich weiß. Dein Vater täuschte keinen Selbstmord vor.«

»Was hast du ihnen erzählt?«

»Das meiste kennst du. Der Streit um die Patente mit den Gibbs-Labors.«

»Was weiß ich nicht?«

Dink hielt inne, betrachtete für einen Augenblick seinen Teller, und schaute dann Leidy in die Augen. »Er hatte eine Art Sponsor, Leute, die ihm ihr Geld gaben, damit er seine Rechte verteidigen konnte – im Gegenzug erhielten sie nicht ausschließliche Rechte auf Hudderit. Cyrus wollte mir nicht sagen, wer dahinter steckt. Ich hätte mich darauf nicht einlassen dürfen, aber ich wußte nicht, wer sonst die Rechnungen bezahlen sollte.«

Leidy begann zu verstehen, warum ihnen der Anwalt im letzten Jahr ausgewichen war. »Er erzählte dir nicht, wer sie waren?«

Dink schüttelte den Kopf. »Nein, zuerst nicht. Erst viel später. Ich erzähle dir, was er mir erzählt hat ...«

Sommer 1979. Cyrus Hudder saß zusammengekauert in der Box einer Flughafen-Cafeteria im Mittleren Westen; auf dem holzimitierten Plastiktisch vor ihm lag ein halb angegessenes Pastrami-Sandwich und eine unberührte Flasche Heineken. Er hatte so viele Jahre seines Lebens auf Reisen zugebracht, daß er sich kaum an die Qualität oder gar die Namen der Flughäfen erinnerte, auf denen er umsteigen mußte; gestaltlose Knoten in einer Graphik verbindender Linien, ein mathematisches Problem, das als Handelsvertreter bekannt ist.

Eine ohrenzerreißende Stimme kam über die Lautsprecher, die jemanden aufforderte, ein White Courtesy-Telefon zu suchen. Cyrus riß sich selbst aus seinen freudlosen Träumereien und strich mit den Fingern durch das dünner werdende Haar. Unter den Augen hatte er Tränensäcke, um den ernsten Mund permanente Falten, aber in ihm brannte ein Groll, der seine Haut rötete und ihm den falschen Glanz von Vitalität verlieh.

Neben ihm auf der Bank, unter seinem fleckigen Mantel, lag eine abgenutzte Ledermappe; aus langer Gewohnheit ruhte seine Hand schützend auf ihr. Er hätte die Labornotizen studieren sollen, die blassen Kohlekopien und Xerox-Blätter. Statt dessen ließ er seine Gedanken schweifen, befaßte sich nicht mit den notwendigen Plänen, spielte nicht mit neuen Ideen, sondern ging ergebnislos vergangene Fehler durch. Dachte an Leidy, jetzt, da der Junge bereits ein Mann war, Gedanken, die ihn noch immer traurig machten und wütend. Er dachte an Greta, die sich so weit von ihm zurückgezogen hatte, daß sie sich bereits gegen ihn wandte, Gedanken, die ihm die Tränen in die Augen trieben. Und er dachte an die Vorgänge im Hudder Research, Gedanken, die ein Labyrinth von Frustration und Selbstmitleid öffneten.

Während er die vollgestopfte Aktenmappe auf seinen Schoß zog, schob sich eine dunkle Figur vor das Neonlicht. »Entschuldigen Sie, ich fragte mich, ob Sie nicht Cyrus Hudder sind.«

»Was?«

»Entschuldigen Sie.« Ein gutgekleideter Mann um die dreißig von starker Statur und dickem, kurzrasiertem schwarzen Haar. »Ich dachte, ich kenne Sie.«

»Ja, ich bin Cyrus Hudder.«

»Edward Samarri, Sir.« Der junge Mann zögerte einen Augenblick, streckte halb die Hand aus, Cyrus jedoch ermutigte ihn nicht. »Ich nehme an, es ist kein besonders günstiger Zeitpunkt. Ich konnte einfach nicht widerstehen, Ihnen guten Tag zu sagen. Ich bin ein großer Bewunderer von Ihnen.«

»Kenne ich Sie? Was wollen Sie, einen Job?«

»Nein, Sir, Sie kennen mich nicht. Ich habe kaum außerhalb der Fachorgane veröffentlicht.« Er hatte einen seltsamen Akzent, ein Ausländer, der in Großbritannien sein Englisch gelernt hatte.

»In welcher Branche arbeiten Sie?«

»Öl. Ich bin bei Noramar Oil in Houston.«

»Texxon.«

»Das sind wir.« Samarri lächelte. »Ich habe Sie in New Orleans reden hören, Dr. Hudder, vor einigen Jahren. Habe seitdem alles gelesen, was ich von Ihnen finden konnte. Ihre Arbeit stellt zweifellos Weichen für die Zukunft. Meiner Meinung nach.«

»Leider teilen Ihre Firmenbosse nicht Ihre Meinung.«

Samarri lächelte entschuldigend. »Eigentlich hoffe ich sie davon zu überzeugen.«

Cyrus entspannte sich. »Entschuldigen Sie die schlechten Manieren, Mr. ...«

»Samarri, Sir.«

»Mr. Samarri.« Cyrus legte seine Mappe zur Seite und beugte sich nach vorne, um ihm über den Tisch hinweg die Hand zu geben. »Wollen Sie sich setzen?«

»Ich störe Sie nicht?«

»Keineswegs.«

»Bin gleich wieder zurück.« Samarri ging zur Theke und kam eine Minute später mit einer kalten Flasche Bier, die er Cyrus hinstellte, und einem Plastikbecher mit Kaffee für sich selbst zurück.

»Vielen Dank.« Cyrus stieß mit der kalten Flasche gegen seine lauwarme. »Was meinen Sie mit ›Weichen stellen für die Zukunft‹?«

»Nun, Sir ...« Samarri rutschte auf die Bank gegenüber. »Sie haben ausführlich über Tiefenbohrungen geschrieben. Haben die Probleme dargelegt, ungewöhnliche Methoden diskutiert. Einigen von uns ist klar – und wie ich bereits sagte, ist dies ein Ansatzpunkt, von dem wir unsere Arbeitgeber überzeugen wollen –, daß traditionelle Methoden die Suche nach Energiequellen nicht mehr voranbringen können.«

»Daran sind nicht die Methoden schuld. Das Öl wird knapp.«

»Uns schwebt anderes vor. Wie Sie bereits selbst dargelegt haben, argumentieren manche Wissenschaftler, daß gewaltige Reserven an Kohlenwasserstoff tief im Erdinneren lagern; sie sind nicht organischen Ursprungs, sondern stammen noch von der Bildung des Sonnensystems.«

Cyrus grinste trocken. »Tommy Golds Theorien. Schön, wenn er recht hätte. Aber es gibt nicht den Hauch eines verläßlichen Beweises, der ihn unterstützte.«

»Dr. Hudder, ich kenne einige *sehr* interessante Daten ...« Edwards Augen glänzten. Dann lächelte er und lehnte sich zurück. »Ich wünschte, ich könnte Sie Ihnen zeigen. Aber um hier fortzufahren, nehmen wir einfach an, Professor Gold *hat* recht. Dann braucht es dazu größere Projekte, unkonventionellere Technologien, um diese Ressouren zu erschließen und auszubeuten. Oder, wenn er nicht recht hat ... worauf einige Hinweise schließen, dann erfordert es große Anstrengungen, nur um ihn zu widerlegen.«

»Sie wollen ein tiefes Loch graben, um Gas zu fördern? Mit unkonventionellen Technologien?«

»Mit Hudderit, zum Beispiel«, sagte Samarri.

Ich habe es mit einem Spinner zu tun, dachte Cyrus, obgleich der junge Mann nicht dumm war. Er vermittelte den Eindruck eines hellen und ambitionierten Youngsters, der gute Verbindungen besaß. Texxon oder Noramar – der originale Name, als in den Dreißigern die North American – Arabian Oil Corporation gegründet wurde – stellte eine erstklassige Adresse dar; besser konnte man ins Ölgeschäft nicht einsteigen.

»Hudderit ist sicherlich das Material, das man sich für Tiefenbohrungen wünscht«, sagte Cyrus. »Aber ich persönlich halte es weder für futuristisch noch visionär.«

»Ich wollte Sie nicht als Visionär hinstellen.«

Cyrus stieß ein kurzes bellendes Gelächter aus. »Das würde den wenigsten was ausmachen.«

Edward schien für einen Augenblick verwirrt. »Wann geht ihr Flug?«

»Er hat Verspätung.« Cyrus blickte auf seine verkratzte Uhr. »Angeblich in eineinhalb Stunden.«

»Meiner auch. Wohin fliegen Sie, wenn ich ...?«

»Washington.«

»Vielleicht sind wir im selben Flugzeug. United?«

Ein glücklicher Zufall.

»Haben Sie etwas dagegen, wenn ich Ihnen die Zeit raube?«

Cyrus lächelte und schüttelte den Kopf. »Reden Sie keinen Unsinn. Es tut gut, mit Ihnen zu reden.«

»Ich würde Ihnen gerne von meiner Arbeit erzählen.«

Vielleicht auch kein Zufall, aber Cyrus bewunderte Edwards Annäherung. »Legen Sie los.«

»Ich gehöre zu einer Forschungsgruppe von Noramar, für besondere Projekte. Wir sind von den anderen getrennt, von den Leuten, die sich über Katalyse und dergleichen Gedanken machen. Oder orthodoxe Geologie. Wir interessieren uns für das Unorthodoxe. Und erproben es. Feldversuche. Entwickeln neue Diagnosemethoden, neue Instrumente, um zu erfahren, was dort unten ist. Neue Materialien, denen wir nachgehen.«

»Es überrascht mich, daß ich davon noch nichts gehört habe«, sagte Cyrus.

»Sehen Sie, so neu sind wird. Und offen gesprochen auch geheim. Manchmal glaube ich, Noramar fürchtet, daß wir ihren guten Ruf aufs Spiel setzen.«

»Was kann ich Ihnen über Hudderit erzählen, was Sie noch nicht wissen?«

»Wir glauben, daß es härter als ein Diamant ist. Einerseits ist es metastabil, andererseits verändert es sich nicht unter einigen hundert Gigapascal oder zerfällt bei dreitausend Grad Celsius. Und daß Sie genug von dem Kristall hergestellt haben, um damit die Zähne von einem halben Dutzend Prototypen der besten Gesteinsschneider auszustatten – unsere Gruppe hat das selbst nachgewiesen.«

»Aber das liegt alles Jahre zurück«, sagte Cyrus.

»Kürzlich berichteten Sie von Methoden, die auf epitaxischem, dünnen Film beruhen. Aber können Sie das auch herstellen, Cyrus?« Edward verfiel in einen familiären Tonfall. »In großen Mengen, ständig? Genügend, um zum Beispiel ein Bohrloch auszukleiden?«

»Wir haben es im Prinzip im HRI demonstriert. Sie wissen das aus unseren Veröffentlichungen.« Cyrus ergriff die Gelegenheit, die Edward ihm bot, und hakte ein. »Es im großen Maßstab herzustellen übersteigt unsere Möglichkeiten, wenn wir nicht substantielle Unterstützung erhalten. Aber ich bin davon überzeugt, daß es uns gelingt, wenn wir diese Unterstützung haben. Geben Sie mir die Möglichkeit, und ich grabe Ihnen ein Loch so tief Sie nur wollen.«

Edward nickte und nippte am Kaffee. »Das andere ...« sagte er und zögerte. »Aber das wissen Sie bestimmt.«

»Ja, was?«

»Wenn Sie wirklich eine bessere Mausefalle hergestellt haben, warum rennt Ihnen dann nicht die ganze Welt die Tür ein?«

»Das können Sie mir sicherlich besser beantworten als ich.«

Edward lächelte und neigte seinen Kopf. »Und jetzt falle ich über Sie her, statt Sie ganz offiziell zu Konsultationen bei uns einzuladen.«

»Oh, ich verstehe die Vorsicht Ihres Arbeitgebers. In diesen Tagen reise ich nicht in eigener Sache.« Ganz bestimmt wußte er, daß Cyrus von seinem früheren Auftraggeber, den Gibbs-Labors, Northeastern Electric, eine der größten Firmen des Landes, gerichtlich belangt wurde. »Sie behaupten, ich hätte es in ihren Labors entdeckt. Natürlich muß ich darauf reagieren und nach ihrer Pfeife tanzen. Oder riskieren, alles zu verlieren.«

»Sie haben es dort *nicht* entdeckt?«

Cyrus schüttelte den Kopf. »Ich sage Ihnen, wo ich es gefunden habe. Worüber ich noch niemals gesprochen habe, aber es ist eigentlich kein Geheimnis.«

So hörte Edward die Geschichte, wie Cyrus im Frühling 1945 in den Sandia Canyon kam und was er dort im Staub nach der Screwball-Implosion gefunden hatte ...

Sie unterhielten sich über eine Stunde lang, dann rief der Lautsprecher ihren Flug auf und unterbrach Cyrus auf dem Höhepunkt seiner Geschichte. Es war keine Geschichte, die ihm leicht über die Lippen ging, aber er spürte die Erleichterung, die das Erzählen ihm verschaffte. Die beiden Männer nahmen ihre Sachen und standen auf.

»Ich würde sehr gerne unser Gespräch im Flugzeug fortsetzen«, sagte Edward, während sie sich zum Gate begaben.

»Es wird ziemlich voll sein.« Ein verspäteter Flug, der alle aufnahm, die ihre Anschlußflüge nicht mehr erreicht hatten.

»Lassen Sie mich sehen, was sich tun läßt.«

Cyrus wartete am Gate, während sich Edward mit einer Angestellten am Check-in-Schalter flüsternd unterhielt, Karten aus seiner Brieftasche vorzeigte und ein größeres Dokument aus der Innentasche seines Mantel holte; die Angestellte rief ihren Vorgesetzten und zwei Minuten später lächelten alle.

»Geschafft«, sagte Edward und reichte Cyrus eine Boarding-Card. »Geben Sie ihnen ruhig Ihr Ticket.«

Cyrus schaute auf das neue Ticket. »Das ist erster Klasse. Ich bin in der Tourist-Class.«

»Noramar wird für die Differenz aufkommen.«

Cyrus seufzte. »Das kann ich nicht tun, fürchte ich.«

»Ihr Name wird auf meinem Ausgaben-Bericht nicht auftauchen«, sagte Edward. »Diskretion. Die Gesellschaft wird davon nichts erfahren.«

Als Gegenargument war es nicht besonders gut, Cyrus aber entschied sich schnell. »In Ordnung. Danke.«

Sie saßen nebeneinander in den geräumigen Sitzen im vorderen Teil des Flugzeugs. Die Stewardess brachte Cyrus einen Beefeater-Martini und für Edward Tonic mit Eis.

»Sie haben mehr als fünfzehn Jahre für Gibbs gearbeitet, oder?« fragte Edward.

»Zwanzig«, sagte Cyrus und nippte an seinem Drink. Er hatte es so bequem wie lange nicht mehr.

»Warum dort? Sie hätten doch überall hin gekonnt.«

»Wohin denn? Bell Labs, GE? Ich wollte bei Gibbs arbeiten. Ich habe bei ihnen angefangen, als ich meinen Doktor hatte, ein Jahr nach dem Krieg.«

»Warum die Auseinandersetzung«, fragte Samarri. »Das habe ich niemals verstanden.«

»Am Anfang war alles toll. Ich tat, was sie wollten – Metallegierungen, Düsentriebwerke etc. –, daneben aber beschäftigte ich mich mit diesem interessanten Material. Ich konnte nicht alles in meinem Labor machen. Die Jungs, die an künstlichen Diamanten arbeiteten, halfen aus, obwohl ich ihnen nicht alles erzählte, was ich vorhatte. Dann gewannen GE und Union Carbide den Wettbewerb um Kunstdiamanten. Mein Projekt war teuer – wenn ich damit weitermachen wollte, mußte ich an die Öffentlichkeit.«

»Was passierte dann?« Edwards Zwischenbemerkungen fügten sich in Cyrus' Erzählung wie die Pausen in Musikstücken – man nimmt sie nicht wahr, dennoch spielen sie eine entscheidende Rolle.

»Ich erzählte ihnen, ich sei mir sicher, dieses Zeug herstellen zu können – alles basierte zumeist auf theoretischen Argumenten. Ich zählte all die wunderbaren Eigenschaften auf, von denen manche Wunschdenken waren. Ich erstellte einen Forschungsplan. Der Forschungsdirektor ließ mich weitermachen. Ich baute einige Bomben – Druckwellengeräte, meine ich – und erhielt schließlich einige große Kristalle. Meine Mitarbeiter schlugen den Namen Hudderit vor ...«

»Gibbs schlug den Namen vor.« Edward lächelte. »Eine feine Ironie.«

»Wie fein, werden Sie sehen.« Cyrus atmete tief ein. »Ich hatte bewiesen, was ich behauptet hatte, aber sie sagten mir, das Projekt fallen zu lassen. Die Erbsenzähler konnten die Kosten nicht mehr rechtfertigen. Das Rohmaterial, zum einen. Kohlenstoff ist billig, Silizium ist ebenfalls billig. Beryllium ist nicht billig. Die beste Quelle damals waren Beryllquader – Smaragdminen. Es wurde ein wenig billiger, als in Utah andere Erze gefördert wurden. Trotzdem gab es damals keine Möglichkeit, Hudderit in großen Mengen herzustellen. Nicht damals. Jetzt allerdings glaube ich, daß es möglich sei.« Cyrus blickte zu seinem neuen Freund. »Selbst die *Verwendungsmöglichkeiten* – die elektrischen und optischen Qualitäten von Hudderit, ganz zu schweigen von den strukturellen Eigenschaften – lagen damals außerhalb jeder Vorstellungskraft; der Transistor war noch nicht entwikkelt.«

»Mangel an Visionen. Ein Grund dafür, warum die amerikanische Industrie den Bach runtergeht,« sagte Edward.

»Darauf gehe ich jetzt nicht ein.«

»Was taten Sie daraufhin?«

»Klar, sagte ich, ich höre damit auf; und habe trotzdem weitergemacht. Und sie haben mich dabei erwischt. Aber das wissen Sie ja alles.« Cyrus verdrehte die Augen, voller Abscheu, daß er diese alten Kriegsgeschichten wieder aufrollte.

»Ich kenne nicht die Details«, war Edwards prompte Antwort.

»Sie reorganisierten die Gruppe, deren Chef ich war – organisierten sie so um, daß ich draußen war. Ich wäre jemandem unterstanden, der eine bessere Batterie oder etwas Ähnliches baute. Ich versuchte, ein guter Soldat zu sein, aber das hatte mir noch nie gelegen. Also kündigte ich.« Cyrus nippte an seinem Drink. »Heute kann ich sagen, daß ich einen Fehler gemacht habe.«

»Und der war?« Edward wartete.

»Ich erzählte ihnen nicht, daß ich das Hudderit entdeckt hatte, lange bevor ich für Gibbs arbeitete. Sie glauben, sie bezahlten mich, damit ich es erfand. Sie meinen, daß es ihnen gehört, auch wenn sie mir befehlen, alles zu vergessen.«

Die Landluft Virginias war warm und feucht und roch nach dem Duft von Flieder und dem Gestank von Autoabgasen. Edward hatte in Dulles einen Mietwagen reserviert und nahm Cyrus den langen Weg zu Howard Johnsons Motorhotel in Arlington mit.

Edward stellte Cyrus' Koffer vor den Eingang zur Lobby.

»Hier ist meine Karte.« Er reichte Cyrus eine Geschäftskarte mit seinem eingravierten Schriftzug, diskret in einer Ecke befand sich das Noramar-Logo. »Ich hoffe, Sie melden sich, wenn Sie mal in der Nähe sind.«

»Warten Sie eine Sekunde, ich gebe Ihnen meine.« Cyrus wühlte in seiner Brieftasche.

»Sie haben mir viel zu denken gegeben«, sagte Edward. »Ich hoffe, Sie gewinnen den Prozeß.«

»Hier, leider ein wenig zerknüllt.« Die Karte stammte von einem Schnelldruckservice, »Hudder Research International, Inc., Cyrus Hudder, Präsident« stand in großen glänzenden Lettern darauf.

Edward ließ es in seine Hemdtasche gleiten, ohne den Blick von dem älteren Mann abzuwenden. »Sie können beweisen, daß Sie Hudderit 1945 während dieses Tests entdeckt haben?«

Ein Schimmer der Wut flackerte in Cyrus' müden Augen auf. »Northeastern hat eine ganze Riege von Anwälten, ich habe einen, Dink. Er ist gut, und ein Freund, aber ich kann ihn nicht ewig bitten, umsonst zu arbeiten.«

»Noramar besitzt zehn Riegen von Anwälten«, sagte Edward.

Cyrus' Gelächter erscholl. »Wenn das von weiter oben käme, würde es nach einer Offerte klingen, mich herauszukaufen.«

Edward schüttelte den Kopf; sie wußten es beide besser. »Ich habe Ihnen von unserem Interesse erzählt. Mehr kann ich momentan nicht tun. Lassen Sie mich mit einigen Leuten reden.«

»Danke für die Fahrt und für die Unterhaltung.«

»Sie glauben nicht, daß Sie von mir wieder etwas hören?«

Das Funkeln in Cyrus' Augen erkaltete. »Nun ...« Die Umstände und Notwendigkeiten hatten aus ihm einen guten Verkäufer gemacht, es fiel ihm aber niemals leicht, zu sagen, was er fühlte.

»Das werden Sie, ich verspreche es«, sagte Edward. »Früher, als Sie glauben.«

Edward winkte, als er wegfuhr, Cyrus allerdings war

bereits auf dem Weg zur Lobby, zog den Koffer hinter sich her, die schwere Aktenmappe brachte ihn aus dem Gleichgewicht ...

»Das war der Weg, den dein Vater weiterging«, erzählte Dink Leidy. »Erst viel zu spät habe ich davon erfahren.«

Der Ober, der bemerkt hatte, daß sie nichts mehr aßen, griff ihre Teller. »Kaffee oder etwas anderes? Keine Eile.«

Dink ließ ihm einen solch verächtlichen Blick zukommen, daß er abdrehte.

Er wandte sich zu Leidy. »Dann warf Northeastern das Handtuch. Ich war nicht im Land – es dauerte zwei Tage, bis ich zurückkam und die Einigung aushandeln konnte. Cyrus wußte es bereits vor mir ...«

RENO, FEBRUAR 1981

Cyrus schaffte es, HRI über Wasser zu halten, während ihm sein übriges Leben entglitt. Es geschah unmerklich, allmählich, er nahm davon kaum Notiz, bis er in einer dunklen Winternacht spät abends von seinem Büro nach Hause kam. Greta blickte nicht auf, als er das Wohnzimmer betrat.

»Ein Mann namens Edward hat angerufen.« Ihr Gesicht lag im Schatten; sie schien sich auf einen dünnen französischen Roman zu konzentrieren, dessen Seiten vom warmen Lichtschein der Messing-Stehlampe beleuchtet wurden.

»Edward?«

»Er sagte, du kennst ihn.«

Cyrus ging zur Küche, füllte ein dickes Glas mit Eis aus dem Eisfach des Kühlschranks, ging dann zur Bar und schüttete Gin darüber. Er fragte Greta nicht, ob sie auch etwas wollte. Jeder kümmerte sich in jenen Tagen um sich.

»Er hat hier angerufen?«

Sie atmete hörbar aus. »Seine Nummer ist neben dem Telefon.«

Die Nummer auf dem Zettel unter der Tischlampe war nicht die, die er erwartet hatte. »Das ist ein örtliche Nummer.«

»Offensichtlich.«

»Ich werde ihn morgen anrufen«, sagte er, um ihrer Neugierde zu entgehen, die im gelangweilten Tonfall ihrer Stimme durchklang. Er nahm seinen Drink mit zum Armsessel in die gegenüberliegende Ecke des Zimmers.

Die Glastüren klapperten im Wind – ein harter, beinahe ständig wehender, kalter Luftstrom, der von den Gipfeln der Sierra kam und über die salbeibewachsenen Hügeln hinwegstrich. Ein bekannter Wind, eine Tradition; Mark Twain hatte ihn den Washoe-Zephyr genannt.

Cyrus nahm die neueste Ausgabe der *Time*, Greta las ihren Roman.

Das Telefon klingelte. Sie musterte ihn, als er aufstand.

»Hallo?«

»Ich bin im Cibo.«

»Im Cibola?«

»Ich hoffe, Sie können sich heute abend einige Minuten für mich Zeit nehmen.«

»Sie meinen jetzt?«

»Es tut mir leid. Sobald Sie können.«

»Es kann nicht warten?«

Es kam keine Antwort.

»Wenn es wirklich nicht warten kann ...« Cyrus hörte Edwards Anweisungen, dann legte er auf.

Greta wartete, bis er seinen Mantel angezogen hatte und zur Tür ging, dann sagte sie: »Du könntest mir eine Erklärung geben. Zumindest ansatzweise.«

»Geschäft. Das ist alles.«

Ihr Gesichtsausdruck verhärtete sich. »Kein guter Geschäftsmann würde sich so wie du herumstoßen lassen.«

»Ich habe mich niemals als Geschäftsmann ausgegeben«, sagte er. »Wenn du das dachtest, dann entschuldige bitte.«

»Cyrus ...« Sie zögerte. »Ich habe heute mit Leiden

gesprochen. Ich dachte, wir würden vielleicht miteinander reden.«

»Das hättest du früher sagen können. Warum nicht?« Er blickte sie finster an, unfähig zu sagen, was er dachte: daß er seinen Sohn liebte und sich danach sehnte, zu erfahren, was dieser machte. Daß sie seinen Sohn gegen ihn benutzte.

»Ich dachte, du würdest vielleicht mit mir reden«, sagte sie.

Er ging durch die Tür und schloß sie hinter sich – und verstand nicht, daß sie seine Frage beantwortet hatte, die Frage warum.

Der harte Wind schlug gegen den weißen Jeep-Wagon mit dem Hudder Research-Logo an den Türen.

Als Kind hatte Cyrus in der Nähe der Universität gewohnt, und obwohl sie am Rand der Stadt lag, konnte er in zehn Minuten die Virginia-Street zum Truckee River hinabgehen. Nun wohnte er ebenfalls am Stadtrand und mußte fahren. Reno hatte im Osten Sparks geschluckt, war im Westen die Berghänge hochgeklettert und hatte sich in jede Richtung über die Hügel ausgebreitet; Trailer-Camps und Siedlungen infizierten die Täler und Wiesen. Das Zentrum war ein Sammelsurium aus Betonmonolithen, die mit leuchtenden Lichtern, pastellfarbenen Neonstreifen und bunten Spiegeln und Plastik geschmückt waren. Zu groß für eine kleine Stadt. Und der funkelnde Verkehr war ein Metallfluß in der weiten Nacht des Freeways. Träge floß er dahin.

Dieser Mendez hatte ihm mit seinem Tod den Sohn geraubt. Mendez hatte sich selbst umgebracht, als er in der alten Mine herumstocherte; er hätte dort drinnen auch Leidy töten können. Es war ein Fehler, dem Jungen diesen verrückten Trip zu erlauben.

Denn Leidy war nachher verändert. Sagte nichts mehr. Verschloß seine Zimmertür. Dramatisierte nicht mehr seine unsinnige Rebellion, wie er es vorher getan hatte. Blieb immer höflich. Ließ Cyrus nicht mehr an sich heran.

Einige Zeit lang fiel es Cyrus nicht auf; was er bemerkte,

waren Veränderungen zum Guten. Die Noten des Jungen verbesserten sich. Aber er trieb keinen Sport, spielte nicht am Theater oder nahm an den Debattierclubs der Schule teil, und er traf sich nicht mit seinen Mitschülern. Aber er hatte es mit den Büchern, bekam auf seine Essays laufend eine A und sammelte hundert Punkte bei den Prüfungen. Zu jedermanns Überraschung waren seine Semesternoten so gut, daß er in die Ehrengesellschaft der High School eingeladen wurde. Aber er lehnte dankend ab.

Cyrus hatte sich damit abgefunden gehabt, daß sein Sohn nicht so intelligent war, wie er glaubte, zumindest nicht so intelligent wie Cyrus selbst. Aber das hier deutete auf das Gegenteil. Was die Prüfungsergebnisse anbelangte, schienen sie gleichauf zu sein.

Jedes Wochenende, wenn er wegkonnte und es das Wetter erlaubte, lieh er sich den Jeep seines Vaters – lieh ihn sich eigentlich von der Mutter, da Cyrus unterwegs war – und fuhr in die Wüste, um an einem Ort, den er nicht preisgeben wollte, Metalle auszuwaschen. Erst sehr viel später, den folgenden Sommer, sah Cyrus das Ergebnis der zehn oder fünfzehn Wochenenden, an denen er fort war; er und Leidy stritten sich, ob er den Jeep haben konnte, und da zeigte ihm Leidy die zehn Pfund schweren Silberbarren, die er aus einer alten Minenhalde herausgewaschen hatte.

Cyrus gingen tausend Fragen durch den Kopf. Zyanid? Woher wußte Leidy, wie so etwas gemacht wurde? War er sich sicher, daß er sich nicht selbst vergiftet hatte? Woher hatte er die Ausrüstung, die nicht ganz billig sein konnte? Wenn er wie Mendez einen Schacht hinabfallen sollte, wer würde das jemals erfahren? Wie schützte er sich gegen Vandalen und Diebe? Und was wollte er mit dem Geld machen?

Leidy beantwortete schließlich alle Fragen und Cyrus wurde nur wütender und unglücklicher. Ein Teil der Ausrüstung hatte Mendez gehört, der ihm die praktischen Anwendungen von Großvater Max Hudders Theorien beibrachte. Leidy hatte sich von Greta Geld geliehen; er hatte ihr nicht die ganze Wahrheit gesagt, was er damit wollte, aber es war bereits wieder zurückgezahlt, und er gab ihr etwas für die

Benutzung des Jeeps. Wie er in den Besitz des Zyanids kam, wollte Cyrus gar nicht wissen; es gab genügend Chemikalien-Geschäfte in der Gegend, und er hatte es nicht gestohlen. Was sein Verhalten in der Wildnis betraf – er betrat niemals Minen oder Schächte, und er war ein ziemlich guter Gewehrschütze geworden, auch wenn es nur eine alte 22er Bolt-Action-Rifle war. Geld? Fünfundachtzig Prozent des Nettogewinns gingen an die Mendez-Familie.

Fünfundachtzig Prozent? Cyrus verlor darüber die Fassung. »Was schuldest du diesen Leuten? Für sie ist hinreichend gesorgt, der Staat California kümmert sich darum. Und der Mann hatte Versicherungen, er war in diesen Dingen gerissen genug.«

»Wir hatten einen Vertrag. Er und ich.«

»Welchen Vertrag? Du machst die Arbeit, und sie bekommen den ganzen Gewinn?«

»Nicht den ganzen. Wenn du mir nicht deinen Wagen geben willst, Dad, dann miete ich einen.«

»Arroganter Kerl. Einen Wagen mieten? Zahl mir lieber für dein Leben.«

Das war eine Bemerkung, die kein Bedauern mehr rückgängig machen konnte. Cyrus hatte niemals erfahren, ob Leidy sie seiner Mutter erzählt hatte; er hoffte nicht, aber wahrscheinlich machte es sowieso keinen Unterschied. Sie hatte sich längst auf die Seite des Sohnes und gegen ihn gestellt.

Einige Wochen, bevor er von der High School graduierte, erhielt Leidy den Aufnahmebrief vom California Institute of Technology. Er verkündete die Neuigkeit kühl; es war das erste Mal, daß Cyrus erfuhr, daß sich sein Sohn an dieser Institution beworben hatte.

Cyrus hätte die Chancen seines Sohnes geschmälert, wenn er sich geweigert hätte, den hohen Betrag zu zahlen, den die Schule als angemessen für die Eltern errechnet hatte. Sicherlich hätte Leidy es vorgezogen, für alles selbst aufzukommen – er hatte ein Stipendium gewonnen, das etwa ein Viertel der geschätzten Kosten deckte, und seine fünfzehn Prozent aus der Minenhalde hatten bislang Silber im Gegenwert von fünftausend Dollar eingebracht. In der Halde lag noch mehr Metall, aber Mendez' Söhne konnten nicht fort oder wollten mit der Arbeit nicht belästigt werden, und Leidy meinte, daß nun, da er auf seinen Trips von den Anwohnern beobachtet worden war, innerhalb eines Jahres alles fort sein würde.

Cyrus rang mit sich und seinem Stolz. Sein Sohn am Caltech – was konnte sich ein Vater mehr wünschen? Es fiel ihm schwer, seine nicht unkomplizierte Liebe mitzuteilen, und es war ihm bewußt, wie gut Leidy sich selbst verschanzt hatte – und trotzdem hoffte er darauf, daß sein Sohn das tat, was er nicht tun konnte: den Durchbruch zu schaffen, die einfachen Worte zu sprechen. Unbeholfen informierte er Leidy, daß er glücklich sei, mit den Studiengebühren aushelfen zu können.

Leidy bedankte sich förmlich.

Zeit verging. Leidy war gut am College, berichtete Greta; er plante, die Sommermonate auf einem ozeanographischen Forschungsschiff zu verbringen. (Nach einer Woche auf See änderte er seine Pläne, berichtete sie kurz darauf – fand aber trotzdem noch einen Job in einem Universitätslabor.) Noch mehr Zeit verging. Leidy hatte ein Mädchen kennengelernt, die er zu mögen schien, erzählte Greta Cyrus. Er war in die Graduate School aufgenommen worden; ihm war ein Lehrauftrag angeboten worden, sagte sie.

Von Zeit zu Zeit sprach Cyrus mit Leidy. An Weihnachten. An Thanksgiving. Einmal an Gretas Geburtstag. Gezwungenes Lächeln und Händeschütteln ersetzten Umarmungen und Lachen.

Cyrus parkte einen Block vom Casino entfernt; er konnte es sich nicht leisten, Parkgebühren zu bezahlen oder irgend jemanden Trinkgelder zuzuschieben, wenn er in einem Hotel verabredet war.

Im Cibola war es warm und hell und laut – gelegentliches Klimpern von Silbermünzen und das *Ping, Ping, Ping* einzelner Viertel-Dollar-Münzen, die die Automaten ausspuckten, ein konstantes Dröhnen elektronischer Lärmmaschinen, Alarmglocken, die die Menge auf einen weiteren Gewinner aufmerksam machten. Überall Lichter, am hellsten dort, wo sie die verspiegelten Deckenstreifen einrahmten, hinter denen sich die Sicherheitsleute verbargen. Dicker Zigarettendunst, der Geruch von verschüttetem Bier und von zu dick aufgetragenem Parfüm.

Einige dieser Lokale besaßen gute, von den Kasinoräumen abgetrennte Restaurants. Cyrus fand Edward an der Bar des Restaurants, unter Gipssäulen und Plastikweinreben, ein rustikales italienisches Ambiente. »Ich habe mir Ihre Vorschläge zu Herzen genommen«, sagte Edward, der Cyrus nicht die Hand geben wollte. Sein Gesicht fügte sich in die Dekoration ein – es war toskanisch rot aufgeschwemmt.

»Welche Vorschläge?« sagte Cyrus, der noch immer stand und ihn anblinzelte.

»Sie sagten mir einmal, sie benützten Oliven und Zahnstocher, um eine Molek ... eine Kristallstruktur darzustellen.« Er deutete auf den Tisch vor ihm, fettig-tropfende grüne Oliven, die mit bunten Zahnstochern und einem Dutzend Cocktail-Zwiebeln verbunden waren. »Sehen Sie? Beryllium. Und hier Kohlenstoff. Sie verlieren ihre Härte. Überall über mir Olivenöl.«

»Sie haben sie aus Ihren Martinis gefischt?«

»Wenn *Sie* betrunken wären, könnten Sie dann ›Überall über mir Olivenöl‹ sagen? Nur einmal?«

»Sie sagten, sie wollten dringend Geschäftliches mit mir besprechen.«

»Das habe ich gesagt.« Edward lächelte glücklich in Cyrus' finsteres Gesicht. »Setzen Sie sich. Ich mag nicht schreien.«

Cyrus setzte sich. Er hatte Edward niemals, seitdem er ihn kennengelernt hatte, die Kontrolle über sich verlieren sehen, hatte niemals gesehen, daß er mehr als einen kleinen Schluck Alkohol zu sich nahm.

Ein Ober erschien. »Was kann ich Ihnen bringen, Sir?«

»Was immer er hat.«

»Einen Beefeater-Martini.«

»Zwei«, sagte Edward. »Wir müssen feiern.«

»Sir.« Der Ober zog sich zurück.

Edward grinste Cyrus an. »Sie haben gewonnen, nicht?«

»Was gewonnen?«

»Sie haben *bewiesen*, daß Sie das entdeckt haben« – er wies auf die zusammengesteckten Oliven und Zwiebeln – »als Sie bei der U.S.-Regierung angestellt waren. Und die Regierung hatte sich nicht darum gekümmert. Northeastern läßt die Anklage fallen. Ende des Verfahrens. Hudderit gehört Ihnen, Cyrus.«

»Warum habe ich das nicht von Dink gehört?«

»Mr. Pearce ist nicht im Lande, hat man mir gesagt. Er wird es bald erfahren. Sie haben, was Sie wollten. Das kann ich Ihnen versichern.«

»Woher wissen Sie das alles?«

»Das tut nichts zur Sache«, sagte Edward.

»Warum konnten Sie mir das nicht am Telefon erzählen? Oder einen Brief schreiben? Jedenfalls hätte ich es lieber von Dink erfahren.«

»Mr. Pearce ist nicht mehr im Programm.«

»Was, zum Teufel, meinen Sie damit?«

Edwards Stimme sank zu einem Flüstern herab. »Betrachten Sie mich als Mephistopheles.«

Cyrus starrte zu Edward, der in theatralischer Drohgebärde, mit aufgerissenen Augen zurückstarrte. Der Ober brachte ihre Drinks und wedelte mit der Rechnung.

Als der Ober ging, warf Edward den Kopf nach hinten und lachte. »O Cyrus, o Mann.«

Cyrus schob den Stuhl zurück.

»Gehen Sie nicht«, bettelte Edward. »Bitte. Ich bin vielleicht ein wenig betrunken. Es *hat* sehr lange gedauert, bis ich Sie am Telefon erreichte. Ich wollte Ihnen sagen, daß wir alle sehr glücklich sind. Persönlich.«

»Noramar, meinen Sie.«

»Ich meine ... *natürlich*, sie, aber das müssen Sie nicht laut sagen.« Er verfiel in dramatisches Geflüster. »Cyrus, hören

Sie. Ich habe die Abteilung überzeugt. Es war nicht schwer. Dieses ganze Geschäft hat sie überzeugt.«

»Überzeugt wovon?«

»Der wahre Zweck meines Trips. Ich kann es nun zugeben. Sie müssen zu uns nach Houston kommen, Cyrus, und dort für uns arbeiten. All diese Zeit. Sie müssen einfach.«

»Warum sollte ich das wollen?« fragte Cyrus.

»Es wird Ihnen gefallen, ich verspreche es.«

»Wenn es wahr ist, was Sie sagen« – Cyrus versuchte, sich vor Optimismus zu schützen – »dann ist alles weitere klar. Es steht einiges an R&D an, das lange aufgeschoben worden ist.«

»Aber sind Sie nicht dankbar? Verspüren Sie nicht ein Gefühl von Anerkennung?«

Zum ersten Mal, seitdem er Edward kennengelernt hatte, sah Cyrus, wie sich eine feine Schweißschicht auf seiner Stirn bildete. »Ja, ich erkenne alles an, was Sie ... getan haben, sagte er und verfiel dabei der Anstrengung, die er sich in den letzten Jahren mehr und mehr angewöhnt hatte, die Anstrengung, seine Gefühle zu verbergen. »Mehr, als ich sagen kann.«

Edward grinste ein trockenes, hinterhältiges Grinsen. »Und Sie haben Ihr Wort gehalten? Sie haben niemandem auch nur ein Wort gesagt?«

»Ich habe mein Wort gehalten.«

»Nicht ein Wort zu Ihrer Frau? Zu Dink?«

»Sie hätten mich nicht Zuhause anrufen sollen. Meine Frau fragt sich, wer der namenlose Edward ist. Ich mußte eine Geschichte erfinden.«

»O Mann«, sagte Edward melodramatisch. Er ließ sich von der Kritik nicht ablenken. »Tut mir leid, wegen Greta. Was haben Sie Dink erzählt?«

»Was er wissen mußte«, sagte Cyrus. »Er weiß, woher mein Geld kommt und wohin es geht.«

»Haben Sie von unseren Rechten gesprochen?«

»Ich habe nicht Ihren Namen genannt. Ich sagte, HRI wird unterstützt, um gegen limitierte Rechte die Verteidigung der Rechte durchzusetzen. Ich befahl ihm sogar, er solle nicht versuchen herauszufinden, wer mich bezahlte.«

»Und wie hat er darauf reagiert?«

»Er kann ein verdammt schlagfertiger, hartnäckiger Bastard sein, aber er erklärte sich einverstanden.«

»Ja, schön.« Edward schien mit einem Male nüchtern zu sein. »Eigentlich spielt es keine Rolle. Die Patente gehören Ihnen. Nun müssen Sie sich nur noch fragen, was sie wert sind?«

»Sie sprechen in Rätseln.«

»Verzeihen Sie. Wie wollen Sie weitere Forschungen finanzieren? Und *Entwicklungen*, natürlich?«

Cyrus beugte sich nach vorne. »Ihre Leute haben die Gegenanklage finanziert. Ich erzählte Dink, daß Sie – meine Sponsoren, meine ich – die ersten wären, die investierten. Das haben Sie mir gesagt.«

Edward schüttelte den Kopf. »Leider scheint das nicht mehr sehr wahrscheinlich. Wir sind nicht mehr an Hudder Research interessiert, Cyrus. Das hat man mir sehr deutlich zu Verstehen gegeben. Wir sind an *Ihnen* interessiert.«

»Nein, danke.« Cyrus verkniff sich die Worte. »Es gibt viele andere Gesellschaften ...«

»Wenn ein Investor nicht die Exklusivrechte haben kann, warum sollte er dann investieren?«

Cyrus wollte antworten, fiel dann aber in wütendes Schweigen.

»Im Moment«, begann Edward mit einem kleinen emphatischen Seufzer, »fragen Sie sich vielleicht, was Sie zu gewinnen haben, wenn Sie Ihr Versprechen halten, wenn Sie über uns nichts verlauten lassen. Ich persönlich nehme Ihnen das nicht übel. Aber vielleicht haben Sie bereits bemerkt, daß Noramar auf sehr überzeugende Weise jede Verbindung mit Hudder Research Inc. abstreiten wird. Auf sehr überzeugende Weise. Und natürlich wird *niemand* uns glauben.« Edwards Gesichtsausdruck zeugte von spitzbübischer, gespielter Traurigkeit. »Also wird es niemand riskieren, sich mit *Ihnen* einzulassen.«

Cyrus hatte vom Zigarettenqualm in der Luft und dem Reden einen trockenen Hals. »Ich habe Sie gemocht.«

»O Vergangenheit – puh. Ich mag *Sie* noch *immer*, Cyrus. Ich kann es kaum erwarten, daß Sie bei uns arbeiten.«

»Ich sagte, nein danke. Ich habe einmal für Northeastern gearbeitet. Wenn Sie mich verstehen.« Cyrus stand so schnell auf, daß er ins Wanken geriet.

»Wir werden uns noch sprechen«, sagte Edward. »Wenn Sie alles überdacht haben.«

Cyrus ging; den Rest, den Edward sagte, hörte er nicht mehr.

Hudder Research Inc. war in einer langen Stahlhalle in einem Industriepark untergebracht, der in Sparks am Freeway einige Meilen in östlicher Richtung lag. Unter einem Dach befanden sich Maschinengeschäfte, Laboratorien und an der Frontseite Büros. In den nächsten Wochen ging Cyrus jeden Morgen dorthin; nachdem er nach seinen Leuten gesehen hatte – er beschäftigte einige Ph.D.s, einige Aushilfsstudenten, ansonsten Maschinisten und andere Techniker –, begab er sich in sein Büro und hängte sich ans Telefon. Zuerst rief er alle an, die er in den Labors und Firmen kannte, um ihnen die Neuigkeiten zu erzählen, daß Hudderit ihm gehörte. Er gab Presseveröffentlichungen heraus. Er schrieb Briefe. Er arbeitete an einer langen Rezension für eine chemisch-physikalische Zeitschrift, einen weiteren Artikel verfaßte er für das Bergbaumaschinengewerbe.

Hudderit war ein bemerkenswertes künstliches Mineral, mehr eine nachgewiesene Idee als Realität, aber noch lange kein kommerzielles Produkt. HRI brauchte Sponsoren, um es soweit zu bringen, daß seine Zweckmäßigkeit auf der Hand lag; doch niemand wollte die Chance ergreifen. Es waren die Abfallprodukte – Nachweismethoden, neue Computerprogramme –, die HRI am Laufen hielten und die Differenz zwischen Gewinn und realen Kosten überbrückten. Die Produkte allein reichten nicht aus, um die Rechnungen zu bezahlen.

Cyrus weigerte sich, Edwards Anrufe entgegenzunehmen. Er erzählte seiner Sekretärin, ganz offen zu sein: Mr. Hudder legte keinen Wert darauf, mit Mr. Samarri zu sprechen. Er solle versuchen, einen Brief zu schreiben. Edward hörte auf, ihn zu belästigen.

Aber das Geld wurde knapp.

Cyrus tat sich in Bereichen um, die weiter entfernt waren als die bislang gewohnten: Gesellschaften in Japan und Europa. Zuerst ließen sich in diesen unvoreingenommenen Regionen die Dinge ein wenig besser an. Nach anfänglich ermutigenden Kontakten versandeten sie allerdings.

Er fragte sich schließlich, ob jemand seine Post öffnete oder sein Telefon angezapft hatte. Er fragte sich, wie er die Gehälter zahlen sollte, ohne auf das bescheidene Erbe seiner Frau zurückzugreifen …

Dink nahm die Rechnung in Empfang, studierte sie einen Augenblick, bevor er ein mageres Trinkgeld eintrug, dann kritzelte er seine große Unterschrift über den unteren Teil des Blattes und riß den Durchschlag heraus. »Schließlich erzählte mir Cyrus, daß man ihn unter Druck setzte, HRI aufzulösen und für diese Leute zu arbeiten. Und daß er abgelehnt hatte. Das war das erste Mal, daß er mir den Vertrag zeigte, den er unterschrieben hatte.«

»Mit Texxon.«

»Er sagte, sie drohten ihm. Wenn er nicht von alleine aus dem Geschäft ausstiege, würden sie ihn dazu zwingen.«

Leidy grunzte. »Nicht ohne Kampf.«

»Ich bin natürlich Noramar angegangen«, sagte Dink, »und traf auf eine vollkommene Steinwand. Noramar behauptete, sie wüßten nichts von irgendwelchen Verhandlungen mit Cyrus Hudder, sie hätten niemals von den Leuten gehört, die er angegeben hatte. Ich erhielt dies schriftlich und bat sie, einen weiteren Brief zu schreiben, in dem sie auf jedes Interesse an Hudder Research oder Ansprüche an Cyrus' geistigem Eigentum verzichteten. Sie scheuten davor zurück – von ihrem Gesichtspunkt aus kann ich ihnen keine

Schuld zuschreiben; wer weiß, womit die eigenen Leute eines Tages noch ankommen? Jedenfalls ging es hin und her, bis Cyrus das Flugzeug nach San Francisco nahm.«

Leidy stocherte in seinem kalten Kotelett und schob es auf seinem Teller herum. »Willst du damit andeuten, daß mein Vater ermordet wurde?«

»Nein.« Dink räusperte sich. »Ich möchte sagen, vielleicht hatte er einen Grund, von einer Brücke zu springen.«

»Hast du davon meiner Mutter erzählt?«

Dink schüttelte den Kopf. »Nichts von den Drohungen. Nur, daß ich einige Rechte ins reine brachte.«

»Und du wolltest auch mir nichts davon erzählen?«

»Ich habe es soeben getan. Das sind alles Spekulationen, Junge.«

»Nicht, wenn sie versuchen, ihre sogenannten Rechte in Anspruch zu nehmen.«

»Keine Chance.« Dink schüttelte den Kopf.

Leidy, der mit seinem von der Wüstensonne gebräunten Gesicht älter als seine dreißig Jahre aussah, betrachtete Dink; dessen Segelbräune stammte von den täglichen Besuchen des Sonnenstudios in seinem Manhattan Health Club. Warum glaubte Dink, er mache Witze?

»Verschwende damit nicht deine Zeit«, sagte Dink, der Leidys Stimmung erfaßt hatte. »Ich habe der Polizei in San Francisco alles gesagt, was ich wußte. Ich habe mit dem FBI geredet.«

»Bring keine Entschuldigungen vor, die ich mir selber gebe.«

»Nun, wie auch immer. Komm mit hinüber ins Büro; ich gehe die Papiere durch, die deine Mutter braucht. Diese Leute legen Wert darauf, was wem gehört, und es wird mir eine Freude sein, ihnen die Patente deines Vaters persönlich in den Hals zu stopfen.«

»Ja, Dink.«

An einem Freitag nachmittag, in der Woche, die auf Cyrus' Verschwinden folgte, fuhr Greta nach Sparks, versammelte die Angestellten von Hudder Research und erzählte ihnen in einer kurzen Ansprache, in der sie ihr Mitgefühl mit ihnen ausdrückte, daß Cyrus anscheinend gestorben war – das waren zu diesem Zeitpunkt keine Neuigkeiten mehr –, und daß sie am Montag nicht mehr zur Arbeit zu kommen brauchten, sondern ihre persönlichen Dinge mitnehmen sollten, wenn sie heute Abend die Firma verließen. Der Anwalt der Firma, Mr. Fortnam Pearce, würde in Kürze verfügbar sein, um die Einzelheiten zu klären.

Eine weitere halbe Stunde lang beantwortete sie ihre Fragen. Sie erzählte ihnen nicht, daß ihre Abfindungen großzügiger seien, als sich das die marode Firma leisten konnte – daß sie den Differenzbetrag aus ihrem eigenen Vermögen begleichen werde.

Am Montag war das Gebäude so leer wie ein gesunkenes Schiff. Leidy half seiner Mutter beim Ordnen der Akten und beim Etikettieren der beweglichen Güter für die Auktion.

Sie arbeiteten in Cyrus' Büro und stießen auf Erinnerungsplaketten, Füllersets und signierte Fotografien – Fermi, Oppenheimer, Seaborg, Abelson. Es gab keine Fotografien, die Cyrus mit diesen berühmten Männern zeigten, oder von Cyrus, wie er über seinen Labortisch gebeugt war. Es gab von Cyrus überhaupt keine Fotografien.

Leidy war schlechter Laune; seine Mutter versuchte, fröhlich zu sein, arbeitete sich schnell und gründlich durch die Papiere, die aufgehoben werden sollten, und warf den Abfall in Körbe. Sie schätzte die Gesellschaft ihres Sohnes, obwohl sie es in Wahrheit vorgezogen hätte, allein zu sein. Aber sie verstand seine unausgesprochene Neugierde über seinen Vater, der sich niemals zu erkennen gegeben hatte und auf den er in gleicher Weise reagierte.

Es kam ihr zugute, daß sie Cyrus dabei geholfen hatte, in einem ungenutzten Schlafzimmer seine erste Ein-Mann-Firma einzurichten. Sie wußte mit den Computern von HRI umzugehen; sie erstellte von den Dateien Back-Ups und nahm alle Kopien an sich, bevor sie alles löschte und gelbe

Auktionsetiketten an die Hardware heftete. Sie ging in das Büro der Sekretärin und tat dort das gleiche. Als sie zurückkam, fand sie Leidy auf dem Boden; vor ihm aufgeschlagen lag ein großes ledergebundenes Fotoalbum.

»Ich fand es unten in einer Schublade, unter alten Blaupausen, als hätte er es versteckt.«

»Vielleicht hat er vergessen, daß es da war«, sagte Greta. Sie jedenfalls hatte es vergessen, da es Jahre her war, daß Cyrus es ihr gezeigt hatte.

»Hast du es schon mal gesehen?«

»Das ist lange her.« Sie setzte sich neben ihren Sohn auf den Teppich und betrachtete das alte Familienalbum.

Auf den schweren Seiten befanden sich alte fotografische Drucke, professionell komponiert und mit Polsterstoffresten gerahmt.

»Wo ist das?«

Ein junger Mann und eine junge Frau waren auf einem Bürgersteig im elektrischen Blitzlicht gebannt, der langsame Verschluß der Kamera ließ die nächtliche Menge um sie herum verwischt erscheinen. Er sieht unternehmungslustig aus; alle beide wurden von kolossalen Gips-Statuen grotesker Tiere überragt.

»Das ist die Panama Pacific Exposition«, sagte Greta. »In San Francisco, 1915. Das sind seine Eltern, deine Großeltern.«

»Max und Lily?«

»Es muß um die Zeit herum aufgenommen worden sein, als sie sich kennenlernten.«

Die nächste Fotografie stammte vom gleichen Ort und zur selben Zeit: eine Ausstellungshalle – ein von elektrischen Lampen an eisernen Pfählen beleuchteter Hangar –, wo das Paar unter einem enormen hydraulischen Turbinenrad posiert, das auf einem glänzenden Kugellager ruht, ein gigantischer Gemüsezerstampfer, dessen gerundete Stahlblätter groß genug sind, einen Zeppelin zu zerhäckseln.

»Das sind schöne Bilder. Sie mußten teuer gewesen sein.«

»Dein Vater sagte, Max tat alles im großen Stil.«

Leidy blätterte langsam die Seite um.

Im palmenbestandenen Wintergarten des Palace Hotels in San Francisco sind der grinsende Bräutigam und die Braut zu sehen, umgeben von einem halben Dutzend Paaren in Zylinder und Abendkleid, wie sie mit Champagnerflöten anstoßen, um ihre Hochzeit zu feiern. Im diffusen Licht der Glaskuppel, die sich über ihnen wölbt, erscheinen sie so jung wie Engel.

Auf der nächsten Seite war Cyrus dazugekommen; in einem langen weißen Seidenkleid und Rüschenhaube ist er auf dem Schoß seiner Mutter arrangiert. Lily Hudder, ausdruckslos, gleicht einer schwarzen Pyramide. Durch die zusammengezogenen Vorhänge der Fenster konnte man die staubzerfransten Palmen auf dem Höcker des Nob Hills erkennen.

»Sie sieht nicht glücklich aus«, sagte Leidy.

»Ich glaube, Lily war niemals glücklich.«

»Hat es Dad von ihr?«

»Oh, er war nicht immer dieser traurige Sack.«

Eine spätere Fotografie: Der kleine Cyrus ist gewachsen, ein fünfjähriger Junge, der auf einem Pinto-Pony hockt, dahinter die weite Landschaft der Granitfelsen der Sierra. Sein kleines Gesicht mit den dicken Augenbrauen scheint besorgt; er trägt Reithosen und Stiefel und einen kleinen Zehn-Gallonen-Hut, der ihm zu groß ist und über seine Ohren rutscht – alles in allem das Outfit eines kleinen Mineningenieurs, nagelneu und steif.

Leidy blätterte um.

Der achtjährige Cyrus in einem wollenen Anzug, die Hosen unterhalb der Knie mit Schnallen zusammengezogen, in der Hand ein Bündel mit Schulbüchern; mit feierlicher Aufmerksamkeit blickt er in die Kamera, hinter ihm ein gemalter Hintergrund, der schlaffe Ulmen zeigt, wie sie nur selten in Kalifornien zu finden sind. Es war das letzte der großformatigen Fotografien.

Nach ihm – es folgten nur noch wenige, die die nächsten Jahre dokumentierten – kamen nur noch Kodak-Schnappschüsse, die mit schwarzen Klebeecken auf die Seiten geheftet waren; im harten Licht waren die Bilder grau ausgebleicht. Dem Licht des Great Basins fehlte die perlende Opulenz von San Francisco.

»Sie zogen hierher, als Cyrus zehn war«, sagte Greta. »Reno war damals noch irgendeine Stadt an einer Eisenbahnlinie.«

Nackte silberfarbene Pappeln stehen an den Ufern des rauschenden Truckee-Rivers, wo der zwölfjährige Cyrus mit dem Rücken zur Kamera steht und vorgibt, Forellen zu angeln.

Unter großen belaubten Pappeln Max Hudder in einem unbedachten Moment, hemdsärmelig mit Hosenträgern. Ein Picknick der Fakultät – Max ist nun ein College-Professor, kein Geschäftsmann mehr, aber noch immer strahlt sein Gesicht, das noch als schön gelten durfte, das alte Grinsen aus – obwohl er zu weit von der Kamera wegsteht, um dies sicher sagen zu können.

Cyrus' Mutter ist nirgends zu sehen.

Und wieder Pappeln, am Rande eines Football-Feldes, mit leuchtend weißen Blättern auf dem orthochromatischen Film, obwohl sie in Wirlichkeit ein herbstliches Gelb aufweisen mußten; der sechzehnjährige Cyrus, ungewöhnlich groß für einen Fullback, posiert mit seinen Teamkameraden in dreckverschmierten weiten Trikots. Die anderen Spieler versuchen wild und entschlossen auszusehen; Cyrus mit seinen schwarzen Augenbrauen sieht wütend aus, nah am Rande der Körperverletzung.

Schließlich ein letztes Bild, eine Gruppenaufnahme von Cyrus und zwei Dutzend seiner Klassenkameraden mit Mützen und Kleidern auf den Stufen der High School, darunter ihre Namen in einer altmodischen, krakeligen Schrift; die schwarze Tinte auf dem Negativ erscheint weiß auf dem Foto. Cyrus befindet sich in der hinteren Reihe, in der Mitte. Er sieht nicht glücklicher aus als in den ersten sechzehn Jahren seines Lebens.

Leidy blätterte noch einmal durch das Album; er fragte sich, was er sich gedacht hätte, wenn es ihm früher in die Finger gefallen wäre. Ob Cyrus mit ihm darüber gesprochen hätte. Ob es einen Unterschied gemacht hätte.

»Er mochte Kameras nicht besonders«, sagte Leidy.

Greta lächelte. »An dem Tag, an dem wir heirateten, trieb er den Fotografen in den Wahnsinn. Der arme Mann versuchte Cyrus auf höfliche Art und Weise klarzumachen, daß er aussah, als befände er sich auf einer Beerdigung, nicht auf seiner Hochzeit.«

Leidy legte den Arm um die Schultern seiner Mutter, und sie lehnte sich an ihn. Sehr leise begann sie zu weinen.

WASHINGTON D.C., OKTOBER 1990

»Schlechte Nachrichten«, sagte Dink. Er kam in die Ecke der Bibliothek, wo Leidy alleine im warmen Lichtschein in einem ansonsten verdunkelten Raum in einem Armstuhl saß. Draußen vor dem Fenster glitzerten die einschläfernden Lichter der Stadt in der feuchten Nacht. Die Bibliothek war geschlossen; die Universitätsvereinigung für Forschungen im Erdinneren hatte einen der angrenzenden Räume gemietet, aber die Sitzung zog sich weit über die Stunde hin, wo jeder Beteiligte das Abendessen erwartet hatte.

Leidy las einen Leinenband, den er sich von den nahen Regalen gegriffen hatte, einen Reisebericht über Nordafrika aus den Jahren vor dem Zweiten Weltkrieg. Er war kein guter Leser, schon gar nicht einer von der Bibliothekssorte – er war von den Karten am Ende des Buches angezogen worden –, aber es gab Zeiten, in denen man nichts anderes tun konnte.

Sie hatten ihn gebeten, das Treffen zu verlassen; Marta wurde gebeten, zu bleiben. Das war nichts Ungewöhnliches, nicht, wenn man Geld und Macht forderte und es einen Sinn ergab, die Bittsteller einzeln in die Mangel zu nehmen. Bald darauf würde sie hinausgeschickt und er nach drinnen gerufen werden.

Aber nun kam Dink und sagte, »Schlechte Nachrichten.«

Leidy blickte ihn argwöhnisch an. »Ich versuche mir

schlechte Nachrichten vorzustellen, aber es gelingt mir nicht. Entweder entscheiden sie sich für das Programm, oder sie tun es nicht.« Er ließ das Buch zu Boden fallen.

Die Aufsichtsperson, die ihn aus dem Schatten heraus beobachtete, trat nach vorne. »Sir, wenn Sie bitte ...«

Leidy schaute zu ihr auf. »Entschuldigen Sie.« Er faßte nach unten, hob das Buch auf und verpaßte ihm einen freundlichen Klaps, während er es in seinen Schoß legte. »Nicht wahr, Dink?«

»Ja. Was du sagst, ist richtig.« Dink holte sich einen weiteren Lederarmstuhl und setzte sich Leidy gegenüber. »In diesem Raum haben wir die Kanzler, Dekane und Institutsleiter einiger der wichtigsten wissenschaftlichen Einrichtungen des Landes. Versammelt in einem der größten Komitees, die man sich nur vorstellen kann. Eine wahre komiteegleiche Apotheosis. Alles dank Arthur Berg, der aufgrund des letzten Regierungswechsels seine Entscheidung verkündete, wieder in die Akademie zurückzukehren. Also schulden sie ihm nicht einmal Dank. Sie wundern sich über ihren unverhofften Glücksfall.«

»Ja, was ich sagte. Sie entscheiden sich *für* das Programm.«

»Das Problem ist nur, es dauerte nicht lange, bis sie merkten, daß man von ihnen nicht erwartete, Entscheidungen zu treffen.«

»Welche Entscheidungen? Die Entscheidungen sind gefallen.«

»Viele, aber nicht alle.«

»Die übrigen werden auch getroffen werden«, sagte Leidy selbstgefällig.

»Das sehen sie auch so. Leider.«

»Das sind keine Praktiker, Dink. Keine Ingenieure. Sie sind Redner. Braucht CORE wirklich ein Universitätskonsortium? Brauchen wir den Kongreß oder sogar den Präsidenten? Neben der Wissenschaft sind es soziale Notwendigkeiten, wirtschaftliche Notwendigkeiten und politische Kräfte, die uns am Laufen halten.«

»O ja.« Dink nickte. »Das alles und anderes. Wie das Wetter. Kräfte, die sich verändern, zusammenziehen und sich dann auflösen. Jeden Tag, wie auf dem Angesicht des Globus. So schnell wie das Wetter.«

Die Metapher eines Seglers. Dink war voller Metaphern.

»Die distinguierten Gentlemen dort drinnen«, sagte Dink, »sind unglücklich. Stell jemanden an die Spitze eines Komitees, dann will er zumindest den Anschein von Macht. Der Typ von Caltech ...«

»Ja, er und ich, wir hatten unsere Differenzen.«

»Der, der dich rausgeschmissen hat. Etwas, was du über ihn geschrieben hast.«

»Das ist lange her.«

Dink seufzte. »Nicht lange genug.«

»Dink? *Ein* Typ?«

»Keiner der übrigen schuldet dir irgend etwas. Du bist ein freiberuflicher Geologe. Ein Paläomagier.«

»Ich rede zuviel«, sagte Leidy. »Rede du endlich. Erzähl mir die schlechten Neuigkeiten.«

»Es ist eine Prestigesache, Leidy. Der Direktorposten. Sie würden Marta akzeptieren. Sie besitzt die Zeugnisse.«

»Sie hat sie bei den Eiern gepackt.«

»Das dort drinnen sind fast alles Universitätsleute. Sie ist ein Spieler. Und du, das hast du immer wieder deutlich gemacht, bist es nicht.«

Leidy stand auf und stellte das Buch über Nordafrika ins Regal zurück. Sein Gesicht befand sich noch im Schatten, als er in den Lichtkreis um seinen Sessel zurücktrat und stehen blieb. »Was, wenn ich den Stöpsel rausziehe, Dink? Wenn ich ihnen die Patentrechte verweigere?«

»Es ist viel Zeit vergangen. Die Patente werden zum größten Teil frei sein, bis hier etwas passiert. Und die, die nicht frei sind – wenn die Regierung behauptet, sie bräuchte sie, dann kannst du deine Ansprüche in den Wind blasen. Ich muß dir das nicht erzählen.«

»Also, sie ist der Direktor. Nicht ich.«

»Ich fürchte ja.«

»Was, wenn sie sich weigert? Wenn sie ablehnt?«

Dink seufzte. »Deswegen bin ich hier.«

»Oh?«

»Sie feilscht. Das würde ich auch tun, wenn ich sie wäre.«

»Das heißt, sie wäre schon längst herausgekommen?«

»Marta und die anderen warten darauf, was ich ihnen von dir zu sagen habe.« Dink stand auf. Die alten Lichter der Bibliothek mit ihren pergamentartigen Schatten verströmten ein warmes flackerndes Licht, das allerdings Dinks Alter nicht verbergen konnte. »Was du wissen mußt, ist – wenn sie einmal Direktor ist, kann sie ihre Mannschaft selbst auswählen. Sie ist diesen Leuten zu nichts verpflichtet.«

»Sie macht mich zum zweiten in der Hierarchie?«

»Sie konnte es so nicht sagen, nicht, wenn sie alle dort drin versammelt sind. Ich kann ihr sagen, daß du willst, daß sie rauskommt, um mit dir zu reden.«

Leidy, das Gesicht nach wie vor im Schatten, dachte darüber einen Augenblick lang nach. »Dink, sag mir, bist du nun ein Anwalt oder ein Priester?«

»Ich war niemals Priester«, sagte Dink. »So weit bin ich nicht gekommen.«

»Vielleicht ist das eine Antwort.«

»Ich sollte nun wieder hineingehen.«

»Du sagst, ich habe keinen Anteil daran«, sagte Leidy. »An dem, was ich geschaffen habe.«

Dink mochte versucht sein, Leidy daran zu erinnern, daß er es nicht wirklich »geschaffen« hatte, daß sein Vater die Idee bereits vor ihm hatte, doch wußte er, daß er Leidy daran nicht zu erinnern brauchte. Alles, was er sagte, war: »Was soll ich ihnen sagen?«

»Keine Versprechungen, keine Andeutungen. Ich gehe.«

Drei Tage später rief ihn Marta in Long Island an. Jeder hatte auf den anderen gewartet, daß er nachgab.

»Du hättest es ein wenig besser handhaben können«, sagte sie.

»Danke für das Kompliment.«

»CORE braucht uns beide. Ich will, daß du Chef des Stabes bist. Wärest du nicht weggelaufen, dann hätten wir es in Washington verkünden können.«

»Ist es mein Fehler, daß ich dich verärgert habe? Verschon mich damit. Und verschone mich mit dir. Weil es mich verdammt nochmal nicht interessiert, wenn du mitmachst.« Er legte auf.

Sie rief solange an, bis er den Hörer abnahm. »Ich werde es ohne dich nicht machen, Leidy.«

»Mein Vater, dein geisterhafter Mentor, würde kaum zustimmen«, sagte er. »Du bist nun am Ball. Bleib dran.«

»Ich könnte dir hundert Gründe nennen, eine ganze Menge Gründe jedenfalls, warum ich dich brauche. Und kein einziger dieser Gründe hat mit Stolz zu tun.«

Er wohnte in einer kleinen Wohnung, einem dunklen Monatsapartment auf Long Island; durch das Fenster sah er auf die Gebäude der Kleinstadt und den nächtlichen Himmel, der die Farbe von Natriumdampf-Straßenlampen hatte. Er sagte nichts.

Sie sagte: »Und ich liebe dich.«

»O Gott«, sagte er. »Laß uns miteinander reden.«

Die Erde vollführte einen geschmeidigen Tanz um ihren gefährlichen solaren Partner und näherte sich der Wintersonnenwende.

Drei Tage vor Weihnachten kam Leidy aus Pasadena zurück und kaufte auf seinem Weg nach Stony Brook einen Weihnachtsbaum. Er stellte ihn in Martas Wohnzimmer auf. Er war grün und buschig: sie behingen ihn mit Litzen und Lametta und Gold- und Silberkugeln, daneben einige persönliche Schmuckstücke, die Marta für die Mädchen über die Jahre hinweg gekauft hatte. Leidy befestigte die Lichter. Marta betrachtete und korrigierte sie. Leidy wünschte sich, er könnte den Baum mit Plastikschnee besprühen, so wie es seine Eltern getan haben, als er noch ein Kind war; aus Umweltschutzgründen kam Spray nicht mehr in Frage. Sie streuten kleine Plastikplättchen darüber. Linda und Luisa schauten gelegentlich herein; meistens aber hatten sie andere Dinge zu tun.

Später am Abend standen sich Leidy und Marta in der Küche auf den Füßen, kollidierten miteinander und sprachen kaum ein Wort, als sie das Essen zubereiteten und es auf den Tisch stellten.

»Kommt schon«, brüllte Marta.

Stille oben, bis auf das Radio in Lindas Schlafzimmer, das eine Rockversion von »Greensleeves« spielte.

»Linda!«

»Ich habe keinen Hunger, Mutter«, rief sie die Treppe herunter.

»Ich auch nicht«, rief Luisa aus ihrem Zimmer. »Mutter.«

»Wiederhol nicht alles, was ich gesagt habe, du kleine schäbige ...«, schrie Linda zu ihrer Schwester. Bis auf das letzte Wort, das wie *Fnrzz* klang, war sie so laut, daß sie auch in der Küche zu verstehen war.

Marta erhob ihre Stimme. »Ihr beiden seid in zwei Minuten hier unten, oder ihr wißt schon was.«

»Nein, das weiß ich nicht, *Mutter,* und es *interessiert* mich auch nicht.« Lindas Tür knallte so laut, daß die Fenster klapperten.

Marta holte Atem. »Luisa!«

»Ja?«

»Wenn du jemals wieder in diesem Haus fernsehen willst -«

Es gab nur eine kurze Pause, dann war Luisa zu hören, die die Treppe herunterstapfte. Schwitzend, mit rotem Gesicht, kam sie in die Küche und setzte sich an ihren Platz am Tisch.

»Ihr zwei eßt«, sagte Marta. »Ich bin in einer Minute wieder zurück.«

Leidy und Luisa saßen sich am Tisch gegenüber. Sie starrte mit einem Ausdruck von Abscheu auf ihren Teller. »Fischstäbchen.«

»Was hast du gesagt?«

»Ich hasse Hackbraten. Warum können wir nicht mal wieder Fischstäbchen haben?«

»Das nächste Mal«, sagte Leidy und nahm eine Gabel Succotash.

Sie nahm eine Gabel Succotash. Sie war älter geworden und sie klammerte sich nicht mehr an sein Bein, aber niemals hatte sie zu verstehen gegeben, daß sie ihn mochte. Sie vermieden Blickkontakt, lauschten gespannt und versuchten zu hören, was oben vor sich ging.

Lindas Tür wurde geöffnet und mit einem Knall geschlossen. Schrille Schreie von Linda ertönten und tiefere Erwiderungen von Marta, die unverständlich waren, aber genug Energie besaßen, um die Wände erzittern zu lassen.

Luisa nahm eine weitere Gabel Succotash. Ihr Blick streifte durch das Zimmer und blieb – für einen Augenblick – an Leidy hängen, der sie mit feierlichem Gesicht anschaute. Er grinste und warf den Kopf in Richtung des oberen Stockwerks. Luisa schniefte und fiel in ein Grinsen.

Sie hörte auf zu grinsen, als die Tür oben wieder aufgeschlagen wurde und Schritte auf den Stufen zu hören waren. Linda marschierte herein und setzte sich an ihren Platz am Tisch; ihr Gesicht war so rot und naß, wie das ihrer Schwester gewesen war. Hinter ihr kam Marta, zog ihren Stuhl vor und begann zu essen, ohnen einen von ihnen anzusehen.

Linda nahm einen Bissen von Leidys Hackbraten – eine seiner beiden Spezialitäten, die andere waren Spaghetti und kaute gewissenhaft, ohne dabei ihren verächtlichen Gesichtsausdruck abzulegen. Sie schluckte und legte ihre Gabel weg; ostentativ starrte sie aus dem Fenster, in eine Nacht, die von der Weihnachstbeleuchtung der Nachbarn fahl erleuchtet wurde.

Leidy war beeindruckt. Lindas starrer Blick, der auf seine Weise schön war, schwankte nur kurz, um abschätzig auf ihre Schwester zu blinzeln. Seit Jahren waren die beiden Mädchen Verbündete gewesen gegen ihn, den Freund ihrer Mutter. Seit kurzem aber hatte Linda ihnen allen den Krieg erklärt.

Marta sagte nichts. Vielleicht war dieser eine Bissen Teil ihres Vertrages. Ein Bissen, und Linda würde ihre Fernseh-Privilegien nicht verlieren. Leidy wollte nicht in die Einzelheiten ihres Kompromisses eindringen. Zu viele andere ungelöste Dinge könnten dabei zum Vorschein kommen.

»Wie geht es Josie? Und Jane?« fragte Marta nachher, während sie zusah, wie er Wasser über die Teller laufen ließ und sie dann in den Geschirrspüler einräumte.

»Gut«, sagte er. »Ich dachte darüber nach, ob wir uns über die Gestalt des Kontrollraums unterhalten könnten?«

Sie stand in der Tür, zog heftig an einer Zigarette und beäugte ihn mit einem Ausdruck, der, wie er hoffte, nur übriggebliebene Enttäuschung wiedergab. »Wir sollten uns über andere Dinge unterhalten«, sagte sie. »Den Berylliumpreis, zum Beispiel.«

Der Gedanke kam ihm, daß der Preis von Beryllium etwa vierhundert Mal so hoch war wie der Preis einer guten Hackbratenmischung. Drei Millionen Dollar die Tonne. Wenn alles so wie vorgesehen klappte. CORE würde gemäß ihren Planungen siebentausend Tonnen Berylliummetall verschlingen – zum gegenwärtigen Preis machten dies einundzwanzig Milliarden Dollar. Wenn CORE erst einmal anlief, bräuchten sie die Hälfte der Weltproduktion. Und wenn sie nicht von Ländern wie China oder Brasilien abhängig sein wollten, mußten sie neue Berylliumerzquellen erschließen.

»Ich möchte über den Kontrollraum reden«, wiederholte Leidy. Er wollte sich nicht über mehrere Dinge gleichzeitig den Kopf zerbrechen müssen. »Du bist die Künstlerin. Vielleicht kannst du fünf Minuten deiner schöpferischen Phantasie für mich erübrigen.«

»Spar dir deinen Sarkasmus.« Sie blies den Rauch an die Decke.

»Ich möchte, daß die Leute, die für das Ding zahlen, sehen, was sie dafür bekommen. Ich möchte einen Ort, wo ich die hohen Tiere hinbringe, wo ich ihnen sage, ›Das ist das Kontrollzentrum, wie bei der NASA, das innere Sanktum‹, und dann öffne ich eine Tür, und sie sehen, was dort drinnen ist, und ihnen fallen die Kinnladen herab.« Er legte einen weiteren Teller in den Spüler.

»Wenn du sehen willst, wie ihre Kinnladen herabfallen, dann bring sie in einen Pornofilm.«

Er atmete tief ein und stieß die Luft langsam wieder aus. »Ich möchte, daß wir das bauen, was jeder Geologe sich wünscht.«

»Genau. Ein Teleskop in das Innere der Erde. Das hast du bereits tausend Mal gesagt.«

»Und *jeder* kann durchschauen und erblickt dann etwas Wunderbares.« Er wollte nicht nachgeben.

»Bleib auf dem Boden.«

»Gut. Ich bleibe realistisch.« Seine Kopfhaut juckte; es mußte heiß geworden sein. »Weißt du, was ich mir denke? Deine Vorstellungen von Karriere beschränken sich darauf, schriftliche Vorschläge auszuarbeiten. Während andere die Verträge und Kompromisse schließen, um das ganze Ding am Laufen zu halten.«

»Ich habe wirklich nicht die Kraft, mich mit einem weinerlichen kleinen Jungen abzugeben. So kommst du mir nun vor.«

»Du glaubst, mein Vater war ein Vorbild? Hat dir mein Vater in letzter Zeit wieder etwas ins Ohr geflüstert? Wenn du Cyrus Hudder nacheifern willst, dann lerne lieber, wie man verkauft, Lady. Vielleicht sogar deine eigene Seele.«

Sie kam auf ihn zu, angespannt, mit hochgezogenen Schultern. »Vielleicht solltest du verdammt noch mal lieber mein Haus verlassen.«

Sie standen sich einen Meter voneinander entfernt gegenüber, unbeweglich, bis auf das äußerste gereizt und geneigt, einander zu verletzen. Vorsichtig stellte er das nasse Glas ab. Noch niemals hatte er das Gefühl verspürt, eine Frau schlagen zu wollen, jetzt aber war die Versuchung groß, ihr ins Gesicht zu schlagen. So, wie das erwachsene Frauen taten, als er ein weinerlicher Junge gewesen war. Einen Augenblick lang kämpften seine Gefühle einen harten Kampf zwischen halbbewußten Argumenten und Gegenargumenten – bis er sich entschloß, es nicht zu tun. Wie konnte sie das ihm auch nur *sagen?*

Daraufhin kamen ihm nun ein Dutzend wirklich gemeiner Dinge in den Sinn, die er ihr an den Kopf werfen könnte; er rang mit sich, sie auszugesprechen. Er sagte sie nicht.

Dann fühlte er sich innerlich zusammenbrechen. »Tut mir leid, dich belästigt zu haben«, sagte er und wandte sich wieder dem Geschirr zu.

Sie verließ die Küche. Er wußte nicht, ob er nachgegeben hatte oder besiegt worden war. Oder ob er sich, so wie er war, selbst besiegt hatte.

Als er das Geschirr weggeräumt hatte, ging er ins Wohnzimmer und sah hinein; es war dunkel, bis auf das gelbe Straßenlicht und die farbigen Lichter des Baumes. Er betrachtete sie. Marta wußte, daß er sie beobachtete, aber sie starrte weiterhin auf den schweren, duftenden Schatten des Weihnachtsbaums, bis er tat, was sie gefordert hatte. Er verließ das Haus.

»Du kannst dein Teleskop nicht haben«, sagte sie zwei Nächte später. »Ich mache keine Ausflüchte.«

»Wovon sprichst du?« Er schlug gegen die zerknüllten Laken auf ihrem Bett. Sie lag neben ihm, redete zu ihm, aber sah ihn nicht an. Sie blickte zur Decke.

»Du sagtest, du willst ein Teleskop in das Erdinnere«, sagte sie. »Ein Teleskop blickt nach draußen, es vergrößert einen kleinen Teil einer großen Kugel, aber es befindet sich drinnen. Wir sind in einer Situation, wo wir in eine kleinere Kugel blicken, eine Reihe von kleineren Kugeln, aber von draußen. Wir brauchen Informationen von allen Schichten, aber wenn wir wirklich etwas sehen wollen, wenn wir ein Bild erhalten wollen, müssen wir es verdichten, nicht aufblähen.«

»Vielleicht hätte ich Mikroskop sagen sollen.«

»Halt für eine Minute deinen Mund.« Sie drehte sich um und blickte ihn an. »Vergiß Teleskope, vergiß Mikroskope. Was wir brauchen, ist ein Modell in Miniaturausführung, das die Dimensionen der Erde wiederspiegelt, einen Globus, den wir im Ganzen sehen und durch den wir *hindurch* sehen können. Durch den Mantel, in den Kern.«

»Und der Globus würde sich im Kontrollraum befinden?«

»In einigen Tagen zeige ich dir, wie ich es mir vorstelle.«

Sie schaltete die Glühbirne in der Garage an. »Fröhliche Weihnachten.«

Auf ihrer Werkbank war das Modell einer Bühne aufgebaut. Sie hatte aus dicken weißen Kartonteilen einen Kontrollraum zusammengeklebt. Er bestand aus einem runden Amphitheater mit Sitzen für die Zuschauer, eine Ebene darunter arbeiteten die Controller. In der Mitte ihres Pappmodells hing eine große silberne Christbaumkugel, auf der mit einem Magic Marker die Kontinente aufgezeichnet waren – eine leuchtende Kugel aus geblasenem Glas. »Hier ist sie, dreidimensional. Die durchsichtige Erde.«

»Was soll es darstellen, ein Hologramm?«

»Nein, es ist mehr oder weniger fest, aus Acryl oder was auch immer. Fünf Meter im Durchmesser. Zwanzig oder dreißig Lagen von ineinandergeschachtelten Kugeln – oder fünfzig, hundert, so viel du willst. Du mußt es mir nur sagen. Innerer Kern. Äußerer Kern. Mantel. Kruste. Jede Lage mit Leuchtdioden überzogen, die von Lichtleitungen gespeist werden. Informationen erhalten sie von denselben Computern wie die Monitore und Drucker.«

»Eine Lichtershow.«

»Kommt darauf an, wie stark du die Käufer beeindrucken willst – wir könnten noch Ton hinzufügen, *son et lumière*«, sagte sie und versuchte, ihn aufzuheitern. »Das Bild ändert sich mit jeder neu eintreffenden Information. Die Controller gehen auf die Tiefe, an der wir gerade interessiert sind, spielen mit dem Bild, machen den Kern oder Mantel dunkel oder heller, um ihn hervorzuheben, um ihn effektvoller zu präsentieren. Zeigen hier einen aufsteigenden Kanal, dort eine versinkende Platte – verwende ich die geologischen

Begriffe richtig, geliebter Experte? Zeigen, wo vielleicht Öl, wo vielleicht Gold, Kupfer zu finden sind, etc. etc., vorausgesetzt, man weiß das. Sag mir, wie einem Politiker, einem Finanzier, einem Stiftungsdirektor ein besserer Eindruck vermittelt werden kann, wohin sein Geld fließt?«

Leidy studierte das Modell und ließ ihr das verdiente Lob zukommen: »Du mußt diesen Globus nach oben drehen, Norden hin zur Decke. Wie bei einem Schreibtischmodell.«

»So?«

»Er sollte zu unserer gegenwärtigen Position ausgerichtet sein, die Achse parallel zur wirklichen geographischen Achse.«

Sie zeigte ihre scharfen weißen Zähne. »Schön, Leidy, also drehen wir West Texas ganz nach oben. Keine *ganz* dumme Idee.«

Er entspannte sich, wollte sie loben, ihr sagen, wie sehr er ihr Talent bewunderte, ihre Fähigkeiten, ihre Auffassungsgabe. Aber sie redeten, wie so oft, aneinander vorbei. Er gab zu spät nach. Sie gab niemals nach. Sie widersetzte sich und tat dann – wie in diesem Fall –, worum er sie gebeten hatte, aber nur zu ihren eigenen Bedingungen; sie gab die Zügel nicht aus der Hand.

»Wir sollten das befestigen.« Er deutete auf die hin- und herschwingende Kugel und machte den Versuch. »Zum Teufel, es ist wunderschön. Außerdem liebe ich dich.«

CORE CITY, SÜDWESTLICHES TEXAS, 1993

Der Hochdecker, eine Fokker, das Verbindungsflugzeug aus Dallas, setzte weich auf dem Teer der Landebahn auf und rollte vibrierend vor den kleinen Betonblock-Terminal. Feuchtheiße Luft grüßte Queenie Tobou, als sie die Leiter hinunterkletterte. Sie war weit, weit entfernt vom Wasser; was von dem alten Riff unter dem Asphalt übrig war, war seit 230 Millionen Jahren tot.

»Sie sind sicherlich Queenie Tobou ...« Der lange Asiate trug eine runde, stahlgefaßte Brille und besaß stacheliges braunes Haar. Er sah nervös aus, wie ein kleiner Junge. »Entschuldigen Sie, ich meinte Professor Tobou?«

»Es war schon richtig. Nennen Sie mich Queenie.« Sie lächelte, ihre Augen glänzten und ihre Zähne waren im Nachmittagslicht besonders weiß. Ihre schwarzen kleinen Locken waren zu einem quadratischen Block geformt, der senkrecht nach oben wegstand; die harten Kanten wurden durch einige graue Stellen gemildert.

»Ich bin Seiji Takeume.«

Er war blaß und dünn, ein studierender japanischer Cowboy, der Stiefel und Jeans und ein kariertes Hemd trug. Sie war klein und braun, trug eine weiße Bluse und einen braunen Rock, an den Füßen hatte sie robuste Schuhe – eine Missionarin, die von Tonga nach Texas kam. Ihr gegenseitiger Handschlag stellte eine kurze Prüfung dar.

»Dr. Takeume«, sagte sie.

»Und Sie müssen *mich* Taki nennen. Alle machen es so.«

Ihr Lächeln verschwand. Mußte es ausgerechnet *Taki* sein?

Er war besorgt. »Fühlen Sie sich wohl?«

Schwach kehrte ihr Lächeln zurück. »Mir geht es gut.«

»Schön ...« Er wußte nicht, was er sagen sollte. »Sie hatten einen angenehmen Flug?«

»Nein. Ein kleines lautes Flugzeug.«

»Oh. Nun, wenn wir Sie dazu überreden können, hierzubleiben, werden Sie kleine laute Flugzeuge lieben lernen. Wir sind hier mitten im Niemandsland. Es gibt nichts, nicht einmal ein gutes Restaurant, zu dem man an einem Tag hin- und wieder zurückfahren kann.« Er lachte. »Sie sehen, ich bin ein ausgezeichneter Verkäufer.«

»Ich freue mich darauf, mit Ihnen und Ihren Kollegen zu reden«, sagte sie. »Um so schneller ich mich vorstelle, desto besser ist es.«

»Sicher.« Ein Flughafenangesteller hatte ihr Gepäck auf den Asphalt gestellt. Sie ging auf ihre Leinwandkoffer zu,

Takeume allerdings kam ihr zuvor. »Lassen Sie mich, bitte. Mein Wagen steht gleich dort drüben.«

Sie war es gewohnt, mit schweren Teilen umzugehen, schwerer als ihre Koffer, aber wenn er sie tragen wollte, fing sie mit ihm keinen Streit an.

»Sie hätten zu keinem besseren Zeitpunkt kommen können«, sagte er, während sie zum Parkplatz gingen. »Im Laufe des Tages, wenn keine Zwischenfälle eintreten, werden wir die Sechshundert-und-siebzig-Kilometer-Grenze erreichen.«

»Ich muß ziemliches Glück haben«, sagte sie und wußte nicht recht, warum.

»Das vielleicht wichtigste Ereignis, bevor wir auf den Kern stoßen. In den nächsten Tagen steht viel auf dem Spiel, wir können viel gewinnen oder auch verlieren.« Er blickte sie unsicher an. »Bin ich ...?«

»Verzeihen Sie, ich konzentrierte mich gerade auf Fragen des Designs, ich gab nicht acht ...«

»Und ich bin etwas beschränkt. Aber Sie werden es selbst sehen, die Aufregung ist ansteckend.«

Sein Wagen war ein Mercury Convertible, Baujahr 1956, die schachtelförmige weiße Karosserie war neu hergerichtet. Cremefarben leuchtete die Lackierung, die Chromstoßstangen und Radkappen glänzten wie laminiertes Glas, die roten Ledersitze waren so weich wie Haut. Eine Gummi-Mickey-Mouse baumelte am Innenspiegel.

Er hievte die Koffer auf den Rücksitz. Sie stieg neben ihm ein. Aus der Nähe betrachtet, war Seiji Takeume, ähnlich wie sein Wagen, älter, als er aussah; tiefe Furchen um seine Augen zeugten von Jahren in rauherem Klima.

Die Fahrt in die Stadt dauerte fünf Minuten. Sie fuhren an einer Stahltafel vorbei, die kundgab: »Die Gefahr von Sonnenfleckenaktivität ist heute ...« Ein Zeiger wies auf das blaue Segment. »Niedrig.«

Takeume fuhr an Wohngebieten vorbei, Stuckhäuser mit Rasen, kleinen Platanen und Ulmen, die mit Beuteln voll Erde um die Wurzeln geliefert und zu beiden Seiten der kurvenreichen Straßen gepflanzt waren. Im Nachmittagslicht erschienen sie ungewöhnlich grün und belaubt. »Die meisten Wissenschaftler wohnen in diesem Teil der Stadt. Das ist der Yucca Circle, wo auch Sie wohnen werden. Die Straßen sind nach der lokalen Flora und Fauna benannt.«

»Bezaubernd«, sagte sie.

»Ich wohne auf der Pronghorn Terrace.«

Sie lächelte. »Ein wundervoller Name.«

»Pronghorns sind wundervolle Tiere. Manchmal kann man sie draußen auf den Hügeln sehen.« Er fuhr langsam weiter. »Schulen, Einkaufszentren ... eine Modellstadt ... und nun kommen wir zum offiziellen Zentrum der Stadt«, sagte er. Sie passierten das Rathaus, das aus gelben Feldsteinen bestand, vor ihm ein weiter grüner Park. Sie trafen auf einen starkbefahrenen Kreisverkehr, an dem fünf breite Straßen zusammenkamen, die in fünf Richtungen wegführten. Gegenüber dem Rathaus und dem Kreisverkehr stand der Bohrturm.

Sie sah hinauf zur dreißig Stockwerke hohen, weißgestrichenen offenen Stahlkonstruktion, die, im Sonnenlicht funkelnd, sich über ihnen erhob. »Ich habe ihn bereits vom Flugzeug aus gesehen.«

»Den auch, aber eigentlich meinte ich nicht den Bohrturm«, sagte Takeume. Er wies nach links, zur Mitte des Kreises. »Unser Direktor ist eine Bildhauerin. Entschuldigen Sie, ein Bildhauer.« Schnell redete er weiter. »Mir ist aufgefallen, daß viele Städte in Texas auf ihren Stadtplätzen Skulpturen ausstellen. Riesige Beton-Erdnüsse, Wassermelonen, Brahma-Bullen, solche Sachen. Während die Fabriken und Energieversorgungswerke errichtet wurden, hatte Dr. McDougal etwas freie Zeit, und so hat sie unserer Stadt dieses Schmuckstück hinterlassen.«

In der Mitte des mit Rasen begrünten Kreises stand ein zwölf Meter hohes Gebilde aus zusammengeschweißten Tetraedern. Polierte Bronzekugeln schwebten zwischen den Tetraedern; jedes tetraedische Drahtgeflecht aus rostfreiem Stahl ruhte auf der Spitze eines anderen so gestalteten Körpers oder auf nichts, so daß die gesamte Struktur zitternd und funkelnd in der Sonne hing. Zumindest schien es so, bis

Takeumes Wagen soweit den Kreis umrundet hatte, daß das Sonnenlicht glitzernd die stählernen Halterungsseile entlanglief.

»Sehr beeindruckend«, sagte Queenie. »Was ist das?«

»Sicherlich erkennen Sie die Kristallstruktur von Hudderit.«

»Ich möchte Ihnen eines sagen, Taki, mir gefällt es besser als die meisten Bronzeklumpen vor öffentlichen Gebäuden.« Ihr Lächeln unterstrich die Worte und verlieh ihnen eine weiche Zärtlichkeit. »Die, die vorgeben, menschliche Wesen darzustellen.«

»Da stimme ich Ihnen zu«, sagte er ernst. »Auch hat das gegenüber den Bronzeklumpen den Vorteil, daß sich kein Vogel darauf niederlassen kann.«

Sie hatten den Kreisverkehr durchfahren und ließen die riesige Skulptur hinter sich. Queenie reckte ihren Hals, um zum Bohrturm zu ihrer Rechten hochzuschauen. Durch die weiß-glasierten Röhren und Leitungen konnte sie das Spiel der wandernden Flaschenzugblöcke, den Spinnenwebentanz endloser, härchenfein-glitzernder Kabel sehen, der vor dem heißen Himmel, hoch oben im Bauwerk, aufgeführt wurde.

»Er ist viel kleiner, als er im Fernsehen erscheint«, sagte sie. »Ich dachte, er wäre so groß wie ein Wolkenkratzer.«

»Kein Wolkenkratzer. Aber das *Untergeschoß* ...«

Zu beiden Seiten hinter dem hohen Bohrturm, von der fast zu normalen amerikanischen Stadt durch einen mit frisch gepflanzten Palmen gerahmten Boulevard getrennt, lagen Gießereien ausgebreitet, Schmiedewerke und weite Höfe, die mit Chemikalienhalden voll waren, verbunden durch Transportbänder und Eisenbahnschienen, auf denen Selbstentladewaggons saßen.

Zwei Blocks nach dem Bohrturm fuhr Takeume durch ein unbewachtes Tor in einem hohen Zaun. Die Straßen wurden plötzlich zu engen Canyons, zu beiden Seiten waren hohe Wände aus grauem Wellblech. An den Seiten und auf den Dächern der Gebäude ragten Leitungen und Abzugsschächte heraus, die sich von einem Gebäude zum anderen zogen wie die gewundenen Gedärme eines Leviathan; als sie vorbeifuhren, hörte Queenie das Rauschen von Druckgas durch sie hindurchheulen.

»Das ist das Kraftwerk«, schrie Takeume. »Wasser aus tiefen Schichten. Nutzt die Geothermen aus.«

Nach einigen weiteren Kurven wurde die Umgebung wieder ruhiger. Die Stahlgebäude waren hier nun ein Stockwerk hoch und bunt bemalt, die großen Fenster besaßen dünne Rolläden. Am Ende der kurzen Straße konnte Queenie den entfernten Hügel erkennen.

Takeume parkte seinen Mercury an einem Platz mit einem Betonschild, auf dem »S. Takeume« stand. Das Schild neben der Tür lautete »Instrumentations- und Imaginationsdepartement.«

»IID – kurz Id«, sagte Takeume. »Wir werden die Monster von Id genannt.«

Queenie lachte. »*Der verbotene Planet*. Ich liebe die Klassiker.«

»Man wird Sie hier mögen.« Er geleitete sie durch die Milchglastür nach drinnen. Das lange niedrige Gebäude besaß keine Innenwände, nur niedrige Raumteiler. Ein offener Raum in der Mitte, wo verschiedene Gänge zusammentrafen, diente als Konferenzraum und Lounge.

Auf einem Tisch, der an einen Raumteiler geschoben war, befand sich eine Workstation mit einem Graphikmonitor.

»Paßt das, was Sie mitgebracht haben, hier hinein?« fragte Takeume. »Ich denke, es ist das, wonach Sie verlangt haben.«

»Perfekt«, sagte Queenie. Sie schälte sich aus ihrer Jacke und hing sie an einen Haken. Aus ihrer Aktentasche nahm sie eine kleine silberne CD.

»Kann ich Ihnen etwas bringen? Kaffee? Tee?«

»Vielleicht später, danke.«

»Bin gleich wieder zurück. Wenn ich die Leute zusammengetrommelt habe.«

Queenie steckte die CD ein und machte sich an der Tastatur zu schaffen.

Die erste, die kam, war eine blonde junge Frau, die verwaschene Jeans und ein blau-weißes Softball-Shirt trug; darüber stand in runden, gestickten Buchstaben »Monsters.«

»Von Id, ohne Zweifel«, sagte Queenie mit Blick auf das Shirt.

»Von was?« fragte die Frau, die auf sie hinabblickte.

»Entschuldigen Sie, ich bin Queenie Tobou. Taki erzählte mir von den Monstern von Id.«

»Richtig. Hey, schön Sie endlich kennenzulernen. Ich bin Madge Bishop. Spielen Sie Softball?«

»Nein. Aber ich habe Cricket gespielt«, sagte Queenie.

»Vielleicht können wir aus Ihnen einen Pitcher machen. Wir brauchen nämlich einen«, sagte sie und fügte *sotto voce* hinzu: »Aber sagen Sie nicht, daß ich das gesagt habe.«

Der kleine Raum war schnell gefüllt. Kurz nacheinander wurden ihr Leute namens Abou-Chacra, Epstein, Dos Santos, Fürstenberg, Hada, Matsuda, Sensarma, Shacklette und Smith vorgestellt. Ihre Gesichtsmuskulatur spannte vom beständigen Lächeln, das Geplauder aber verstummte schließlich.

»Also Queenie, dann lassen Sie sehen, was Sie mitgebracht haben«, sagte Madge Bishop. »Und vielen Dank, daß Sie uns noch dazwischengeschoben haben.«

Queenie stand nebem dem Graphik-Monitor. »Viele von Ihnen wissen vielleicht, daß ich persönlich mit extremen Umgebungen vertraut bin. Nichts, verglichen mit dem, womit ihre Instrumente umzugehen haben, aber ich bin es gewohnt, in qualitativen Begriffen zu denken. In den letzten Jahren konzentrierte sich meine theoretische Arbeit auf zwei Gebiete. Eines davon ist Temperatur. In Tiefseetauchbooten macht uns die Kälte zu schaffen. Ihnen macht Hitze zu schaffen. Thermodynamisch gesehen stellt sich uns dasselbe Problem.«

»So wie Sie es sagen, klingt das sehr einfach«, sagte jemand.

»Ist es das nicht, theoretisch?« Sie erhielt höfliches Lachen. Ihre Antwort war ein breites Lächeln. »Das andere Interessensgebiet ist Druck. Auch hier läßt es die Theorie sehr einfach erscheinen. Wir können aus diesem wunderbaren Material Hudderit eine perfekte Kugel, einen perfekten Zylinder, jedes erdenkliche Gefäß herstellen. Aber wenn wir etwas in diesem Gefäß unterbringen wollen, dann schwindet die Perfektion.« Sie holte tief Luft. »Wie können wir ein Gefäß, das in den flüssigen Erdkern eindringt, wo die Temperatur über dreitausend Grad beträgt, kühlen? Wie verschaffen wir uns Zugang zum Inneren des Gefäßes, so daß sowohl Gefäß als auch die Versiegelungen einem Druck von Millionen Atmosphären standhalten?«

Aufmerksam folgten die Monster Queenie, die die Graphiken auf den Bildschirm holte und dann begann, ihre Ideen zu erläutern.

In der Nachmittagshitze traf ein weiterer Flug auf dem Wüstenrollfeld ein. Leidy war da, um die zweimotorige Beechcraft zu erwarten, die seinen Sohn aus El Paso brachte.

Josie, dreizehn Jahre alt, war schüchtern und aufgeregt, als er die Hand seines Vaters schüttelte. Er besaß die dünne Statur und blasse Farbe seiner Mutter; seit langer Zeit wußte Leidy, daß er so groß und blond wie Jane werden würde. Leidy lud die geliehenen Koffer seines Sohnes in seinen Land Cruiser.

Sie fuhren in die Stadt, vorbei an dem Zeichen, das anzeigte, daß die Gefahr der Sonnenaktivität niedrig sei. Vorbei am Einkaufszentrum und der High School, die neben ihm stand. ›Heimat der CORE-*Conquerors*‹ stand auf einem Schild, das im Rasen davor steckte.

»In Texas sind sie richtig verrückt nach Football«, sagte Josie.

»Kann sein, an manchen Orten.« Leidy hörte in den Worten seines Sohnes Jane reden. Zwecklos, ihr widersprechen zu wollen. Oder der Wahrheit.

»Mom sagt, die High Schools in diesem Staat engagieren zuerst Football-Trainer, bevor sie Geschichtslehrer einstellen.«

»Nicht hier. Wir haben gute Lehrer. Geschichte, Mathematik, Naturwissenschaften, Kunst, Musik. Wir lehren neben Englisch und Spanisch sogar noch andere Fremdsprachen.«

»Okay.«

»Endlich haben wir das Olympische Schwimmbecken fertiggestellt. Und in einigen Jahren wird unser Fußball-Team das beste der Staaten sein.«

»Wie geht's mit dem Loch voran?«

»Großartig. Wir sind fast bei sechshundertsiebzig Kilometer. Du kommst gerade richtig.«

»Du wirst ziemlich beschäftigt sein. Bin ich dir im Weg?«

»Nein, Josie.« Leidy zwang sich dazu, mehr zu sagen; warum war das immer so schwer? »Jedenfalls hast du für mich oberste Priorität.«

Er hielt den Land Cruiser vor dem Haus am Yucca Circle und half Josie, die Koffer auf sein Zimmer zu bringen. »Ich hoffe, es stört dich nicht, aber ich muß zum Kontrollzentrum zurück. Du kennst dich im Haus aus. Ich werde versuchen, zum Essen zurückzusein, oder, jedenfalls ...«

»Dad ...«

»... werde ich dich in ein oder zwei Stunden anrufen ...«

»Dad, wenn ich dich wirklich nicht störe, warum kann ich dann nicht einfach mitkommen?«

»Willst du denn das?« fragte Leidy. Frustriert schaute Josie seinen Vater an. Leidy sagte: »Ich meine, es kann Stunden dauern.« Josie zuckte mit den Schultern und wandte sich seinen Koffern zu. »Also dann, laß uns gehen«, sagte Leidy prompt.

Unter Queenies Fingern klackte die Tastatur. Ein buntes Bild rotierte auf dem hochauflösenden Schirm, eine Reihe von ineinandergeschobenen Kristallzylindern, die russischen Puppen glichen. Die Monster rückten näher und starrten über die Schultern der Vorderleute.

»Mögliche Änderungen der Gestalt von Kühlsystem und Hitzetauscher«, sagte Queenie. Auf dem Grafikmonitor führten lange kristalline Röhrenstränge von der Achse der ineinandergeschobenen Zylinder weg. Queenie steuerte das

Bild und folgte dem unteren Strang zu seinem birnenförmigen Ende.

»Um das Gerät zu kühlen, nützen wir die Energie von den Geothermen.« Auf dem Bildschirm kehrte sie die Bewegungsrichtung um und folgte der Röhre wieder nach oben. »Wir benützen sie, um die Kapsel zu kühlen, hier in der Mitte, die übrige Hitze leiten wir dann durch diese Kühlleitung nach oben.« Die Ansicht bewegte sich weiter nach oben, bis augenscheinlich wurde, daß die Röhre virtuell unendlich war. »Die Gleichungen geben ziemlich genau wieder, wieviel mehr Hitze wir ableiten müssen, als wir an Arbeit in das System gesteckt haben.«

Das grafische Bild kehrte zum unteren Ende des Strangs zurück. »Hier, die neuesten Änderungen der Dimensionen des hitzeabsorbierenden Systems, aufgrund der neuen Schätzungen des adiabatischen Gefälles, die Ihre Forschungen ergeben haben ...«

Einige Stunden waren vergangen, niemand hatte den Raum verlassen. Leute von der Nachtschicht stießen dazu. Takeume bat um eine Pause, um die Neuen vorstellen zu können: Calnan, Feduccia, Frenklach, Golovchenko, Izett, Janda, Ljubichik, Mahood, O'Dowd, Pimentel, Radtke, Utsumi.

Queenie sprach weitere fünfundvierzig Minuten.

»Das ist momentan alles«, sagte sie schließlich. »Eines allerdings wollte ich noch ...« Sie war überrascht über den Applaus; jeder, der anwesend war, ehrte sie durch Händeklatschen und begeisterte Rufe.

»Eines wollte ich Ihnen noch sagen«, fuhr sie fort. »Bei der Arbeit an diesen Geräten kam es mir oft so vor, als würde ich in ihnen leben. Ich weiß, Sie nennen sie Kern-Floater. Aber ich kann mir nicht helfen, für mich sind sie *unterirdische* Apparate.«

Alle begannen zu reden. Queenie hörte jemanden ›Party Time‹ sagen. Crackers, Käse und Wein aus dem Rio-Grande-Tal erschienen. Es war kein Seminar mehr. Queenie, die Partys nicht abgeneigt war, erkannte mit plötzlichem Bedauern, daß sie nichts lieber wollte als schlafen.

Takeume näherte sich ihr und unterbrach einen der jungen Monster, der sie mit Gleichungen bestürmte. »Ich nehme an, Sie werden müde sein. Wir haben für Sie ein Zimmer im Diamondback Inn reserviert.«

»Das Diamondback? Das ist ein Hotel?«

»Ein Motel, um genau zu sein. Es besitzt auch das einzige vernünftige Restaurant in der Stadt. Ja, es gibt eines, auch wenn ich vorher etwas anderes gesagt habe. Vielleicht wünschen Sie, daß ich Sie dort hinbringe.«

»Danke, Taki, ja, das wünsche ich.«

Leidy und Josie gingen durch die Türen zum Kontrollraum und nahmen in der obersten Reihe des runden Amphitheaters Platz. Bis auf einige Controller, die eine Ebene darunter an ihren Konsolen saßen, war der Raum leer. Als säßen sie alleine in einem dunklen Theater und beobachteten die Schauspieler, die ihre Rollen übten. Josie war bereits früher im Kontrollraum gewesen, aber jetzt war es das erste Mal, das er mehr als nur oberflächliches Interesse aufbrachte. Er hätte dieses neue Interesse für die Arbeit seines Vaters nicht erklären können, wenn er gefragt worden wäre; letztes Jahr war es nicht vorhanden gewesen, dieses Jahr war es einfach da.

Leidy spürte, während er seinen Sohn betrachtete, daß eine Linie überschritten war, daß Josie die Bühne der Natur, auf der das Leben seine Stücke aufführte, anders, eingehender wahrnahm. »Sieht nicht unbedingt wie eine Bohranlage aus, oder?«

»Ich weiß nicht.« Josie hatte niemals eine Ölbohranlage in Betrieb gesehen.

»Kein Öl, kein Schlamm hier. Ich muß dich mal mit zu einer Bohrstelle nehmen. Dann kannst du sehen, wo wir angefangen haben und wie weit wir mittlerweile sind.« Leidy breitete weit die Arme aus. »Eine Bohranlage ist eine laute und dreckige Angelegenheit. Die Bohrleitungen klappern, die Kabel sausen rauf und runter und die Dieselmotoren machen einen höllischen Lärm. Wenn das eine Ölbohrstelle wäre, würden die Leute hier Helme tragen und zerschlissene Overalls und wie verrückt arbeiten und darauf achten, daß ihre Hände nicht zerschmettert oder die Arme abgerissen werden.« Im Kontrollraum trugen die CORE-Controller Schlappen und T-Shirts und saßen in bequemen Stühlen vor den großen Grafik-Monitoren. »Trotzdem haben sie die alten Namen. Jeder nennt den Leiter der Bohroperationen den Pusher und den Aufsichtsführenden den Driller. Und das ist der Maschinist und das der Turmmann.«

»Aber das sind Frauen«, sagte Josie.

»Technisch gesehen, ja«, sagte Leidy. »Die anderen Männer und Frauen sind die Bohrschlamm-Ingenieure. Dort drüben überwachen sie die Ausschachtung. Sie sind verantwortlich für das Verlegen der Kabel, und die dort sind verantwortlich für die Energieversorgung durch das geothermische Kraftwerk, die für das Recyceln des Gesteins, das aus dem Loch kommt – da es im geschmolzenen Zustand ankommt, muß es aufbereitet und vermischt werden.«

Er beschrieb die anderen Stationen und ihre Aufgaben. Die Kommunikations-Controller überwachten geophysikalische Einrichtungen, die über die gesamte Welt verteilt waren. Das seismische Netzwerk übertrug das Signal des CORE-Bohrers, der den dichten Mantel durchdrang – seine Signatur konnte, wenngleich schwach, Hunderte, sogar Tausende Meilen entfernt identifiziert werden, wenn es nicht von den Eigenerschütterungen der Erde verschluckt wurde. Instrumente, die in die Bohrfaser integriert waren, sandten Aufzeichnungen über Temperatur, Druck, radioaktive Änderungen, elektrische Leitfähigkeit, Neutronenabsorption an die Oberfläche; das Material des Mantels selbst wurde für chemische Analysen vom Grund des Lochs nach oben gebracht, und die Resultate waren auf den Monitoren abzulesen.

Josie blickte im fahlen Licht zu seinem Vater; es war komisch, einen Typen, der so alt wie sein Vater war, so aufgeregt zu sehen; es beeindruckte ihn. Er mochte es.

Für Josie stellten die Arbeitsstationen der Controller, ihre Tabellen und Grafiken, keineswegs das Zentrum seiner

Faszination dar. Das Auditorium, in dem er als privilegierter Zuschauer saß, erschien wie die Brücke eines interstellaren Raumschiffs, nur war der Fokus aller Aufmerksamkeit das Erdinnere, nicht die Sterne, und seine Ikone war der fünf Meter große Globus, der in der Dunkelheit hing, unsichtbar aufgehängt wie ein glühender Mikroorganismus im Meer.

Durch die transparente Haut des großen Globus war der innere Kern zu sehen, der ziegelrot pulsierte, ein Miniaturplanet innerhalb eines Planeten – der innere Kern, so wußte Josie, hatte zwei Drittel des Monddurchmessers. Der flüssige äußere Kern umhüllte den inneren, ein tiefer Ozean geschmolzener Metalle, der die Größe des Planeten Mars besaß, glühend in einem durchscheinenden Rot. Die Kern-Mantel-Zone, eine komplexe, fleckige Sphäre, trennte den äußeren Kern vom festen Mantel, der aussah wie ein wirbelndes Sorbett aus kühlem versinkenden Blau und warmem aufsteigenden Pink und Orange. Blaßgelbe Platten der kontinentalen Krusten schwammen auf der geronnenen Haut.

Die Farben waren Phantasiefarben, ausgesucht wegen ihrer Wirkung, da sie gut zu erkennen und leicht zu verstehen waren – das Innere der Erde, welche Farbe es auch immer haben mag, hatte bestimmt nicht diese Farben –, aber die Informationen waren wirklichkeitsgetreu; je weiter sich der CORE-Bohrer, dessen Vorankommen durch einen geraden weißen Lichtfaden angezeigt wurde, von der Oberfläche (CORE City im westlichen Texas) langsam nach unten bewegte, umso schärfer wurde die Auflösung des Bildes. Nirgendwo auf der Erde, hatte sein Vater ihm versichert, konnte ein Wissenschaftler ein besseres Bild von der gesamten Erde bekommen als hier.

»Josie! Du bist früh hier.« Gregor Mattasow ließ sich schwer in den Sitz neben Leidy fallen und beugte sich hinüber, um Josie die Hand zu geben.

»Ist das nicht ein tolles Bild, Dr. Mattasow?«

»Das Teleskop deines Vaters in die Erde. Und sind wir nicht schlau? Haben wir nicht die besten Plätze, wir drei? Ich erinnere mich, als er und Dr. McDougal dieses Ding vorschlugen, da sagte jeder, daß es Geldverschwendung wäre.« Gregor zog seine Brille aus der Hemdtasche und fingerte an dem Klebeband, das den rechten Bügel an seinem Platz hielt. »Und jetzt, jetzt sehen wir Dinge, die wir niemals auf Karten oder Monitoren gesehen hätten.« Gregor balancierte die geflickte Brille auf seine Nase. »Vielleicht hatten wir Theoretiker deswegen soviel Angst davor. Endlich zu sehen, was wir vorhergesagt haben.«

Leidy lächelte seinem Freund zu. »Setzen Sie sich hier fest, oder kommen Sie nur vorbei, um hallo zu sagen?«

»Was denken Sie? Sollte ich mir das entgehen lassen?«

»Dr. Mattasow«, sagte Josie, »glauben Sie, daß ein Erdbeben passiert, wenn der Bohrer die sechshundertsiebzig Kilometer durchbricht?«

»Willst du eine Erdbebenvorhersage?« Gregor runzelte die Stirn. »Bei fünfundsiebzig Kilometer war es ein wenig heikel. Etwas aufregender war es bei vierhundert Kilometer. Trotz alledem haben wir gelernt, daß die sechshundertsiebzig Kilometer-Diskontinuität ein Gegenstand ist, von dem wir fast provozierend wenig wissen.« Er hielt inne und sah zu Leidy. »Dieses Mal, mein Freund, haben Sie die Erdbebenwarnung selbst ausgesprochen.«

»Vielleicht bin ich zu aufgeregt«, murmelte Leidy.

Gregor ging das Thema von einer anderen Seite an. »Haben Sie die Memoiren von Andrej Sacharow gelesen? Er liefert interessante Kommentare zum Thema der Kontrolle von Erdbebenschäden.«

»Verdammt, Gregor, das entging mir.«

»Zufällig kann ich es zitieren – ich hatte einige Gründe, mich ausführlich damit zu beschäftigen. Professor Sacharow schrieb: ›Mein Interesse fiel auf die Möglichkeit, Erdbebenschäden zu reduzieren, indem man thermonukleare Ladungen in seismologisch aktiven Gebieten, tief im Erdinneren, zündet und so den Spannungsaufbau verhindert, wenn Verformungen im Erdkern den kritischen Punkt erreichen …‹«

»Spannungen im Erdkern? Ich werde Ihnen ein Geheimnis erzählen.«

Gregor rutschte in seinem Sitz und zwinkerte Josie zu. »Ein Geheimnis«, flüsterte er.

»Ich habe mich zufällig selbst mit dem Thema beschäftigt«, fuhr Leidy fort. »In den sechziger Jahren wurden einige A-Bomben in tiefen Gasschichten gezündet. Die geniale Idee Edward Tellers. Mehr Arbeit als Nutzen. Und was eine H-Bombe in dreitausend Kilometer Tiefe angeht ... nichts. Null Effekt.«

Gregor tat so, als schmollte er. »Andrej Dimitriewitsch meinte nicht den Kern; das war eine Redewendung. Er meinte aktive Falten, die etwa in zwei Kilometer Tiefe liegen, in denen die H-Bomben plaziert werden sollten.«

»Ach ja.« Leidy strich mit der Zunge über seine Zähne. »H-Bomben sind problematisch.«

Doch Gregor blieb hartnäckig. »›Sollte sich das als durchführbar herausstellen‹, schrieb Sacharow, ›dann wäre zumindest der Zeitpunkt von Erdbeben kontrollierbar; Menschen und ihr Gut könnten rechtzeitig evakuiert werden ...‹«

»Gregor, hören Sie auf, sich über Erdbeben Sorgen zu machen.«

»Sorgen? Nicht im geringsten. *Wollen* wir denn nicht die Dinge ins Wanken bringen?«

»Das *ist* ein Geheimnis.«

»Vor mir? Das Thema fasziniert mich.«

»Dann tun Sie einfach so, als wäre es ein Geheimnis.«

Aus allen Abteilungen kamen die Leute, während die Nacht fortschritt – ausgewählte Besucher, Wissenschaftsjournalisten und TV-Mannschaften fütterten die ihnen angeschlossenen Netze und eine Menge von Opportunisten, die auf ein Erdbeben hofften. Um zehn Uhr dreißig war das Auditorium gefüllt.

Marta betrat den Saal von der gegenüberliegenden Seite. Zwei Angestellte opferten ihre Sitze in der ersten Reihe; sie saß da und diktierte ihrem Assistenten gelegentlich einige Notizen. Sie sah zu Josie und Leidy herüber und winkte verhalten, ihr Lächeln aber war kühl. Josie sah seinen Vater sich in den Sitz kauern.

Josie las ein Buch über die Wüste, das er mitgebracht hatte, und verschwand hin und wieder aus dem Auditorium, um zur Toilette oder den Süßigkeitsautomaten zu gehen. Die meisten Zuschauer in der gefüllten Galerie starrten auf den großen Globus und diskutierten, was sie dort sahen: kalte blaue Schatten, die unter den gelben Kontinenten gerannen, blaue Tiefen, die scharf reliefartig Hunderte von Kilometern absanken.

Es gab anderes im Kontrollraum zu beobachten. Die flachen Schirme an den runden Wänden des Amphitheaters zeigten computergenerierte Bilder – seismische Karten, Tabellen und Zahlenreihen –; am auffälligsten aber war die CAD-Grafik des CORE-Bohrers, der sich wie eine unersättliche Raupe durch das Gestein fraß.

Zehn Minuten vor elf passierte der Bohrer die Tiefe von sechshundertsiebzig Kilometer, wie die Sensoren im Bohrschacht anzeigten. Nichts Ungewöhnliches geschah.

Eine Stunde verging. Nichts Ungewöhnliches geschah.

Zwei Stunden vergingen. Um ein Uhr morgens war das Amphitheater fast leer. Marta und ihr Sekretär waren gegangen. Die ausgewählten Besucher hatten andere Orte gefunden, wo sie sich amüsieren konnten. Die meisten der Fernsehteams hatten bereits wieder eingepackt. Gregor Mattasow, der sich aus der Cafeteria ein riesiges Kalbsschnitzel Parmigiana geholt und verspeist hatte, schlief fest in seinem Sitz. Josie war in sein Buch vertieft.

Leidy hielt die Augen offen und wunderte sich und dachte an andere Dinge …

Als plötzlich die computergenerierten Bilder des Bohrers begannen, diese charakteristischen, seltsamen Schalen expandierenden Farblichts an die Wandbildschirme zu projizieren …

Als der glitzernde Glasglobus der Erde, der unter ihnen schwebte, eine abgeflachte Sphäre expandierenden Farblichts zeigte …

Als die Grafiken und Zahlenreihen Sprünge vollzogen

und bemerkenswerte Abweichungen von der Norm anzeigten …

»Josie, das ist es. Gregor, wachen Sie auf«, sagte Leidy zu seinen versunkenen Kompagnons.

»Whhh …?«

»Dad?«

»Okay, laß es mich erklären …«

Das Zentrum der Tiefenbeben befand sich nicht ganz siebenhundert Kilometer unterhalb des südwestlichen Texas, am Grunde des Bohrlochs. Seismologen sind an zwei Arten von Wellen interessiert, P-Wellen – P für primär, auch Druckwellen genannt – und S-Wellen – S für sekundär, oder Erschütterungen. P-Wellen sind schneller – in einer Tiefe von siebenhundert Kilometer pflanzen sie sich mit einer Geschwindigkeit von zehn Kilometern die Sekunde fort, etwa dreißig Mal so schnell wie Töne durch die Luft – aber das war ein Schneckentempo, verglichen mit den Signalen, die mit Lichtgeschwindigkeit das CORE-Bohrloch hinaufrasten.

»… weswegen wir das Erdbeben kommen sehen. Wir müssen nur zwei Minuten warten.«

Die vertikal verlaufenden Druckwellen waren stark genug, um die Häuser in CORE-City, das auf dem Epizentrum saß, zum Wackeln zu bringen. Als die langsameren S-Wellen eintrafen, lief ein horizontales Ruckeln durch den Boden und überall fielen Geschirr, Gläser, Flaschen und Dosen aus den Regalen. Auf Spielplätzen zerrten Schaukeln an ihren Ketten, und Wippen begannen zu wippen.

Für die Bewohner von Japan oder Peru oder Kalifornien oder dem Kaukasus wäre es ein leichtes Beben gewesen. Ein oder zwei Fensterscheiben zerbrachen. Leute, die im Auto fuhren, dachten, sie hätten ein Schlagloch erwischt. Im Kontrollraum war ein dumpfer Schlag – gefolgt von einem kurzem grummelnden Laut – zu vernehmen, der sich laut Gregor Mattasow anhörte, als sei ein Tresor auf das Dach gefallen. Einige Sekunden lang schwankte der große Globus, einige Millimeter hierhin, einige Millimeter dorthin, aber niemand war beunruhigt; die unsichtbaren Fäden, an denen er hing, waren aus Hudderit.

Die Milde des Bebens täuschte. Als die große Tiefe, in der das Beben stattfand, in die Berechnungen miteinbezogen wurde, ergab sich eine Neun auf der Gutenberg-Richter-Skala; vergleichbar mit der Energie einer Zehn-Megatonnen-Bombe.

Josie betrachtete die flachen Schirme an der Wand. Unten im Bohrloch blieb das Bohraggregat stehen, während die Druckwellen aus jeder Richtung darüberjagten; die hohe Säule geschmolzenen Gesteins im Bohrschacht blubberte mächtig. Der Kristallbohrer versuchte unmittelbar danach seinen Weg in die Tiefe fortzusetzen, kam aber nicht weiter; die Meldung kam eine Sekunde nach dem Ereignis an der Oberfläche an.

»Verdammt, er steckt fest«, murmelte Leidy.

Im Kontrollraum begann hektische Geschäftigkeit.

»Wie lange wird es dauern, bis die Ausschnitte hier ankommen?« fragte Gregor. Das Mantelgestein explodierte zu feinem heißen Staub, wenn der Bohrer es durchschnitt, und Gregor hatte sich, wie jeder andere auch, angewöhnt, diese Proben als »Ausschnitte« zu bezeichnen, obwohl sie eher einer dehydrierten Suppe glichen.

»Rechnen Sie sich das doch selbst aus«, sagte Leidy. »Wir saugen das Zeug mit einer Geschwindigkeit von hundertdreißig Kilometer die Stunde hoch.«

»Also fünf oder sechs Stunden? Bis wir eine Antwort haben?«

Leidy sah ihn überdrüssig an. »Sie wissen, was wir finden werden. Spinelto-Perovskische Phasenverschiebung. Und wir haben es selbst ausgelöst. Wir haben mit einer kalten Nadel einen Ballon mit heißem Gestein angepiekst.«

»Reine Spekulation, Leidy«, sagte Gregor fröhlich. »Bevor wir nicht die chemische Zusammensetzung vor uns haben.«

»Ich freue mich für Sie, Greogor. Sie und Ihre Leute haben etwas zum Spekulieren. In der Zwischenzeit hoffe ich, den verdammten Bohrer wieder flott zu kriegen.«

»Sie leisten hier exzellente Arbeit«, sagte Gregor. »Ihr

wunderbares Team. Ich gehe jetzt. Josie, schön, dich gesehen zu haben. Wir müssen bald wieder miteinander reden.«

Leidy murmelte etwas. Für Josie klang es wie »verpiß dich, Gregor.«

Josie sah zum Globus, der ruhig in der Mitte des Kontrollraums hing, so ruhig wie der Planet, dem er nachgebildet war. Seine farbigen Lagen wurden heller und deutlicher, während Informationen über das Tiefenbeben aus dem weltweiten seismischen Netz eintrafen ...

In diesem satten farbenprächtigen Glanz standen alte Theorien, alte wissenschaftliche Dispute auf dem Spiel. Leidy hätte die Themen seinem Sohn erklären können, wenn er weniger abgelenkt gewesen wäre; er hätte Josie erläutern können, warum seine Ideen über die tiefen kontinentalen Wurzeln wichtig waren und wie die neuen Daten seine Theorien beeinflußten.

In diesem Moment aber konnte Leidy nicht der Lehrer seines Sohnes sein. Er war abgelenkt; abgelenkt durch die sich ausbreitenden Wellen farbigen Lichts, die er im transparenten Globus sah. In den blühenden Lichtmustern waren für ihn Möglichkeiten enthalten, die über das bloße Wissen hinausgingen. Möglichkeiten, die er klar vor Augen sah, und dunkle, noch verborgene. Er hatte das Erdbeben vorausgesagt, hatte erwartet, daß es durch das Eindringen der relativ kalten Bohrspitze in diese Diskontinuität ausgelöst werde. Aber er hatte nicht in Betracht gezogen, was er einfach nicht erwartet hatte.

Um wieviel Mal größer müßte das Erdbeben sein, wenn sie wirklich vorhatten, ein Erdbeben zu *erzeugen?* Um wieviel Mal größer als eine thermonukleare Bombe mußte die Wirkung sein, wenn sie absichtlich eine Phasenänderung hervorriefen?

Man konnte also Berge bewegen, sowohl an der Oberfläche als auch tief unten, wie Leidy einmal vorschnell dem wissenschaftlichen Berater des Präsidenten vorgeschlagen hatte; man konnte sich in der Tat vorstellen, einen großen

Stein in das flüssige Eisenmeer des Kerns fallen zu lassen. Man könnte dadurch das Magnetfeld ändern und damit die Evolution des Lebens auf der Erde.

Sein Vater schien ganz von der Arbeit eingenommen zu sein; Josie verabschiedete sich, was nur am Rande wahrgenommen wurde, und verließ dann den Kontrollraum. Er ging alleine nach Hause.

Er ging nicht zu Bett; statt dessen holte er sich aus der Garage eine Taschenlampe und marschierte in die Wüste, die hinter dem Rasengrundstück anfing. Was ihm am besten an den Besuchen bei seinem Vater gefiel, war das leere Land, das sich um das Haus erstreckte; und er hatte viel Zeit, es zu erkunden. Vor allem in der Nacht.

Dort draußen fand er Taranteln, Skorpione und Vinagróns – große, seltsame Skorpione, die ziemlich fett waren und nach Essig rochen – und andere Tiere, die aus ihren Löchern unter den Steinen hervorkamen, wenn die Sonne unterging. Er traf auf Geckos, die nach kleinen Insekten Ausschau hielten. Er sah viele Mäuse und Kaninchen, einmal hatte er im Strahl seiner Taschenlampe ein größeres Pelztier gesehen, das aussah wie ein magerer Waschbär. Er mußte es später in seinem Buch nachschlagen und fand heraus, daß es sich um einen Bassarisk handelte, eine Ringelschwanzkatze, die eigentlich gar keine Katze war. Jeden Abend flogen Fledermausschwärme aus ihren Höhlen in den Kalksteinhügeln, und jeden Morgen flogen sie wieder zurück. Ein wildes Land, aber es war alles andere als leer.

Die Morgendämmerung setzte bereits ein, als Leidy nach Hause zurückkehrte. Die erste Nacht, in der Josie da war – er hatte ihm kein Abendessen gemacht, er hatte ihm nicht gute Nacht gesagt, er wußte nicht einmal, ob in der Küche noch etwas für das Frühstück vorhanden war.

Josie war nicht in seinem Bett.

Leidy war nicht unbedingt beunruhigt, er war unglücklich. Was er tat, war nicht richtig. Sein Bestes zu geben reichte nicht aus. Irgendwie mußte ein Gleichgewicht hergestellt werden. Sonst müßte jeder, darauf lief es hinaus, einsam und alleine aufwachsen.

Er schaute durch die großen Glastüren hinaus in die dunkle Wüste und den grauen östlichen Himmel; er wußte, sein Sohn war dort draußen, wo er herumstreifte – er vertraute ihm, daß er so klug war, sich nicht beißen zu lassen.

Leidy nahm eine Videokassette aus dem Regal unter dem Fernsehgerät und schob sie in den Recorder. Er drehte die Lautstärke so niedrig, daß kaum etwas zu hören war, spulte durch das Band und suchte die Stelle, an die er sich erinnerte. Als er sie gefunden hatte, ließ er das Band abspielen – die Lautstärke war kaum höher als ein Flüstern, sein Gesicht war nur wenige Zentimeter von dem großen Glasbildschirm entfernt ...

AUF EINER BRÜCKE IM NEBEL, 1983

Ein Mann mittleren Alters in einem verschmutzen Mantel betrat den Gehweg neben den nach Norden führenden Spuren der Golden Gate Bridge. Wenn nicht der Nebel dick vom Meer hereingezogen, wenn es nicht fünf Uhr dreißig morgens gewesen wäre, hätte man den Osten der weiten Bucht mit ihren Inseln, umgeben von Städten und hohen Bergen überblicken können. So aber beleuchteten orangegelbe Straßenlampen kaum die Basis des südlichen Pfeilers, der nach zehn oder zwölf Metern im Nebel verschwand. Die Stahlbrücke wurde vom Nebel getragen, die Kabel und Streben verschwanden in den feuchten Wolken, die durch sie hindurchzogen.

Als Cyrus Hudder den südlichen Pfeiler passierte, erscholl das weit unten am Pier befestigte Nebelhorn, das trauernde Heulen des Minotaurus, der aus der Mitte des Labyrinths seine Einsamkeit und Begierde herausschrie. Cyrus ging schnell weiter. Sein Körper begann im Einklang mit den anderen Hörnern zu zittern, den kleineren pneumatischen Hörnern, die am Scheitelpunkt der sanft gerundeten Brückenbögen saßen und zweimal in der Minute ihre rhythmischen Warnungen ausstießen.

Cyrus blieb stehen und wartete auf das Echo; er stellte sich vor, er könnte den Widerhall vom Festland auf der anderen Seite der Gate hören. Er glaubte, er vernehme das schwache Echo vom weit entfernten, unsichtbaren Angel Island. Unter ihm schimmerte orangefarbenes Licht auf dem schwarzen Wasser. Auf der Straße hinter ihm tauchten Scheinwerfer aus dem Nebel auf und gingen vorüber; sie zerrissen die Stille. Der vorbeistreichende Nebel erinnerte ihn daran, auf der Plattform eines Zuges zu stehen, von der er in die vorüberziehende Dunkelheit starrte.

Irgendwo da draußen, nur in der Zeit etwas weiter entfernt als das wirkliche, aber unsichtbare heutige San Francisco, befand sich die Stadt, in der er geboren wurde – das Paradies, das er verlor, als sein Vater ihn in die weit entfernte Sierra, nach Reno, gebracht hatte. Erst mit achtzehn, sein Vater war da bereits tot, war er wieder zurückgekehrt und dann auch nur für einen kurzen Geschäftsbesuch.

»Ich habe Max sehr gemocht«, sagte der weißhaarige Anwalt. »Wir haben alle unsere Geheimnisse. Er hatte seine. Aber nun ist er fort, und nun bist du der Mann der Familie.« Cyrus, steif in seinem Stuhl, widersprach ihm nicht. »Irgendwelche dringenden Fragen, die ich beantworten soll?«

Cyrus und sein Gegenüber, ein gesetzter Gentleman, saßen in einem Büro im neunzehnten Stockwerk eines marmornen Wolkenkratzers in der New Montgomery Street, San Francisco, vor ihnen ein Bogenfenster, das den Blick auf die silberfarbenen Bögen der neuen Oakland-Bay-Bridge freigab. Cyrus konnte das Glitzern der Autofenster auf dem oberen Deck der Brücke erkennen, im Deck darunter die unförmigen Silhouetten der elektrischen Straßenbahnen, die hin- und herfuhren.

Cyrus – wenn nicht ein Mann, dann zumindest ein großer Junge, der zum Mann wurde – war von seiner Mutter hierher geschickt worden; die Antwort auf das Telegramm des Anwalts. Anscheinend hatte Max Hudder einige Vermögenswerte besessen, von denen er der Familie nichts erzählt hatte.

»Woher kennen Sie ...« Cyrus räusperte sich laut, um seine Verlegenheit zu verbergen. »Kannten Sie meinen Vater gut?«

»O, ja. Aber ich kenne *dich* nicht, Cyrus.« Der Anwalt besaß einen gelassenen, fragenden Blick. »Wirst du in die Fußstapfen deines Vaters treten?«

»Ich möchte Physiker werden«, sagte Cyrus.

»Ein Musiker? Oh, aber ...«

»*Ein Physiker.* Materie und Energie untersuchen.«

»Ah, ein Erfinder. Schön. Edison sicherlich ...«

»Ein Physiker wie Professor Einstein.« Cyrus taute auf. »Edison war ein Dilettant.« Das war ein Zitat von Max.

»War er das?« Der Anwalt legte sein Kinn auf die gefalteten Finger und ließ seinen schweren Blick auf dem Jungen ruhen.

»Ich meine ... ich meine, wenn Mr. Edison recht hatte, der Erfahrung zu vertrauen ...« Frustriert suchte er nach Worten.

»Pragmatismus?«

»Empirismus«, sagte Cyrus, von seinem Argument entflammt. »Aber er hatte *unrecht*, wenn er wissenschaftliche Theorie nicht beachtete. Theorie ist *Verständnis*. Nur Theorien können unsere Neugierde befriedigen.« Das war seine eigene Meinung, die auf seiner Lektüre basierte. »Laut Darwin werden wir damit geboren.«

»Alles, was ich fragen wollte, war, ob deine Neugierde über deinen Vater befriedigt ist.«

Eine durchgehend pragmatische Frage, und der Anwalt wartete die Antwort nicht ab. »Aber zuerst laß mich dich zum Essen einladen, Mr. Hudder, denn es wird wahrscheinlich nicht so bald wieder vorkommen, daß wir uns wiedersehen. Du hast doch nichts gegen einen kleinen Spaziergang? Das Lokal, das mir vorschwebt, ist ein wenig entfernt.«

Nach einigen Blocks, im Tadich's Grill in der unteren California Street, nahm die Menge der gewichtigen Geschäftsleute mit jeder Minute zu. Der Anwalt kämpfte sich zur Theke durch und machte sich dem Oberkellner bemerkbar. Anscheinend kannten sich die beiden; es folgte ein kurzes und einvernehmliches Gespräch, das ein seltsames Händeschütteln nach sich zog.

Fünf Minuten später saßen sich Cyrus und der Anwalt an einem Tisch gegenüber, der mit weißem Leinen und schwerem Silberbesteck gedeckt war, ihre Rücken lehnten an der Mahagony-Verschalung des engen Abteils. Ein ungeduldiger Kellner in weißem Anzug und hohem Kragen bediente sie.

Cyrus ließ den Anwalt für sich bestellen, Salat und Austern und Kotelett. Das Ritual erinnerte ihn an seine Kindheit, an die meisterliche Beherrschung, die sein Vater den Eßritualen entgegengebracht hatte.

»... und eine Flasche Pinot.«

»Pinot?«

»Diesen Pinot Blanc.« Der Anwalt deutete auf die Weinliste.

Der Kellner machte sich davon, den minderjährigen Cyrus nahm er kaum zur Kenntnis; die Prohibition war zwar abgeschafft, ihre Befürworter hatten sich allerdings noch nicht wieder gruppiert.

»Was willst du über ihn wissen, deinen Vater«, sagte der Anwalt.

»Erzählen Sie mir, was Sie wissen. Erzählen Sie mir alles«, sagte Cyrus. Er brauchte Fakten, gemäß seinem Einstehen für die Empirie.

Der Anwalt warf einen schnellen Blick zur Decke, die aus weißbemaltem Blech bestand. »Vielleicht nicht alles.« Er brauchte einen Augenblick, um seine Gedanken zu ordnen. »Du willst ein Mann der Wissenschaften werden, Cyrus. Max war ein Bergbau-Chemiker, der seine Chemie in der Praxis lernte. Weißt du irgend etwas über seine Mutter?«

Nicht ohne Mühe schluckte Cyrus eine Gabel voll Salat. »Meine Großmutter war eine Herzogin. Eine Hohenzollern. Sie starb bei seiner Geburt. Sein Vater war ein Graf. Er kaufte Land in Colorado und gründete eine Kolonie. Colorado Springs.«

»Ein Mann namens Palmer gründete Colorado Springs. Er war im Eisenbahngeschäft«, sagte der Anwalt.

Cyrus sah ihn an; zwischen seinen Zähne hing ein Salatblatt.

»Du kannst es in den Chroniken nachlesen. Und was Max betrifft ... aber wir können es dabei belassen.«

»Sie wissen es anders?«

»Nur, was er mir erzählt hat – eines Morgens, nachdem er die ganze Nacht Billard gespielt hatte.«

»Ich möchte alles wissen.«

»Ich nehme dich beim Wort.« Der Anwalt verstummte. Die Austern waren angekommen, schleimig glänzten sie in ihren Schalen, sie waren auf Eis angerichtet. »Max' Mutter war keine Herzogin. Tatsächlich – wir können offen sein – war sie bei seiner Geburt nicht einmal verheiratet; sie war es auch die Jahre vorher nicht. Sie erzählte viele bunte Geschichten. Wahrscheinlich, weil sie Opium mochte.« Der Anwalt preßte eine Zitrone über den Austern aus, tippte dann die Schale an und ließ das Tier den Rachen hinuntergleiten. »Versuch es.«

Cyrus war zu hungrig, um nicht zu gehorchen. Es schmeckte fett und salzig. Er wußte nicht, ob er es mochte.

»Max' Mutter steckte ihn als Kind in die Schmelzhütten zum Arbeiten, in Cripple Creek, in den Neunzigern«, sagte der Anwalt. »Von seinem Lohn versteckte er soviel er nur konnte. Und als er alt genug war, um seine Unabhängigkeit unter Beweis zu stellen, war er in der Lage, das zu tun, was du nun so eifrig anstrebst.«

»Was?«

»Theorie mit Praxis verbinden.« Der Anwalt wischte sich mit der schweren weißen Serviette den Mund ab. »Von den Männern in den Minen lernte er, was er brauchte. Er war noch immer ein sehr junger Mann, als er nach Nevada zog.

Ich nehme an, er verbrachte einige Monate in Carson City, um die Aufzeichnungen des Staates zu studieren. Dann kaufte er ein Pferd und ein Maultier und ging in die Wildnis und gab sich als reicher Jäger aus.«

Der Anwalt lächelte, als er über Max' scharfen Verstand nachdachte. »Er durchstreifte den östlichen Abhang der Sierra und die Wüstengebiete im Osten. Seine Jagd hatte alte Minenhalden und die Schlacken der Schmelzhütten zum Ziel. Manchmal mußte er wohl auch flüchten, wenn sich herausstellte, daß die Mine, die er auserkoren hatte, nicht ganz verlassen war. Nach einem Jahr kehrte er mit dem, was er erfahren hatte, hier zu den Finanzleuten in San Francisco zurück. Er führte ihnen einige geniale Tischexperimente vor – man sagte, einem ruinierte er mit seinen Säuren den Lederbezug seines Schreibtisches –, aber was er ihnen vorführte, überzeugte sie; daß er aus wertlosem Abfall, der ein Viertel Jahrhundert früher weggeworfen worden war, ausreichende Mengen kostbarer Metalle gewinnen konnte.«

»Man stieß ... man stieß damals auf viele neue Minen«, sagte Cyrus. »Gold und Silber – der Yukon, Tonopah ...«

»Nicht zu vergessen Australien, Südafrika, das waren die Orte.« Der Anwalt nickte. »Dein Vater meinte, neue Minen würden für die Wiedergewinnungstechnologien, die er anpries, nur eine um so leuchtendere Zukunft verheißen.«

»Was geschah?«

»Nun, er wurde reich. Du weißt das.«

Wußte er das? Um seine Verwirrung zu verbergen, sagte Cyrus. »Aber nicht als Chemiker.«

Der silberhaarige Anwalt hielt zwischen zwei Austern inne, lange genug, um nickend seine Zustimmung mitzuteilen. »Du hast recht. In den darauffolgenden Jahren betrieb Max weniger die chemische Wiedergewinnung von Erzen. Er war ein geborener Verkäufer, ja, das war er. Erst verkaufte er Metallanalysen. Aber es dauerte nicht lange, bis er merkte, daß mit dem Verkauf von Aktien sehr viel mehr Geld zu machen war.«

Ihre Unterhaltung wurde unterbrochen von der Ankunft

schwerer Porzellanteller, auf denen sich Fleisch und Kartoffeln türmten.

»Er verkaufte vor allem an Investoren aus dem Osten. Du weißt, denke ich, daß deren Wissen vom Westen bis auf den heutigen Tag vor allem auf melodramatischen Kinofilmen und sensationellen Zeitungsberichten basiert. Wie ist das Fleisch?«

Cyrus nickte und kaute. Der Anwalt schlürfte seinen Wein und sprach, während Cyrus zuhörte und gespannt darauf wartete, zu erfahren, woher der Erzähler wußte, was er zu wissen vorgab. In seiner Version machte sich Max Hudder – noch immer jung, ein Aktienmillionär und ausgestattet mit einer respektablen und völlig erfundenen Vergangenheit, die ihn als Waisen sah und somit das offensichtliche Fehlen der Verwandten erklärte – daran, sich mit einer Frau zu versehen.

Es war ein schwindelerregendes Zeitalter. San Francisco hatte sich nach dem Erdbeben von 1906 aus eigener Kraft wieder aufgebaut. Neun Jahre später feierte es seine Wiedergeburt durch die große Panama-Pacific-Exposition. Das offizielle Plakat zeigte einen muskulösen nackten Riesen, der mit Knien und Händen Berge zur Seite rückte, die sich schimmernd in einem fernen Hintergrund auf eine weiße Stadt (die dem Ausstellungsgelände nicht unähnlich sah) öffneten. Diese Öffnung in der Erde war natürlich der neu fertiggestellte Panama-Kanal; die futuristische Zivilisation war Kalifornien und San Francisco sein Symbol.

Auf einer der zahlreichen Kotillons, die er besuchte, lernte Max Hudder Lily Gillis kennen, die jüngere Tochter aus einer Dynastie, deren Mitglieder seit den 1860ern, als die Stadt zum Umschlagplatz der Comstock-Minen wurde, zur Aristokratie San Franciscos gehörte.

»Sie wurde von Männern aus der ganzen Halbinsel hofiert«, sagte der Anwalt. »Aber sie waren alle im Nachteil. Der alten Gillis hatte das Vermögen der Familie in Max Hudders Projekte investiert und schien den jungen Mann wirklich zu mögen. Ob Lily ihn mehr als die anderen mochte, wird wohl niemand erfahren. Max machte ihr unter dem Pelton Wheel den Heiratsantrag.«

»Dem was?«

»Eine hydraulische Turbine mit acht Metern Durchmesser, das zentrale Ausstellungsobjekt im Maschinenpalast.« Der Mann holte mehr und mehr aus. »Ein futuristischer Ort für einen Heiratsantrag, alles voller Metall, hell erleuchtet – wie das gesamte Ausstellungsgelände – durch Wasserkraftwerke, die in den Bergen mit ähnlichen Turbinen ausgestattet waren.«

Zwischen großen Gabelbissen mit Lammkotelett drängte Cyrus weiter. Der Anwalt kam seinen Bitten nach. »Die ersten Jahre der Ehe stellten für Lily eine große Belastung dar. Amerika war dem großen Krieg beigetreten. Mineralvorkommen waren wichtig. Max war oft wochenlang fort, östlich der Sierra. Das war kurz vor deiner Geburt, aber als du kamst, warst du ein wohlversorgtes Kind. Und dann, natürlich ... du weißt, was passierte, als der Aktienmarkt zusammenbrach. Deinen Vater und Großvater hatte es schwer getroffen.«

Hier begann die epische Erzählung des Anwalts vertraute Bereiche von Cyrus' Erinnerung zu betreten. Im eukalyptusbeschatteten Burlingame, unten auf der Halbinsel, erlag Großvater Gillis einem nun, wahrscheinlich war es ein Herzinfarkt. »Und dein Vater mußte sich um einen neuen Job umsehen. Die Fakultät der Mackay School of Mines bestand traditionell aus drei Mitgliedern; da ein ausgezeichneter Gentleman in diesem Sommer früh verstorben war ...«

Cyrus nickte. Natürlich hatte sein brillanter Vater die Stelle bekommen.

»Es gab eine Menge hochqualifizierter Bewerber für die freie Stelle«, fuhr der Anwalt fort. »Einige Vorstandsmitglieder der Universität, Kalifornier, die nur dem Namen nach aus Nevada waren, verdankten den größten Teil ihrer bescheidenen Vermögen Max Hudder; sie waren vorsichtiger als er gewesen und hatten auf ihr Geld aufgepaßt.«

In den frühen dreißiger Jahren war die Familie – Cyrus war zehn Jahre alt – nach Nevada umgezogen. Die Reise hatte sich ihm eingeprägt, da sie mit der Eisenbahn fuhren – nicht wie gewöhnlich, sondern in einem Privatabteil.

»Worauf ich hinaus möchte, Cyrus, ist: Die Gefallen, die dein Vater vor zwanzig oder dreißig Jahren anderen erwiesen hatte, sind nun zu Geld auf seiner Bank geworden.«

Cyrus kaute und überlegte. »Mein Vater hat es zurückgewiesen«, sagte er. »Denke ich.«

»Tat er das? Er hat nichts davon verlauten lassen.« Der Anwalt ließ den Blick von Cyrus auf seinen Teller schweifen. »Das Lamm ist okay, hoffe ich.«

»Ja, Sir.« Er kaute weiter, schluckte und sah zu seinem Wohltäter. »Ich glaube nicht, daß Sie das alles während eines Billardspiels erfahren haben, Sir.«

»Cyrus, tu *mir* einen Gefallen. Kümmere dich nicht darum. Wenn du meine Hilfe brauchst, dann ruf mich an. Hier ist meine Karte.« Der Name auf der Karte lautete Fortnam Pearce III; er lächelte Cyrus zu. »Ich möchte, daß du eines verstehst: du mußt nicht mehr in einer Spielhalle arbeiten. Max hat dafür vorgesorgt. Und du mußt auch nicht an der Universität in Nevada bleiben. Du kannst höherer Ziele verfolgen. Princeton, zum Beispiel. Ich kenne deine Qualifikationen. Es würde mich freuen, einen Brief aufzusetzen.«

»Es gefällt mir in Nevada.«

Der Anwalt nickte. »Schön. Schrecke nicht davor zurück, deine Meinung zu ändern. Du mußt selbst entscheiden. Du bist nicht zu einer vorbestimmten Zukunft verdammt wie ein Verurteilter zu seiner Gefängnisstrafe. Du bist frei!«

Rote und blaue Lichter leuchteten durch den Nebel. Eine Lautsprecherstimme krächzte ihn an. »Wie geht es Ihnen, Mister?«

Cyrus drehte sich zum schwarz-weißen Streifenwagen um, der hinter ihm angehalten hatte; stumm blitzten seine Alarmlichter. Der Beamte innen beugte sich über den Vordersitz und leuchtete ihm mit einer Taschenlampe ins Gesicht. Ein dünner Regen aus Nebelpartikel bewegte sich durch ihren Strahl.

»Ich beabsichtige nicht, die Brücke seitwärts zu verlassen, Officer«, sagte Cyrus. »Wenn es das ist, was Sie beunruhigt.« Sofort tat es ihm leid, es auf diese Weise gesagt zu haben. Ungewöhnliche Worte waren in dieser Situation nicht angebracht.

»Treten Sie bitte näher und zeigen Sie mir Ihren Ausweis.« Der Polizist sah ihn unverwandt an, seine Stimme kam allerdings aus dem Lautsprecher auf dem Dach des Streifenwagens. »Bewegen Sie sich langsam.«

»Wie Sie meinen.« Cyrus schlug den Mantel zurück und griff nach seiner Brieftasche. Bevor er sie aus der Innentasche ziehen konnte, hörte er unverständliche Stimmen, die aus dem Funkgerät im Wageninneren kamen.

Der Polizist sagte etwas, das Cyrus nicht verstehen konnte. Dann erklärte eine Lautsprecherstimme. »Danke, Sir. Geben Sie bitte auf sich acht.« Er hatte kaum den Satz zu Ende gesprochen, da begann die Sirene des Wagens zu heulen, der Motor röhrte auf, und er startete mit quietschenden Reifen. In weniger als einer Sekunde war er in nördliche Richtung im Nebel verschwunden.

Cyrus ging in die gleiche Richtung; er schritt nun schneller. Im Osten ging die Sonne auf, im Nebel machte sich diffuses Licht bemerkbar. Am nördlichen Pfeiler der Brücke, landeinwärts, öffnete sich ein Loch in den Nebelschwaden; Cyrus blickte auf und sah den blaßen blauen Himmel. Rechts von ihm, auf dem Parkplatz des Aussichtspunkts über den Klippen, ließ ein Wagen die Scheinwerfer aufleuchten.

Es war Edwards Wagen, eine unbescheiden goldlackierte Mercedes-Limousine. Zu dieser Zeit – sehr viel später, als sie vereinbart hatten – mußte Edward bereits nervös geworden sein. Cyrus zwang sich zu einem milden Lächeln.

CORE CITY, 1993

Josie kam aus der Wüste nach Hause und fand seinen Vater auf dem Boden schlafend; vor ihm das weiße Flimmern des

Fernsehapparats. Er schaltete den Recorder aus und rüttelte an Leidy, bis dieser aufwachte und sich ins Bett schleppte.

Josie ging in sein Zimmer; er fühlte sich ganz und gar nicht müde. Durch sein Fenster strömte das klare rote Sonnenlicht. Er setzte sich auf das Bett, schlug sein Wüstenbuch auf –

– und wachte sechs Stunden später auf.

Leidy war in der Küche, hatte Eier in der Pfanne und brannte Waffeln. »Ich habe mir für den Rest des Tages freigenommen«, grummelte er und kratzte seine Bartstoppel. »Willst du nachmittags Reiten gehen?«

»Hast du wirklich soviel Zeit?«

»Hey …« Leidy beschrieb mit seinem Arm einen großen Bogen, als wäre der Raum, den er damit bezeichnete, gleich der Zeit, die er für seinen Sohn hatte. »Außerdem wird alles, was getan werden muß, getan. Von Leuten, die von diesen Dingen mehr verstehen als ich.«

Sie gingen durch Gestrüpp zur alten Garrett Ranch. In der Luft über den Mesquit-Sträuchern hing ein staubiges Parfüm; Grashüpfer schwirrten herum und stießen gelegentlich gegen den Mann und den Jungen.

»Halt die Augen offen und gib auf Klapperschlangen acht«, sagte Leidy.

»Okay, Dad.« Josie bemerkte, daß sein Vater selbst kaum auf sie achtete.

Keine Klapperschlangen bedrohten sie; sie erreichten sicher das Herz des alten Farmgeländes. CORE hatte einige der Ranch-Arbeiter angestellt, diejenigen, die bereit waren, dazubleiben und den Viehbestand zu versorgen. Die Rinder waren verkauft worden, doch die Pferde waren geblieben. Leidy war ein- oder zweimal geritten, er versuchte auf dem Pferd, das der Stallaufseher für ihn gesattelt hatte, gelassen auszusehen; Josie konnte man allerdings nichts vormachen.

Ihre beiden Tiere waren sanft, sie ritten Seite an Seite, als ob sie seit Jahren nichts anderes getan hatten; schweigend ritten sie zwei oder drei Meilen, hinunter in die weite Ebene, über das trockene Flußbett und auf der anderen Seite die geschichteten Klippen hoch, bis sie von der Ferne auf CORE-City und den weißen Bohrturm, der sich über der Mesa erhob, zurückblicken konnten.

»Mom sagt, daß ihr euch scheiden lassen wollt«, sagte Josie plötzlich.

»Ja.«

»Müßt ihr das tun?«

»Wir sind eigentlich seit langer Zeit nicht mehr verheiratet, nur noch auf dem Papier. Eine Ehe bedeutet, daß man die Zeit miteinander verbringt, Josie.«

»Liebst du sie noch?«

»Ich liebe sie, aber nicht so, wie ich es sollte, um verheiratet zu sein.«

»Wirst du Dr. McDougal heiraten?« Josies Pferd hatte einen Strauch gefunden, den es mochte, und begann ihn lebhaft abzuweiden. Es riß dem Jungen beinahe die Zügel aus den Händen.

»Ich weiß es nicht.« Leidy zögerte. »Nicht so schnell, jedenfalls.«

»Irgendwann einmal?«

»Ich weiß es wirklich nicht«, sagte Leidy. »Manchmal kommen wir miteinander aus, manchmal auch nicht.«

»Ich mag sie nicht.«

»Das hast du mir gesagt.« Leidy schwieg einen Moment lang. »Du und ich, wir können uns trotzdem mögen. Ganz egal, ob du sie magst.«

Josie zuckte mit den Schultern.

»Ich dachte, es gefällt dir hier draußen.«

»Es ist okay.«

Leidy spürte Panik aufkommen. Er hatte das, was ihn von seinem Sohn trennte, nicht unter Kontrolle. Nach Marokko, das war nun neun Jahre her, hatte er sich vorgenommen, es besser zu machen, aber er war sich niemals sicher, was das bedeutete: besser. »Nach der nächsten Woche kann ich einige Tage freinehmen. Wir könnten campen. Unten am Pecos gibt es alte Kavallerie-Forts, indianische Ruinen, Versteinerungen ...«

»Es ist okay, Dad. Du hast viel zu tun.«

Leidy rutschte im Sattel hin und her und versuchte, eine bequeme Position zu finden. »Schau, ich möchte, daß du eines weißt. Ich bin nicht besonders gut mit meinem Vater zurechtgekommen. Teilweise mein Fehler, teilweise seiner. Aber ich möchte mit dir zurechtkommen, Josie. Weil ich dich liebe.«

Josie ließ dem weidenden Pferd seinen Willen. »Wie war er?«

Mir viel zu ähnlich, dachte Leidy. Er beugte sich hinüber und griff das Zaumzeug von Josies Pferd. Die beiden Pferde bewegten sich nach Osten, durch hohe Sträucher hindurch. »Manche sagen, dein Großvater war ein Genie. Vielleicht war er das. Dr. McDougal versteht seine Arbeit besser als ich ...«

»Ich weiß, er hat Hudderit erfunden«, sagte Josie ungeduldig. »Großmutter hat mir alles davon erzählt. Außerdem war es im Fernsehen.« Josie war der Titel der Kassette aufgefallen, die er diesen Morgen aus dem Recorder geholt hatte; er hatte die Sendung im Fernsehen gesehen.

»Ja. Was willst du über ihn wissen?«

»Ich weiß es nicht.« Josie fragte sich, ob sein Dad absichtlich begriffsstutzig war. »Hat er dich gezwungen, die Hausaufgaben zu machen? Hat er dir dabei geholfen? Habt ihr beiden viel gemeinsam gemacht?«

»Er war nicht oft zu Hause«, sagte Leidy.

»Wie du?«

»Ich habe mir immer seinen Wagen geliehen.«

»Er ließ ihn dir?«

Die Wahrheit. »Ich habe ihn nicht gefragt, anfangs. Er war sauer, als er es herausgefunden hatte. Aber später ließ er mich.«

»Ist er tot, wie sie es im Fernsehen gezeigt haben?«

Leidy konnte nicht antworten.

Josie blieb hartnäckig. »Weißt du es nicht?«

»Jeder sagt, daß er tot ist, Josie«, antwortete Leidy. »Jedenfalls ist er es dem Gesetz nach.«

»Ja, so wie du und Mom nach dem Gesetz verheiratet seid.« Josie warf wütend den Kopf nach hinten.

Sie ließen in brütendem Schweigen die Pferde über die Steine und die rote Erde gehen. Die Tiere waren nun auf den Stall ausgerichtet. Josie beugte sich nach vorne und ließ die Zügel locker. »Los«, sagte er plötzlich und schlug die Absätze seiner Stiefel in die Flanken seines Pferdes. Das Pony schoß los wie ein Katapult auf den entfernten Stall zu; Josies neuer Cowboy-Hut flog davon und landete in einem wuchernden Mesquit-Strauch. Leidy mußte sein Pferd anhalten, um ihn aufzunehmen, bevor er seinem Sohn unbeholfen folgte.

HOUSTON, TEXAS, 1989

Cyrus hätte jederzeit gehen können – fast jederzeit – nach dem Flug im Firmenjet nach Houston. Er hätte ein Taxi zum Flughafen anhalten können, und in wenigen Stunden wäre er vor Gretas Tür gestanden. Oder er hätte sie anrufen können. Er wollte es auch, fast jeden Tag während der ersten eineinhalb Jahre. Er hatte sich jedesmal dagegen entschieden. Was er tat, würde ihnen allen nützen.

Als er das nicht mehr glaubte, war es zu spät. Wie hätte er alles erklären sollen? Wie konnte er es rechtfertigen, Gretas Leben, das sie sich ohne ihn eingerichtet hatte, wieder zu zerstören? Und dennoch fragte er sich manchmal, ob er nicht doch den Mut aufbringen könnte ...

In den vierzig Jahren, in denen er gearbeitet hatte, war Cyrus niemals für das, was er tat, Anerkennung zuteil geworden. Die Lobsprüche, die Preise, das Geld war an andere gegangen. Lange Zeit wuchs in ihm Abneigung, denn Glück und Beziehungen waren die Summe eines jeden Lebens; Anstrengungen und Fähigkeiten waren nützlich, aber sekundär. Aber immer hatte Cyrus auf Gerechtigkeit gehofft.

Dann fand ihn Edward Samarri und versprach ihm große Dinge; das größte darunter war die Möglichkeit, das tiefste nur vorstellbare Loch der Erde zu bohren. Einzige Bedingung war totale Geheimhaltung. Wenn das das Glück war, das in sein Leben getreten war, wenn das seine Gerechtigkeit war, dann war er entschlossen, sie zu ergreifen und nicht wieder loszulassen.

Die Forschungseinrichtungen, die Noramar zur Verfügung stellte, befanden sich im alten Industriegebiet Houstons und waren in den ersten Jahren alles andere als großzügig. Seine Büroräume lagen an einem Ende einer Werkzeughalle, die so groß war wie die Lagerhalle eines Stahlwerks, was sie ursprünglich auch gewesen war. Lange Zeit stand sie leer, bis auf sein kleines Labor, doch als sich Cyrus' Pläne konkretisierten, und er seine Wünsche kundtat, begann sich die weiträumige Halle zu füllen – mit hydraulischen Pressen, sechs Meter hohen Schleuderkammern, riesigen Vakuumkammern, Ionen-Implantationsbeschleunigern und mit Kühlaggregaten für die schnelle Fixierung von Legierungen. Einrichtungen, von denen Cyrus sein ganzes Berufsleben lang geträumt hatte.

Er requirierte einen Mitarbeiterstab von jungen engagierten Chemikern, Metallurgen und Physikern, die aus Algerien, Korea, Pakistan oder anderen kapitalschwachen Ländern stammten, Leute, die so klug und intelligent waren wie die Wissenschaftler, mit denen er früher zusammengearbeitet hatte. Als er nach einiger Zeit Zugang zu leistungsfähigen Computern benötigte und die Hilfe von Programmierern, die seine Gleichungen in anwendungsfähige Programme übersetzten, stellte Noramar auch diese zur Verfügung. Es schien, daß kein Material zu selten, kein Gerät zu teuer, keine Information zu entlegen war, als daß Noramar sie in angemessener Zeit nicht bereitstellen konnte. Sie gaben ihm alles, nur keine Publicity.

Von Anfang an war die Halle von einem hohen Zaun umgeben, der von Wachen patrouilliert wurde; aber sie waren dazu da, andere fernzuhalten, nicht, um Cyrus einzusperren. Er wußte, daß man ihm manchmal folgte, daß sein Telefon abgehört und seine Post geöffnet wurde; das war Teil des Vertrags, genauso wie damals in Los Alamos und bei

Gibbs. Sie nahmen sein Privatleben, schenkten ihm dafür aber Komfort. Sein texanischer Führerschein wies ihn als Hiram Daniel aus, er wohnte in einem kleinen teueren, im pseudo-französischen, antikisierten Provinzstil erbauten Haus aus roten Backsteinen an den grasbewachsenen Ufern eines kleinen Bayous, der von mächtigen Eichen überschattet wurde. Cyrus fand keine Freunde unter den reichen Nachbarn, deren Häuser ebenso unsichtbar waren wie seines. Er schloß lediglich einige Bekanntschaften mit Mitarbeitern seines Stabes; solange er arbeitete, brauchte er keine Menschen, die ihm nahestanden. Nur Edward leistete ihm Gesellschaft.

Manchmal nahm Edward ihn zum Einkaufen mit, eine seiner Lieblingsbeschäftigungen; Edward liebte die Discounters, die aus fünf Hektar Parkplatz und zwei Hektar Einkaufsfläche bestanden. Sie rüsteten Expeditionen aus und kamen mit zusammengeklappten Aluminiumgartenmöbeln, Säcken mit Mesquit-Brennholz, Kartons mit Geschirrspülmitteln, eingefrorenen Steaks, Koteletts und Kästen mit Perrier und Gin zurück.

Warme Abende verbrachten sie auf Cyrus' Veranda, vom Grill zog der Barbecue-Duft zu ihnen herüber. Edward liebte es, über Kunst, Musik, Wissenschaft zu sprechen; nichts, worüber Cyrus sich unterhalten wollte, jedoch schien er für Politik nicht viel Interesse aufzubringen. Edwards liebstes Thema war Thomas Golds' Hypothese von Gasvorkommen im Tiefengestein; ihre Abende entwickelten sich oft zu Monologen, die Edward zu diesem Thema hielt.

Nachdem ihm aufgefallen war, daß Kohlenstoff in einfachen Meteoriten – diesen Antiquitäten des Sonnensystems, die noch aus einer Zeit vor der Entstehung der Erde herrühren – bereits in komplexen Kohlenwasserstoff-Verbindungen vorlagen, die nicht von lebendigen Wesen stammen konnten, entwickelte Gold die Hypothese, daß unser Planet, der aus solchen Meteoriten zusammenwuchs, immense Vorkommen dieser nicht-biologischen Kohlenwasserstoffe beherbergen mußte: Öl und Gas, die sich nicht aus dem Verfallsprozeß von Pflanzen, Fischen oder Mikroorganismen bildeten, sondern in ursprünglicher Form, tief im Inneren der Erde, vorliegen mußten. Golds Theorie war eine Zusammenstellung von Anekdoten und Seltsamkeiten; sie baute auf solchen Beweisen auf wie die Feuersäulen, die manchmal nach Erdbeben zu beobachten sind, auf die Eruptionen gashaltiger Moore, auf Hexenlichtern und dem seltsamen Verhalten von Tieren unmittelbar vor Beben. Klug extrapolierend, erklärte Edward diese und andere Phänomene.

»Nimm zum Beispiel Tiefenbeben«, sagte Edward dann enthusiastisch und nippte an seinem Perrier mit Zitrone. »Niemand hat bislang zufriedenstellend Tiefenbeben erklären können, Beben mit Hyperzentren, die siebzig Kilometer tief liegen – manche sogar sechs*hundert*undsiebzig Kilometer tief. Die meisten Erdbeben entstehen durch das plötzliche Aufbrechen von Gestein, das Spannung akkumuliert hat – aber wie kann in einer Tiefe von fünf, in den meisten Fällen von fünfzig Kilometern, Gestein aufreißen? In dieser Tiefe befindet es sich unter so hohem Druck, daß sich kein Riß auftun kann; in dieser Tiefe ist das Gestein heiß und formbar, es würde einfach, nun, ausströmen.« Edward wischte den unausgesprochenen Einwand fort. »Ich weiß, Gestein in Subduktionszonen ist relativ kühl und naß – was vielleicht Beben in aktiven Subduktionszonen erklärt. Aber was ist mit jenen, die nicht in diesen Zonen liegen?«

Cyrus trank dann seinen Gin Tonic und gab vor, zuzuhören, während Edward fortfuhr. Edward alterte nicht ohne gewissen Charme, dachte Cyrus. Seine vorzeitig ergrauten Schläfen machten ihn attraktiver. Er hatte Edward keinen Alkohol mehr trinken sehen seit dieser unglückseligen Nacht im Cibola in Reno. Oder blieb er nur in Houston, in der Nähe des Firmenhauptquartiers, nüchtern? Hatte er eine Frau? Eine Familie? Eine Freundin vielleicht? Oder einen Freund, was das anging? Cyrus betrachtete diese Fragen mit großer Gelassenheit. Er war nicht prüde. Er fand es seltsam, daß ihn Edward niemals Freunden vorstellte, lediglich einigen wenigen Firmenkollegen. Und daß er, wenn er kaum oder nur selten über Politik sprach, die Familie ganz ausklammerte.

Währenddessen erklärte Edward auf der Veranda, daß tiefliegende Kohlenwasserstoffe unter lithostatischem Druck (der Druck, den Gestein auf Gestein, tief innen im Mantel, ausübte – der Menthan so zusammenpreßte, daß es die Dichte von Felsen annahm) Poren öffnen konnten, die die Spannung von Rissen weiterleiteten und verschoben. Und so Tiefenbeben ermöglichten.

Wundervoll, Edward, dachte Cyrus, was immer du auch glauben magst. Ich bin froh, es mit sechshundert Kilometern, siebenhundert Kilometern oder sogar mehr zu versuchen. Nenne mir jeden Grund, den du willst. Ich habe bereits alle Gründe, die ich brauche.

Einmal im Monat berief Edward ein Treffen ein, das im Erdgeschoß eines rosamarmorierten Turms stattfand, der in einem Park im Zentrum Houstons lag. Unter dem Wachsüberzug bestand der Tisch aus gesprenkeltem Holz, das die Farbe von geronnenem Blut hatte; gespitzte gelbe Bleistifte, dicke gelbe Unterlagen und Wassergläser, das gewöhnliche Zubehör, waren mit militärischer Präzision vor jedem Stuhl arrangiert.

Aus Sicherheitsgründen wurden diese Treffen nicht im Noramar-Gebäude abgehalten, erklärte Edward Cyrus, aber das bedeutete nicht, daß Cyrus keinen Zugang zum Hauptquartier besaß. Ganz im Gegenteil: Jeder Angestellte, den Cyrus kontaktieren wollte, stünde jederzeit und überall, wo er nur wolle, bereit. Cyrus wußte nicht, wen er kontaktieren sollte. Er war nicht jemand, der Dinge reparieren wollte, die nicht kaputt waren.

Jedesmal zu Beginn des Treffens war das gleiche Bild auf der Leinwand zu sehen – eine rosa- und rotschattierte Weltkarte, die mit roten und schwarzen Punktansammlungen übersät war. Rosafarbenes Licht reflektierte von der glänzenden Tischoberfläche und verfärbte die weißen Hemden und glatten Gesichter der Anwesenden. Die Wassergläser waren rosafarbene Lichtzylinder. Auf der Karte stellten rosafarbene und graue Schraffierungen geologische Markierungen dar. Die roten Punkte waren Erdbeben. Die schwarzen Öl.

Cyrus, der in Gedanken versunken war, während die anderen redeten, fand schließlich heraus, warum die longitudinale Mitte der Karte, die eine gewisse symbolische Bedeutung besaß, auf einer Nord-Südlinie durch Sibirien, das östliche China, die Philippinen, Indonesien und das westliche Australien verlief – statt Nordamerika oder die arabische Halbinsel zu durchschneiden, wie es für eine Firma, die sich North American-Arabian Oil Corporation nannte, angemessen wäre. Karten werden gewöhnlich so gezeichnet, daß ihre Mitte den Teil der Welt zeigt, den Kartographen für den wichtigsten halten; der zentrale Meridian dieser Karte lief durch viele Ölfelder, aber keines davon gehörte Noramar. Cyrus wurde bewußt, daß sie absichtlich die Aufmerksamkeit dahin lenkten, wo sich das wirkliche Geschehen nicht abspielte.

Die Einstellung änderte sich nie, aber die Anwesenden, ein halbes Dutzend, wechselten häufig. Die meisten waren dunkelhäutige Männer, kompakt und muskulös; einige waren glatzköpfig, einige besaßen Locken, einige Bärte. Manche waren groß und sprachen mit einem texanischen Akzent; einige wenige hatten einen Akzent, den Cyrus nicht identifizieren konnte. Nach den ersten Monaten hörte Cyrus auf, sie auseinanderhalten zu wollen.

»Heute möchte ich einen Mann vorstellen, den die meisten von Ihnen kennen«, sagte Edward. »Ich halte mich also nicht lange mit der Vorstellung auf. Dr. Gerken hat uns einige interessante neue Daten mitzuteilen.«

Gerken erhob sich in den rosafarbenen Lichtstrahl des Projektors. Die anderen kannten ihn vielleicht, Cyrus aber hatte ihn niemals zuvor gesehen. Er hatte sandfarbenes Haar und blaße Augen; er war ein wenig älter als die anderen, schwer gebaut, gut gekleidet. Er hätte ein Firmenanwalt sein können. Er hätte auch ein Hollywood-Agent sein können.

»Ich möchte Ihnen folgendes zeigen«, sagte er – wobei Cyrus, leicht überrascht, feststellte, daß er einen russischen

Akzent besaß. Gerken, der keinen Wert darauf legte, seine Ungeduld zu verbergen, nickte Edward zu; Edward drückte den Fernbedienungsknopf, und einer der Projektoren an der entlegenen Wand antwortete mit einem neuen Bild: Es zeigte fahrige schwarze Linien, die sich zu einem dreidimensionalen Bild eines Teils der Erdkruste ausbildeten. Die Auflösung war schrecklich.

»Was wir hier sehen, ist eine Tiefenstruktur«, sagte Gerken. »Die Tiefenstruktur einer ölhaltigen Region namens IL-R, die unser besonderes Interesse verdient. Diese seismographischen Daten wurden in Martins Labor ausgewertet.« Gerken nickte einem der Männer am Tisch zu. »Und wenn es auch kaum für sich selbst spricht, so ist es doch aufschlußreich, denke ich, verglichen mit dem, was uns vorher zur Verfügung stand.«

Gerken nickte wieder zu Edward, der die Fernbedienung betätigte. Ein weiteres, ebenso verschwommenes Bild erschien.

»Das, so glauben wir, ist ein großes Flüssiggasreservoir. Diese gesprenkelte Region, hier.« Gerken ergriff einen Lichtzeiger und ließ den roten Pfeil über einen Teil des Bildes wandern. »Wir haben eine Reihe von diesen Bildern, aus übereinanderliegenden Schichten, wobei leider die Auflösung abnimmt, je weiter wir nach unten gehen. Ich möchte dies entschuldigen. Trotzdem erhalten Sie eine Vorstellung von der potentiellen Größe.«

Die Projektionen folgten in kurzen Abständen aufeinander. Die verschwommenen Regionen, die Gerken ein Reservoir genannt hatte, schwellten auf der Leinwand an.

Schwammig, schwammig, schwammig ...

Im Raum war es heiß; irgend etwas stimmte mit der Klimaanlage nicht. Wahrscheinlich verlas sich Cyrus bei den Tiefenangaben neben den projizierten Bildern. Oder es stand dort wirklich vierhundert Kilometer. Cyrus spürte, wie er müde wurde. Gerkens Persönlichkeit verfügte nicht gerade über eine Ausstrahlung, die seine Rede eindringlicher gestaltet hätte. Cyrus war sich sicher, daß unter der Hitze und der schlechten Auflösung etwas von großer Tragweite angesprochen wurde, doch seine Überzeugung entbehrte einer Grundlage oder einer unbewußten Grundlage.

Die Lichter gingen an. Gerken setzte sich. Edward lächelte, blendend weiß funkelten seine Zähne in dem braunen Gesicht. »Das ist alles. Nächsten Monat wird Dr. Daniel uns von seinen neuesten Druckexperimenten erzählen. Nun, bevor Sie gehen, überreichen Sie mir bitte die oberste Seite und alle diejenigen, die Sie beschrieben haben ...«

Cyrus, angetrieben von seinem persönlichem Ehrgeiz und den hohen Erwartungen des Sponsors, verbrachte viel Zeit in seinem Labor; in zwei Jahren hatte er größere Mengen an Hudderit hergestellt als in den zwei Jahrzehnten zuvor am HRI, bevor er sein eigenes Verschwinden organisierte. Seine Erfolge wurden der Welt nicht verkündet. Drei Jahre später hatte er Methoden entwickelt, um komplexe Hudderitstrukturen herzustellen; er ließ sie wie Kristalle an Keramikformen wachsen. Die Welt wußte nichts davon. Cyrus wußte es, und sein Wissen war ihm Bestätigung genug.

Trotzdem gab es viele Nächte, in denen er nicht schlafen konnte, in denen geschmolzene Eiswürfel in seinen Gingläsern klapperten.

Das Seltsame an der Selbstmordbotschaft, die er geschrieben hatte – wie viele Jahre war es nun her? –, war, daß sie wahr war. Er wußte nicht mehr genau, was er gesagt hatte, nur, daß er sie geschrieben hatte (es war Edward, der das Ding haben wollte), schnell und ohne sich Zwang antun zu müssen. Darüber, daß er ihren, Gretas und Leidys, Erwartungen nicht gerecht wurde. Etwas über Pech. Er dachte, er liebte seine Frau. Wenn er nun an sie dachte, war alles, was ihm einfiel, daß er sie wirklich geliebt *hatte* ...

New Haven, Connecticut, 1947. In den Jahren nach dem Krieg war im Land eine veränderte Haltung gegenüber Wissenschaftlern spürbar, besonders gegenüber Forschern der »harten« Wissenschaften. Anscheinend konnten sie dazu beitragen, Kriege zu gewinnen; vielleicht konnten sie auch Geld verdienen. Als er seinen Abschluß schließlich in Händen hielt, mangelte es Cyrus nicht an Stellenangeboten. North Eastern bot ihm als Forschungswissenschaftler in den Gibbs Laboratorien in New Haven ein Gehalt, wie es ihm keine Universität bieten konnte.

Das Labor unterhielt informelle Beziehungen zur chemischen Fakultät in Yale. An einem warmen Herbstabend, einige Tage nachdem er sich in einer Pension nahe des Yale Bowl eingerichtet hatte, fand sich Cyrus auf dem Rasen eines herrschaftlichen Hauses an der Hillhouse Avenue wieder, alleine in einer Menge. Er trug sein Hemd mit den Perlmuttknöpfen und die Krawatte mit der türkisfarbenen Nadel, die ihm seit seinen Jahren in New Mexico ans Herz gewachsen waren. In Chicago, wohin er zurückgekehrt war, um seinen Abschluß zu machen, waren seine Western-Klamotten eine Art Auszeichnung. Hier aber, wenn er sich unter den leichten Leinenanzügen der Fakultätsmitglieder und den bedruckten Baumwollkleidern ihrer Frauen umsah, fühlte er sich als ein Bauerntrampel.

Unter den luxuriösen goldenen Ulmen servierten weißgekleidete Schwarze Silbertablettes mit raffinierten Hors d'Œuvres und winzigen Gläsern mit einer bernsteinfarbenen Flüssigkeit, Sherry, was diese Leute im Osten zu trinken schienen, während sie sich ordentlich benahmen. Cyrus wußte nicht, ob man von Sherry betrunken werden konnte, aber er zog in Betracht, das Experiment durchzuführen.

»Cyrus Hudder?« Der Fragende war ein rosawangiger Undergraduate mit Bürstenhaarschnitt, Leinenhosen und einem Navy-Blazer, der eine schwarzgepunktete orangefarbene Krawatte trug. »Erinnern Sie sich? Dink Pearce.«

»Ich glaube nicht«, sagte Cyrus höflich, doch abweisend.

»Fortnam Pearce der Vierte.«

»Ich erinnere mich gut an Fortnam Pearce den Dritten.«

»Dad hat uns vorgestellt. In San Francisco, nachdem Ihre Mutter dorthin gezogen war. Ich war noch ein kleiner Junge.«

Sie gaben sich die Hand. »Ich erinnere mich. Ihr Vater versuchte mich zu überreden, nach Princeton zu gehen.« Cyrus Blick fiel auf Dinks Hals. »Ich nehme an, Sie konnte er dazu überreden.«

Dink schob das Kinn nach unten und versuchte, seine orangeschwarze Krawatte zu sehen. »Oh, das.«

»Etwas früh für Halloween.« Cyrus war nicht mehr der ganz so schüchterne Hinterwäldler, der er vor dem Krieg gewesen war; viele der Männer, mit denen er in Chicago und Los Alamos zusammengearbeitet hatte, gehörten zu den kosmopolitischsten der internationalen Wissenschaftlergemeinschaft. Er hatte sich einige ihrer Verhaltensweisen angeeignet.

Der Junge andererseits war von einer Unbekümmertheit, wie es nur ein reicher Freshman sein konnte. »Flagge zeigen. Diese alten Dynastien – scheint, als sei die Hälfte des Ostküstenzweigs der Familie hier bei der Krönung.«

»Sie sind mit Leiden verwandt?« Professor Leiden, ihr Gastgeber, war kürzlich zum Dekan der Naturwissenschaften ernannt worden, was der Anlaß der Party war.

»Nicht mit ihm. Aber seine Tochter ist eine Freundin meiner Schwester Kat.«

»Oh.«

»Sie ist dort drüben.«

Auf der Terrasse drehte sich ein langgewachsenes Mädchen in einem Matrosenanzug um und musterte Cyrus mit einem amüsiert traurigen Blick. Ihr langes blondes Haar fiel bis über ihren Rücken.

»Das ist Ihre Schwester?«

»Nein, das ist Leidens Tochter. Kommen Sie, ich stelle Sie ihnen vor.« Dink setzte sich in Bewegung, bevor Cyrus ihn stoppen konnte.

Cyrus unterdrückte einen Anflug von Angst und marschierte hinter seinem eifrigen Freshman-Führer über das Gras. Die sommerlich gestylte Menge teilte sich vor ihnen wie das Rote Meer vor Aaron und Moses; mit ihrem blonden Haar und dem blauweißen Anzug leuchtete das Mädchen wie eine Flammensäule in der niedrig stehenden Sonne.

»Wie heißt sie?« krächzte Cyrus. »Sagen Sie mir es, bevor Sie mich vorstellen. Ich kann mir Namen nicht merken.«

»Leiden, sagte ich das nicht bereits?« sagte Dink mit fröhlicher Boshaftigkeit.

»Ihren Vornamen.«

»Greta. Vergessen Sie ihn nicht, Cyrus. Sie hat mich nämlich nach Ihnen geschickt.«

Ja, Cyrus hatte es geliebt, in ihrer Nähe zu sein; auch wenn sie ihn nicht geliebt hatte, er hatte sie geliebt. Und seinen Sohn.

Aber der falsche Selbstmordbrief war in anderer Hinsicht wahr. Seiner Frau und seinem Sohn – das hatte er ohne Selbstmitleid, ohne sich selbst zu täuschen, geschrieben – ging es besser, wenn er nicht da war.

Es gab dafür Beweise, in den Artikeln, die diese Marta Sanchez-Cellini McDougal veröffentlichte, von denen einige von Leiden Hudder mitverfaßt waren. Cyrus Hudder verfolgte die Arbeit dieser Frau begeistert, in den Chemie- und Materialkundezeitschriften, in *Nature*, in *Science* und dem *Annual Review of Earth and Planetary Sciences*. Sie schien ihn zu kennen, schien zu spüren, was er wollte (denn, wer immer auch die Ideen entwickelt haben sollte, das war nicht der Stil seines Sohnes, das waren sicherlich nicht Leidys Worte). Ihre Arbeit glich auf beinahe unheimliche Weise der seinen. Er versuchte zu berechnen, wann sie die Arbeit gemacht hatte, die in den Aufsätzen ihren Niederschlag fand. Er erkannte, daß sie ihm manchmal voraus war.

Eine Zeit kam, als ihre Arbeit, Teile davon, seiner eigenen davoneilten. Die Wiederbelebung von Hudder Research als Firma im Staat New York gefiel ihm nicht. Daß sie von ihm, seinen Notizen und unveröffentlichten Papieren gestohlen hatte, war klar. Es mußte Teil ihres Vertrages mit Leidy sein – ihr das zu geben, was einst ihm gehört hatte. Cyrus unterdrückte seine Wut. Er betrachtete sein Alter, seine Position. Wie viele neue Ideen steckten noch in ihm?

Schließlich begann er von ihr zu stehlen. Er las, was sie

veröffentlichte; er brachte Noramar dazu, unveröffentlichte Daten vom HRI zu erwerben. Und die ganze Zeit über dachte er, wie glücklich Leidy sein mußte, sie gefunden zu haben.

Der Hof vor dem früheren Stahlwerk beherbergte großflächige Testanlagen, eine davon war ein riesiger Druckkessel. Der Druckkessel bestand aus einem Tungsten-Stahlzylinder, der vertikal im Boden steckte; er war zur Hälfte mit Öl gefüllt, das so weit erhitzt werden konnte, bis es glühte. Seine Luke war so schwer wie der ganze Kessel; mit sechzig Zentimeter langen Schrauben, die in engen Intervallen um die Abdeckluke herum angebracht waren, war sie festgeschraubt. Das erste Mal, als Cyrus das Modell eines seiner Bohraggregate testete – das erste Mal, daß er den Druck auf über fünfhundert Atmosphären und die Temperatur auf über tausend Grad Celsius brachte –, hob die dreißig Tonnen schwere Luke plötzlich wie eine fliegende Untertasse ab und kam für lange Sekunden nicht wieder herunter. Jeder, der herumstand und das Experiment beobachtete, nützte das Zeitintervall; als sie schließlich wieder zu Boden kam, befanden sie sich einen Block oder mehr entfernt. Die Luke riß ein Loch in das Dach der Werkzeughalle und zerschmetterte eine Ladung Stahlplatten, die auf dem Boden lagen. In den nächsten Minuten legte sich ein feiner Nebel von verdampftem Öl leise auf die Umgebung. Wahrscheinlich nahm es nicht einmal jemand wahr; die Nachbarschaft bestand aus Tankanlagen und Raffinerien.

Drinnen im versenkten, ruinierten Druckkessel ruhte das Testobjekt, ein fragiles Werkzeug aus transparentem Hudderit; es war unbeschädigt.

»Wir sind der Ansicht, daß wir für den nächsten Abschnitt bereit sind«, sagte Edward bei ihrem monatlichen Treffen. »Dr. Daniel hat die Bohrgeräte perfektioniert, die das Zielobjekt erreichen sollen.«

Langsam stand Cyrus auf und ging zum Ende des Tisches, wo Edward saß. Edward grinste und nickte und die Gesichter am Tisch grinsten mit ihm. Gerken befand sich wieder im Raum, sein zweiter Besuch. Jemand sagte, gut gemacht. Gerken sagte: »Sehr gut.« In seinem Gesicht allerdings zeigte sich nicht das geringste Anzeichen von Lächeln. Jemand klatschte, bald darauf fielen alle Männer am Tisch in den Applaus ein.

Cyrus zwang sich zu einem Lächeln und nickte. Er hatte nicht die Absicht, Edwards übertriebene Einschätzung seiner Leistung zu korrigieren; sie kam der Wahrheit ziemlich nahe. Das Loch würde gebohrt werden. Vierhundert Kilometer. Sechshundertundsiebzig Kilometer. Wie tief ihr auch immer wollt. Nichts Neues hier. Die Antwort war ja.

CORE CITY, 1993

Leidys Haus an der Pronghorn Terrace stand, im Winkel versetzt, neben Martas Haus. Die Stadtplaner hielten es für angemessen, ein großes Haus für den Direktor von CORE zu erstellen und ein beinahe ebenso großes für ihren Assistenzdirektor. Leidy entschuldigte sich bei Josie; er würde gleich wieder zurück sein, um ihr Essen zu bereiten, und ging zum Haus gegenüber. Er öffnete die Tür, ohne anzuklopfen.

Marta stand auf dem Lanai, einen Drink in der einen, eine Zigarette in der anderen Hand, und schritt auf und ab. Der beleuchtete CORE-Bohrturm spiegelte sich in ihrem Panoramafenster – elegant, erhaben glitzerte er wie der heilige Gral. »Was soll dieser *Scheiß* aus deinem Büro?« warf sie ihm entgegen.

»Mein Büro? Welcher Scheiß?« fragte Leidy, obwohl er nicht so überrascht war.

»Dieser sogenannte seismische Alarm, den du meintest, veröffentlichen zu müssen, ohne mich … Du weißt – ich will nicht sagen, daß du alles mit mir absprechen sollst …«

Sie zog gierig an ihrer Zigarette. »Aber du solltest dich wenigstens bemühen, die politische Landschaft zu berücksichtigen, in der wir operiert haben und noch immer operieren.«

»Ich denke, das mußt du mir erklären.«

»Wir versprachen diesen Leuten, daß wir ihre Kinder retten! Daß wir die Kinder ihrer *Wähler* retten werden!«

»Ja, genau diese Worte könnte ich dir in den Mund gelegt haben.« Sie war sauer, nun gut.

»Diese Worte sind einige der wenigen Dinge, die die Dollars und D-Marks und Yens fließen lassen, angesichts all dessen, was dort draußen das Geld auffrißt.« Sie zog an ihrer Zigarette. »Dieser *Erdbeben*-Alarm! Wir sollen die Dinge sicherer machen, und nicht gefährlicher.«

»Kann ich ein weiteres Feuerwehrauto kaufen, ohne deine Zustimmung; wir brauchen eines. Hast du wirklich Probleme mit Vorsichtsmaßnahmen gegen Erdbeben? Ich bin dein Angstellter, Marta. Mußt du wirklich jede einfache Entscheidung selbst treffen?«

»Herablassung hilft ihr nicht weiter.« Sie atmete schwer. »Wir haben die Grüne Partei vor unseren Toren. Sie haben auf den Anlaß, den du ihnen gegeben hast, geradezu gewartet, Leidy. Sonst wären sie mit ihren idiotischen Plakaten nicht in diese gottverlassene Öde gekommen.«

»Hey, das sind nicht alles Idioten«, sagte er. »Nicht einmal die professionellen Hexen. Das kleine Camp draußen an der 285 ...«

»Ah, halt den Mund. Ich dachte, *du* wärst kein Idiot!«

»Die Grünen können auf sich selber aufpassen, das wollte ich damit sagen. Worum es mir geht, ist die Gesundheit und Sicherheit unserer Leute, die Sicherheit unserer Anlage. Wir hatten ein kleines, nicht unbedeutendes Erdbeben, als wir die Fünfundsiebzig-Kilometer-Diskontinuität durchbrochen haben. Du erinnerst dich vielleicht – wir haben darüber eine Konferenz einberufen. Ein Zufall, so lautete der Konsens, und nichts ging wirklich kaputt. Dann hatten wir ein kleines Erdbeben, als wir die Vierhundert-Kilometer-

Diskontinuität durchschritten. Und wir hatten letzte Nacht ein Erdbeben.«

»Diese Rede mußt du nicht *mir* halten ...«

»Ich will aber, daß du es hörst.«

»Du hättest es mit mir absprechen sollen, das ist alles.« Sie starrte auf ihre Zigarette, als wäre sie ein außerirdisches Objekt. »Wir hätten es anders handhaben können. Bevor die Zeitungen und Medien und alle anderen davon Wind bekamen. TV-Laster parkten vor dem Rathaus. Und überall landeten diese verdammten *Helikopter.*«

Er verstummte für einen Augenblick. »Gut. Ich denke, ich hätte es mit dir absprechen sollen«, sagte er. »Hast du ein Bier?« Er ging in die Küche und öffnete den vollgestopften Kühlschrank; er wühlte sich durch Tüten mit verfaulendem Salat und fand eine Flasche Pearl. Er drehte den Verschluß auf und leerte sie zu einem Drittel, bevor er zu ihr zurückkehrte.

Ihre Zigarette war ein rauchender Stummel, an den sie sich noch immer klammerte. Sie starrte ihn wütend an. »Das funktioniert nicht«, sagte sie.

»Ich sagte, es tut mir leid.«

»Du sagtest, du denkst, daß du es mit mir hättest absprechen sollen. Du wolltest dich aus der Affäre ziehen. Was du meintest, war nicht: ›Es tut mir leid‹«, was du meintest, war: ›Dieses Weibstück ist heute abend wieder mal irrational drauf‹. Nun mach ich ein wenig herum, und dann läßt sie mich vielleicht wieder in Ruhe.«

Er brachte ein leidlich aufgesetztes Grinsen zustande. »Kein Entkommen für mich?«

»Du bist so blasiert, daß es mich krank macht. Es gibt für dich immer ein Entkommen. Du mußt nur hier raus und über den Rasen gehen.«

»Nun, das muß ich sowieso. Josie ist hier. Du erinnerst dich? Ich bin es nicht gewohnt, ihn hier bei mir zu haben. Ich habe vergessen zu kochen.« Er stellte die Bierflasche auf den Kaffeetisch. »Ich denke, ich sollte jetzt mit dem Kochen anfangen.«

Sie drückte die Zigarette aus, bevor sie sich die Finger verbrannte. »Du könntest versuchen, etwas mehr zu sagen als nur ›whoops‹.«

Er dachte nach, was er ihr sagen könnte. Was ihm einfiel, hätte ihnen beiden nicht geholfen. Ihm wurde bewußt, daß er sich von ihr entfernte.

Als er an der Eingangstür stand, sagte Marta: »Du glaubst, CORE ist das gleiche Wort wie *Cœur*, Leidy?«

»Ich verstehe nichts von Etymologie.«

»Du hast weder das eine noch das andere.«

Er verließ ihr Haus und ging über den feuchten Rasen. Sie hatten oft solche Auseinandersetzungen. Sie passierten. So war sie nun mal. Und so war er. Immer entfernte sich dann der eine oder andere.

Niemals war er sich sicher, ob es diesmal, jedesmal, das letzte Mal war. Heute abend war er zu müde, um sich darüber Gedanken zu machen. Der weite Himmel war voller Sterne. Er wünschte, er wäre auf einem von ihnen. Irgendwo anders.

ABREISE AUS HOUSTON, TEXAS, 1990

Sie schafften Cyrus vom Firmenjet zu einem Transportflugzeug auf der anderen Seite des Hangars; die Turbopropmotoren röhrten bereits. Es war eine alte C-130 Hercules, grau bemalt, mit einem runden, Yin-Yang-ähnlichen Logo auf dem Leitwerk. Cyrus grinste, als er es erblickte – das Logo bestand aus einen S in einem Kreis, S für die in Houston ansäßige Shellabarger, die größte Bohrgesellschaft der Welt. Vor Jahren, als er noch unter den Lebenden weilte, hatten sie sein Hudderit-Angebot abgelehnt.

Der Laderaum besaß entlang den Seiten Leinwandsitze, keine Fenster. Sie wickelten ihn in eine Fliegermontur, die so dick wie ein Bärenfell war, und ließen ihn dort. Der ganze Rumpf vibrierte, als die Propeller ansprangen. Der Lärm blieb auch in der Luft unverändert hoch; im zweiten Weltkrieg war er bequemer gereist. Aber seit dem zweiten Weltkrieg hatte er nicht mehr mit dieser Erwartung eine Reise angetreten.

Der Laderaum war mit großen Geräten vollgestellt, die in glänzend blauen Plastikfolien gewickelt waren; mit gelben Leinen waren sie vertaut. Einige erkannte er; es waren Hudderit-Maschinen, die er entworfen hatte. Cyrus saß lange Zeit alleine zwischen ihnen; auf seinem Schoß tätschelte er seine Ledermappe.

Dann besuchte ihn Edward und brachte schlechten Kaffee in Plastikbechern. Er entschuldigte sich für die versiegelte Kabine, dafür, daß Cyrus nicht in den Besatzungsraum konnte. »Und ich fürchte, ich muß dich um deine Armbanduhr bitten …«

Nachdem Edward gegangen war, döste Cyrus. Er tat sich schwer, die Zeit zu schätzen. Er war fünf Stunden im Firmenjet gewesen; und nun waren sie sechs oder mehr Stunden in der Turbopropmaschine. Er wußte nicht, wo er das Flugzeug gewechselt hatte – es war ein heißer Ort. Vielleicht waren sie bereits lange genug in der Luft, um nach Australien oder Sibirien oder die Philippinen zu fliegen, vielleicht auch nicht. Vielleicht umrundeten sie auch nur die Erde, um ihn zu verwirren. Als Müdigkeit schließlich seine Aufregung und Unbequemlichkeit überwand, schlief er ein.

Das schwere Flugzeug setzte hart auf. Cyrus erwachte vom Schlagen und Röhren der Propeller, die ihre Laufrichtung umkehrten; er konnte spüren, wie der Pilot auf die Bremsen trat.

Einer der Bodenmannschaft ließ die Laderampe herab. Einströmendes Licht blendete Cyrus. Edward half ihm aus dem Sitz, die Rampe hinab und unter dem hinteren Leitwerk hinaus. Cyrus stolperte und stand dann sprachlos vor einer weiten und leeren Landschaft. Sie befanden sich am Rande einer weiten Playa, einem trockenen Seebett, das so weiß war wie die Salzflächen Bonnevilles; Landebahn und Zu- und Abfahrtswege waren mit Plastikdreiecken markiert, gepunktete Linien, die sich gegen den Horizont verloren. Der Himmel war strahlend weiß unter einer hohen weißen Sonne.

Cyrus wandte sich von der Sonne ab; er dachte, das ist der Süden. Vielleicht auch nicht, vielleicht befanden sie sich in Australien. Oder Südamerika.

Zwei oder drei Meilen östlich oder westlich – er mußte warten, bis die Sonne weiterwanderte, um die Richtung bestimmen zu können – zogen sich weite Fächer alluvialen Gesteins, tief von alten Zuflüssen durchschnitten und mit bronzefarbener Wüstenfirnis überzogen, über die vertikalen Klippen aus schwarzem Basalt und rotem Sandstein. Das trockene Tal und die trockenen Klippen zogen sich ohne Ende hin und verschwanden dann im Dunst. Sie hätten auf dem Mars sein können.

»Wo sind wir?« fragte er.

»Tut mir leid.«

»Weißt du, ich habe nicht vor, wegzulaufen.«

Laster und Gabelstapler kamen heran, um ungeduldig die Ladung aufzunehmen. Edward zog ihn zur Seite. »Hier entlang. Nur ein paar Minuten, dann stehen dir ein Bad und ein Bett zur Verfügung.«

Im Schatten der grauen Tragfläche wartete ein Jeep; der Fahrer war ein großer Mann mit schwarzem Haar und Schnurrbart. Er trug khakifarbene Wüstenkleidung, ohne Abzeichen, bis auf seine Garnisonsmütze, auf der eine runde Stahlplakette angebracht war – das gleiche Shellabarger-Logo wie auf dem Flugzeug. »Willkommen in Saltville, Professor«, sagte der Fahrer. Unter seinem Bart zeigte er weiße Zähne. »Es wird Ihnen hier gefallen.«

Nachdem Cyrus und Edward eingestiegen waren, startete er den Wagen mit einem Ruck. Als sie sich aus dem Schatten der Tragfläche lösten und vom Flugzeug entfernten, erblickte Cyrus den Bohrturm. Er erhob sich dreißig Stockwerke hoch über das trockene Bett und war mit Wellblech verkleidet. Das gewundene Shellabarger-Logo war auf allen vier Seiten der Turmspitze gemalt.

Lange Hallen erstreckten sich um seine Basis. Stahlzylinder und fünfzehn Meter hohe Tanks in der Form von Hühnereiern standen neben dem Turm aufgereiht; davor riesige grünlackierte Dieselmotoren, wie Artilleriegeschütze in der Linie. Mineralhalden, einige weißer als Salz, andere glänzend schwarz wie Steinkohle, bildeten eine Pyramidenlinie, den Hintergrund des Metallturms.

»Das Ding funktioniert?« fragte Cyrus. Es war ein eigenartiges Gefühl, das, was er bislang nur auf Computermonitoren, auf Plänen und als Pappmodelle gekannt hatte, nun in Stahl und Aluminium vor sich zu sehen.

Der Fahrer lachte, und Edward sagte: »Du wirst uns das sagen. Die Inspektion ist das erste, was morgen in der Früh auf dem Plan steht.«

Der staubige Playa-Boden war von zahllosen Luft- und Windströmen wellenartig gekämmt; sie fegten darüber hinweg und trieben weiße Staubfedern vor sich her. Sie passierten die Kühltürme eines ölgetriebenen Kraftwerks, dessen schlanke Kamine beinahe so hoch wie der Bohrtum waren. Sie passierten Betonbauten, in denen Werkstätten, Warenlager, Schlafsäle, Speisesäle, ein Kino und ein Geschäft untergebracht waren. Sie passierten einen Block mit kleinen identischen Häusern, die in der nackten Wüste standen; von ihren Dächern erhoben sich die Paneelen und Trommeln der solaren Heizanlagen.

»Sieht aus wie die Stadt einer amerikanischen Firma.«

»Wir tun unser Bestes«, sagte Edward. »Alles bis auf eine Kirche – aber es gibt Gottesdienste in der Freizeithalle.«

»Ich denke, ich werde die Kirche nicht vermissen.« Sie passierten einen Fahrzeugpark, der rechts von ihnen, am Rand des ausgetrockneten Sees lag. Kettenfahrzeuge und gepanzerte Wagen, die hinter hohen Zäunen standen.

»Der firmeneigene Sicherheitsdienst. Unsere Polizeistreitkräfte«, sagte Edward.

»Braucht die Polizei hier Panzer?«

Edward lachte. »Wir hoffen nicht. Aber du wirst es selbst erfahren, es ist ein wildes Land.«

Wildes Land und eine millionenschwere Anlage. Diese sich ständig ändernde Gruppe von Männern am Konferenztisch in Houston, gesichtslose Masken in seiner Erinnerung, hatte ihn all die Jahre über ernst genommen, dachte Cyrus. Ihn und die Versprechungen, die er gemacht hatte.

Die Straße führte sie zu den zwischen niedrigen Lehmhügeln gelegenen Klippen. Er verlor den Bohrturm aus den Augen. Sie kamen an eine mit Tamarisken, Oleander und Dattelpalmen bestandene Oase. Kleine braune Vögel flatterten zwitschernd von Baum zu Baum. Ein Dutzend Stuckbungalows lagen verstreut unter den Bäumen; der Wagen hielt vor dem schönsten, mit zartem Blau bemalten Haus.

Der Fahrer trug Cyrus' Tasche nach drinnen. Edward zeigte ihm die Räumlichkeiten – die Küche, das Bad, die Lichtschalter. »Im Fernsehen sind etwa ein Dutzend Kanäle zu empfangen – einige amerikanische, einige von der BBC – alles Konserven, muß ich zugeben, und alle sind editiert.«

»Du meinst, zensiert.«

»Du bekommst die Weltnachrichten – nur mit einem oder zwei Tagen Verspätung. In der Küche ist ein Telefon. Du kannst mich überall erreichen. Oder den Kontrollraum der Bohranlage. Oder die Feuerwehr oder die Klinik. Das ist alles. Die Bar, natürlich. Ich sollte erwähnen, daß wir viele Moslems hier haben, gute Arbeiter aus der Gegend. Wir raten von öffentlichem Alkoholkonsum ab.«

»Ich will jetzt nur ein Bad und ein Bett.«

»Du wirst Hunger haben, wenn du aufwachst. Ruf mich an, und ich bringe dich zum Kasino. Im Kühlschrank findest du genügend zu essen, daneben Konserven.«

»Was ist, wenn ich einen kleinen Spaziergang machen möchte?«

Edward schüttelte den Kopf. »Ich würde es dir momentan nicht empfehlen. Die Männer kennen dich noch nicht. Jemand im Lager könnte auf dumme Gedanken kommen bei der Ausübung seines Jobs.«

»Und die Panzer auf mich loshetzen?«

Edward lachte. »Nein, aber wir haben ein Gefängnis. Genau wie in einer richtigen Stadt.«

»Nicht einmal zu den Klippen?«

»Nein. Du wirst an einen Zaun kommen, und hinter dem Zaun an einen weiteren. Elektrizität. Hunde. Wir wollen nicht, daß die Bewohner des Landes uns belästigen. Wenn du Gesellschaft brauchst, dann ruf mich an.«

Aber die Steinwüste hatte in Cyrus etwas angeregt; was er wollte, war das genaue Gegenteil dessen, was die Firma wollte. »Um wieviel Uhr morgen?«

»Ich hole dich um acht Uhr ab.«

»Du könntest mir meine Uhr zurückgeben.«

»Hier. Sie ist bereits auf Ortszeit eingestellt.«

Die Sonne war gerade aufgegangen, als sie den Bohrturm erreichten; nun wußte Cyrus, wo Osten lag.

Sie gingen als erstes in den Kontrollraum, einen Raum mit großen Tafeln, Monitoren, Skalen und digitalen Anzeigen, die zeigten, wie alles funktionierte, und Knöpfen und Schaltern, die alles funktionieren ließen. Cyrus erkannte den faltenzerfurchten Mann mit den grauen Schläfen, der ihm als John McGhee vorgestellt wurde, Noramars Betriebsleiter; er gehörte zu den häufigeren Besuchern am Konferenztisch in Houston. McGhee seinerseits stellte ihm die Bohrleiter aller drei Schichten vor – der »Tours«, wie sie hier sagten. Die Bohrleiter besaßen lange Koteletten und sonnengebräunte Ohren, die auf den amerikanischen Süden hinwiesen; Cyrus nahm ihre Namen nicht wahr. Er war ungeduldig und abgelenkt. Er wollte den Bohrturm sehen, das wirkliche Ding, den komplizierten Mechanismus, der hier aus seinen Träumen zur Wirklichkeit geworden war.

Von draußen sah er wie ein gewöhnlicher Bohrturm aus, nur höher als die meisten anderen. Die meisten Bohrtürme waren so beschaffen, daß die Mannschaft drei oder vier Elemente des Bohrgestänges gleichzeitig in den Bohrschacht einführen konnte; ein Element war gewöhnlich neun Meter lang, mit dem Bohrlochverschluß unten und dem Platz, den der Flaschenzug oben benötigte, kam ein normaler Bohrturm auf eine Höhe von etwa sechzig Metern. Der russische Bohrturm in der Arktis war höher, da er ein längeres Gestänge aus einer Magnesiumlegierung benutzte. Der Saltville-Bohrturm besaß kein Gestänge.

Es lagen keine Stangen neben dem Bohrgrund, dafür aber die sonstigen Teile – die Blöcke, die Schlammleitungen, Mitnehmerstangen. Man mußte zweimal hinschauen, um zu bemerken, daß es keinen Drehtisch gab – das hieß, die Mitnehmerstange führte keine Rohrleitungen ein (diese gab es nicht), sondern diente dazu, Spülflüssigkeit in das Bohrloch einzuleiten. Nach zehn oder zwanzig Kilometern wurde der Bohrschlamm interessant. Der »Schlamm« war die Lava – ein Grund, warum die Hallen neben dem Bohrturm einem Stahlwerk glichen.

Und Teile davon sahen wie eine Glasbläserei aus. Der Bohrkopf unten im Loch hing an einem Kabel aus reiner Hudderitfaser, das eben so schnell aufgezogen wurde, wie es von den Mineralschmelztiegel gewonnen wurde; sie wurde auf die gleiche Art hergestellt wie Glasfiber. Andere Schmelzöfen lieferten dem Bohrturm andere Kabel – Rohre, Kabeln für die Energieversorgung, dünne hohle Leitungen, die das Futtermaterial nach unten transportierten und Gesteinsproben nach oben brachten, bevor sie im mit flüssigem Gestein gefüllten Bohrloch schmolzen.

Cyrus betrat den Boden des Turms und blickte zur über seinem Kopf aufgehängten Maschinerie hinauf in den hallenden Turm. Er sah aus wie der Montageturm einer Mondrakete. Und hier war, über seinem Kopf schwebend, der Bohrer, ein Kristallschiff, das startklar war für die Fahrt in die Tiefe. Ein unbehagliches Gefühl stellte sich ein, wenn man daran dachte, daß er an Kabeln hing, die so dünn wie Fischernetze waren.

Ein System von Trommeln und Flaschenzügen hob und senkte die kristallinen Fasern, unabhängig von der Geschwindigkeit, mit der sie gesponnen wurden. Selbst jetzt wurden sie aus den Schmelzöfen gezogen und auf Spindeln aufgewickelt. Es gab aus Sicherheitsgründen drei

Hauptkabel; da sie perfekte Leiter waren, dienten sie auch zur Kommunikation mit dem Bohrkopf. Sie zeigten dessen Position an und steuerten ihn. Die Sensoren und Kommunikationsadapter mußten in die Faser integriert werden, noch während sie sich bewegten. Ein komplexes und intelligentes System. Für Cyrus' Privatvergnügen war bestens gesorgt.

Ein Dutzend Männer, die meisten sehr jung, die alle ungewöhnlich saubere Overalls mit dem Shellabarger- und Noramar-Logo auf der Brust trugen, standen am Rande der Plattform.

»Die Mannschaft«, sagte McGhee. Cyrus schüttelte Hände. »Ahmed, Qasim, Frank ... Mohammed ... Juan und Billy. Abdul, Pierre, Khalid, Wallace ...« Die Hälfte von ihnen stammte aus Texas oder Oklahoma oder Louisiana, die andere Hälfte aus dem weiten Ölimperium – Saudis, Pakistanis, Indonesier.

Ihre Namen und Gesichter verschwammen für Cyrus, aber er hoffte, sie mit der Zeit kennenzulernen. »In Ihrem Geschäft sagt man doch ›bohrt an‹, oder?«

»Das sagen wir.«

»Gut, Professor, ich und die übrige Mannschaft fiebern dem genauso entgegen wie Sie.«

»Warten Sie nicht auf mich, fangen Sie an.«

Es war beinahe zu einfach. Nur drei Tage vergingen, bis Cyrus sein Kristallschiff sich in den Boden fressen sah, bis sich die Maschinerie in das bereits vorgegrabene Loch in dem weichen, tiefen Sedimentgestein unter der Playa hinabsenkte. Dann erblickte Cyrus auf den Bildschirmen im Kontrollraum die Signale, die anzeigten, daß der Bohrer auf Fels gestoßen war.

Der Kristallbohrkopf fraß sich in den harten Fels, als wäre er weiches Metall, als wäre er butterähnliches Natrium oder heißes Blei. Der Kristallverkleider folgte gleich darauf. In den nächsten Wochen schaffte die Saltville-Crew vier Kilometer ohne Störung.

»Wir sind in Israel«, sagte Cyrus. Sie saßen unter den Tamarisken, auf der Betonterrasse hinter dem Bungalow. »Oder Jordanien. Jordanien ist wahrscheinlicher. Es gibt keine einzige Frau im Lager.«

»Gib es auf. Du kannst es nicht wissen«, sagte Edward freundlich.

»Ich kann den Sternenhimmel betrachten.« Ostentativ blickte Cyrus auf den Sand, die Lehmhügel, die im Schatten liegenden Zacken der roten Felsen, die sich vor dem nächtlichen Himmel abzeichneten, an dem die Sterne standen – Sterne der nördlichen Hemisphäre, wie der Große Bär deutlich machte. »Ich kann die Luft riechen. Verdammt trocken, aber nicht dünn. Wir befinden uns mit Sicherheit nicht auf einem tibetischen Plateau. Wir könnten unter dem Meeresspiegel sein. Schau dir diese Klippen an. Spektakuläre Falten. Wir könnten in einer Riffzone sein.«

»Wo warst du überall, außerhalb von Amerika?« fragte Edward. »Tokio, Hongkong, Sydney? Die Welt ist groß.«

»IL-R, nannte es der Typ. IL-R könnte das Israel-Libanon-Riff sein.«

»So etwas gibt es nicht. Du meinst das levantinische Riff.«

»*Das* kam verdammt schnell«, sagte Cyrus.

»Ich studiere Landkarten. Teil meines Jobs.« Edward leerte den Rest seines Wasserglases und gähnte ausführlich. »Es ist spät, ich sollte gehen.«

»Bleib noch ein wenig.« Cyrus hielt die Gin-Flasche über Edwards Glas, das nur noch Eiswürfel enthielt. Edward protestierte nicht. »Hör auf, dir über meine Loyalität Gedanken zu machen«, sagte Cyrus, während er einschenkte. »Ich möchte den Trip, die Reise machen und sehen, was dabei herauskommt.«

Edward starrte ihn an und nickte. »Das weiß ich, aber was soll ich darauf sagen? Wir bohren ein Loch, das ist alles, was ich sagen kann. Und das ist alles, was du zu wissen brauchst.«

»Wer *bist* du?« Cyrus sagte es mit spielerischem Unterton. »All diese tollen Abzeichen, die richtigen Zeichen, die überall aufgemalt sind. Was ist, wenn du gar nicht von Noramar bist, wenn diese Leute gar nicht zu Shellabarger gehören?«

Edward blickte in sein Glas und nippte vorsichtig. »Ich weiß nicht, worauf du hinauswillst?«

»Glaubst du vielleicht, ich kümmere mich darum, ob das Israelis sind? Oder Araber? Welchen Unterschied macht das für mich?«

»Das erzählst du lieber niemandem außer mir.« Edward blickte auf; aus seiner kalten Stimme war jeglicher Humor geschwunden. »Die islamische Welt ist groß. Von Marokko bis Hinterindien und die Häfen an der chinesischen Küste. Und Israel liegt mitten darin – dennoch ist Israel nicht das einzige Land in dieser Region, das, so sollte ich herausstellen, eine große jüdische Bevölkerung aufweist. Es gibt viele Gründe, warum wir religiöse und politische Diskussionen hier unterbinden.«

Cyrus lächelte und ließ das Eis klappern. »Warum sagst du es mir nicht? Wem sollte das schaden? Was ist, wenn ich widerspenstig werde und streike?«

Edward sah genervt aus. »Vielleicht haben wir alles von dir, was wir brauchen.«

»Wenn du das glaubst, dann warte, bis etwas kaputtgeht«, sagte Cyrus fröhlich.

Cyrus war es gestattet, mit einem modifizierten Golfwagen im Lager herumzufahren, nicht unbedingt ein Fahrzeug, mit dem man eine Exkursion in die Wüste unternehmen wollte. In dieser Nacht hatte er es im Einstellplatz vor seinem Bungalow geparkt.

Durch die Küchenrolladen starrte er auf die Wache im Jeep, die auf der gegenüberliegenden Straßenseite stand. Cyrus trug in seinem Labor im zentralen Komplex Saltvilles meist alte Jeans-Hemden, Kordhosen und knöchelhohe Wüstenstiefel. Statt in Shorts und Sandalen zu schlüpfen, so wie er es gewöhnlich tat, wenn er nach Hause kam, ließ er Stiefel und Hosen an und ging direkt durch die Verandatür über den sandigen Hinterhof zu den Palmen und dicken

Tamarisken, die die Grenze des Grundstücks darstellten. Bedeckt von den dichten Blättern, blieb er stehen und vergewisserte sich, daß keine zweite Wache hinter dem Haus stand – was er nicht erwartete – und ließ sich dann die Wände des tiefen Wadi hinabgleiten, der das Gelände hinter dem Haus durchschnitt. Er hielt sich nah an das Ufer und ging hinauf, den Bergen zu.

Mehr als einen Kilometer folgte er dem Wadi flußaufwärts. Dann, vom Zaun und der an ihm entlangführenden Straße nicht einsehbar, kletterte er die andere Bank des Wadi hinauf und ging über die von der Wüste geschwärzte Oberfläche des alluvialen Gesteins. Nach vielen Erkundungsgängen entlang der Straße am Zaun kannte er diesen Weg gut. Er tauchte in die tiefen Wadis ein, die im Schatten der westlichen Klippen lagen.

Ein Vogel schrie irgendwo hoch oben in den Felsen. Cyrus war sich sicher, daß es ein Falke war, bedauerte es aber, daß er die Spezies nicht benennen konnte. Er hatte niemals Vögel beobachtet.

Weit zu seiner Linken, hinter der blendenden weißen Playa, brannten die östlichen Klippen wie rohe Rubine; der dreißig Stockwerke hohe Bohrturm erhob sich aus dem Seebett wie ein Kalziumkristall und ließ das Konglomerat der Hallendächer und industriellen Abfallhalden zwergenhaft erscheinen.

Cyrus erreichte eine steile Kiesauswaschung, die von den Bergen herabfiel. Er blieb stehen, starrte hinauf zu der vertikalen Rinne, dem Eingang zu einem engen Canyon. Schließlich kam er an die Straße, die am Zaun entlang führte. Die Wachen variierten den Zeitpunkt ihrer Patrouillen, aber die Variationen erfolgten nach einem berechenbaren Schema.

Zwei Wochen vorher hatte Cyrus hier entdeckt, daß das Fundament eines des Stahlzaunpfeiler ausgewaschen war, ein Zementklumpen hing lose in der Kuhle, die sich dort gebildet hatte. Von der Straße war dies nicht zu sehen, trotzdem hätten es die Wachen, die auf solche Dinge ihren Blick werfen, bald entdeckt, wenn Cyrus es nicht getarnt hätte.

Cyrus zog den abgestorbenen Zweig, den er in die Mulde

gesteckt hatte, heraus und entfernte die Steine unter dem Fundament, die verhinderten, daß der Zaun einsackte. Er rollte sich unten durch und zog, noch immer auf den Rükken liegend, den Zweig wieder an seine alte Stelle. Er kniete nieder, um den kleinen Steindamm zu reparieren, den er weiter oben angelegt hatte und der die Erosion verteilen sollte. Dann überquerte er den toten Raum zwischen den Zäunen – manchmal ließen sie dort Hunde laufen, Edwards Bemerkung allerdings über Elektrizität hatte sich als leere Drohung erwiesen – und quetschte sich durch das Loch, das er unter großen Mühen unter dem äußeren Zaun gegraben hatte.

Zwischen den Wänden des Canyons blieb er stehen und blickte zurück; in seinen Augen spiegelte sich die ferne sonnenbeschienene Playa. Für ein oder zwei Stunden war er nun frei.

Oben im Canyon gab es eine Quelle mit Weiden und Dattelpalmen. Manchmal kamen im fahlen Licht nach Sonnenuntergang oder in der Kühle der Morgendämmerung Tauben und Kolibris. Wüstenratten erschienen nach Einbruch der Dunkelheit und Füchse, die sie jagten. Einmal hatte Cyrus ein fernes fremdartiges Heulen vernommen, eine Hyäne, vielleicht.

Er kämpfte sich durch dünnes, strauchartiges Buschwerk und kam an ein Wasserrinnsal, das im Sand versickerte. Weiter oben gab es einen kleinen Teich, darüber einen größeren, dann folgten eine Reihe von seichten Seen, die in der Dämmerung silbern schimmerten, wie die Münzen an den Ketten der Beduinen. Cyrus setzte sich an das Ufer des größten, an einen weichen Sandsteinabhang. Er betrachtete die auf der Wasseroberfläche reflektierten Sterne.

So gern Cyrus es vorgezogen hätte, nur an das Loch zu denken und die wundervollen geologischen Überraschungen, die es beinahe täglich bereithielt, so nagten doch einige Dinge, die Saltville betrafen, an seiner glücklichen Ignoranz. Der Bohrturm wurde durch ein großes Ölkraftwerk angetrieben. Das hatte anfangs Sinn; tatsächlich war es unumgänglich gewesen. Doch in einer Tiefe von zwölf Kilometern war der Bohrer auf eine ergiebige Strömung heißen Wassers gestoßen. Das war der Zeitpunkt, wo Noramar und das Gastland – wenn sie sich um Energiequellen Sorgen machen müßten – hätten anfangen können, ein geothermisches Kraftwerk zu planen. Die Geothermen, Leitungen und Turbinen aus Hudderit, dazu ein rostfreies, hitzebeständiges System. Er hatte das Thema zur Diskussion gebracht, aber Edward sagte ihm, er verstehe die Prioritäten nicht. Priorität war – anscheinend –, so schnell wie möglich zu bohren. Und schließlich, wenn sie auf das tiefliegende Gasreservoir stoßen, dann bräuchten sie sich um die Energieversorgung keine Gedanken mehr zu machen.

Cyrus ließ das Thema fallen, begann aber Edward nach einigen Stellen des Saltville-Komplexes zu befragen, die zum Sperrgebiet erklärt worden waren. Warum sollte irgendein Teil von Saltville ein Geheimnis darstellen? Warum wurden diese besonderen Stellen von Panzern und Maschinengewehrständen bewacht? Edward antwortete, daß er selbst nicht wüßte, was hinter dem festungsähnlichen Zaun innerhalb des Zauns vor sich ging; dieses Gebiet stand mit der Bohrmission in keinem Zusammenhang. Ihr Gastland hatte beschlossen, die Anlage für mehr als einen Zweck zu benützen; mehr konnte Edward nicht sagen. Auch dieses Thema ließ Cyrus fallen.

Blieb die Frage, wo sie sich befanden, wer denn das ›Gastland‹ war. Für Cyrus wurde es ein Spiel, das er mit sich alleine spielte – Edward hatte zu verstehen gegeben, daß er es nicht spielen wollte –, und er machte darin solche Fortschritte, daß er mit sich sehr zufrieden war. Die Lösung lag so offensichtlich auf der Hand, daß er sich wunderte, warum er nicht bereits, als er aus dem Flugzeug gestiegen war, daran gedacht hatte. Aber natürlich war er es nicht gewohnt, wie ein Geometer, Navigator oder Geologe zu denken. Die meiste Zeit seines Lebens hatte er damit verbracht, seine Aufmerksamkeit auf die Werkbank in seinem Labor zu richten.

Geographische Breite, zum Beispiel; er hätte viel früher darauf kommen müssen. Er hatte Houston im Sommer verlassen. Als er aus dem Flugzeug stieg, war es heiß. Nicht einmal im Death Valley ist es im Winter heiß, also hätte er wissen müssen, daß es noch immer Sommer war – und er sich somit auf der nördlichen Erdhalbkugel befand. Am nächsten Morgen sah er, wo die Sonne aufging, in der nächsten Nacht blieb er solange auf, um die Sterne aufgehen zu sehen; so verlor er kaum Zeit, über die Hemisphären zu rätseln. Trotzdem dauerte es einige Tage, in denen er Gedanken in seinem Kopf wälzte, bis er daraufkam, daß er lediglich – um die geographische Breite mit einiger Genauigkeit zu bestimmen – messen mußte, wie viele Grade der Nordstern sich über dem Horizont befand. Alles, was er brauchte, war ein Gradmesser. Geometrie der zehnten Klasse!

Er stellte sich einen Gradmesser aus Pappe her und befestigte daran eine Drehscheibe, der aus dem Ganzen einen einfachen Sextanten machte. Er fand heraus, daß der Polarstern etwa zweiunddreißig Grad über dem Horizont hing; Saltville lag auf zweiunddreißig Grad nördlicher Breite (ein Grad hin oder her – es war trotz allem ein Sextant).

Die geographische Länge war eine größere Herausforderung. Edward hatte ihm seine Uhr zurückgegeben; sie war, wie er behauptete, auf die örtliche Zeit eingestellt, und sie stimmte auch mit allen anderen Uhren in Saltville überein. Cyrus hatte niemals darauf geachtet, wann die Sonne in Houston aufging, er wußte nicht einmal, wie weit westlich Houston von Greenwich lag; so konnte er den Unterschied nicht genauer als mit einer Stunde Näherungswert bestimmen. Und wenn er es gekonnt hätte, hätte er nicht gewußt, was er damit anfangen sollte. Die Uhr war ihm keine große Hilfe.

Dann hatte Cyrus einen Gedankenblitz. Religiöse Moslems beten fünf Mal am Tag. Obwohl die meisten in Saltville beschäftigten Moslems nicht religiös waren, so gab es doch viele, die den religiösen Regeln nachkamen. Cyrus hielt ein Auge auf Qasim oder Abdul oder Khalid, die plötzlich in einer Ecke des Kontrollraums oder auf der Bohrplattform auf ihre Knie fielen. Sie beteten in Richtung Mekka; und es war ihnen wichtig, daß die Richtung stimmte. Saltvilles Management, das vielleicht die Uhren verstellen konnte, hätte sie nicht täuschen können; aber besaßen sie wirklich soviel Voraussicht? Hätte die Täuschung gelingen können? Cyrus glaubte es nicht. Er wollte darauf wetten, daß gläubige Moslems auf Reisen auf solche Dinge genau achteten.

Also wußte er, wo Norden lag, und er glaubte zu wissen, wo Mekka lag. Es stellte sich heraus, daß sich Mekka, soweit dies Cyrus erkennen konnte, in ziemlich genau südlicher Richtung befand.

Was er nun brauchte, war ein Globus oder eine Weltkarte. Nach einigen Tagen, die er mit, wie er hoffte, beiläufigem Suchen verbrachte, mußte er feststellen, daß nirgends in Saltville – nirgends, wo er Zutritt hatte – ein Globus oder ein Atlas aufzutreiben waren.

So gut er konnte – er hatte sich niemals mit solchen Dingen besonders beschäftigt – versuchte er, sich einen Globus vorzustellen. Recht weit kam er damit nicht. Was er vor seinem geistigen Auge zu rekonstruieren in der Lage war und was er von seinem Sextanten wußte, sagte ihm, daß er sich etwa ein Drittel des Weges zwischen Äquator und Nordpol befand; also war er nicht in Rußland oder im tropischen Afrika. Von den betenden Moslems wußte er, daß er nicht in der Sahara oder in Indien oder Pakistan war. Was er in jener zweiten Nacht zu Edward gesagt hatte, eine Vermutung, die ihm gerade in den Kopf kam, stimmte also annäherungsweise. Er war irgendwo im Nahen Osten, in einem der arabischen Staaten, vielleicht auch in der Türkei oder im Iran. Oder in Israel. Um dies herauszufinden, bräuchte er eine Karte und eine zuverlässige Uhr.

Zu diesem Zeitpunkt war die Bohrkrone in Saltville fünfundsiebzig Kilometer unter der Oberfläche und fraß sich gerade in ein neues Stratum. Ionisierter Metalldampf des Bohrlochverkleiders kam mit dem Mantelgestein in Berührung; plötzlich kam es zu einer Eruption des überhitzen Gases, die die Membranen der Greifer durchbrannte. Die Wände des Bohrlochs kollabierten, und das gesamte Bohrgestänge saß im Loch fest.

John McGhee war vom Aufsichtsführenden der Nachtschicht geweckt worden. Er kam zum Bohrloch; nachdem er die Mannschaft ausgefragt hatte, sagte er: »Ich denke, wir pumpen einigen Schlamm aus dem Loch und lösen den Bohrkopf durch den freiwerdenden Druck nach oben.«

»Ein Schlag, der alles nach oben blasen könnte«, sagte der Schichtleiter. »Die ganze Scheiße kommt uns ins Gesicht geflogen, und der Bohrturm ist ein Wrack.«

»Billy, du hast darin Erfahrung.«

Der Mann zögerte. »Man könnte vielleicht mit einem Speer reingehen ...«

»Wir sollten erst den Verkleider freilegen, um dann zu den Greifern vorzustoßen«, sagte ein anderer der Crew.

»Okay, dann harpuniert den Fisch.«

»Freisprengen wäre besser«, warf ein anderer ein. »Es gibt keine Rohrleitung, über die wir uns hier Gedanken machen müssen; wir müssen uns nicht um den Rückstoß sorgen. Die Verkleidung – das weiß ich nicht.«

»Bringt die Brocken mit einem Korb nach oben.«

»Okay«, seufzte McGhee. »Wir wissen alle, daß das nicht funktioniert. Welche Werkzeuge sollen wir dafür nehmen? Die Verkleidung oder das Bohraggregat sind selbst mit Tungsten-Karbid oder einem Diamanten nicht zu durchtrennen. Das Zeug ist härter als alles in der Welt.«

Sie verstummten, während McGhee den Hörer des Telefons abnahm. Er mußte mehrere Male wählen, bis er die gewünschte Person an der Leitung hatte. »Samarri? Ed, wir haben hier ein Problem, und es sieht so aus, als ob wir einige Ratschläge vom Professor gebrauchen könnten ... Nein, ohne ihn scheint es nicht zu gehen.«

Unter den leuchtenden Sternen kam Cyrus vorsichtig zwischen den duftenden Tamarisken, die in seinem sandigen Hinterhof standen, zurück. Im Haus brannte Licht. Er wußte, daß er es nicht angelassen hatte. Jemand saß im Schatten seiner Terrasse.

»Einen schönen Abend, Cyrus. Einen Spaziergang gemacht?«

»Eine wunderschöne Nacht. Wie immer.« Cyrus kam zwischen den weichen Zweigen näher. Er sah zu Edward, der angespannt auf der Kante des Gartenstuhls saß. »Darf ich dir einen Drink anbieten?«

Edward schien ihn nicht zu hören. »Entschuldige, daß ich dich störe. Der Bohrer sitzt fest. McGhee will deinen Rat.«

»Dinge gehen kaputt«, sagte Cyrus blasiert.

»Deswegen bin ich hier, um dich zu bequatschen«, sagte Edward.

»Hast du wirklich geglaubt, daß das vorhersehbar war?«

»Wenn du mich besser kennen würdest, wüßtest du, wie *lächerlich* ...« Edward hielt inne. Er hatte damit zu tun, seine Fassung zu wahren.

»Ich würde dich gerne besser kennen, Edward. Es würde mich freuen, wenn du mir sagen würdest, wer du bist. In der Zwischenzeit könnte ich einen Martini vertragen. Willst du auch einen?«

»Du hast die Geschichte meines Lebens schon so oft gehört.«

»Ich habe sie niemals geglaubt. Wir werden doch nicht beobachtet, oder?«

Edward zeigte ein gezwungenes Lächeln. »Ja, bring mir auch einen.«

»Lehn dich zurück. Entspann dich. Ich bin gleich wieder da.« Cyrus ging in die Küche und kam anschließend mit einem Tablett zurück – Servietten, Gläser, eine Flasche Gin, eine Flasche Vermouth, ein Glas mit grünen Oliven. Er stellte es auf den Verandatisch und zog seinen Stuhl näher. »Warum tust du es nicht?«

Edward blickte auf die Oliven. »Keine Zahnstocher?«

»Das letzte Mal, als ich da war, gab es in der Verpflegungsstelle keine.«

»Ich werde mich darum kümmern.«

»Erzähle mir, wo liegt das Problem?«

»Ich sagte dir bereits, der Bohrer sitzt fest. Rosafarbene Fragmente sind im Schlamm mit hoch gekommen. Phasenverschobenes Halit, so scheint es. Zusammengepreßtes Salz.«

Cyrus grinste. »Ich verstehe; weißglühendes Natriumchlorid ist eine Verbindung, auf der die Verkleider keine Verkleidung anbringen können.« Er beobachtete, wie Edward Vermouth in die zwei Gläser schüttete, sie kreisen ließ und dann Gin einschenkte. »Ich bin kein Geologe, aber ich nehme an, daß niemand in der Mannschaft erwartet hatte, daß im Schlamm aus neunzehn Kilometer Tiefe Schiefer nach oben kommen würde. Niemand hatte erwartet, im Schlamm aus dreißig Kilometer Tiefe Marmor zu sehen. Die Tiefengeologie dieser Region – wo sie auch sein mag – scheint voller Überraschungen zu sein.«

»Du erinnerst dich, daß wir in Houston ...«

»Komm mir jetzt nicht mit Jerken ...«

»Er heißt Gerken.« Edward reichte Cyrus ein Glas und hob dabei sein eigenes. Sie tranken und zuckten gleichzeitig zusammen. Edward hatte schon immer lausige Martinis gemixt.

Mit vorsätzlicher Offenheit sagte Cyrus. »Übrigens, du weißt, daß ich über die Zentrumsabweichung des Bohrlochs Bescheid weiß.«

»Zentrumsabweichung?« sagte Edward vergnügt.

»Horizontalbohrung, nennt man es. Keine ganz exakte Bezeichnung, aber es trifft den Punkt ganz gut.«

»Niemand hat hier etwas zu verbergen.«

»Wir sind bereits auf einer Tiefe von über siebzig Kilometern und über dreißig Kilometern südwestlich unserer Position an der Oberfläche. Wenn wir so weiter machen, wird das Bohrloch, wenn es die Tiefe von vierhundert Kilometern erreicht, über zweihundert Kilometer südwestlich unserer Oberflächenposition sein. Wo immer das auch ist.«

»Cyrus, ich habe vorhin bereits gesagt ... Bitte, wirf einen Blick auf die Seismogramme. Die werden alles erklären. Man erkennt die Gaslagerstätte – wie wir annehmen – sehr deutlich.«

Cyrus blickte zu seinem jungen Freund – der so jung nicht mehr war, oder täuschte ihn nur seine Wahrnehmung? – und hob sich dieses Thema für einen anderen Tag auf. Er lehnte sich in seinen Gartenstuhl zurück. »Am HRI tat ich noch anderes als Hudderit anzupreisen«, sagte er. »Es gibt andere Verbindungen, die in dieser Tiefe den Job erledigen. Es gibt ein Quarz-Analog, eine Art keramisches Metall. Die Technologie muß nicht entscheidend geändert werden.« Er starrte hinaus in die Schatten der Wüste. »Den Schutt wieder aus dem Loch herauszubekommen dürfte eine knifflige Angelegenheit werden.«

»Den Fisch«, sagte Edward.

»Was?«

»Im Ölgeschäft nennt man Schutt, der sich im Bohrloch befindet, ›Fisch‹.« Er nippte an seinem Drink. Seine Lippen verzogen sich zu einer Geste, die Anerkennung ausdrücken sollte.

»Dann laß uns fischen gehen«, sagte Cyrus.

Im Kontrollraum fragte Cyrus den angewiderten Schichtführer, ob er erstaunt war, daß sie in fünfundsiebzig Kilometer Tiefe, nach plutonischem und metamorphem Gestein, auf Salz gestoßen waren. »Das einzige, was mich an dieser Operation überrascht, ist das Geld, das sie in das Loch stopfen.«

Gesprochen wie ein texanischer Ölmann, dachte Cyrus.

Er studierte die Situation, wie sie auf den Grafikmonitoren rekonstruiert wurde. Der Verkleider, der auf sich abwechselnd aus- und einziehenden Greifern wie eine Raupe nach unten krabbelte, steckte im offenen Loch bei vierundzwanzig Kilobar fest – das entsprach 24 000 Mal dem atmosphärischen Druck auf Meereshöhe. Alle Greifer waren geborsten.

Der Bohrer unter dem Verkleider war nach wie vor intakt und einsatzfähig, saß allerdings in der Falle. Die Salzformation war mit feinen Rissen durchzogen, in denen Methan eingelagert war; Hitze und Druck verflüssigten es. Im Bohrloch stand eine Säule aus heißem Bohrschlamm, wobei der Druck von oben gleich dem Druck war, der von unten auf den Bohrer wirkte.

Cyrus mußte daran denken, daß der legendäre Tommy Gold vielleicht doch recht hatte. Sie waren bereits jetzt auf Gas gestoßen, Gas, das aus den Eingeweiden des Planeten nach oben geblubbert war. Das andere, woran er dachte, war, daß er ein Fischwerkzeug erfinden sollte, das die Funktionen durchführte, die die Mannschaft Speer, Mühle und Tragekorb nannte.

In der Zwischenzeit ... »Mr. McGhees Idee ist nicht schlecht, aber wir sollten nicht den Bohrlochverschluß aufs Spiel setzen«, sagte er. »Wir verschließen das Loch mit einem Verkleider, der alle Greifer ausgefahren hat, irgendwo im Bohrloch. Damit kontrollieren wir den Schlag. Wir pumpen Bohrschlamm heraus und lassen den Unterdruck das Bohraggregat nach oben schieben. Und bevor der Schlag die Oberfläche erreicht, verschließen wir den Choke im Verkleider.« Zwei Stunden vorher hatte er nicht gewußt, was ein Fisch war, nun redete er, als würde er seit zwanzig Jahren fischen gehen. Er liebte diese Art des Redens und Denkens. Selbst wenn man kurz vor der Lösung steht, war dieser Prozeß des Denkens und Redens – Oppenheimer hatte es beinahe zu gut ausgedrückt – von exakter Süße.

»Wir sollten zwei Verkleider in das Loch stecken«, sagte der Schichtführer. »Falls wir den ersten Choke nicht rechtzeitig schließen können.«

»Gut«, sagte Cyrus. »Zwischen ihnen mildern wir den Stoß, modulieren ihn. Und entgehen so den Risiken des Verschlußes.«

»Dann verbrauchen wir alle Verkleider, die wir haben«, warf jemand ein.

»Nun, ich denke nicht, daß die Gesellschaft das hier aus Profitgründen unternimmt«, sagte McGhee.

Cyrus schaute ihn an. Stillschweigend stimmten sie überein.

Der Kontrollraum glich den Kontrollräumen der größten wissenschaftlichen Einrichtungen der Erde, den Großpartikelbeschleunigern wie Fermilab oder CERN. Auf den Grafikmonitoren der großen Beschleuniger waren unsichtbare Quarks und Bosonen zu sehen, die durch riesige Detektoren huschten. Hier allerdings konnte man – wenn alles wie geplant ablief – einen unsichtbaren Kristallkorken sehen, der aus einem fünfundsiebzig Kilometer tiefen Flaschenhals geblasen wurde. Wo auf der Welt konnte man ein solches Spektakel auf dem Fernsehgerät empfangen? Welcher andere Bohrturm besaß on-line-geschaltete Supercomputer, die von blinden Datenpunkten Echtzeitbilder erstellten?

Die Saltville-Crew – es gab nun einen weiteren Grund für ihren Spitznamen – setzte den ersten Verkleider auf eine Tiefe von fünfunddreißig Kilometer und fuhr die Greifer aus. Darüber wurde in der Stahlführungsröhre, die durch die Sedimente des alten Seebetts führte, der zweite Verkleider plaziert. Das gab ihnen genug vertikale Distanz, um durch die Hudderitfaser vom Bohrgrund ein lichtschnelles Signal zu empfangen, es zu verarbeiten und wieder nach unten zu schicken, um die Chokes einzustellen. Der Bohrlochverschluß stellte die letzte Sicherheitsvorkehrung dar.

Sie schlossen die Chokes im Bohrer und dem kaputten Verkleider. Die Chokes der oben plazierten Verkleider öffneten sie. Dann pumpten sie Bohrschlamm aus dem Loch. Der Druckunterschied erhöhte sich zwei Stunden lang, bis der Korken sprang.

Auf den Monitoren beobachteten Cyrus und die Mannschaft den Kick-Start, sahen den Bohrer und den aufgesetzten Verkleider das Bohrloch hochschießen und beschleunigen. Ausdrucke neben den Monitoren zeigten Druck und Geschwindigkeit an. Innerhalb von Sekunden raste das beschädigte Aggregat dem Himmel zu.

Das Programm analysierte die Signale und setzte die Chokes. Als der Stoß das Loch hochkam, wurden die Chokes geöffnet und ließen ihn auf die Abfallhalden an der Oberfläche ausströmen. Die Röhren spien Lava, »Bohrschlamm«, der kirschrot glühte. Das Bohraggregat verlangsamte seine

Geschwindigkeit und kam schließlich zum Halt; oben wurde brennender Schlamm ausgeworfen.

Die Fiberkabel, die durch den Chokes gezogen waren, befanden sich noch an Ort und Stelle; durch ferngesteuerte Winden wurden sie den Schacht hochgezogen und standen nun bereit, das beschädigte Aggregat herauszuziehen.

Stück für Stück holten sie den Fisch heraus.

Innerhalb von Stunden hatten sie neue Geräte eingesetzt.

»Gut gemacht, Cyrus.« Dichte Bartstoppel legten sich um Edwards Kinn, sein Haar war – untypisch für ihn – in wilder Auflösung. »Das hat hervorragend geklappt.« Furcht verbarg sich in seinem Blick. »Ich dachte, ich finde dich im Kontrollraum, vielleicht auf der Bohrplattform.«

Cyrus starrte durch die dualen Augenstücke eines Mikroskops, als Edward seine Gratulation vorbrachte. Er drehte an den Einstellungen. »Warum bohren wir weiter?«

»Warum nicht? Es ist doch wieder alles in Ordnung, dank deiner Hilfe.«

Cyrus blickte von der außergewöhnlichen Ansammlung bunter Kristalle, die unter dem Mikroskop zu sehen waren, nicht auf. Er hantierte an den Arretierungsknöpfen. »Wir sind auf ein erstaunliches Reservoir von Petrochemikalien gestoßen, Edward.« Er sah nun auf und rieb sich die blassen Augen. »Scheint, daß dein verehrter Tommy Gold doch recht behalten sollte. Dein Glaube an ihn ist mehr als gerechtfertigt. Das sollten wir feiern. Und wollen deine Leute diese Entdeckung nicht ausbeuten?«

Edward sah mitgenommen aus. »Natürlich beabsichtigen wir ...«

»Wir bohren weiter!«

Edward raffte sich zu dem kläglichen Versuch auf, Erregung vorzutäuschen. »Das bestätigt nur unsere Vermutungen. Ein sehr viel größeres Reservoir ...«

»Auf den *Seismogrammen?* Auf den Dingern, die Jerken uns in Houston gezeigt hat?« Cyrus schüttelte den Kopf.

»Ich hoffe nur, es hat nicht allzu viel Arbeit gemacht, sie für mich zu fälschen.«

»Ich bin diese Auseinandersetzungen so leid.« Edwards Klage klang vollkommen glaubwürdig.

»Das bin ich auch. Wir sollten den Tag freinehmen.« Cyrus stand schnell auf.

»Warte, bitte«, sagte Edward. »Ich wollte das sowieso vorschlagen, selbst wenn der Bohrer nicht ...«

Cyrus hielt in der Bewegung inne und sah über seine Schulter zu Edward. »Was willst du?«

»Wie würde dir eine Reise nach Frankreich gefallen?« sagte Edward.

»Was?«

»Du bist nun seit einiger Zeit hier. Jeder freut sich, daß dir die Wüste so wenig ausmacht, aber wir sind Realisten – zumindest *ich*. Einen Urlaub. Eine Reise nach Paris. Als Belohnung für die gute Arbeit.«

»Paris? Schön. Wie sieht es mit anderen Orten aus, Nevada, vielleicht?«

»Tut mir leid.«

»Alleine?«

Edward schüttelte den Kopf. »Demnächst. Dieses Mal werde ich dich begleiten. Ich werde mich nicht in deine Angelegenheiten mischen. Es ist nur, daß ich alles – was immer du auch tun willst – mit dir zusammen tun werde.«

»Ich möchte nur die kleinen Buchläden am linken Ufer der Seine besuchen«, sagte Cyrus. »Entlang den Quais.«

»Klingt aufregend.«

Cyrus rang sich ein Lächeln ab. »In meinem Alter, Edward ...«

»Ich kann dich vielleicht für ein oder zwei Stunden alleine lassen, hin und wieder.« Edward rieb sich die müden Augen. »Gut, laß es mich wissen.«

»Ich werde es dich wissen lassen. Wann soll es losgehen?«

Queenie Tobou akzeptierte das Angebot, obwohl ihr CORE ein Haus zuwies, das ihr nicht gefiel. Marta sagte, sie könne überall schlafen, aber das Haus bekomme sie mit dem Job. Es spielte kaum eine Rolle; Queenie schlief nicht viel.

Ihre Aufgabe war es, die Geräte zu bauen, die in den flüssigen Kern eindrangen. Dabei gab es nicht nur Druck- und Temperaturprobleme. Nichts hatte auf die Gefahren hingewiesen, die ihnen während der ersten siebenhundert Kilometer begegnet waren; nichts würde auf das hinweisen, was in der Zukunft auf sie zukommen sollte. Queenie benötigte eine Vorstellung von der Bandbreite des Unvorhersehbaren. Sie verbrachte viel Zeit im Kontrollraum, ebenso viel Zeit verbrachte sie mit den Monstern von Id.

Zieht man die unerwarteten geologischen Strukturen in Betracht, dann kam CORE schnell voran. Üble Überraschungen machten die Arbeit interessanter. Als sie durch die Lithosphäre stießen, trafen sie auf geschmolzenen Schwefel, Adern mit flüssigen Metallen und bohrten durch Schichten mit wassergetränktem Gestein. Der Bohrer löste oftmals gewalttätige Änderungen des Aggregatzustands von Gestein aus, das sowieso bereits kurz davor stand.

Jede Diskontinuität war durch die Seismogramme vorhersehbar, man bereitete sich vor, bohrte durch, verkleidete. Bohrkronen und andere Geräte gingen kaputt; Unzulänglichkeiten, die in ihrem Ausmaß nur einige Moleküle umfaßten, die abgeblätterte Kante einer Kristalloberfläche, brachten andere, ansonsten perfekt arbeitende Teile zum Explodieren oder führten zur Zerstörung einer vollkommenen Verkleidung. Dann mußte die Spitze der langen, hyperdermischen Nadel freigebohrt, neu eingesetzt und neu verkleidet werden. Und dennoch kamen sie voran.

Queenie untersuchte diese Vorfälle und lernte aus ihnen. Vom Verhalten des flüssigen und festen Gesteins, auf das die CORE-Geräte stießen – unter Bedingungen, die in keinem Labor nachgestellt werden konnten –, fand sie die Lösung des von ihr als »Penetrationsproblem« bezeichneten Sachverhalts: Wie ließen sich die Zugänge zu den Tauchbooten versiegeln?

Sie kam mit ihren Ideen zu Marta. »Flüssigfilme verhärten sich, wenn wir sie zusammenpressen«, sagte sie. »Das scheint mir ein guter Ausgangspunkt zu sein.«

Martas Erwiderung bestand aus einem Lächeln; sie hob einen Finger, der »warte« zu sagen schien, und rief auf ihrem Computer einen Index auf. Dann ging sie zum Regal, zog einen Ordner mit Zeitschriften heraus. »Manchmal ist es leichter, das, was man haben möchte, auf Papier zu finden«, sagte sie, als sie Queenies amüsierten Blick bemerkte, und schlug eine Zeitschrift auf. »Von Steve Granick aus Illinois; er schreibt – einen Moment – ›Eine gebundene Flüssigkeit, wenn sie nur genügend dünn ist, härtet sich, folgendermaßen, daß sie nicht abschert, solange keine kritische Scherbeanspruchung auf sie ausgeübt wird.‹ Das gilt nicht nur für irgendwelche Flüssigkeiten, sondern für alle. Natürlich spricht er hier von Schichten aus drei oder vier Molekülen.«

»Diesen Toleranzspielraum werden wir nicht erreichen können«, sagte Queenie. »Ich denke, wir bräuchten eine Flüssigkeit, die wieder flüssig wird, wenn wir den Druck wegnehmen. Wollen Sie mit mir an diesem Problem arbeiten?«

»Gerne.«

Marta überließ die Büroarbeit Leidy und ihren Assistenten und gab sich freudig wieder dem Labor hin. Ihre Aufmerksamkeit richtete sich auf Fullerene, sogenannte Buckyballs, hohle Kohlenstoffmoleküle. Ihre Experimente resultierten in einer Familie von flüssigen Verbindungen, die sich unter Normaldruck wie Schmiermittel verhielten, unter dem ungeheuren Druck des Erdmantels aber so fest wurden wie eine Schweißnaht. Queenie, die an ihrer Seite arbeitete, entwarf Geometrien, um diese Eigenschaften auszunützen.

CORE kam unterdessen weiter voran. Ihre durchschnittliche Geschwindigkeit betrug, seitdem der Bohrer festgesessen hatte, einen vertikalen Kilometer verkleideten Bohrlochs pro Tag; wenn sie nicht aus dem einen oder anderen Grund pausieren mußten, schafften sie fast das doppelte.

Die Russen hatten bei ihrer Bohrung auf der Halbinsel Kola etwas mehr als einen Kilometer im Jahr geschafft; allerdings mit den alten Methoden und dem alten Material – Rotationsbohrer und acht Meilen magnesiumlegierten Leitungen und acht Meilen Bohrschlamm. In den achtziger Jahren waren die Ölbohrstellen im südlichen Texas moderner ausgestattet, obwohl sie weniger geneigt waren, technische Risiken auf sich zu nehmen (ihre Experimentierfreude war gering und wurde bestimmt vom Ölpreis und der geringen Wahrscheinlichkeit, wirklich auf Öl zu stoßen). Statt in die Tiefe zu gehen, steuerten die guten alten Jungs ihre Rotationsbohrer waagrecht durch das Gestein und suchten nach vertikalen Rissen, die mit Öl gefüllt waren. Aber wenn diese Risse trocken, das Öl weggesickert war, dann war alles vorbei.

Bei neunzig vertikalen Metern in der Stunde, eineinhalb Metern in der Minute, die der CORE-Bohrer und der Verkleider durch das Gestein zurücklegten, entsprachen vier Sekunden der Länge einer von Martas Pall Mall Filter-King Zigaretten. Über dem Hudderit-Bohrmechanismus stand eine Säule aus Lava. Wenn sie diese Geschwindigkeit beibehalten konnten, würde CORE in einem Jahr die Kern-Mantel-Grenze erreichten.

Die Kern-Mantel-Grenze – hier würde COREs lange dünne Nadel in ein Meer aus flüssigem Eisen eintauchen. Queenie mußte bis dahin ihr Tauchboot – das, was die anderen CORE-Floater nannten – fertighaben, wollte sie das Programm nicht aufhalten.

Jeder in der Gießerei trug seltsame Kopfbedeckungen aus Plastik, Overalls und Stiefel. Der Luftdruck war so hoch, daß dem Besucher der Wind ins Gesicht blies, wenn er die innere der Doppeltüren öffnete – alle Türen waren Doppeltüren. Der Wind sollte den Staub abhalten. Das Ziel hieß: kein Staub. Das Ziel war Perfektion.

Weiße Keramikformen befanden sich in dem großen staubfreien Raum; ihre glänzenden Glasuroberflächen waren mit feinen Gravuren bedeckt, in denen die Elektronik verlaufen sollte und die Kanäle für die flüssigen Kühlmittel. Die erste Form war etwas höher als ein Mensch; die anderen waren jeweils ein wenig größer als ihre Vorgänger – wie russische Puppen, wie eine Reihe von Behältern für eine ägyptische Mumie, Sarkophage der Zukunft. Das war kein Zufall; Queenie liebte *Metropolis*.

Aus der ersten Form wurde die erste Schale gegossen. Wenn diagnostiziert wurde, daß sie sich der perfekten Form näherte, wurde sie in einen Titanmantel gehüllt ... dessen Oberfläche weiter bearbeitet ... und schließlich in eine zweite Schale eingefügt wurde. Dann wurde das Titan weggeschmolzen ... und so fort, bis alle vier Schalen geformt waren und einander umschlossen.

Leidy und Marta standen an dem Tag, an dem die innerste Schale geformt wurde, neben Queenie. Wenn sie aufgeregt war, neigte Marta dazu, auf ihren Zehenspitzen – nach vorne übergebeugt – zu stehen; ihr Kinn war schmaler als jemals zuvor, ein kleines Büschel ihrer pechschwarzen Haare schaute unter der papierenen Kopfbedeckung hervor, es war vorzeitig ergraut. Leidys Gesicht war hager, seine Augen überschattet; Queenie erschien er sehr groß.

»Ich hoffe, ihr habt das richtig hingekriegt«, sagte er.

»Das hoffe ich auch«, sagte Queenie.

Die Schmelzöfen bildeten ein Fließband. Sie standen in einer Reihe – hohe, vielarmige Roboter. Warnsirenen heulten. Unsichtbar, aber hörbar spien die Abzugsöffnungen Flammen in die Leitungen, die sich über dem Dach entlangwanden.

Die Sirene tönte ein weiteres Mal. Durch den ersten Schmelzofen flossen Gase und Metalle; elektrischer Strom, der durchgeleitet wurde, traf auf massiven Widerstand und erhitzte den ersten der Roboter, der helleuchtend glühte.

Im alten Griechenland wurden zierliche Bronzestatuen aus Wachsformen hergestellt, die mit Lehm bedeckt waren – das Wachs wurde herausgeschmolzen und in den offenen

Raum Bronze eingegossen, was Arbeiten von hervorragender Qualität entstehen ließ. Queenies Wachs war Titan, ihr Lehm modernes Keramikmaterial. Bevor die erste Form den Schmelzofen verließ, erreichte die Temperatur drinnen mehr als zweitausend Grad Celsius. Das Titan-»Wachs« ging dabei verloren, während die Hudderit-Schale gegossen wurde. Stellte die Gußform eine vollkommene Kristallschale dar, passierte sie die sich anschließende Prüfung, dann ging sie weiter zum nächsten Schmelzofen, wo sie in den nächsten Stunden oder Tagen mit einer neuen äußeren Schale versehen wurde. Das Verfahren war in diesem Ausmaß niemals zuvor erprobt worden.

Von Zeit zu Zeit schlugen Flammen aus den Abzugsöffnungen. Die dicke blaue Luft unter dem Dach des Gießereihangars verdichtete sich zeitweise, bevor die Pumpen den Rauch absaugten.

Schließlich tauchte die erste glühende Schale aus ihrer Form auf; sie stand auf ihrem Haltegestell, umgeben von einem See geschmolzenen Metalls. Meßgeräte fielen über sie her, schnüffelten, stierten und betasteten sie mit Magnetfeldern und Elektronenstrahlen. Monitorschirme füllten sich mit bunten Strukturen und idealen Formen. Schließlich verkündete der Computer, daß die Schale perfekt war.

Marta und Leidy gratulierten Queenie – Marta umarmte sie, Leidy gab ihr die Hand –, dann verließen sie die Gießerei, so wie sie gekommen waren, getrennt.

SALTVILLE, 1990

Eine Wache schob sich durch die Druckausgleichstür des Computergrafikraums neben Cyrus' Labor. »Sie arbeiten spät, Prof?« Die rechte Hand des Mannes hing mit routinemäßiger Gelassenheit neben der 9-mm-Pistole, die er an seinem Gürtel trug.

»Hi, Lee.« Cyrus blickte vom großen Bildschirm auf, auf dem eine wandernde Molekülarchitektur aus leuchtend blauen, schwarzen und silbernen Sphären den dunklen

Raum erhellte wie das Flackern eines Stummfilms. »Schätze, ich habe die Zeit vergessen.«

»Das gleiche, an dem sie letzte Woche gearbeitet haben?« Er war Amerikaner, sein klangloser Akzent verriet ihn als jemanden von den Hochebenen des Westens.

»Das ist richtig«, sagte Cyrus. »Ein möglicher Ansatz für das Problem der Fischwerkzeuge.«

»Das ölige Zeug, von dem Sie mir erzählt haben?«

Cyrus nickte. »Wenn wir eine Angelleine haben wollen, dann brauchen wir Teile, die sich bewegen, wenn wir es ihnen befehlen. Und wenn wir bewegliche Teile in mehreren Kilometern Tiefe haben, dann brauchen wir ein Schmiermittel, das noch nicht erfunden ist – etwas, das bei dem hohen Druck nicht hart wird.«

»Der Bohrer und die Verpacker, die bewegen sich.« Lee war ein kleiner sonnengebräunter, hart aussehender Mann Ende Zwanzig; in seiner Saltville-Wachuniform glich er einem Söldner. Anders als die anderen Wachen, die Cyrus über die Jahre kennengelernt hatte, zeigte Lee – neben einigen wenigen anderen – Interesse für seine Laborarbeit. Wahrscheinlich war jedes neue Thema eine Ablenkung von der Langeweile.

»Der Bohrer bewegt sich als eine Einheit durch das Gestein«, sagte Cyrus. »Die Greifer der Verkleider dehnen sich aus und ziehen sich durch den Druck zusammen, nur wenige Mikrometer in jede Richtung. Kein Teil reibt an einem anderen. Eine Angelleine funktioniert anders. Die Teile greifen ineinander und reiben aneinander.«

Lee beugte sich nach vorne und betrachtete neugierig den Monitor. »Und Sie glauben, Sie haben etwas ganz Neues? Ein neues Schmiermittel?«

»Neu, vielleicht; die Ideen bestehen bereits«, sagte Cyrus. »Wie gut, das weiß ich noch nicht.«

»Werden Sie sie aufkochen und zwischen Diamanten zerquetschen, wie Sie es mir gesagt haben?«

»Das steht noch bevor. Zuerst aber benütze ich diese Computermodelle, um zu Vorhersagen zu kommen.«

Lee überlegte. »Auf diese Weise wissen Sie also, worauf Sie zu achten haben.«

Cyrus nickte. »Im besten Fall. Wenn nicht, dann setze ich mich wieder hin und arbeite an den Modellen.« Cyrus blickte auf und gestattete sich ein halbes Gähnen. »He, danke, daß Sie mich an die Zeit erinnert haben.« Mit einigen Schlägen auf der Tastatur schloß er den Terminal, dann streckte er sich stöhnend. »Dieser verdammte ergonomische Stuhl bringt mich noch um.«

Lee, noch immer fasziniert vom Bild auf dem Monitor, ging. »Sie sind ein kluger Mann, Professor.«

»Danke für das Kompliment. Ich gehe jetzt besser was essen. Hatten Sie schon? Wollen Sie mich nicht ins Kasino begleiten?«

Lee schüttelte den Kopf. »Habe noch den ganzen Turm vor mir.«

»Vielleicht später mal.« Cyrus ging zur Tür, stoppte – schärfte sich ein, seine Müdigkeit nicht zu übertreiben – und wandte sich wieder um. »Lee, ich habe schon seit einiger Zeit über etwas nachgedacht. Ich frage mich, was Sie davon denken.«

»Sir?«

»Was tun wir hier wirklich?«

Lee zog die Augenbrauen nach oben. »Nach Gas bohren.«

»Das haben sie mir auch erzählt.«

»Es ist eine der größten Bohrgesellschaften der Welt.«

»Haben Sie Ihnen einmal erlaubt, das Gelände zu verlassen, seitdem Sie hier sind?«

»Nein, das werden sie auch nicht. Nicht, bevor ich nach Hause zurückkehre. Dann erhalte ich eine schwere Abfindung, um meinen Mund zu halten. Sie haben ein Recht darauf, das, was sie finden, geheimzuhalten, oder?« Lee drückte Cyrus die äußere Tür auf und folgte ihm hinaus in den Gang. »Außerdem ist es zu unserer eigenen Sicherheit. Die Einheimischen mögen Leute wie uns nicht.«

Es kam der Herbst; Edward und Cyrus verließen Saltville in einer Dassault Falcon ohne Kennzeichen. Trotz der Geschwindigkeit des Flugzeugs dauerte der Flug sechs Stunden – die meiste Zeit davon, so nahm Cyrus an, wurde damit verbracht, im Kreis zu fliegen; die Fenster in dem Firmen-Jet waren verschlossen. Edward nützte die Zeit, um ihm einen falschen Lebenslauf und eine fiktive Reiseroute zu verpassen, sowie einen recht überzeugenden kanadischen Paß, der voller Visa-Stempel war – der Paß eines Professors der British Columbia Universität. Cyrus durfte den Paß bei den Flughafenkontrollen benutzen. Ansonsten bewahrte Edward ihn auf.

Sie landeten in Mailand und stiegen in einen Airbus der Air France um. Wenige Stunden später befanden sie sich im Zentrum von Paris.

Sie wohnten in einem kleinen Hotel, in aneinanderliegenden Zimmern, an der Rue Jacob. Es war Anfang Oktober; das Wetter war warm. Das Licht, das durch die Blätter der Kastanienbäume fiel, war grüngolden. Da er angeblich aus British Columbia stammte, wurde von Cyrus nicht verlangt, daß er Französisch sprach. Als sich aber der Himmel bewölkte, Wind aufkam und die Luft kalt wurde und Cyrus auf den Straßen den Satz hörte, *le changement du saison*, hatte er keine Probleme, ihn zu übersetzen.

Die Änderung der Jahreszeit ließ in Edward den dringenden Wunsch aufkommen, einkaufen zu gehen. Cyrus hatte den Verdacht, daß er die Umgebung teilweise zu diesem Zweck gewählt hatte; sie war voll mit Kunstläden, Antiquitäten-, Porzellan und Textilgeschäften, Buchhändlern und einem Laden, der sich auf nautisches Zubehör, darunter Messinginstrumente und ausgezeichnete Schiffsmodelle, spezialisiert hatte – und zwischen diese Läden lagen bezaubernde Restaurants und Bars.

Da Edward abgelenkt war, hatte Cyrus alle Zeit, die er wollte, um die Buchhändler entlang der Flußseite aufzusuchen. Kuriose Raritäten waren in den grünen Kisten zu finden, über die haarige junge Männer oder zerfurchte alte Männer, lebhafte junge Frauen oder bissige alte Frauen wachten – eine Auswahl der Pariser Bevölkerung, die nichts gemeinsam hatten außer den Wunsch, mit dem Handel von Gedrucktem Geld zu machen. Ihre Waren enthielten Kupferstiche, die aus alten Botanik- oder Zoologiebüchern geschnitten waren (und ihre neuzeitlichen Fälschungen), Geschichtsbücher über Afrika und Südostasien, Geschichtsbücher über Frankreich, die Juden, Goethes gesammelte Werke, Nietzsches gesammelte Werke, alte Kochbücher, gewichtige und abgegriffene Wälzer über Anthropologie und Mythologie, über amerikanischen Film und Jazz, schmale illustrierte Bände mit manchmal perverser Erotik, Taschenbuchkrimis, weitschweifige Stapel mit Literaturkritik ...

Cyrus hatte keine Probleme, eine gute Weltkarte zu finden. Bereits auf dem Mailänder Flughafen hatte er sich die Zeit gemerkt und seine Armbanduhr umgestellt, sobald er eine Uhr erblickt hatte.

Einer der Stände am Quai besaß eine Auswahl an Büchern über Spionage. Am dritten Nachmittag, an dem er hier herumstreunte, fand Cyrus einen englisch geschriebenen Band über die israelischen Geheimdienste. Es gab, so schien es, eine ganze Reihe dieser gebrauchten Bücher in englischer Sprache, etwas für jeden Spionage-Geschmack, geschrieben in einem Stil, der von Skandalchronik bis zum guten grauen Ton der *Washington Post* reichte.

Cyrus entschied sich für zwei Bücher, zahlte einige Dutzend Francs und nahm sie mit zu einer Bank am Flußufer. Er zog gegen den herbstlichen Oktoberwind seinen Mantelkragen nach oben. Zwei Stunden saß er dort. Als er die Bücher durchgesehen hatte, ließ er sie auf der Bank zurück.

Die Wände des engen Restaurants bestanden aus dreihundert Jahre alten Kalksteinblöcken, an denen meterhohe Filmplakete von *Die Kinder des Olymp* hingen. Die gesamte Vorderfront war zur Straße hin offen und übersah den Turm von Saint-Germain-des-Prés, der sich gegen die neblige Nacht erhob.

»Hast du jemals von Lakam gehört?« fragte Cyrus, der durch sein zartes Lammkotelett schnitt.

Der Wein, ein Saint-Emilion, glühte im Licht der Paraffin-Lampe auf ihrem Tisch wie ein rötlicher Juwel. Edward nahm sich Zeit, ihre Gläser nachzufüllen. »Nein.«

Seit einem Jahrzehnt hatte er sich spröde gegeben; Cyrus konnte nicht erwarten, ihn in fünf Minuten so weit zu bringen, daß er auftaute. »Ein hebräisches Akronym für Wissenschaftliches Verbindungsbüro.«

»Klingt harmlos.«

»Die Abteilung des Geheimdienstes, die sich mit Nuklearforschung beschäftigt.«

»Wirklich.«

»Lakam besitzt eine interessante Geschichte.«

Edward blickte sich zu den anderen Touristen um, die nahe bei an anderen Tischen saßen. »Warum erzählst du mir nicht morgen mehr davon.«

»Es paßt jetzt hervorragend«, sagte Cyrus fröhlich. »Vor fünfzig Jahren begannen die Israelis, Wissenschaftler in die USA und andere Staaten zu schicken, um dort um atomare Geheimnisse zu bitten, sie zu kaufen und zu stehlen.«

»Ich habe vielleicht davon gehört.«

»Ich brenne darauf, es dir noch einmal zu erzählen.«

In Edwards starrendem Blick lag nichts Melodramatisches, kein Versuch, ihn zu bedrohen. Er atmete nur langsamer und tiefer. »Ich sitze hier und höre dir zu, wenn du leise sprichst.«

Cyrus lächelte. »In den fünfziger Jahren half Frankreich Israel, einen fünfundzwanzig-Megawatt-Schwerwasserreaktor an einem Ort namens Dimona in der Negev-Wüste zu bauen. 1960 gab David Ben-Gurion seine Existenz zu – er sei nur für friedliche Zwecke, sagte er. Trotzdem kann das verbrauchte Brennmaterial eines solchen Reaktors leicht für eine Bombe aufbereitet werden.«

»Ich nehme an, du kennst dich mit solchen Dingen aus«, sagte Edward.

»Israel hat niemals ein Bombenprojekt zugegeben«, fuhr Cyrus fort. »Aber ein Techniker – Sununu, Vanunu, irgendwie so –, der behauptete, an dem Projekt gearbeitet zu haben, floh Mitte der achtziger Jahre nach England. Er lieferte der britischen Presse Fotos von beeindruckend großen unterirdischen Einrichtungen. Einige Tage später wurde er vom Mossad gekidnapped. Du hast schon mal vom Mossad gehört?«

»Oh, bitte.«

Cyrus nahm ein Stück Fleisch in den Mund und kaute nachdenklich. »Unsere kanadischen Pässe sind sehr gut, Edward. Ich hörte, der Mossad hat ein Faible für sie.«

»Nun wirst du ermüdend.«

»Ich versuche, es nicht zu sein«, sagte Cyrus. »Du erinnerst dich an den Fall Jonathan Pollard und seine Frau? Er war ...«

»Ich verstehe.« Edward lächelte. »Nachdem du jahrelang meine Vorlesungen ertragen hast, verabreichst du mir nun eine Dosis meiner eigenen Medizin.«

»Nein. Aber ich mache mir so meine Gedanken«, sagte Cyrus. »Was ist, wenn ein Land eine Atombombe unterirdisch testen möchte, aber weiß, daß dies nicht unentdeckt bleiben wird? Da die Seismographen ein Erdbeben von einem unterirdischen Test unterscheiden können – das hat mit Oberflächenwellen und unterirdischen Wellen zu tun. Jedenfalls kennen sie seit langer Zeit die Tricks.«

Edward spielte mit seinem Glas und sagte ruhig: »Ich habe dir erzählt, was ich dir erzählen kann. Was du wissen willst, kann ich dir nicht sagen. Es ist mir einfach nicht erlaubt, das zu tun.«

Cyrus sah ihn mit mäßiger Überraschung an, dann fuhr er, als ob er nichts gehört hätte, fort. »Aber das sind die gewöhnlichen seichten Erdbeben, sagte ich mir. Plattenverschiebungen, Kollisionen. Was ist, wenn diese Atombombe so tief gezündet wird, daß es wie ein wirkliches *Tiefenbeben* aussieht? Die sind relativ selten. Es gibt viele Theorien, aber niemand weiß richtig darüber Bescheid. Ich dachte mir, statt in einer Tiefe von vier oder fünf Kilometer könnte die Bombe in einer Tiefe von vier- oder fünf*hundert* Kilometer gezündet werden ... die Seismographen könnten die Signatur nicht mehr interpretieren. Es würde ganz natürlich aussehen.«

»Ich sehe, wir haben dich nicht genügend beschäftigt.« Edward versuchte ein zögerndes Lächeln.

»Das passiert, wenn ihr mich aus meinem Käfig laßt«, sagte Cyrus. »Sogar an einem Ort, dessen Sprache ich nicht spreche, gibt es ausländische Zeitungen. Ich picke ein paar Worte im Fernsehen auf. Die CORE-Leute, zum Beispiel. Es scheint, daß wir nicht die einzigen sind, die ein tiefes Loch bohren wollen.«

»Wir geben dir alle Informationen, die du brauchst«, sagte Edward.

»Es interessiert mich, wie ihr das macht.« Als Edward allerdings nicht darauf einging, sagte Cyrus. »Angenommen – allein, um diesen Gedanken durchzuspielen – du *warst* bei Lakam ...«

»Zu deiner eigenen Sicherheit ...« Edward schnalzte mit den Fingern dem Ober und verlangte die Rechnung. »... geh nicht von Dingen aus, die sich in deine Konversation verirren könnten.«

Cyrus betrachtete den Bodensatz in seinem Weinglas. Das Essen und der Wein waren gut, zu gut. Er war ein vitaler und lebhafter alter Mann, etwas älter, als er sich selbst gerne eingestehen mochte. Vielleicht spürte er deswegen unter seinem Herzen diese Enge.

CORE CITY, 1994

Als Marta McDougal vierzig wurde, gaben ihre Kollegen eine große Party; mit so vielen Gästen, wie das Roadrunner Roadhouse nur aufnehmen konnte, mit Konfetti, witzigen Geschenken, zu vielen Trinksprüchen und einem teuflisch dicken Kuchen, der dem Ziel, auf das der CORE-Bohrer sich zubewegte, angemessen schien. Sobald sie sich loseisen konnte, ging sie; sie gab dringende Arbeiten vor. Die Feier dauerte noch lange an.

Sie ging zurück zu ihrem Büro, betrat es und verließ es

wieder – sie hatte den anderen nicht sagen wollen, daß sie an ihrem Geburtstag alleine nach Hause ging, auch wenn dies jeder wußte –, und dann schritt sie über den Rasen im Park vor dem Rathaus, entlang den noch immer neuen Straßen zu ihrem Haus, das ihr zu neu und zu groß vorkam, obwohl sie es mit ihrer jüngeren Tochter teilte. Es war auch dann fast zu groß, wenn ihre ältere Tochter vom Internat nach Hause kam.

Zu neu, zu groß, zu leer.

Luisa war nun dreizehn, überprüfte beständig ihre Unabhängigkeit und Martas Grenzen und blieb abends so lange fort, so lange sie nur wollte. Marta erwartete nicht, sie zu Hause zu finden, heute abend aber traf sie, als sie die Küche betrat, Julie, die Haushälterin, die gerade gehen wollte.

»Luisa ist hier, Mrs. McDougal. Sie sagte, sie wolle dableiben, also dachte ich, daß sie mich nicht mehr brauchen.« Julie stammte von einer der umliegenden Ranches und glich dem vollkommenen Cowgirl, eine junge Frau, die ihre Arbeit machte, aber ihre freie Zeit hochschätzte.

»Danke, Julie, das ist schön. Wir sehen uns am Mittwoch wieder?«

»Ja, Ma'am.« Und draußen war sie, ohne sich weiter zu kümmern.

Marta betrat den Lanai, wo sich Luisa auf dem Schaffellvorleger ausgebreitet hatte, vor ihr das aufgeschlagene Junior-Highschool-Geschichtsbuch; die Geschichte von Texas war Pflichtfach.

»Hi, Mom. Ich dachte, du wärst heute abend auf der Party.«

»Keine Lust.« Marta ließ sich in einen Armstuhl fallen und fischte in der aufgesetzten Tasche an ihrem Rock nach den Zigaretten.

Luisa setzte einen komischen Gesichtsausdruck auf, rollte sich auf dem Vorleger zur Seite, weg von ihrer Mutter, warf ihre Tennisschuhe in die Luft und langte umständlich hinter ihren Rücken; dann ließ sie sich wieder auf den Bauch fallen und setzte sich schließlich auf die Knie. In ihren Händen hielt sie ein kleines, bunt eingepacktes und leicht zerknittertes Päckchen, das sie versteckt hatte. »Trotzdem, alles Gute zum Geburtstag.«

»Danke, Luisa!«

»Nun? Mach es auf.«

Marta riß das billige Papier weg und öffnete den Deckel der weißen Pappschachtel. Drinnen lag ein Paar mondsichelförmiger Ohrringe aus Katzensilber. »Luisa, die sind schön. Vielen Dank.« Martas Lippen zitterten. Diese Göre!

»Gefallen sie dir wirklich?« In ihrer Stimme lag ein schelmisches Unterton.

»Ja. Gewiß.«

»Linda wird sicherlich erleichtert sein, wenn sie das hört. Das ist *ihr* Geschenk. Hier ist ihre Karte.« Sie reichte ihr einen Umschlag.

Marta blickte ihre Tochter schief an, sagte aber nichts. Sie öffnete die Karte, eine mit jenen hingeworfenen Tierzeichnungen, Katzen und Zieseln, die sich irgendwelche schlechten Wortspiele zujodelten. Unten hatte Linda flüchtig einige Worte hingekritzelt.

Luisa saß nun mit gekreuzten Beinen und holte hinter ihrem Rücken ein weiteres Päckchen hervor; es war länger und mit anderem Papier eingebunden. »Das ist von mir.«

Marta nahm es in Empfang; ihre Gefühle hatte sie nun unter Kontrolle. Aus der flachen Schachtel zog sie einen schwarzen, feingewebten Schal, der sich seidig und papierdünn anfühlte. Er war mit silberen Fäden durchwoben, die Moiré-Muster bildeten, die zu Tage traten, als sie ihn hoch und gegen das Licht hielt.

»Der ist … exquisit«, sagte Marta. »Ich will nicht fragen, woher du ihn hast, aber … er ist wunderschön.«

»In London, letzten Sommer«, sagte Luisa.

»Ah. Peter hatte schon immer einen guten Geschmack, was solche Dinge betrifft.«

»Ich habe ihn selbst ausgesucht. Und ich habe ihn selbst *bezahlt*.«

»Ich danke *dir*, Luisa, vielen Dank.«

Luisa erhob sich. »Was hältst du von einer Pizza? Als

Geburtstagsessen, meine ich, wenn dir wirklich gefällt, was ich dir geschenkt habe.«

Marta sah ihre Tochter an. »Kind, du bist toll. Wirklich toll. Pizza, okay. Aber das Haus zu verlassen ist nicht okay.«

»Sie behaupten, sie liefern in fünfzehn Minuten.«

Die Pizza-Leute brachten die Pizzen. Luisa verdrückte eine unglaubliche Menge von dem teigigen Zeug; Marta war nicht hungrig, sie hockte am Küchentisch und besaß soviel Anstand, die Zigarette nicht anzuzünden, solange Luisa aß.

Als Luisa schließlich fertig war, unterhielten sie sich; Luisa brachte ein Thema zur Sprache, das sie früher nur angedeutet hatte. »Mom, ich werde dieses Jahr mit der Junior Highschool fertig ...«

»Mit Glück.«

»... und ich glaube nicht, daß ich die Highschool in der Stadt ertragen kann. Ich möchte woanders hin. Nicht an Lindas großkotzige Universität, irgendwo anders. Nur nicht unsere Highschool hier.«

»Laß mich darüber nachdenken, Honey«, sagte Marta.

»Als *sie* dich fragte, hast du nur ja gesagt.«

»Weil sie Chinesisch studieren wollte und dieses Fach an der Highschool hier nicht ...«

»Das war doch alles Mist. Sobald sie das Haus verlassen hatte, hat sie doch keinen Gedanken mehr daran verschwendet, wirklich zu studieren.«

»Ich muß *wirklich* darüber nachdenken.«

Luisa war klug genug, nicht weiter darauf zu drängen. »Okay, Mom«, sagte sie und hielt ihr gutes Benehmen eine weitere Stunde aufrecht, bevor sie sich fröhlich in ihr Schlafzimmer zurückzog, wo sie auf ihrem Fernseher Videos sehen konnte.

Im Roadrunner löste sich die Party auf, die Restaurantsangestellten räumten die Überreste weg. Einige Unverwüstliche hatten sich an die Bar zurückgezogen. Der Roadrunner war wie die übrige Stadt praktisch über Nacht errichtet worden, der Innenarchitekt allerdings hatte ganze Arbeit geleistet; Scheunenbretter, Wagenräder und ausgestopfte Tiere der ungefährdeten Arten dekorierten die Wände, darunter der obligatorische Roadrunner, diese am Boden lebende Kuckucksart; in vollem Federkleid saß er auf der Mahagony-Bar, die aussah, als sei sie mit einem Planwagen nach Westen gekommen.

»Einen Schlummertrunk«, insistierte Taki Takeume.

»Wenn es nichts anderes ist als Club Soda«, sagte Queenie. »Für dich auch.«

Er widersprach nicht, sondern sagte nur. »Kaffee, denke ich.« Selbst im schummrigen Licht der falschen Kerosinlampen waren in seinem Gesicht dunkle Flecken sichtbar; zwei oder drei Biere ließen sie jedes Mal von neuem erscheinen. Er behauptete, es hätte mit seinen Enzymen oder ihrem Fehlen zu tun.

Er bekam von einem genervten Barkeeper die Getränke. Sie setzten sich in eine Nische, die mit einer grünen Lederimitation aus Plastik gepolstert war. Takis Kleidung entsprach der Inneneinrichtung, er trug ein Western-Hemd und Jeans; Queenie schaute ihn nachdenklich über den Tisch hinweg an; sie trug wie immer ihre weiße Bluse und den braunen Rock.

Vorsichtig schlürfte er den Kaffee. »Es war eine gute Party«, sagte er aufgekratzt.

»Sie machte nicht den Eindruck, als ob es ihr gut ging«, sagte Queenie. »Sie schien mir sehr traurig zu sein.«

»Nun, du kennst die Geschichte mit ihr und Dr. Hudder. Und was die anderen dazu denken. Nicht so sehr, warum sie sich getrennt haben, sondern warum sie überhaupt zusammen kamen.«

Sie lächelte, ihre dunklen Augen funkelten. »Sag mir, Taki, bist du unter deinem Cowboy-Anzug wirklich ein typischer Japaner?«

Taki wich aus. »Ich bin mir nicht sicher, was du ...«

»Kannst du dir wirklich nicht vorstellen, daß ein starrköpfiger Mann mit einer starrköpfigen Frau glücklich wird?«

Wie so oft, wenn er mit direkten Fragen konfrontiert wurde, wechselte Taki das Thema. »Du kennst sie besser als die meisten von uns. Du hast mit ihr eng zusammengearbeitet.«

»Nein, ich kenne sie nicht. Ja, sie ist sehr direkt, sie verbirgt nichts, aber sie läßt niemanden an ihr Privatleben heran.«

»Das klingt sehr britisch.«

»Britisch?« Queenie lachte. »Ein britischer Seemann, vielleicht, so wie sie flucht.«

Taki nickte. »Ich weiß, ich erinnere mich, als ...«

»Netter Versuch, Tex. Kommen wir zu dir zurück.«

Er schlürfte seinen Kaffee und sah sie an. Sie erwiderte den Blick. Ihre Augen glänzten und lächelten, ihr Gesicht war unter den schwarzen, mit grauen Strähnen aufgehellten Haaren rund und braun und schön. Ein typischer Japaner hätte sich von ihr nicht angezogen gefühlt. »Vielleicht bin ich kein typischer Japaner«, sagte er.

»Du klingst so traurig, wenn du das sagst.«

»Uns wird beigebracht, daß der Nagel, der hervorsteht, wieder eingeschlagen wird«, sagte er.

»Niemand hier schlägt auf dich ein.«

»Nun«, sagte er und wechselte wieder das Thema. »Gefällt dir dein Haus nun etwas besser, jetzt, nachdem du bereits seit einiger Zeit darin wohnst?«

Sie lächelte, und ihre weißen Zähne glitzerten. »Nur für diese Nacht, denke ich, gefällt mir deines besser.«

Marta stand alleine in der Dunkelheit. Am Ende des grünen Rasens begann das rauhe Weideland. Links stand der Bohrturm mitten in der Stadt, ein von Lichtern umwundener Turm. Rechts, im Busch, brannte ein einziges gelbes Licht auf der Veranda des alten Garrett-Ranchhauses.

Sie würde Luisa auf die Schule fortgehen lassen. Politisch brachte dies nur wieder Probleme. Es gab bereits Gerede; warum, wenn die Stadt doch so groß war, schickte Marta ihre älteste Tochter auf eine Privatschule an der Ostküste? Warum schickten nur die Arbeiter ihre Kinder auf die örtlichen Schulen? Zumindest besaß Leidy eine Ausrede; sein Sohn lebte bei seiner Mutter.

Aber sie würde Luisa tun lassen, was sie wünschte. Ein kluges Kind, ihrer Klasse voraus. Und wenn sie ging, dann würde Marta alleine sein. So wie sie es niemals gewesen war.

Im Licht der Sterne konnte sie eine Ecke von Leidys Haus erkennen. Es war dunkel. Er war noch immer auf der Party, vielleicht; vielleicht hatte er eine Frau kennengelernt – seine heißen Augen waren immer auf der Suche – eine der Dutzenden von Frauen, die Marta namentlich kannte, die, jünger als sie, sich bei ihr nicht einschmeicheln konnten und es bei ihm versuchten.

Sie nahm es nicht leicht, aber einen Ausweg zu finden war ebenfalls nicht leicht. Es sich selbst und ihm einzugestehen. Zu sagen, daß sie unrecht hatte. Sie würde das nicht tun; sie hatte nicht unrecht, dessen war sie sich sicher, auch wenn sie sich kaum noch erinnern konnte, worum es eigentlich ging ... also würde sie es nicht sagen.

Leidy kam alleine nach Hause, ging durch die Garagentür, vorbei an dem dort geparkten Land Cruiser, den er weniger benützte, als er gerne gewollt hätte. Drinnen blickte er durch die Glaspaneelen des Lanai über den dunklen Rasen zu Martas Haus. Es brannte ein Licht, er wußte nicht genau, in welchem Zimmer; hinter dem Glas erkannte er eine aufrechte Silhouette, die, so stellte er sich vor, sie war, aber auch dessen konnte er nicht sicher sein. Er betrachtete die Gestalt. Sie bewegte sich nicht; es gab kein verräterisches Glimmen einer Zigarette.

Er wandte sich ab. Wie viele Nächte hatte er hier gestanden und gehofft, sie zu sehen, ohne selbst gesehen zu werden? Wie viele Nächte hatte er versucht sich einzureden, daß er nachgeben sollte?

Er hatte es einige Male versucht. Während der Arbeit, nach der Arbeit, einige schwache Hinweise, einige schwache Versuche. Einige Mißerfolge, einige Mißverständnisse.

So gab es also andere Frauen. Nicht in Core City. Er traf sie hin und wieder außerhalb der Stadt. Und für sie – gab es Männer, sicher, obwohl er nicht daran denken wollte. Sie reiste sogar noch mehr, als er es tat.

Er hoffte, sie konnte es mehr genießen, vierzig zu werden, als er es getan hatte.

SALTVILLE, 1990-91

Sie kehrten früher aus Frankreich zurück, als Edward versprochen hatte; Cyrus fühlte sich eher angeregt als erholt. Mit siebzig war er ein vitaler Mann, aber er spürte sein Alter mit jedem Tag mehr. Nicht körperlich – er hatte noch kein bißchen zurückgeschaltet -; aber er hatte begonnen, sich zu fragen, was von seinem Leben noch blieb. Fragen, die er früher vermieden hatte.

Die Nachrichten, die ihn jahrelang mit einem oder zwei Tagen Verspätung erreichten, kamen nun drei oder vier Tage später. Die Radioprogramme, die gelegentlich für kurze Sekunden stumm waren, die TV-Shows, bei denen gelegentlich für einige Sekunden der leere Bildschirm flackerte, die Zeitungen, die gelegentlich mit tiefschwarzen Säulen überzogen waren, enthielten nun längere stumme Pausen, leere Bildschirme und mehr schwarze Säulen, als sie noch an Nachrichten brachten. Irgendwo in Saltville machten die Zensoren Überstunden.

Es war ein grauer und verregneter Winter in dem Teil der Welt, in dem Saltville lag. An einem der seltenen klaren Abenden ging Cyrus hinaus und stieg den Wadi hinter seinem Haus hoch. Im Dämmerlicht überquerte er den breiten alluvialen Fächer, schlüpfte unter dem Zaun hindurch und betrat den Canyon. Der Sand unter seinen Füßen war feucht, der Strom floß weit den Canyon hinab, bevor er im Sand verschwand. Cyrus erreichte die kleine Oase, als der Schein des aufgehenden Mondes die hohen Canyonwände in weißes Licht tauchte. Er setzte sich an den größten Teich, unter die wilden Dattelpalmen, und betrachtete die Sterne, die unruhig auf der schwarzen Wasseroberfläche zitterten. Im kühlen Schatten wurde seine Wahrnehmung schärfer. Er beobachtete Insekten, die knapp über dem Wasser flogen, und kleine Frösche, die sie mit verstohlenem Appetit beäugten.

Er hatte die Karten, die er in Paris gefunden hatte, studiert, die trotz der großen Meßungenauigkeiten seine Vermutung bestätigten, daß Saltville in einem großen Rechteck lag, das Teile von Israel, Jordanien, dem südlichen Syrien, westlichen Irak und dem nördlichen Arabien enthielt.

Seine nun verläßliche Uhr wich nur wenig von den anderen Uhren in Saltville ab; Edward hatte ihn, was die Ortszeit anging, nicht belogen. Die vierundzwanzig Zeitzonen der Erde allerdings schnitten den Globus in Segmente, die auf Saltvilles wahrscheinlicher Breite über tausend Kilometer breit waren. Ohne Ephemeriden, mit Hilfe derer die Bewegung von Sonne, Mond und Erde zu berechnen waren – die Buchhändler an der Seine hatten sie nicht in ihrem Angebot –, konnte Cyrus nicht in Erfahrung bringen, wo er sich in der Zeitzone befand.

Wenn die betenden Moslems wirklich in Richtung Süden beteten, war er in Arabien oder im Irak. Wenn sie aber nur ein wenig abwichen – und wenn er sich nur ein wenig verrechnete –, dann konnte jede Ortsbestimmung um Hunderte von Kilometern differieren.

Cyrus stellte sich vor, einfach wegzugehen, durch die Wüste. Einmal war er den Abhang so weit wie möglich hinaufgeklettert, was nicht weit war; bereits nach einer Viertelmeile stieß er auf einen trockenen Wasserfall aus polierten Felsen. Vierzig Jahre früher wäre er ohne zu überlegen hinaufgeklettert. Steif, wie er war, stellte er nur eine unüberwindliche Barriere dar.

Er hatte andere Canyons untersucht, andere Routen. Mit dem Essen und Wasser, das er zu tragen hatte – sollte er wirklich die Flucht versuchen –, würde er nicht zwei Tage durchhalten. Er hätte genausogut bei seinem Golfwagen bleiben können.

Er warf Kiesel in den Teich, zwei und drei gleichzeitig, und störte die Frösche auf.

Wenn er sich wirklich in dem Gebiet befand, in dem er zu sein glaubte, dann reichten zwei Tage nicht. Das war ein Land, das berüchtigt war für die alten Männer, die es durchwandert hatten und dabei starben.

Vierzig Kilometer östlich von Cyrus krochen dreizehn gepanzerte Kettenfahrzeuge mit Kanonentürmen aus ihrem Versteck eines felsigen Wadis und bewegten sich über eine zerklüftete Landschaft aus Lehm und Kiesel. Die Männer in den Fahrzeugen strichen mit ihren Ferngläsern über den Horizont und suchten nervös Himmel und Erde ab.

Die Luke des Führungsfahrzeuges war geöffnet, der Kopf des Kompaniechefs schaute heraus; aufmerksam starrte er auf die Berge zu seiner Linken, die sich nun im verfinsternden Zwielicht von Dunkelblau zu Purpurrot färbten. In den letzten drei Tagen hatte er nur eine Nacht geschlafen – auf seinen vollen Wangen machten sich Bartstoppel breit – und er hatte seit dem Morgen nichts gegessen. Noch einmal befragte er seinen Kompaß und versuchte die Richtung zu halten, während das Fahrzeug durch eine sandige Auswaschung schlingerte.

Seit drei Uhr nachmittags – als er, während er sich vor der Luftaufklärung zu verbergen suchte, den Sichtkontakt zu der Einheit, die er begleiten sollte, verloren hatte und die Funkverbindung mit dem Divisionshauptquartier zusammenbrach – besaß er nur eine vage Vorstellung, wo er sich in diesen nackten Bergen und trockenen Tälern befand. Trotzdem hielt er seine Einheit in Bewegung.

Der Kommandant zog sich zurück und ließ die Stahlluke über seinem Kopf zufallen. Zusammengekauert in dem vollgepackten und dröhnenden Rumpf, riß er eine ölbeschmierte Karte auf. Im fahlen gelben Licht waren die Konturen kaum zu erkennen. »Hier«, sagte er zum Fahrer und deutete mit dem Finger auf die Karte. »Wir sind hier. Dieser

Gipfel links von uns sollte … *ist* die Erhebung sieben-drei-sieben. Ich bin mir sicher.«

»Gute Arbeit, Sir.« Der Fahrer machte sich nicht die Mühe, einen Blick darauf zu werfen. Das Fahrzeug wurde langsamer. »Keine Eile, dann.«

»Was meinen Sie? Wir müssen über den Paß kommen, solange noch Licht ist. So schnell wie möglich.«

»Erlaubnis, die Scheinwerfer einzuschalten?« fragte der Fahrer.

»Nein, keine Lichter.«

Die Fahrzeuge erreichten die offene Wüste und beschleunigten; eines nach dem anderen folgte dem Führungsfahrzeug, mit dreißig Kilometern die Stunde wirbelten sie dünne Staubwolken und Dieselrauch auf. Im schwächer werdenden Licht waren sie viel zu schnell.

»Wer sind diese Idioten?« Eine Saltville-Wache saß am Steuer seines Wagens und spähte durch ein Fernglas. Visitenkarten der Wüste – aufsteigende Staubwolken – kräuselten sich im dämmrigen Licht des Sonnenuntergangs, als die gepanzerte Kolonne in Sichtweite des Beobachtungspostens am Paß kam. Die Fahrzeuge waren seit zehn Minuten auf dem Radar zu sehen. »Wissen die nicht, daß Krieg ist?«

»Die Zentrale hat Kontakt mit den Einheimischen aufgenommen«, sagte der Mann daneben, ein Captain, der das Handstück seines Funkgeräts an sein Ohr hielt. »Sie haben eine Division dort draußen …«

»Dem verirrten Kompaniechef wird man den Arsch aufreißen.«

Der Captain verstummte und horchte auf das Funkgerät. »Sie können nicht zu den Jungs durchkommen. Sie sind nicht im Netz.«

»Sollen wir etwas unternehmen?«

»Wir fahren vor zum Zaun. Sie kommen dort vorbei und sagen ihnen, daß sie verschwinden sollen.«

»Wer übersetzt?«

»Die Zentrale schickt jemanden heraus.«

»Im Wagen oder Hubschrauber?«

»Habe ich nicht gefragt. Wir sollten runter zur Straße.«

»Verdammter Job. Warum warten wir nicht hier?«

»Vergiß es. Du kennst die Wege«, sagte der Captain.

»Es ist finster!«

»Willst du das später der Zentrale erklären oder jetzt gleich alles im Keim ersticken?«

»Wir haben keinen von den verfluchten Dolmetschern«, sagte der Fahrer nervös.

»Ich werde ein paar Worte in ihrem Kauderwelsch reden«, sagte der Captain. »Genug, um ihnen zu erzählen, was sie wissen sollten.«

Der Kompaniechef steckte seinen Kopf wieder aus dem Führungsfahrzeug. Im purpurnen Nachthimmel glühten noch die Kondensstreifen von Flugzeugen – ob Jagdbomber oder Aufklärer vermochte er nicht zu sagen. Er wußte nur, daß es feindliche Maschinen waren.

Ohne Scheinwerfer war es schwer, etwas zu sehen; der fast volle Mond jedoch erhellte die enge leere Straße vor ihnen, die sich den steilen Bergpaß hochzog. Fauchend schlugen die Panzerfahrzeuge ihre Klauen in die Felsen, die von den steilen Klippen niedergegangen waren, und waren nur wenige Zentimeter von den senkrechten Abhängen an der anderen Straßenseite entfernt.

Mondlicht und dunkle Schatten erhellten die parallelen, mit Ketten verschlossenen Zäune, die über die Straße gespannt waren. Der Fahrer des Führungsfahrzeugs stoppte kurz vor dem mit Ketten und einem Vorhängeschloß gesicherten Tor. Ein rechteckiges Metallschild war mit Draht an das Tor gebunden, Wind und Sand allerdings hatten die Schrift weggescheuert.

Der Kommandant war entschlossen, Selbstsicherheit an den Tag zu legen, das Auftauchen der Zäune allerdings verunsicherte ihn – nirgendwo auf seinen Karten waren sie eingezeichnet. Die Karten enthielten große Gebiete, die als »gesperrt« markiert waren, aber diese Bereiche waren weit von dem Ort entfernt, wo er sich zu befinden glaubte. Selbst um umzudrehen, hätten er und seine Gruppe einen Boden benötigt, der breiter und flacher war als dieser hier. »Fahr weiter«, schrie er seinem Fahrer zu.

Der Motor heulte auf, der Führungspanzer kroch langsam in den ersten Zaun und legte ihn flach. Unter den Ketten verbogen sich die Zaunsegmente. Der Fahrer näherte sich dem zweiten Zaun vorsichtiger. Die Ketten des Panzers kletterten einige Zentimeter den Zaun hoch, bevor er nachgab und nach unten wegsackte. Dann fiel der Lärm des Motors in sich zusammen.

»Ich sagte, fahr weiter!«

»Sir, da vorne ist ein Wagen. Männer winken.«

»Was, zum Teufel ...« Der Fahrer stellte den Jeep der Wache quer auf die Straße, vor den sich nähernden Panzer. Auf der einen Seite erhoben sich blanke Felsen, auf der anderen fiel ein steiler Abhang ab. Der Wagen blockierte die Straße, seine Scheinwerfer leuchteten über Sand und Gestein. Der Captain stand auf, winkte mit seinem Arm und schrie »Stop«, sowohl in den einheimischen arabischen Dialekten wie auch auf Englisch.

Das Fahrzeug hielt an, sein Dieselmotor klopfte. Einige Sekunden lang bewegte sich nichts.

»Herrgott«, sagte der Fahrer. »Genau in ein Minenfeld. Können die keine Schilder lesen?«

Der Captain schrie etwas in Richtung Panzer, das, wie er hoffte, als »Zugang verboten – Hier nichts Gutes – Kehrt um« verstanden wurde.

»Wo bleibt der Dolmetscher?« murmelte der Fahrer.

In der Zwischenzeit hatte der Rest der Kolonne hinter dem unbeweglichen Führungsfahrzeug aufgeschlossen; sie standen dichtgedrängt, Bug an Heck, hintereinander.

»Schau dir das an«, sagte der Captain voller Abscheu. »Eine ganze Kompanie voller Arschlöcher, wie Hühner auf der Stange. Einige Leute oben in den Bergen mit AT-Röhren könnten sie alle abknallen. Die Russen geben ihnen das Zeug, und sie wissen nichts damit anzufangen.«

Das Führungsfahrzeug bewegte sich noch immer nicht. Es waren keine Lichter zu sehen. Keine offenen Luken. Der Turm justierte sich nicht. Schließlich klappte, für die beiden Wachen nicht einsehbar, eine Luke auf.

»Heckklappe ging auf«, sagte der Fahrer.

»Okay, ich denke, jemand will mit uns reden«, sagte der Captain. »Bleib lieber unten, für alle Fälle.« Er öffnete die Tür und glitt aus dem Wagen. Langsam ging er im schwachen gelben Schein der eigenen Scheinwerfer auf den Führungspanzer zu, seine Waffe wies gegen den Himmel, die linke Hand hatte er erhoben, die Handfläche geöffnet. »Zugang verboten«, wiederholte er und schrie es so laut und ruhig, wie er nur konnte. »Kehrt um.« Er wußte nicht das Wort für »Minen«, also sagte er es in Englisch.

Er hatte die Hälfte der Distanz zum Panzer zurückgelegt, als sich ein Soldat hinter dem Fahrzeug vorbeugte und ihn mit einer auf Einzelfeuer eingestellten AK-47 zweimal durch die Brust schoß. Auf der anderen Seite des Panzers schickte ein zweiter Soldat eine Salve aus einer Automatik gegen den Jeep, die die Windschutzscheibe zerschmetterte und den Fahrer tötete, der zu neugierig war, um sich zu ducken.

Im Panzer wartete der Kommandant, bis seine Infanteristen wieder eingestiegen waren. Dann befahl er: »Schiebt den Wagen von der Straße.«

»Sir, der Offizier sagte, es gäbe Minen.«

Der Kommandant, der zwar wußte, daß der Mann Englisch gesprochen hatte, aber nicht alles verstand, starrte auf seinen Fahrer. Wie konnte diese unbedeutende Person Englisch verstehen? »Ich befehle dir, räum den Wagen von der Straße.«

Der Fahrer sagte nichts; er gehorchte, fuhr frontal auf den Jeep zu und drehte den Panzer seitwärts auf den Ketten, immer und immer wieder, bis der Jeep, verbeult, aber noch immer aufrecht stehend, mit einem brennenden Frontscheinwerfer, rückwärts auf den felsigen Abhang zurollte und in die Schlucht stürzte.

»Vorwärts«, sagte der Kommandant den Fahrern.

»Was ist mit den *Minen*, Sir?«

»Du kannst die Spuren ihres Wagens im Sand sehen.«

»Vielleicht, mit Scheinwerfern.«

»Keine Lichter!«

»Sir ...«

Der Kommandant starrte ihn im Dämmerlicht des Innenraums wütend an. »Das waren Amerikaner.«

»Sir.«

»Folg den Spuren. Der Mond ist hell, und wir kommen durch die Minen.« Er legte seine Hand auf die Pistole, die lose im Halfter baumelte, für den Fall, daß der Mann noch einmal protestieren sollte.

»Sir.«

Der Kommandant schaltete das Funkgerät an und sprach über die eigene Sprechfunkverbindung. »Wir stoßen weiter vor«, sagte er seinen Zugführern. »Das ist keine Übung. Folgt dicht unseren Spuren. Wir folgen einem Weg durch ein feindliches Minenfeld.«

Über die Funkverbindung waren plötzlich die aufgeregten Stimmen der anderen Fahrer zu hören, die weitere Informationen forderten. »Hört zu«, schrie er sie an. »*Was immer* auch passiert, fahrt weiter. Was immer auch passiert!« Zu seinem Fahrer sagte er in ruhigerem Tonfall. »Ich versuche noch einmal, die Division zu erreichen.«

»Ja, Sir. Gut, Sir.« Kaum hörbar begann der Fahrer seine Gebete zu flüstern. Es war zu spät, um dem Kommandanten noch zu sagen, nicht mehr über Funk zu sprechen, da sie nun sicherlich abgehört würden. Und es war viel zu spät, um ihm zu sagen, daß er schlichtweg durchdrehte.

Die schwarze Cobra, die den Dolmetscher an den fraglichen Ort bringen sollte, hob spät ab, da der Dolmetscher auf der Toilette gewesen war, als der Sicherheitsoffizier ihn suchte. Als der Hubschrauber sich dem Paß näherte, sahen die Männer einen roten Feuerstrahl in der fernen mondbeschienenen Nacht explodieren.

»Verdammt«, sagte der Pilot.

Der Dolmetscher, ein dünner junger Mann mit schwarzem Schnurrbart, fingerte an seinem Intercom. »Was *war* das?«

Der Pilot setzte eine Nachtsichtbrille über die blonden Augenbrauen. »Ein verdammter Trupp von Panzern, der den Paß hochkommt. Ich nehme an, einer traf gerade auf eine Mine.« Der Pilot drückte die Brille gegen sein Gesicht – sie war neu und weniger groß als frühere Modelle, aber er haßte das Ding; sie zerstörten die Perspektive und ließen die Welt so flach wie ein billiges Videospiel erscheinen; schon viel zu viele Piloten hatten deswegen ihre Maschine in den Boden gesetzt. Er schaltete den Funk an. »Zentrale, bitte kommen ...«

Eine weitere Explosion am Boden, hoch oben auf dem Paß, die sich zu einem leuchtendweißen Licht auswuchs, das sich in den Himmel bewegte.

Der Pilot unterbrach sich selbst – »Verdammte Scheiße« –, verließ die Funkverbindung und die Fluglinie und brachte die Cobra auf einem Sturzflug nach unten. Er besaß gute Instinkte. Der Feuerschein war kein Feuerschein, sondern eine Rakete, die, noch immer beschleunigend, den Hubschrauber passierte und über ihren Köpfen in Schrapnellen auseinanderstob. Die Cobra bockte in der Luft.

»Was ist *passiert?*« Der Dolmetscher wurde langsam nervös.

»Einige dieser Dinger tragen SAM-Raketen.«

Der Pilot blieb einige Meter über dem Boden der Salzwüste und begann dann nach Saltville zurückzufliegen. Er schaltete wieder das Funkgerät ein, und als er das Gespräch beendet hatte, sagte er: »Setz den verdammten Pott auf.« Er drehte den Hubschrauber in einen engen Halbkreis.

Nicht ohne Mühe sagte der Dolmetscher: »Verzeihung?«

»Deinen Helm. Wenn du nicht darauf sitzst. Und schnall die kugelsichere Weste um.«

»Ich bin doch nur da, um mit ihnen zu *reden*.«

»Ich bin da, um sie zu töten. Ich nehme an, sie werden zurückschießen.«

Cyrus suchte sich den bekannten Weg hinab in den Canyon; an seinem Ausgang öffneten sich die Steinwände abrupt hin zur mondbeschienenen Wüste und dem Himmel.

Im Süden sah er Raketenfeuer vom Himmel auf die Erde niedergehen; zwischen den sandigen Hügeln erhob sich ein Explosionskegel. Leuchtspurmunition, helle Perforierungen vor dem Sternenfeld, wurde vom Boden losgesandt und besprühte die Dunkelheit wie ein Gartenschlauch.

Aus dem nächtlichen Himmel kam eine weitere Rakete. Dieses Mal war der Bodenkegel heller, heißer und wich langsam ausdauernden öligroten Flammen.

Aus dem Bohrturmkomplex im Süden raste ein halbes Dutzend kaum sichtbarer Panzerfahrzeuge entlang des Wüstenrands, staubähnlicher Rauch erhob sich über dem im Mondlicht schimmerndem Salz. Aus Norden, direkt über das Seebett, kam eine zweite, von einem Hubschrauber angetriebene Kolonne.

Eine weitere Rakete strich vom Himmel zum Boden. Ein Panzerfahrzeug kam zum Stehen und loderte so hell auf, daß selbst aus dieser Entfernung Cyrus' Augen schmerzten; eine gewalttätige Eruption von Phosphor, Dieselöl und magnesiumlegierter Panzerung.

Cyrus beobachtete die Geschehnisse vom Fuße der Klippen. Die Verteidiger – ein Panzer und einige gepanzerte Mannschaftstransporter der Saltville-Wachen – befanden sich direkt vor ihm, als sie sich plötzlich aus der Kolonne lösten und innerhalb weniger Minuten aus seinem Gesichtsfeld verschwanden. Er verstand. Die Einheiten der Wache versteckten sich in den Wadis, die den alluvialen Fächer unter ihm durchschnitten.

Der erste Helikopter drehte ab, nachdem er seine Raketen verschossen hatte. Ein zweiter erschien, tauchte hinab und belegte die Eindringlinge mit Kanonenfeuer. Kurz darauf war das nördliche Ende der Playa mit Wracks übersät. Drei ausgebrannte Wracks, nun vier ... ein Panzer wurde von Querschlägern getroffen und holperte, außer Kontrolle geraten, über die Salzfläche hinweg; Cyrus konnte ihn wie ein verwundetes Tier kreischen hören, bevor er in einem hellen Feuerschwall zum Stehen kam.

Die Eindringlinge, die Schutz suchten, flüchteten über die offene Playa und von dort in die steilen Wadis, die wie riesige Kratzer von Katzenkrallen zum trockenen Seebett liefen. Einige der Panzer kamen *Arroyos* hoch, wo die Verteidiger bereits auf sie warteten.

Cyrus sah weitere Lichter in den tiefen Schluchten der Wüste aufflackern. Er hörte schnelles Klappern und dumpfe Schläge. Auftürmende Rauch- und Feuerbälle stiegen wie Heißluftballone über den *Arroyos* auf.

Im Inneren des Führungsfahrzeugs der Eindringlinge geriet der Schütze in Panik und versuchte einen Schuß, während ihr russischer BMP den sich verengenden Wadi hochraste. Er hatte Glück. Sein Ziel stellte einer der amerikanischen M 113 APCs der Saltville-Wache dar, der vor ihnen zu weit in den Wadi gefahren war, um noch umzudrehen. Die 73-mm-Kanone des BMP schlug durch den Spalt der sich gerade schließenden Hecktür des M 113. Ergebnis war einer der aufsteigenden Feuerbälle, die Cyrus beobachtet hatte.

»Raus aus diesem Kanal, bevor wir in der Falle sitzen«, befahl der Kommandant des BMP. »Richtung Norden.«

Der Fahrer, der nun laut betete, warf das Fahrzeug zur Seite und kletterte die weiche Sandbank hoch.

Die Infanterie der Saltville-Wache, die ausgestiegen war, hatte die Zerstörung ihres APC überlebt; sie waren lediglich mit M-16s bewaffnet, einer von ihnen allerdings besaß einen Granatwerfer, mit dem er den angreifenden BMP beschoß, als dieser über die Bank kam. Die Granate zerfetzte die Kette und zerstörte das Kettenführungsrad des BMP; er krabbelte wie eine verwundete Schildkröte und saß dann fest –

gestrandet, sein Bauch lag offen da, die Kanonen zeigten in den Himmel.

Die Männer im Führungsfahrzeug hatten ein weiteres Mal Glück; sie waren von der Infanterie außer Gefecht gesetzt worden. Andere BMPs, die den Feuerlinien der Wadis zu entkommen versuchten, wurden für die mit Lasersichtgeräten ausgestatteten M 60 amerikanischer Bauart, die oben auf sie warteten, zu leichten Zielscheiben.

Weitere Explosionen stiegen in den nächtlichen Himmel.

Die Saltville-Wachen lagen in der Zwischenzeit flach auf den Kieseln und warteten darauf, daß die Angreifer aus der Heckluke ausstiegen. Wer immer auch an Bord sein mochte, sie weigerten sich, herauszukommen. Schließlich öffnete sich die vordere Luke um einige Millimeter. Die Geduld der Wachen wurde mächtig beansprucht, aber sie unterließen es, das Feuer zu eröffnen. Sie verstanden die Schreie, die aus dem Inneren des zerstörten Fahrzeugs drangen, als Angebot, sich zu ergeben.

Die Wüstennacht um ihn herum war durchzogen von Schnarren, Grollen und rötlichen Eruptionen; Cyrus ging den Weg zurück, durch die Umfassungszäune und hinab in die Wadis.

Er versuchte, verborgen zu bleiben, duckte sich, bewegte sich manchmal auf allen vieren voran, lag manchmal im Dreck. Niemand schoß auf ihn oder bedrohte ihn. Niemand sah ihn, außer vielleicht auf dem Radar, wo er ein zweifelhaftes und flüchtiges Ziel abgegeben haben würde. Er kannte die Landschaft besser als alle Wachen; die Wachen hatten die Eindringlinge weit vor seiner Route gestoppt, oben auf dem alluvialen Fächer.

Aber er nahm sich Zeit und kam spät nach Hause; er war müde, dreckig und steif. Schmerzhaft krümmte er sich, als er sich durch die Palmen und Tamarisken von der Rückseite her seinem Haus näherte. Er blieb stehen.

Seine Rolläden waren hochgezogen, alle Lichter waren ausgeschaltet; er konnte in das Innere seines Hauses sehen.

Eine Wache mit einem M-16 Gewehr stöberte im Schlafzimmer herum. Edward befand sich in der Küche, er hatte den Kopf voller Wut in Schräglage und brüllte jemanden an, den er nicht sehen konnte.

Der bislang Unsichtbare trat ins Blickfeld. Er trug Khakis, eine Art Uniform ohne Abzeichen, aber trotz der Entfernung erkannte Cyrus sein Gesicht – *er*, der mit dem russischen Akzent und den verschwommenen Seismogrammen, Jerken. Gerken.

Gerken schrie Edward an, lebhaft genug für Cyrus, um dessen Wut zu erkennen, wenngleich er nichts hörte. Dann brüllte Gerken die Wachen an. Cyrus sah deren prompte Antwort, er las von ihren Lippen ab: »Sir! Jasir.«

Gerken und die Wachen gingen. Cyrus hörte ihre Wagen vor dem Haus anspringen und dann wegfahren. Edward blieb ihm Haus, lief von Zimmer zu Zimmer und schaltete die Lichter aus.

Cyrus wartete hinter den Palmen auf versteckte Wachen, wartete darauf, daß sie Zigaretten anzündeten oder in das Mondlicht traten und sich so verrieten. Doch nichts geschah. Edward kam auf die Veranda, rückte einen Stuhl zurecht und setzte sich. Er schien den Mond und die Sterne zu beobachten.

»Edward«, flüsterte Cyrus aus dem Schatten heraus.

»Hier bist du.«

Cyrus kam hinter den Blättern hervor.

Edward starrte ihn an. »Ich gebe zu, ich kann dich im Mondlicht nur schlecht erkennen. Aber du siehst, nach der Kleidung zu urteilen, schlecht aus.«

»Mir geht es gut.«

»Schön für dich. Es gibt Skorpione oben im Canyon, mußt du wissen.«

Cyrus holte sich einen Stuhl und ließ sich darauf fallen. Er fragte Edward nicht, welchen Canyon er meinte. »Was hatte er in meinem Haus verloren?«

»Cyrus, hör mir zu. General Yariv möchte mir dir reden. Es ist wichtig, er weiß nicht, daß ich von diesen Löchern im Zaun weiß.«

»Yariv, also? Du meinst Gerken?«

»Er heißt Yariv. Versuche ihn nicht unnötig zu beleidigen.« Edward zögerte. »Eine unglückliche Reihe von Zufällen. Was die militärischen Manöver angeht, die du beobachtet hast ... nun, es sind schwierige Zeiten. Das Problem des Generals, Gott sei Dank, und nicht meins.« In seinem Überdruß klang er beinahe überzeugend.

»Ich bin beeindruckt vom Realismus eurer Manöver. Bis hin zum Geruch von brennenden Menschen.«

Edward schüttelte den Kopf. »Wir haben dich schlecht behandelt. Du hast einen längeren Urlaub verdient.«

»Nevada wäre schön.«

»Oh, Cyrus. Wie ich dir versprochen habe. Wenn wir unser Ziel erreicht haben.«

»Ich bin müde«, sagte Cyrus. »Ich gehe ins Bett.«

»Ich werde den Zaun reparieren lassen müssen«, sagte Edward, während er aufstand. »Es tut mir leid. Und ich muß dich bitten, das Haus nicht zu verlassen, bis du wieder von mir hörst.«

Wortlos wies Cyrus Edward den Weg zum Ausgang.

In seinem dunklen und stillen Haus dachte Cyrus über die Schlacht nach, die kein simples Manöver gewesen war. Über einen Geologen namens Gerken, der einen russischen Akzent besaß und außerdem ein General namens Yariv war.

Edward gab niemals zu, daß die Schlacht auf dem trockenen Flußbett mehr war als eine militärische Übung. Doch nachher änderten sich manche Dinge im Saltville-Reservat. Cyrus' Wachen wurden verdoppelt; er durfte nicht in die Nähe des Ortes, wo sich die »Übung« abgespielt hatte, und später, als die Aufmerksamkeit der Wachen nachließ, gab es nichts mehr, was dort zu inspizieren gewesen wäre.

In den Wochen vor der »Übung« hatte es ungewöhnlich viele Flugbewegungen gegeben; einige Tage danach donnerten Düsenflugzeuge in niedriger Höhe über den Bohrturm hinweg. Zwei Tage später kamen sie zurück. Nachdem das erste Aufheulen der Düsentriebwerke sein Labor erzittern ließ, rannte Cyrus nach draußen, er erhaschte allerdings nur einen kurzen Blick der am Horizont entschwebenden Flugzeuge, bevor er von einer Wache nach drinnen gestoßen wurde.

Zwei Wochen nach diesem Vorfall verließ Cyrus den Bohrturm in Begleitung einer Eskorte, als zweirotorige Hubschrauber direkt über den westlichen Klippen am Himmel auftauchten und im Bohrgeländekomplex niedergingen. Gruppen von Männern, einige in Kampfuniformen, einige in weißen Springeranzügen, sprangen aus den Maschinen. Durch den aufgewirbelten Staub erhielt Cyrus – bevor er inmitten des Chaos von Sicherheitskräften fortgebracht wurde – keinen klaren Blick auf die blauen und weißen Hoheitsabzeichen an den weißen Hubschraubern, doch schienen sie kaum einem Davidstern zu gleichen.

Eine weitere Woche durfte er sein Haus nicht verlassen. Danach kam es zu keinen weiteren Überraschungen mehr. Allerdings häuften sich die Vorfälle, an denen Edward ihm sagte, daß er für ein oder zwei Tage das Haus nicht verlassen sollte. Cyrus beschwerte sich und verlangte den Grund dafür zu wissen; der Grund aber war immer derselbe: »Rücksichten auf das Gastland.«

Monate vergingen, der mysteriöse General Yariv allerdings erschien nicht zu dem Treffen, das Edward Cyrus vorausgesagt hatte. Mittlerweile wurden Flugabwehrbatterien angeschafft und um den Bohrkomplex installiert. Die Flugzeuge kehrten jedoch nicht zurück.

Schießlich kam der Tag, an dem Edward Cyrus in McGhees Büro neben dem Kontrollraum führte. McGhee saß auf der Couch; der gelbblonde Geologe und General mit russischem Akzent saß an McGhees Schreibtisch. Er stand auf und streckte Cyrus, als dieser den Raum betrat, die Hand entgegen.

Cyrus schüttelte sie. »General.« Die beiden hochgewachsenen Männer schauten sich in die Augen. Der Geologe lächelte, Cyrus kam es vor, als fokussierten seine Augen einen Punkt hinter ihm.

»Einfach Yariv«, sagte er. »Es tut mir leid, daß ich Sie so

lange habe warten lassen, bis ich mich vorstellte, und es tut mir leid, daß ich Sie getäuscht habe. In der Geschäftswelt müssen wir manchmal die Aufmerksamkeit unserer Konkurrenten ablenken.«

»Geschäftswelt?« sagte Cyrus.

»Setzen Sie sich.« Yariv deutete auf den Stuhl vor dem Schreibtisch, während er sich in McGhees Armsessel niederließ. »Sie müssen nicht fragen – ich werde Ihnen sagen, warum ein General im Energiegeschäft ist. Wir befinden uns in einem Teil der Welt, wo Kriege über Ölfelder geführt werden. Einer dieser Konflikte brach letztes Jahr aus, und die Dinge gerieten außer Kontrolle. Wir haben bewußt die Nachrichten zensiert, da wir hier eine gemischte Bevölkerung haben, aber es gibt keinen Grund mehr, Sie darüber im unklaren zu lassen.« Yarivs Augen strichen die Decke entlang. »Im August letzten Jahres okkupierte die irakische Region des arabischen Vaterlandes – so nennt sich der Irak selbst – einen Teil des Scheichtums Kuwait. Anfang dieses Jahres baten einige andere arabische Staaten die Vereinten Nationen, die Irakis zum Abzug zu bewegen. Es kam zu militärischen Aktionen – darunter das Scharmützel, dessen Zeuge Sie wurden.«

Cyrus kratzte sich am Kinn. »Hier sagte man mir, es war eine Übung.«

»Das war nicht Mr. Samarris Fehler«, sagte Yariv. »Ich habe ihm befohlen, diese Geschichte zu verbreiten.«

»Auf welcher Seite standen Sie«, fragte Cyrus.

Yarivs Blick kehrte zu Cyrus zurück. »Auf keiner, tatsächlich. Manchmal wird ein Land gezwungen, sich gegen seinen Willen für eine Seite zu entscheiden. Oder ein Land möchte gern in den Krieg eingreifen, wird aber gezwungen, sich herauszuhalten. Nichts von alledem berührt uns. Es ist nun alles vorbei. Wir haben unsere Arbeit zu verrichten. Und wir müssen wieder auf Sie zurückgreifen, uns dabei zu helfen.«

»Was wollen Sie von mir?«

Während er weiterhin Cyrus anblickte, vollführte Yariv

mit seinem Kopf eine Bewegung in Richtung McGhee. »John, das ist Ihre Abteilung.«

»Ihre Arbeit über die Fischwerkzeuge«, sagte McGhee, »wir haben ihr bislang nicht oberste Priorität gegeben, aber sie scheint für uns zunehmend wichtiger zu werden.«

»Warum?«

»Nun, es wird nicht mehr lange dauern, und wir nähern uns dem tiefen Reservoir, unserem Ziel, und die Formationen ... die Probleme dort unten könnten ...« Die Klimaanlage im Komplex arbeitete ausgezeichnet, McGhees Jeans-Hemd aber wies unter den Achseln Schweißflecken auf. »... nun, *extremer* sein, als wir sie uns vorgestellt haben. Und wenn wir auf Probleme stoßen, lose Teile unten im Loch ...«

»Sicher, John«, sagte Cyrus. McGhee war eine aufrichtiger Mensch und ein schrecklich schlechter Lügner. Er wandte sich wieder an Yariv. »Warum kann niemand zugeben, wo wir uns befinden? Sie haben doch sonst bereits alles erzählt.«

»Soviel können wir Ihnen erzählen«, sagte Yariv mit leiser Stimme. »Sie hatten von Anfang an recht. Wir befinden uns im Toten Meer-Levante-Graben.«

»Der General weiß alles, was wir besprochen haben, Cyrus«, sagte Edward kühl.

»Davon bin ich überzeugt«, sagte Cyrus. »Vielleicht ist er auch bereit, den Grund dafür zu erklären.«

Yariv setzte plötzlich das Grinsen eines kleinen Jungen auf. »Wo sind die Kohlenwasserstoffe?«

Cyrus nickte. »Das ist immer eine gute Frage.«

»Ein kurzer Blick auf die Karte zeigt, daß die Öl- und Gasfelder des Nahen Ostens den Umrissen der Subduktion der arabischen Platte durch die eurasische Platte folgen, entlang des Persischen Golfs und Mesopotamien.« Mit gespreizten Fingern zeichnete Yariv die geographischen Umrisse in die Luft. »Die Grabenzone durch den Golf von Suez enthält kleinere Felder. Aber es gibt keine bedeutenden Ölvorkommen im Toten Meer-Levante-Graben.«

»Das erklärt es wunderbar. Wir sind hier, weil es keine Kohlenwasserstoffe gibt.«

»Wir bohren *horizontal* – wie Sie vorgeschlagen haben. Ihnen entgeht nicht viel, Cyrus.« Yariv bedachte Edward mit einem kalten Lächeln, dann wandte er sich wieder Cyrus zu. »Wir holen das Gas *unterhalb des Meeres*. Vielleicht verstehen Sie jetzt, warum wir so sensibel auf nationale Grenzen reagieren. In den Tiefen, auf die wir abzielen, liegt ein immens großes Ölfeld. Immens groß. Sie haben die Seismogramme gesehen.«

Cyrus konnte dem Drang nicht widerstehen; ein säuerliches Lächeln zog sich über seinen breiten Mund. »Verzeihen Sie. Ein Karikaturist hätte sie freihändig zeichnen können.«

»Ich versichere Ihnen, die wirklichen Aufzeichnungen waren leichter zu interpretieren, wir haben sie nur für uns behalten.« Yariv starrte ihn an; sein Humor verließ ihn. »Also. Sie fahren mit Ihrer Arbeit fort. Alles, was Sie brauchen, wie am Anfang unserer Zusammenarbeit. Verdoppeln Sie Ihre Anstrengungen.«

»Immer glücklich, Ihnen ergeben zu sein.« Cyrus kratzte sich wieder am Kinn.

»Wie viel Zeit werden Sie dafür benötigen? Zur Herstellung der Werkzeuge?«

»Eine ausgezeichnete Frage. Wie lang werde ich brauchen, um etwas zu erfinden, das der Natur, das den Gesetzen der Natur widerspricht? Schwer einzuschätzen.«

»Wir sollten lieber gehen«, sagte Edward und legte seine Hand auf Cyrus' Schulter. »Wir sollten lieber alle an unsere Arbeit zurückkehren.«

Cyrus arbeitete spät im Vakuumlabor; er stellte die Laser ein, deren Strahlen die großen Stahlbehälter durch Diamantfenster durchdrangen. Die Tür ging auf, und Lee, der Wachmann, spähte in den Raum.

Cyrus' Gesicht hellte sich auf. »Hi, Lee, kommen Sie näher. Das wird Ihnen gefallen.«

»Was ist das?«

»Der Diamantamboß, nach dem Sie gefragt haben. In diesem kleinen Stahlband befinden sich zwei perfekte Diamanten – gewöhnliche Juweliersdiamanten, nur sind ihre Enden flach poliert –, sie werden zusammengeschraubt, bis der Druck zwischen ihnen dem Druck in achthundert Kilometern Tiefe entspricht.«

Der Diamantamboß befand sich im Inneren der Vakuumkammer; fadenartige Strahlen des blauen Laserlichts wurden reflektiert und zu den Sensoren außen zurückgeworfen. Lee beugte sich nach vorne und starrte durch die kleinen Fenster der Vakuumkammer auf den Amboß, dann auf die Laser und die Grafiken und Zahlenreihen, die auf den Instrumentenanzeigen hinter der Kammer tickerten. »Was ist zwischen ihnen?«

»Eine metallene Dichtungsmanschette, die die Probe hält, und im Loch in der Mitte der Manschette befindet sich ... das, was Sie als Schmierfett bezeichnet haben. Eine neue Verbindung. Besteht vor allem aus Kohlenstoff. Aber kein Graphit, kein Diamant – eine neue Form, eine neue Molekülgestalt, hohl und rund wie ein Fußball. Man nennt sie ›Buckyballs.‹«

Lee gab keinen Kommentar dazu ab; er studierte das Instrument.

»Und innerhalb des Kohlenstoffs sind andere Atome, andere Elemente«, fügte Cyrus hinzu.

Nach einem Moment des Nachdenkens fragte Lee. »Erfüllt es seinen Zweck?«

»Kommen Sie näher.«

»Toll«, sagte Lee, aber er schien unruhig und abgelenkt. »Danke, daß Sie es mir gezeigt haben.«

»Sicher, jederzeit.« Cyrus spürte Lees Unruhe. Mit der Computertastatur unterband er eines der Oszilloskope. »War ein hartes Jahr, oder? Sie sind froh, wieder rauszukommen?«

»Ja, nun ... ich kehre jetzt lieber zu meinem Job zurück.«

»Haben Sie niemals darüber nachgedacht, was mit den Jungs passierte, die gegangen sind?«

»Die Shellabarger verlassen haben? Sicher, ich habe mit vielen von ihnen ...«

»Dieser Job. Bevor Sie angestellt wurden, haben Sie jemals jemanden getroffen, der vorher hier gearbeitet hat?«

Lee bog den Rücken durch; seine rechte Hand, die Pistolenhand, zuckte nervös. »Sie sagten uns nur, daß sie den Vertrag um weitere sechs Monate verlängern. Ich werde so schnell nicht gehen.«

»Ich dachte, ihr Jungs habt die Schlacht gewonnen. Entschuldigung, die Übung.«

»Darüber kann ich nicht reden«, sagte Lee.

Cyrus wandte sich der Stahlkammer zu. »Wir haben die Übung gewonnen. Wer hat den Krieg gewonnen?«

»Geben Sie auf sich acht, Professor.«

»Ich werde es versuchen. Sie sagten mir einmal, ich sei ein kluger Mann.« Cyrus lehnte sich zurück und lächelte, ein runzeliges, sonnenverbranntes Lächeln – er konnte charmant sein, wenn sein Leben davon abhing. »Ich denke, Sie sind ebenfalls ein kluger Mann.«

Der Wachmann nickte; sein Blick war hart. Dann ging er.

PARIS, APRIL 1995

Edward wollte nach Paris, Cyrus aber machte sein Leben dort unerträglich. Nach einigen Nächten stimmte Edward grummelnd ein, einen Ausflug nach Bordeaux zu unternehmen.

Ihr Zug verließ den Gare d'Austerlitz am Morgen und raste im Nieselregen über weite Felder nach Süden. Mittags begaben sie sich in den *Cafeteria*-Waggon. Selbstbedienungsessen, das von einer Wand mit Stahlbehältern kam, Tische aus hartem Plastik, zumindest war das Arrangement sauberer als in allen Zügen, die Cyrus nach 1949 in den Staaten benutzt hatte. Sie fanden einen Tisch, Edward entschuldigte sich und nahm seine Aktenmappe mit zur Toilette.

Cyrus erinnerte sich, daß sich Leute wegen der Geheimnisse, die er in seiner alten Ledermappe mit sich trug, über ihn lustig gemacht hatten. Auf seiner ersten Reise nach Los Alamos hatte er sich angewöhnt, die Mappe als Teil seines Armes zu sehen – es war das letzte Mal, daß er wirkliche Geheimnisse bei sich trug. Seine alte Ledermappe hatte er nicht mehr gesehen, seitdem sie ihn nach Saltville gebracht hatten.

Edward kehrte zurück und setzte sich. Er wickelte die Plastikfolie von seinem verpackten *Salade niçoise* und grub eine Plastikgabel darin ein. Er begann zu kauen.

»Ich habe mir einige Zeitungen besorgt«, sagte Cyrus und zeigte ihm die *Herald Tribune*. »Ich habe von CORE gelesen.«

»Du weißt bereits alles, was es über CORE zu wissen gibt.« Edward zeigte seine Zähne und versuchte eine feine Sardellengräte zu finden, die zwischen Zahn und Zahnfleisch gerutscht war.

»Sie haben bereits über zweitausendachthundert Kilometer geschafft«, sagte Cyrus. »In ein paar Wochen werden sie da sein. Im Kern.«

»Eine beeindruckende Leistung«, sagte Edward. »Was wir geleistet – was *du* geleistet hast, Cyrus, mit dem Bruchteil ihrer Ressourcen –, ist viel beeindruckender, meiner Meinung nach.«

Nach mehr als zwei Jahren theoretischer Forschungen und experimenteller Entwicklungen hatte Cyrus ein Fischgerät entworfen. Aus irgendeinem Grund wurde das Gerät als so wichtig angesehen, daß die Bohrung eingestellt wurde; Bohrkrone und Verkleider wurden aus dem Loch geholt – eine Reise, die nun einige Stunden dauerte – und der Prototyp des Fischgeräts eingesetzt. Cyrus hatte die in fünfzig Kilometer-Intervallen durchgeführten Tests der Aufzeichnungs- und Kontrollsysteme des Geräts, bis zu einer Tiefe von über dreihundert Kilometern, überwacht. Die Klauen des Bügels fuhren aus und packten zu, wenn es ihnen befohlen wurde, der Speer schoß heraus und reagierte auf jeden Befehl. Das komplexe Gerät funktionierte in jeder Hinsicht, wie die Computermodelle es vorhergesagt hatten. Sein »Schmierfett« aus modifizierten Fullerenen behielt seine Konsistenz; die Kühlsysteme, die er entworfen hatte, um die interne Steuerelektronik vor dem Schmelzen zu bewahren, arbeiteten fehlerfrei. Zu Cyrus' Überraschung ordnete das Management den Bau eines halben Dutzends dieser Geräte an, obwohl sie mit einem ausgekommen wären. Cyrus' Belohnung war eine weitere Reise nach Paris.

»Wir haben nur vierhundert Kilometer. Und die doppelte Zeit dafür gebraucht«, sagte Cyrus.

»Wir sind ein Privatunternehmen. Ihre Rechnungen werden von der gesamten Welt beglichen.« Edward sah verstört, verunsichert aus; er wich Cyrus' aufforderndem Blick aus.

Cyrus wandte sich ab von dem Mann, der sein Freund war und der ihn gefangennahm – und der nun kurz davor war, etwas anderes zu werden. Er starrte durch die regenverschmierten Fenster auf die fernen Chateaus und hohen Kirchturmspitzen, die im fahlen Nebel lagen. Die Reise war mehr als nur ein Erholungsurlaub, und sie wußten es beide.

Der Bahnhof in Bordeaux lag eine kurze Taxifahrt, aber einen langen Fußweg von den Festungsanlagen der mittelalterlichen Stadt entfernt. Cyrus und Edward nahmen ein Taxi und stiegen in einem winzigen Hotel in einer engen Gasse ab, das sich seit dem dreizehnten Jahrhundert kaum verändert zu haben schien. In diesen kleinen obskuren Absteigen zweiter Klasse fielen sie nicht auf. Cyrus überkamen nostalgische Gefühle für das verschwenderische Cibola in Reno.

»Können wir vor dem Essen spazierengehen?« fragte er. »Ich würde mir gerne die Beine vertreten.«

»Gerne.«

Sie folgten der Touristenkarte, die ihnen der Mann an der Rezeption zur Verfügung gestellt hatte; Cyrus führte Edward zur Kathedrale, die aussah, als wäre sie während eines Aufstandes – vor langer Zeit – entweiht und geschändet worden; Moos und Farne wuchsen zwischen den Steinen der gotischen Türme. Sie gingen weiter zum Musée d'Aquitaine, das geschlossen war. Cyrus' Stadtführung erwies sich als Reinfall.

Edward übernahm das Kommando und brachte Cyrus zum Hôtel du Vin, wo sie die berühmten Weine der Region probieren konnten. Sie starteten vorsichtig, begannen mit einem Médoc, von dem Edward sagte, daß er einen vollen traubigen Geschmack aufwies. Cyrus stimmte zu, nein, das war keine Cherry-Soda. Sie kamen mit Leuten aus Boston ins Gespräch, die auf ihren Weltreisen Weihnachtskarten sammelten.

»Portugal war nicht sehr kooperativ«, erzählte die Frau Cyrus ein wenig erhitzt. »Aber in Mailand, da waren sie sehr kooperativ. Was uns aber am meisten überrascht hatte, war, daß wir in *Ägypten* die schönsten Weihnachtskarten gefunden haben ...«

Ihr Ehemann sagte wenig, trank allerdings mit Hingabe. Edward schloß sich ihm an; ein gediegener Jahrgang Haut Médoc hatte es ihnen angetan.

»Entschuldigen Sie mich«, sagte Cyrus zur Frau, die in ihrem Bericht über nationale Kooperation Brasilien erreicht hatte. »Entschuldigen Sie mich bitte. Edward, ich bin müde. Sehr müde. Ich denke, ich werde mich vor dem Essen etwas hinlegen.«

»Geht es dir nicht gut?«

»Doch, nur etwas müde. Ich möchte euch den Spaß nicht verderben.«

Edward blickte auf sein Glas, dann zu Cyrus. Vielleicht hatte er in diesen wenigen Sekunden kühl kalkuliert; vielleicht ließ er all die Jahre ihrer gemeinsamen Geschichte an sich vorüberziehen.

Vielleicht auch nicht. Außerdem, was konnte ein alter Mann, der nur ein paar Francs in der Tasche hatte, anstellen? »Du bist dir sicher, daß es dir gutgeht?«

»Ja. Nur müde. Ich treffe dich im Hotel.«

Edward lächelte und winkte ihm nach.

Cyrus betrat die lebhafte Straße. Er ging schnell in die Richtung ihres Hotels, wie er hoffte. Die Straßen waren eng und veränderten sich wie Bühnendekorationen mit jedem

Schritt; hier ein großer Platz mit einer Oper, hier eine renovierte Einkaufszeile, dort ein mittelalterliches Ghetto. Plötzlich befand er sich in einem heruntergekommenen Viertel, wo es keine Touristenshops mehr gab; die Wände waren fleckig, standen oben über und verdunkelten den Abendhimmel. Grimmige Monsterfratzen blickten ihn von der Ecke einer alten Kirche an. Er beschleunigte seine Schritte in der hereinbrechenden Dunkelheit. Das Brüllen eines Fernsehapparats aus einer Weinbar lenkte ihn ab; er hörte Schreie und laute Stimmen und das Heulen von Polizeisirenen.

Er blieb stehen und betrat dann neugierig das Lokal. Das schlecht eingestellte Bild des TV-Geräts, das drastisch grün schimmerte, fiel auf ein halbes Dutzend alter Männer, die in blauer Serge-Arbeitskleidung an wackeligen Tischen saßen.

»Was ist das? Was kommt in den Nachrichten?« fragte Cyrus.

Ein junges blondes Paar saß in der verstaubten Bar, neben sich ihre Rucksäcke auf dem Boden. »*Un séisme*«, sagte der Junge in einem Französisch mit holländischem Akzent. »Ein Beben der Erde.«

»Wo?«

»*Le moyen orient* ... wie sagte man, der Nahe Osten. Israel. Und Jordanien.«

Die Bedienung erschien. »*Vous voulez, monsieur?*« Sie war eine schwergewichtige Frau unbestimmbaren Alters mit einer metallischen Stimme; ihre Auftreten sagte ihm, daß Fernsehen hier nicht umsonst war.

»*Vin blanc*«, sagte Cyrus. »*Une*, hmm, *un verre* ...«

Sie brachte ihm eine Karaffe mit einer grunen Flüssigkeit, er legte alle Münzen in seiner Tasche auf die Theke. Sie schob ihm die Hälfte davon wieder zurück. Er sah auf den Fernseher und versuchte den Kommentar zu verstehen. Die Bilder waren in der Nacht aufgenommen worden, sie waren von Flutlichtern und Handlampen beleuchtet worden – unruhige Lichter, im Hintergrund rote und blaue Blitze, Lichtpunkte überall, die die bereits entstellten Farben des Geräts mit höllischer Theatralik beleuchteten.

»Diese bâtiments sind eingestürzt«, erklärte der Junge. »Das ist Jerusalem.« Die Gäste waren still; der Fernsehapparat krächzte. »Das ist Tel Aviv.« Sie betrachteten die surrealen Landschaften, die Spalten in den Straßen und aufgerissene Apartmenttürme. »Das ist Amman, wo eine große – wie sagte man, eine Art Brücke ...«

»Eine Überführung«, sagte Cyrus und betrachtete die von starken Flutlichtern angestrahlten zerbrochenen Betonpfeiler und verbogenen Eisenträger, die über einer vierspurigen Autobahn lagen; darunter zusammengedrückte Busse und Autos, die man aus dem Schutt freigelegt hatte. Junge Männer in zerrissenen Jeans und Sweaters und verdreckten Turnschuhen wühlten sich mit bloßen Händen durch den Schutt, hielten ihre verzweifelten Gesichter in die blendenden Lichter und flehten um Hilfe.

»*Maintenant*, hier, Dörfer auf dem Land.«

Lehmbauten waren zu Staub zerfallen. Kamerateams rannten mit ihren tragbaren Scheinwerfern durch Szenen des Schreckens. Hysterische Männer und Frauen erschienen auf den wackeligen Bildern wie elektronische Geister, in Lichtroben gehüllt. Eine weinende Frau streckte ihr Kind dem gleißenden Strahler der Kamera entgegen; das Bild war lange genug ruhig, um ein kleines Mädchen zu zeigen, das steif in den Armen der Mutter lag, blutverschmiert und von Staub bedeckt.

Wieder Jerusalem. Eine Straße in der Altstadt, die in sich zusammengefallen war, antike Steinhaufen, die einem ausgetrockneten Flußbett glichen.

»Achthundert Tote in Tel Aviv«, sagte einer der alten Männer an den Tischen, der die Worte des Kommentators wiederholte. Der Mann hatte einen dicken grauen Schnurrbart unter einer runden, von zerplatzten Venen überzogenen Nase; sein Englisch war besser als das der jungen Holländer. »Vierhundert in Jerusalem. Das ist Bethlehem. Fünf Tote in diesem Haus, sagt er. Eine Reporterin nun, sie sagt ... sie sagt, daß man bisher hundertfünfzig Tote in Amman geborgen hat.«

Amman. Das Fernsehen zeigte Menschen, die Leichen auf

Bahren trugen, weinende Kinder, vom Schrecken überwältigt. VW-Busse mit dem Symbol des Roten Halbmonds suchten sich Wege durch den Schutt, auf ihren Dächern blitzten Blaulichter.

Der alte Mann sagte: »Ein ungewöhnliches Erdbeben, sagt er. Irgend etwas mit dem Zentrum, glaube ich ...?«

»Das Epizentrum?« fragte Cyrus.

»Nein, *Hypo* ...« Er sprach es Eepo aus.

»Hyperzentrum.«

»Ja, das Hyperzentrum liegt sehr tief. Sehr tief.«

»*Merci, Monsieur.*« Cyrus ließ seinen unberührten Wein auf dem Tisch stehen und eilte nach draußen.

Er rannte beinahe zum Hotel. Als er ankam, rang er nach Luft und spürte Seitenstechen. An der Rezeption sagte er zum Portier: »Ich brauche meinen Paß. Ich muß Geld wechseln.«

»*Monsieur?*« Der Portier war ein pickeliger Teenager, der gebannt auf das Fernsehgerät in der kleinen Nische hinter der Rezeption starrte. »Die Banken haben geschlossen. Wieviel wollen Sie?«

»Geben Sir mir nur den Paß.«

»*Votre nom, monsieur?*« Der Portier blickte weiterhin auf das Schwarzweiß-Gerät, während er in einer Schublade kramte.

»Ah, Ich ... Sepkowski.« Cyrus war außer Atem, die Schmerzen im Brustkorb waren wieder da. Der Portier gab ihm den Paß; er sah ihn kaum an. Er hatte die Augen noch immer auf das Fernsehgerät gerichtet.

Cyrus hielt den Paß in seiner Hand, konnte sich aber nicht bewegen. Er hatte es geplant, oder? Der Zeitpunkt war zwar nicht der, den er sich vorgestellt hatte, aber er hatte es *geplant*, er hatte auf seine Chance gewartet. Was sollte er denn nun tun – darauf warten, daß die Welt seinen Hoffnungen entgegenkam? Wann hatte sie das jemals getan?

Er fuhr mit dem Aufzug von der Größe einer Telefonzelle in den vierten Stock und hatte mit dem eisernen Schlüssel zu kämpfen, bis er sein Zimmer betreten konnte. Cyrus konnte sein Gepäck nicht mitnehmen, zumindest konnte er einen Sweater und einen Mantel überziehen. Die Tür zum angrenzenden Zimmer Edwards war verschlossen. Er hätte sie mit einer Haarnadel öffnen können, aber das mußte er nicht; sein eigener Zimmerschlüssel paßte hervorragend in das Schloß. Edwards Aktentasche lag auf dem Ablagebrett der Garderobe. Er nahm sie.

Cyrus ging nach Norden und winkte ein Taxi heran. Der Fahrer grummelte, als er hörte, daß Cyrus nur bis zum Bahnhof fahren wollte. Cyrus sagte nichts; er gab dem Mann das exakte Fahrgeld und betrat unter den Beschimpfungen des Fahrers den Bahnhof.

Der nächste Zug ging an die spanische Grenze, 250 Kilometer im Süden. Cyrus verbrauchte sein letztes Bargeld für das Ticket. Auf dem Weg dorthin hatte er wenigstens Zeit zu überlegen, was er als nächstes tun sollte. Er schwankte. Vielleicht konnte er telefonisch Greta erreichen. Vielleicht auch seinen Sohn.

Der Zug fuhr ein, Cyrus stieg ein; mit der einen Hand fühlte er durch den Stoff des Mantels seinen falschen Paß, mit der anderen umklammerte er Edwards Aktentasche.

Er setzte sich auf die harte Bank und sah die graue, konturlose Nacht draußen vor dem Waggonfenster vorüberziehen. Seine Flucht wurde an jeder Station der Strecke unterbrochen. Schließlich aber, als der Zug Bayonne verließ, glaubte er den Geruch des unsichtbaren Meeres wahrzunehmen.

Sein Gehirn hörte nicht auf, Gedanken hin- und herzuwälzen, hin und her, wie eine Zunge, die über einen kranken Zahn strich. Yariv, Gerken, wer immer er auch sein mochte, hatte den Einsatz von Atombomben geplant. Mit Hintergedanken ... Die Bomben – ihre Vorläufer, ihre Komponenten – waren in den Bunkern der Zone im Saltville-Komplex gelagert, die nicht betreten werden durfte. Dann kam ein Krieg dazwischen: Irak gegen Kuwait, die ganze Welt gegen den Irak. Soviel hatte ihm Gerken erzählt, und als sie Cyrus nach draußen ließen, erfuhr er in Zeitschriften und Büchern die ganze Geschichte. Die ganze Welt war über den Irak hinweggerollt.

Dann waren die UN-Inspektoren gekommen, hatten im

Saltville-Komplex Bombenteile gefunden, sie mitgenommen und zerstört – und offensichtlich die Cover-Story vom tiefgelegenen Gasvorkommen geglaubt.

Keine Wachen mehr vor den Bunkern, keine Panzer, keine Schlösser an den Toren. Was sollte Gerken tun? Was sollten seine Vorgesetzten tun? Die ganze Bohrung – umsonst.

Gerken ist Geologe, er verfolgt, was bei CORE passiert. Er liest, er denkt nach. Er denkt über Phasenverschiebungen nach, über sehr plötzlich auftretende Phasenverschiebungen. Er denkt über Cyrus' Fischwerkzeuge nach und deren bewegliche Teile – Teile, die sich in großen Tiefen bewegen. Vielleicht, denkt Gerken, brauche ich keine Atombomben.

Cyrus erinnerte sich an eine Segelpartie in Galveston, zu der ihn Edward mitgeschleppt hatte – als er für Noramar gearbeitet hatte, wie man ihm glauben machen wollte –, und er erinnerte sich, wie er vorne auf dem Deck der breitmastigen Yacht eines alten Ölmilliardärs stand und den Sonnenuntergang beobachtete, wie er unglücklich für sich alleine blieb, während der breitmastige Skipper und seine illustren Gäste im Heck Cocktails schlürften. Während er so stand, kam eine der Frauen nach vorne und beschwerte sich über Kopfschmerzen; sie nahm in Folien verpackte Alka-Seltzer aus der Handtasche, riß sie auf und wollte die Tabletten in den Plastikbecher mit Wasser werfen, den sie mitgebracht hatte, als eine der Möwen, die das Boot begleiteten, plötzlich herunterfuhr und ihr die Tabletten aus der Hand riß. Sie schrie auf und tat einen Schritt zur Seite. Der Vogel verlor eine Tablette, schlang die andere aber hinab, während er auf seinen kräftigen Schwingen über den Mast hinaus nach oben stieg. Cyrus beobachtete seinen Steigflug, erstaunt über dessen Kühnheit. Die Möwe war etwa dreißig Meter über dem Wasser, als sie einen heiseren Schrei ausstieß, einfach zusammenklappte und wie ein gefiederter Stein ins Meer stürzte. Cyrus war so fasziniert, daß er sein Unwohlsein auf Booten vergaß und zur Party auf dem hinteren Deck zurückkehrte; er überließ die Frau sich selbst. Er konnte es kaum erwarten, die Geschichte dem erst besten, der ihm begegnete, zu erzählen. O ja, das war schon öfters vorgekommen, sagte ihm jemand; die Tablette schäumt im Inneren des Vogels explosionsartig auf und nimmt ihm die Luft, erstickt ihn …

Cyrus glaubte zu wissen, daß Gerken das Erdbeben ausgelöst hatte. Und nun wußte er auch, warum Gerken mehr als ein Fischgerät hatte bauen lassen.

Cyrus verließ den Zug im kleinen engen Bahnhof von Saint-Jean-de-Luz. Niemand war zu sehen, nicht einmal Bahnarbeiter. Er stand nahe am Zug, bis sich dieser wieder in Bewegung setzte, bereit, sofort wieder aufzuspringen. Erst als der Zug das Ende des Bahnsteigs verlassen hatte und sich sein Bild im Regen aufzulösen begann, sah er Edward aus dem Schatten treten.

Edward zog den Kopf ein. »Ich hatte Glück, dich zu finden. Ich nahm an, du würdest den nächsten Zug nehmen, wo immer er auch hinfahren würde, also nahm ich ein Auto. Bis Bayonne habe ich an jedem Bahnhof angehalten und …«

»Ah, halte den Mund.«

»Ich denke, ich sollte erklären …«

»Erspare mir das, um Gottes willen.«

»Was hast du mit meiner Aktentasche gemacht?«

Cyrus deutete mit dem Kopf auf den abfahrenden Zug.

Edward seufzte. »Nun. Es war nichts drin, worüber man sich Sorgen machen müßte. Außer das Geld. Zweifellos hast du es an dich genommen.«

»Ich dachte, ich sei clever«, sagte Cyrus. »Lakam, unterirdische Tests – genau die Vermutung, von der du gehofft hast, daß ich darauf komme. Unser erster Besuch in Paris … Hast du die kleinen bequemen Buchhändler mit gewissen gebrauchten Büchern bestückt? Die Händler bestochen, sie aufzunehmen?«

»Du tust mir zuviel der Ehre an. Das wäre zu subtil gewesen, aber ich hatte andere Pläne, dich in die Irre zu leiten. Statt dessen hast du mir alle Arbeit abgenommen. Wie du es immer gemacht hast.«

»Ihr seid nicht an Gasvorkommen interessiert. Ihr braucht keine Atombomben. In vierhundert Kilometer Tiefe kann man mit einem Wasserballon eine Phasenverschiebung auslösen.«

»Du solltest nun den Mund halten.« Edward ging den Bahnsteig entlang. »Du wirst mit mir kommen. Außer, du hast dich anders entschieden, außer, du bist dir wirklich sicher ...«

»Sag es.«

»Daß du heute nacht sterben willst.«

Cyrus hatte Edwards Aktentasche nicht undurchsucht im Zug zurückgelassen. Als er sie öffnete und einen Blick darauf warf, hatte er unter dem Packen industrieller Hochglanzbroschüren und den Bündeln Geldscheinen in französischer, deutscher und schweizer Währung – unter dem falschen Pappboden, der darunter zum Vorschein kam – eine tschechische 9-mm-Automatik mit Schalldämpfer gefunden; sie bestand zum größten Teil aus Hartplastik, daneben lagen zwei volle Magazine. Und ein slowenischer Paß.

Cyrus brauchte keine fünfzehn Sekunden, um das, was er gefunden hatte, zu untersuchen. Er ging zum Toilettenabteil, öffnete mit dem Fußpedal die Toilette, sah durch die halbmondförmige Stahlöffnung auf das mit 120 Stundenkilometern vorüberziehende Gleisbett und warf den Schalldämpfer, die Pistole, die Magazine und den Paß durch das Loch, eins nach dem anderen.

Er hatte die Aktentasche im Zug gelassen; bis auf die farbigen Broschüren war sie leer.

Cyrus hielt Edward die Geldbündel hin und atmete langsam aus. »Ich kann auch noch später sterben.«

In Edwards Leihwagen fuhren sie entlang der Küste nach Norden. »Es ist etwas schiefgelaufen«, sagte Edward. »Irgend etwas ist schiefgelaufen. Es mußte ein schrecklicher Unfall geschehen sein ...«

»Lüge mich nicht an. Spare mir deine Entschuldigungen.

Ich habe meine Unschuld verloren, seitdem ich meinen Teil dazu beigetragen habe, die Plutoniumbombe zu bauen.«

Edward sagte nichts.

»Wer du bist, was du machst interessiert mich weniger, als es vielleicht sollte«, sagte Cyrus. »Wenn ihr wirklich Öl oder Gas finden wolltet, dann war ich froh, euch dabei geholfen zu haben.« Er atmete tief ein.

»Vorausgesetzt, wir sind jemand, dem du zustimmen kannst«, sagte Edward.

»Aber das ...«

Edward zog nervös seinen Kopf ein. »Zivilisten. Wir haben uns darüber Sorgen gemacht. Das haben wir.«

»Sehr beruhigend«, sagte Cyrus.

Edward beäugte ihn.

»Ich werde alles tun, um dir zu entkommen. Um dich bloß zu stellen.« Es machte Cyrus nun nichts aus, das zu sagen; er hatte es bereits versucht.

»Yariv wollte dich testen. Es war meine Aufgabe, dich zu töten, wenn du zu fliehen versuchst; er dachte, Frankreich wäre ein guter Ort für den Job. Ich glaube, er hoffte, daß es geschehen würde. Aber ich versicherte ihm, daß du uns unterstützt, ganz egal, was passiert.« Edward schaute ihn an, wieder ein kurzer Blick, weg von der regennassen Straße, die unter ihnen vorbeizog. »Wenn du entkommst, wirst du gejagt und exekutiert werden. Und ebenso werde ich exekutiert werden, wenn ich dich verliere.«

Cyrus schaute starr voraus durch die vom Regen überspülte Windschutzscheibe; alles, was er sah, war Wüste.

CORE CITY, SPÄTER IM JAHR 1995

Die Party begann im Park vor dem Rathaus bei Sonnenuntergang. Freiwillige hielten ein Auge auf die Rinderleiber, die sich auf Eisenspießen über offenen Feuerstellen drehten und so heiß glühten wie Schmelzwerke; über einem Dutzend kleinerer Grillstellen wachten die Köche über Koteletts, Hühnern und Lammbraten. Das Faßbier floß in Strömen, und in Schüsseln, die keinen Boden zu haben schienen, befanden sich Salate, Kartoffeln und Chili-Bohnen.

Zwischen den jungen Bäumen waren elektrische Lichtgirlanden gehängt, die in der warmen Nacht für festliche Beleuchtung sorgten und die Moskitos abhalten sollten. Frauen und Männer, die noch vor wenigen Jahren in Kalifornien oder Michigan gearbeitet hatten, die in ihrer Freizeit nichts lieber taten, als Strickjacken und Golfschuhe zu tragen, waren nun in Stiefeln, Jeans und Perlmutthemden zu Hause. Jeder schien es sich gutgehen zu lassen. Und hoch über ihnen der weiße, mit Lichtern behängte Bohrturm, ein Weihnachtsbaum im Juli, der im nächtlichen Dunst den Sternen entgegenragte.

Ein engelhafter Gregor Mattasow, der es geschafft hatte, seinem russischen Brooklyn-Akzent eine texanische Note zu verleihen, war Zeremonienmeister. Er hatte die Reden, die während des Tages gehalten wurden, aus dem Weg geräumt – feierliche Worte von Marta und Leidy, ein langes Dankeschön von Queenie Tobou, eindrucksvolles Gepoltere des Vizepräsidenten der Vereinigten Staaten, von vier auswärtigen Botschaftern, zwei texanischen Senatoren, den lokalen Mitgliedern des Repräsentantenhauses, dem Energieminister und einigen anderen Leuten. Gregor war fest entschlossen, der Party nichts mehr im Weg stehen zu lassen. Er kletterte auf die rohen Planken der Bühne und stellte über Lautsprecher die Band aus Fort Davis vor; sie nannten sich die Live Oak Girls and One Boy und begannen ohne weitere Verzögerungen mit einem lebhaften Two-Step.

Stiefel schlugen, und Röcke flogen auf dem Tanzboden aus Sperrholz; Josie Hudder und Luisa McDougal fanden unter einer jungen Pappel am Rande des Parks – in für Josie angemessenem Abstand von den Tänzern – einen Platz für sich.

»Du magst nicht tanzen?« fragte Luisa.

Er schüttelte den Kopf. »Bist du gerne hier draußen?«

fragte er sie. Die meiste Zeit des Jahres verbrachte er in einem Internat in der Nähe von Santa Barbara; sie war ein Jahr jünger als er, besuchte aber in einer Mädchenschule an der Ostküste bereits die gleiche Jahrgangsstufe.

»Ich schon. Ich habe sogar gerne hier gewohnt. Ich wollte nur nicht auf die Highschool der Stadt gehen. Meine Schwester *haßt* diesen Ort. Sie kommt nur, um zu vermeiden, daß Moms Blutgefäße platzen.«

»Wo ist sie?«

»Jetzt? In Schottland. Sie verbringt den größten Teil des Sommers mit unserem Vater.« Luisas Haare waren gelockt, aber beinahe so blond wie seine Haare; sie glich kaum ihrer Mutter. »Und du?«

»Eigentlich fasziniert mich das alles hier«, sagte er. »Ich kann mich nicht entscheiden, ob ich Wüstenbiologe oder Geophysiker werden soll. Ich hoffe nur, daß es noch etwas zu entdecken gibt, wenn ich mit dem College fertig bin.«

»Es geht mir ebenso, es ist faszinierend«, sagte sie und versuchte, nicht über sich selbst zu lachen. Sie nahm einen Schluck aus ihrer Dr. Pepper-Dose. »Der Nachmittag war toll.«

Früh an diesem Tag hatten sie sich und viele Very Important People – nicht nur die Diplomaten und Politiker, auch TV-, Radio- und Zeitungsjournalisten, HighSchool Science Clubs und Geologieinteressierte, jeder, der reinpaßte – in die Sitze des Kontrollraums gequetscht, oder sie hatten auf großen Bildschirmen die Liveübertragung verfolgt, die im Rathaus, im Auditorium der HighSchool, an jedem Ort, der eine größere Menschenmenge fassen konnte, aufgestellt waren.

Josie und Luisa gehörten zur Familie und bekamen Plätze in der abgetrennten Sektion des Kontrollraums; sie saßen nebeneinander, als die ersten Signale vom Floater eintrafen. Sie sahen, wie vor ihren Augen der große, aufgehängte Globus langsam seine innere Form und Farbe änderte.

Der Globus hatte mit den Jahren, in denen das Bohrloch nach unten vorangetrieben wurde, von der Oberfläche aus an Auflösung gewonnen. Er zeigte nun ein reich detailliertes Bild von den äußeren Schichten der Erde, gewundene Schichten der dunkelblauen Kruste, die durch den oberen Mantel tauchte, einige Schichten, die an der Sechshundertsiebzig-Kilometer-Diskontinuität flach wurden und ausliefen, andere, die unterbrochen wurden und weiter unten wieder hervortraten. Wieder andere (hier ließ die Auflösung noch immer zu wünschen übrig) gingen ganz durch den unteren Mantel bis zum rosafarbenen Kern.

Rote Kamine heißen Gesteins kräuselten sich nach oben und bildeten unterhalb der Sechshundertsiebzig-Kilometer-Diskontinuität Seen. Von diesen Seen stiegen ununterbrochen blubbernde Magmablasen nach oben, schwebten auf ineinander verschlungenen Pfaden an die Oberfläche und traten in Hawaii, im Yellowstone oder entlang den Ozeanspalten aus.

Bewegungen des Globus waren nicht zu sehen. »Mein Dad hat gesagt, die Kontinentaldrift wahrnehmen zu wollen ist wie Fingernägel wachsen zu sehen«, hatte Josie zu Luisa geflüstert, während sie dasaßen und starrten. Innerhalb der Kristallschichten des Globus waren allerdings Wirbel zu erkennen, die sich durch ihre leuchtende Farbe und Tönung kundtaten.

Auf den großen flachen Bildschirmen konnten sie unterdessen Computerbilder des ersten von Queenie Tobous »unterirdischen« Apparaten sehen, der in ein neues Reich vorstieß. Der Prototyp des Kern-Floaters, durch den Druck der immensen geschmolzenen Bohrschlammsäule, die auf ihm lag, im engen Bohrloch nach unten gepreßt, hatte eine Woche benötigt, um das Ende des Schachts zu erreichen. Dort unten, hinter einem Hitzeabsorber, der am unteren Ende einer zehn Kilometer langen flexiblen Kristallröhre saß, und gefolgt von einer endlosen Nabelschnur, die die Hitze an die Oberfläche leitete, wurde der sargähnliche Körper in die Wirbel des Kerns eingelassen, wo flüssige Eisenlegierungen wie träges Wasser flossen.

Glasfiberkabel von beinahe dreitausendzweihundert Kilometern Länge sendeten mit Lichtgeschwindigkeit Daten nach oben. Der Floater befand sich in den Strömungen der Erdmitte, trieb in dem seltsamsten Meer, das menschliche Geräte jemals befuhren.

Grund genug für eine Feier. Und, als ob das für die Festivitäten noch nicht ausgereicht hätte, war in den frühen Morgenstunden der zweite Kern-Floater auf die lange Reise zur Erdmitte geschickt worden. Noch einige Monate, und eine ganze Flotte von Roboterschiffen würden im eisernen Meer treiben.

»Magst du wirklich Ziege vom Barbecue?« fragte Luisa.

Josie leckte seine saucenverschmierten Finger. »Ja. Sie ist okay«, sagte er. »Warum? Glaubst du, ich bin Vegetarier?«

Sie grinste. »Du kommst aus Kalifornien?«

Er lachte darüber. »Du kennst mich nicht.«

»Du warst selten bei uns. Ich war immer neugierig auf dich. Du erinnerst dich vielleicht, wir haben uns ein paar Mal getroffen.«

»Ich erinnere mich vor allem daran, daß deine Schwester ziemlich hochnäsig war.«

»Ich war immer unheimlich an Kalifornien interessiert«, sagte Luisa. »Ich wollte auch dort leben. Mom nahm uns einmal mit nach San Francisco.«

»Ich habe deine Mutter gehaßt, als ich noch ein Kind war«, sagte Josie. »Ich dachte, sie wäre daran schuld, daß mein Vater nicht mehr zurückkommen wollte, um bei meiner Mutter und mir zu leben. Ich habe ihn dafür verflucht.«

»Wir auch, Linda und ich – wir taten alles, um sie zu entzweien. Wir waren schrecklich.« Sie setzte einen tragischen Gesichtsausdruck auf. »Ich mag ihn nun. Wenn ich daran denke, fühle ich mich sehr ... verlegen.«

»Ich glaube nicht, daß es unser Fehler war«, sagte er.

»Wir waren ihnen keine Hilfe.«

»Ich glaube, wenn sie weiter hätten zusammenbleiben wollen, dann hätten sie es auch getan.«

»Du glaubst, sie wollten es nicht?«

Josie zuckte mit den Schultern. »Meine Mutter sagt, dein

Dad kann von niemanden Befehle entgegennehmen. Als er ein Kind war, wollte er nichts tun, was ihm sein Vater gesagt hatte. Sie sagt, er hat sich absichtlich von Caltech feuern lassen. Ich wollte ihn einmal darauf ansprechen, da ist er ausgerastet. Er hat immer alleine gearbeitet, bis er Mom traf. Und sie CORE begonnen haben.«

»Du meinst, er wollte der Chef sein.«

»Und sie machten *sie* zum Chef.« Josie nickte. »Ich sage nicht, daß sie nicht gut ist. Ich denke, sie ist gut. Aber deswegen, glaube ich, kommen sie nicht miteinander aus.«

Die Musik der Band brach plötzlich ab.

»Freunde, es tut mir leid, die Party unterbrechen zu müssen.« Es war Gregor Mattasow, dessen Worte über die Lautsprecher hallten. »Es gibt schlechte Neuigkeiten. Wir haben im Bohrloch seismische Turbulenzen. Sie sind bereits auf dem Weg nach oben.«

In der Menge gab es vereinzelte Schreie. »Was ist passiert?« »Wo liegt das Problem?«

»Wir kennen die Einzelheiten nicht. Das Instrumentenpaket, das wir diesen Morgen gestartet haben – den zweiten Kern-Floater – vielleicht ist mit ihm etwas schiefgelaufen.« In der Menge erhob sich aufgeregtes Stimmengewirr. Gregor sprach über den Tumult hinweg. »Vielleicht ist es etwas Größeres. Es ist noch zu früh, um das zu wissen. Wir haben etwa fünf Minuten Zeit. Und wir haben das alles bereits durchgespielt. Sicherheitsvorkehrungen sind getroffen. Laßt uns jetzt einfach gehen. Nichts, worüber man sich Sorgen machen müßte. In wenigen Minuten können wir zurückkehren – so hoffe ich –, jetzt aber sollten wir uns aus dem Umkreis des Bohrturms entfernen. Also, gehen wir. Stellen Sie Ihre Teller und Gläser ab – Sie werden sie später wiederfinden –, und verlassen Sie die Party. Und halten Sie sich nicht in der Nähe von Gebäuden auf, die höher als ein Stockwerk sind, bis alles vorbei ist ...«

Josie und Luisa hörten zu. »Erdbeben sind Teil unserer Arbeit, sagt Mom«, sagte Luisa. Und einen Moment später: »Laß uns verschwinden.«

»Okay, wohin?«

»Von allen weg. In die Wüste.«

»Ich habe eine Taschenlampe.« Er zeigte ihr seine schwarze Maglite.

»Toll.«

Sie entfernten sich vom Lichtschein des Rathauses, durchstreiften die stillen Vorstadtstraßen und gingen dann in die wilde Dunkelheit.

Queenie und Taki saßen in Takis Mercury Cabrio einen Block vom Park entfernt, beobachteten die Lichter und hörten der verzerrten Musik zu.

Jahre zuvor hatte Taki die wichtigste Karriereentscheidung in seinem Leben getroffen, als er eine permanente Anstellung beim internationalen CORE-Projekt annahm; das bedeutete, daß er in einer der ödesten Ecken der USA leben würde. Zwei oder dreimal im Jahr besuchte er seine Familie in Osaka und brachte Geschenke mit – Schnallen, Halsbänder, Armreifen, Ringe aus Silber und Türkis, Cowboy-Hüte, Mokkasins, indianische Töpferwaren, Disneyland-Shirts, Kappen und Postkarten –, die seine Freunde und Verwandten erfreuten. Mit den Jahren nahm die Zahl seiner Besuche ab; wenn er nach dem Grund dafür gefragt wurde, schob er dringende wissenschaftliche Fragen vor. Er war sich sicherlich nicht darüber bewußt, daß seine Bindung an die Heimat oder Familie kaum abgenommen hatte.

Es war Queenie, die ihn dazu brachte, sich die Frage zu stellen, wie eng die Bindung an sein Heimatland noch war. Und die ihm bewußt machte, daß sie vielleicht niemals besonders eng gewesen war. Queenie und er hatten zusammengearbeitet, sie waren Kollegen, dann Freunde. Und dann hatten sie sich verliebt. Diese Nacht hatte er ihr zu dem, was sie erreicht hatte, gratuliert, nachdem er sie fünf Minuten vorher – er saß ihr in seinem Traumwagen gegenüber – gefragt hatte, ob sie ihn heiraten möchte.

Ihre Augen hatten in der Dunkelheit geglänzt. »Unter einer Bedingung, Cowboy«, sagte sie ihm neckisch.

»Welche?«

»Was immer mit uns geschehen wird, unsere Heirat soll typisch japanisch sein.«

Er beugte sich herüber, um sie zu küssen, als die Musik aus dem Park ein abruptes Ende fand. Sie hörten eine eindringliche, unverständliche Stimme, sie gehörte Gregor Mattasov, gefolgt von Aufschreien und Protesten der Menge.

»Wir sollten nachsehen, was geschehen ist«, sagte sie. Sie hatte die Tür geöffnet und war ausgestiegen, bevor er reagieren konnte.

•

Die Scheunen der Garret-Ranch waren zu Ruinen zerfallen – der Reitclub von Core City hatte sich moderne Anlagen errichtet –, und das Ranch-Haus stand leer. Josies Strahl der Taschenlampe wies einen staubigen Weg durch die Spinnweben der Diele. Die Türen waren verschlossen; sie waren durch ein offenes Verandafenster eingedrungen, von dem Luisa wußte, und nun führte er sie langsam die knarrenden Stufen hoch zum ersten Stock. Durch das Fenster eines leeren Schlafzimmers konnten sie die Lichter der Stadt und den sich heraushebenden Bohrturm sehen.

»Woher wußtest du von dem Fenster?« flüsterte er.

»Einige Kids, Freunde von mir, haben es mir letzte Woche gezeigt. Das ist ein toller Ort für eine Party.«

Sie lachten nervös. Ein Moment schrecklicher Spannung – dann griff er nach ihr, sie fiel ihm in die Arme, griff nach ihm, und sie küßten sich leidenschaftlich. Einige Sekunden später lagen sie auf ihren Knien auf dem Boden.

Sie zerrte an seiner Gürtelschnalle, als sie plötzlich losließ und sagte: »Hier kann es Skorpione geben.«

»Vielleicht.« Er kämpfte unter ihrem Shirt mit dem BH-Verschluß. »Sie werden uns nicht stören.«

»Halt, stop.«

»Verdammt, komm schon.« Der primitive Teil seines Hirns drängte ihn, nicht aufzuhören, aber er hörte auf.

»Laß uns zurückgehen«, sagte sie. »Laß uns einen anderen Ort suchen.«

»Ich habe nicht gedacht, daß du dich so anstellst, Luisa.«

»Ich stelle mich nicht an. Wenn ich an Skorpione denken muß, dann versaut mir das den ganzen Tag. Außerdem sollten wir erst über einige Dinge reden. Ich will nicht schwanger werden.«

»Ja. Ich auch nicht. Ich meine, ich will nicht, daß du schwanger wirst.«

»Ich möchte nicht AIDS bekommen oder …«

»Du bekommst nicht *AIDS!*« Er atmete tief aus. »Okay, ja.« Er zog sich von ihr weg, setzte sich auf seine Knie und begann sein Hemd in die Hose zu stopfen.

Sie hörten einen fernen Knall und das Geräusch von zerbrechendem Glas. Dann tönte ein pfeifender Wind wie der Klang eines Artilleriegeschoßes durch die Nacht, erhob sich bogenförmig über sie, bevor er niederging, auf sie zukam und plötzlich – keine hundert Meter von ihnen im leeren Haus – abrupt abbrach und donnernd einschlug. Brennende Wrackteile flogen durch die Luft und leuchteten im zerbrochenen Fenster.

»Wow, das hörte sich an wie ein Flugzeugabsturz.« Josie sprang zum Fenster. Sein Gesicht wurde von dem Feuer draußen rötlich erleuchtet. »Irgend etwas hat die Scheune getroffen. Sie steht in Flammen. Wir sollten hier besser verschwinden.«

Luisa stand auf und blickte hinaus. »Oh, mein Gott, schau, dort.«

Er sah bereits in die Richtung, in die sie wies. Im Stadtzentrum war eine Feuersäule in die Dunkelheit aufgeschossen. »Das sieht aus wie ein *Vulkan*.«

Die Feuerfontäne war in ihrer Mitte weißglühend, rot an den Rändern, umgeben war sie von sich auftürmenden Rauchwolken, die sich ausbreiteten und vom nächtlichen Wind davongetrieben wurden – eine Feuersäule wie aus der Apokalypse.

»Sieht aus, als hätte Gott uns angepinkelt«, sagte Josie.

Sie sah ihn verständnislos an. Er hatte witzig sein wollen, was ihm gründlich mißlang.

Der Bohrturm war eingetaucht in spritzende Ströme des geschmolzenen Bohrschlamms, speiende Strahlen fuhren in spektakulären Bögen aus flüssigem Feuer seitlich davon. Während sie das Schauspiel beobachteten, wurden ihre Gesichter heiß – nicht wegen der Hitze, sondern vor Angst. Sie sahen, wie der Bohrturm wegzusacken begann.

»Der Bohrturm *schmilzt*«, sagte Luisa.

»Ich nehme an, der Bohrlochverschluß ... öffnete sich. Der Schlamm kommt hoch wie Lava. Ich hoffe nur, daß sich niemand darunter befindet.«

»Wir müssen hier weg«, sagte sie drängend.

Sie rannte die Stufen hinab und ließ sich durch das kaputte Fenster nach draußen, Josie folgte dicht hinter ihr. Funken der brennenden Scheune waren auf das Dach des Hauses übergesprungen, das nun ebenfalls zu brennen anfing; sie schenkten ihm keine Beachtung, während sie zwischen Kakteen und Dornensträucher auf die riesige Flammensäule zuliefen.

Sie waren bald in den Straßen der Stadt, drängten sich durch die schiebenden Menschenmengen, die sich auf den Ort der Katastrophe zu- und wieder wegbewegten. Sie erreichten den Park, wo die verlassenen Barbecues noch vor sich hinglühten. Vor dem Bohrturm war bereits eine Barrikade aus Einsatzwagen gebildet; ihre drehenden und blitzenden Notfallichter gingen im leuchtenden Flammenturm über ihnen unter. Das Kreischen des ausströmenden glühenden Schlamms übertönte die Sirenen der noch eintreffenden Fahrzeuge.

Hinter dem Bohrturm standen die Laboratorien und Fertigungshallen in Flammen; feuerprasselnde Lava fiel auf die Dächer und Straßen. Josie und Luisa überstiegen die Absperrungen aus gelben Bändern, die die Feuerwehrleute gespannt hatten, und rannten zu den Gebäuden des Hauptquartiers und des Kontrollraums, den einzigen Ort, wo sie ihre Eltern zu suchen hatten.

Wachleute hielten sie an der Tür auf. »Hier darf niemand rein. Ihr Kinder, geht nach Hause.«

»Ich will meinen Dad finden!«

»Meine Mom ist dort drinnen!«

»Was ist los?« Gregor Mattasow tauchte hinter dem Wachmann auf.

»Niemand darf hier rein, Professor. Das hat uns Dr. Hudder gesagt.«

»Das ist Dr. Hudders Sohn und das Professor McDougals Tochter. Sie werden erfahren wollen, daß ihre Kinder in Sicherheit sind.«

»Auf Ihre Verantwortung«, sagte der Wachmann und winkte sie hinein.

Vor den Türen des Kontrollraums sagte Gregor; »Ihr beide macht es kurz, okay? Eure Eltern haben viel zu tun.«

Josie und Luisa nickten und gingen hinein. Das Amphitheater war bis auf die Controller und einigen anderen leer. Marta und Leidy standen mit Queenie unten und unterhielten sich. Marta blickte auf und sah ihre Tochter und Josie in den oberen Sitzreihen.

»Wir fahren später damit fort« sagte Marta und rannte die Stufen hoch. Nach der Hälfte des Wegs nahm sie zwei auf einmal, Leidy folgte dicht hinter ihr.

Marta umschlang ihre Tochter und drückte sie fest. Nach einige Sekunden hielt sie Luisa von sich weg und sah ihr in die Augen. »Was machst du hier?« sagte sie. »Man erzählte mir, du wärst beim Picknick, und dann wußte niemand, wo du ...«

»Wir waren, äh ...« Sie wußte nicht, was sie sagen sollte.

»Wir wollten sehen, was passiert«, sagte Josie, der sich von Leidy abwandte. Seine Haare waren durcheinandergeraten; sein Vater hatte von einer Umarmung abgesehen, aber er hatte nicht widerstehen können, ihm über die Haare zu streichen.

»Hallo Josie«, sagte Marta.

»Hi, Dr. McDougal.« Ihr wilder Gesichtsausdruck schüchterte ihn ein, der einzige weiße Streifen in ihrem schwarzen

Haar glich einem niederfahrenden Blitz. »Ist jemand verletzt worden?«

»Das wissen wir noch nicht«, sagte Marta. »Einige Leute im Kabelgießwerk werden noch vermißt.«

»Wollt ihr hier bei uns bleiben?« fragte Leidy. Als er aber von Marta einen bösen Blick zugeworfen bekam, fügte er an. »Wenn du bleiben willst, Josie, habe ich nichts dagegen.«

»Andererseits wäre es nicht schlecht, wenn ihr nach Hause gehen würdet«, sagte Marta und sah von einem zum anderen.

Josie war einen Moment lang verwirrt. »Ich denke, ich bleibe. Ich möchte sehen, wie ihr das repariert.«

Luisa blickte zu Josie und dann auf ihre unglückliche Mutter. »Ich gehe nach Hause und schaue, ob alles okay ist. Wir sehen uns später, Josie.«

»Ich ... ja, bis dann.« Er war hin- und hergerissen, aber er wußte, wo er sein wollte.

Marta umarmte ihre Tochter. »Geh gleich nach Hause. Ich möchte wissen, wo ich dich finden kann.«

»Okay, Mom.«

Luisa ging. Marta ging wieder die Stufen zur Kontrollebene hinunter.

»Tut mir leid. Ich muß wieder an die Arbeit«, sagte Leidy.

»Sicher, Dad.« Josie fand einen Stuhl und setzte sich.

Draußen bahnte sich Luisa ihren Weg durch Wachleute, Feuerwehrmänner und neugierige Zuschauer. Die Lavafontäne erhob sich hoch in die Nacht und überstrahlte die Sterne. Der stählerne Bohrturm war zu einer Masse von spinnenartigen Trägern zusammengesackt. Aus den brennenden Gebäuden züngelten Flammen in den Himmel; die Wasserstrahlen der Hochdruckschläuche, die sich auf die umliegenden Gebäude herabsenkten, warfen dünne Schatten auf das blendende Licht. Sie verdampften augenblicklich beim Aufprall auf die Lava; trotzdem trugen sie dazu bei, daß sich die Flammen nicht über den glühenden Schlamm hinweg ausbreiteten.

Nun, da sie Zeit hatte sich umzusehen, bemerkte Luisa das Ausmaß des Schadens. Die Wellblechplatten auf den Dächern der Industriehallen hatten sich aufgekräuselt, überall waren Fenster zerbrochen. Sie sah ein Ziegelhaus – es war nur ein Stockwerk hoch –, das in sich zusammengefallen war. Eine Wasserleitung unter der Straße war geborsten; die Straße und anliegenden Grundstücken waren überflutet.

Sie wünschte, sie hätte im Kontrollraum bleiben können. Nicht wegen Josie; sie wollte ebenfalls dabei sein und beobachten, wie sie es wieder unter Kontrolle bekamen. Einen Augenblick lang war sie versucht, sich ihrer Mutter zu widersetzen. Ob es nun fair war oder nicht, ihre Mutter wollte nicht, daß sie zusah, und der Kontrollraum war nicht der Ort für eine Familienauseinandersetzung.

Sie machte sich Sorgen, daß ihre Mutter für die Schäden verantwortlich gemacht werden würde.

Josie Hudder hatte viele Sommer in Core City verbracht; er verstand das, was er auf den Monitoren des Kontrollraums sah, beinahe ebensogut wie die Wissenschaftler. Er sah, daß die Verkleidung des Bohrlochs intakt war. Der Kern-Floater jedoch, den sie diesen Morgen in das Loch plaziert hatten, war in einer Tiefe von etwa fünfhundert Kilometer kollabiert. Im Bohrloch kam es zu einem Druckstau, der sich nach oben und unten entlud.

Die Schockwelle war stark genug, um die weiter oben angebrachten Ventile aus ihren Verankerungen zu hebeln und den Bohrlochverschluß am oberen Ende der Leitung in den Himmel zu katapultieren; er war schließlich bei der Scheune wieder heruntergekommen; das war der »Flugzeugabsturz«, dessen Zeuge Josie und Luisa geworden waren.

Das Bohrloch war nun vom flüssigen Kern bis zur Oberfläche hin offen; die Lava wurde durch den Druck im Kern in den Himmel geblasen, nur das Gewicht der daraufliegenden Bohrschlammsäule drückte – variierend – dagegen. Die

Differenz zwischen dem Gewicht und dem Druck manifestierte sich in der Höhe der Lavafontäne.

Josie blickte hinunter auf die Kontrollebene. Sie alle redeten nun, Onkel Gregor, Queenie Tobou, sein Dad und Marta. Es sah wie ein Streit aus. Josie fragte sich, was man tun konnte, um den Vulkan abzustellen …

»Der Bohrturm ist ein Wrack«, sagte Leidy. »Wir können nichts in das Loch einführen oder etwas herausziehen.«

»Dann müssen wir es verschließen.«

»Brillant.«

»Wenn du eine bessere Idee hast, dann laß hören«, sagte Marta verärgert.

»Natürlich müssen wir es verschließen!« Seine Stimmung schwankte wie die züngelnden Flammen. »Nicht mit Bulldozern. Wir brauchen ein Förderband, das seine Nase in den Vulkan stecken kann und einen Berg Barit darauf schüttet oder einfach Sand.«

»Gut. Organisiere die Logistik. Ich arbeite die Konstruktion aus.«

»Toll«, sagte Gregor Mattasow. »Aber es gibt mehr zu beachten als nur den Druckausstoß. Wir sollten über die Geologie, die physikalischen Auswirkungen nachdenken.«

Marta schüttelte den Kopf, als wollte sie Wasser aus ihrem Ohr schütteln. »Wovon reden Sie?«

»Ein Bohrloch von der Erdoberfläche bis zum Kern stellt eine außergewöhnliche geologische Anomalie dar.«

»Ahh.« Marta hatte ihn niemals besonders gemocht; er war Leidys Freund, nicht ihrer. Sie wandte sich zu Leidy und ließ an ihm ihre Ungeduld aus. »Verdammt, ihr braucht doch auch sonst nicht so lange, um zum Punkt zu kommen.«

»Gregor hat recht. Wir müssen so etwas wie das Gleichgewicht der natürlichen Druck-Temperatur-Kurve wieder herstellen.«

Sie wandte sich an Gregor. »Sie meinen, es *abkühlen?*«

»Ich fürchte ja.«

»Es muß nicht abkühlen«, sagte Queenie. »Der erste Floater ist noch immer an seinem Ort. Sein Kühlkabel ist intakt – auf der ganzen Länge bis hin zur Oberfläche.«

Leidy erkannte, worauf sie hinauswollte. »Das ist ein heißer Draht«, sagte er.

»Ein heißer Draht ...?« Dann sah es auch Marta.

»Die Hitze im Loch ist durch das Kühlsystem an der Oberfläche zu steuern. Wenn es nötig ist, können wir das Loch zufrieren lassen«, sagte Queenie. »Und später mit der Hitze des Kerns wieder auftauen.«

Gregor rollte mit den Augen. »Schlagt drei Kreuze, daß *dieser* Floater nicht auch noch kaputtgeht.«

»Was immer wir auch machen, wir müssen das Ausströmen der Lava unterbinden«, sagte Leidy.

»Dann beginnt schon mal Sand zu kaufen«, sagte Marta. Sie war immer schnell bei der Sache. »Und versucht, einen guten Preis zu bekommen.«

»Vielen Dank, daß Sie mich empfangen, Dr. Hudder.«

Leidy erhob sich nicht hinter seinem überhäuften Schreibtisch, als der junge Mann im dunklen Anzug sein Büro betrat; er bedeutete ihm, auf der Couch Platz zu nehmen.

Der Mann war sichtlich beeindruckt von dem Spektakel, das durch die Rolläden hinter Leidys Schreibtisch zu sehen war. Drei Straßenzüge weiter erhob sich eine orangerote Fontäne vor dem nachmittäglichen Himmel; ein leuchtend schwarzer Aschekegel hatte sich um den feurigen Auswurf aufgebaut.

»Bedanken Sie sich nicht bei mir«, antwortete Leidy. »Ich wurde dazu gezwungen. Von meinem alten Freund Dink Pearce, der aus seinem wohlverdienten Ruhestand aufgeschreckt ist. Ich versuchte abzulehnen, aber er ließ mich nicht.«

»Ich verstehe, daß Sie viel zu tun haben.« In seinem wollenen Geschäftsanzug sah der Besucher aus, als ob er gewohnt war, sich unbehaglich zu fühlen.

»Das bezweifle ich, Mr. Hickenlooper.« Leidy legte die

Beine mit seinen Cowboy-Stiefeln auf den Tisch, faltete die Hände hinter seinem Nacken und bewegte den Kopf von einer Seite zur anderen, als wollte er einen Krampf wegmassieren. Er trug ausgewaschene Jeans und ein verbleichtes schwarzes T-Shirt, auf dem »Rettet den Mono-Lake« zu lesen war.

»Der Name ist Heggenburger.« Heggenburger war noch immer vom Anblick im Fenster eingenommen. Er konnte erkennen, was von der beinahe zugeschütteten Verkehrsinsel vor dem Bohrturm noch übrig war; Martas Monumentalskulptur aus Hudderitkristall war eingebrochen und verformt und lag nun unter schwarzen Felsen begraben. Das Wrack des Bohrturms, die Teile, die nicht entfernt werden konnten, lagen unter Lavageröll. Der wachsende Kegel bedrohte sogar das Hauptquartier; nur wenige Meter vor Leidys Fenster rollten rauchende Trümmer den Abhang hinab und dröhnten wie zerbrochenes Geschirr, das auf einen Aschehaufen geworfen wurde. »Sieht aus, als müßten sie hier bald ausziehen«, sagte er.

»Wir hoffen, daß wir ihn vorher ausblasen können.«

Ein kleiner Sandberg war hinter dem Aschekegel aufgeschüttet, der von Lastwägen und Eisenbahnwaggons ständig nachgefüllt wurde. Schwere Traktoren, die von Männern in schimmernden, hitzeabweisenden Anzügen gefahren wurden, kämpften sich die steilen Abhänge des Kegels hinauf, um ein freitragendes Förderband zu errichten, das den Sand in den Schlund des Feuers transportierte.

»Warum geht es nicht aus?« sagte Heggenburger, vom Anblick fasziniert. »Es brennt nun schon seit Tagen.«

»Es wird ausgehen, mit der Zeit. Aber wir haben intakte Instrumente dort unten, wußten Sie das? Nach unseren Berechnungen wird der Ausstoß mangels Druck aufhören, wenn ein sechshundert Meter hoher Lavaberg über uns aufgeworfen ist. Ich denke, wir sollten nicht so lange warten.« Leidy ließ seine Beine auf den Boden gleiten, drehte sich um und schloß die Rolläden. »Warum sagen Sie mir nicht, warum Sie hier sind, damit ich Sie wieder loswerden kann.«

»Ja, natürlich.« Der junge Mann richtete seine Aufmerksamkeit auf Leidy. »Sie wissen über das große Erdbeben Bescheid, das in diesem Frühjahr Israel verwüstete. Die Schäden und Todesopfer in Tel Aviv und Jerusalem und vor allem in den umliegenden Dörfern waren immens. Auch in Jordanien. Vielleicht ... ich meine, angenommen, Sie wissen Bescheid?«

»Erstens, ich habe die Zeitungen gelesen. Zweitens zeichnen wir jedes Erdbeben weltweit auf. Wir sehen praktisch, wie sie sich entwickeln.«

»Wir haben Gründe, anzunehmen, daß es kein natürliches Ereignis war.«

»Wovon, zum Teufel, reden Sie?«

»Nun, es hatte einen sehr tiefen Fokus, ein tiefes, ah ...«

»Hyperzentrum«, sagte Leidy. »Was ist mit ihm?«

»Nun, das ist im allgemeinen keine geographische Gegend für Tiefenbeben.«

»Oder überhaupt große Beben. In den heutigen Tagen findet man sie eher weiter westlich, in Italien und der Ägäis. Oder weiter im Osten, im Persischen Golf oder am Kaspischen Meer. Aber Sie erinnern sich vielleicht an das Rote Meer, das sich teilte? Die Mauern von Jericho? Sodom und Gomorrah? Oder, wenn Sie nicht bibelfest sind, an Kairo 1992? Es ist eine alte Grabenregion.«

»Trotzdem, ein Beben in dieser Tiefe ...«

Leidy überhörte die Bemerkung. »*Niemand* versteht Tiefenbeben. Zehn verschiedene Theoretiker, zehn verschiedene Theorien. Die meisten Tiefenbeben stehen mit Plattenteilen im Zusammenhang, die an ihren Rändern absinken. Einige von ihnen sind alte Gräben. Manche entstehen an Orten, wo es keine Hinweise gibt, daß dort ein Graben oder eine Spalte vorliegt. Nur, weil sie selten vorkommen, sind sie nicht unnatürlich.«

»Sir ...«

»Schauen Sie, ich habe Ihnen alles erzählt, was ich über das Thema weiß. Sprechen Sie mit Mattasow – er erzählt ihnen alle zehn Theorien. Und verschwinden Sie hier und lassen mich in Ruhe.«

Heggenburgers Gesichtsausdruck verdüsterte sich. »Dr.

Hudder, ich kann hier nicht Details diskutieren. Ich will, daß Sie mich auf ein Treffen mit anderen beteiligten Parteien begleiten. Wir werden es so kurz wie möglich machen.«

»Wer ist wir? Das State Department?«

»Das ist richtig.«

»Die beteiligten Parteien?«

»Darüber kann ich nicht sprechen.«

Leidy mahlte mit seinen Kiefern. »Ich muß mit ihnen nicht reden, und ich habe auch nicht die Zeit dafür.«

»Nicht heute«, sagte Heggenburger. »Aber wenn Sie es für nötig befinden, Dr. Hudder, dann werde ich morgen mit einem Statemarshal wiederkommen. Und einem Haftbefehl.«

Leidy fluchte ausgiebig, während er sich erhob. »Lassen Sie es uns hinter uns bringen.« Er griff sich seine Cordjacke. »Sie fahren.«

»Wollen Sie etwas einpacken. Ich meine ...«

»Sie sagten, so kurz wie möglich. Wenn mein Bart unansehnlich lang wird, ist das Ihr Problem.«

Der Flug in einem Learjet der Luftwaffe war kürzer, als Leidy vermutet hatte. Die Sonne war nur wenige Minuten untergegangen, als sie zum Landeanflug ansetzten. Aus der Luft erkannte er Houston.

An der Rollbahn wurden sie von einem Ford Van erwartet, der mit dem Logo eines lokalen TV-Senders bemalt war; er besaß eine zweiteilige Antenne auf dem Dach, die wie eine Flugabwehrstrahlenkanone gegen den Himmel gerichtet war.

Heggenburger zog die Seitentür auf. »Dr. Hudder, das ist Michael Mann, der Kulturattaché am hiesigen israelischen Konsulat.«

Der Mann drinnen streckte seine rechte Hand aus. »Dr. Hudder.«

»Mr. Mann.« Leidy schüttelte seine Hand und kletterte unbeholfen hinein. »Kulturattaché? In Houston?«

»Bitte, nehmen Sie Platz.« Mann wies ihn auf einen harten Sitz, der sich neben einer, wie es schien, ausgefeilten Videokonsole befand. Heggenburger ließ die Tür zugleiten und kletterte nach vorne neben den Fahrer. Der Innenraum des mit einer Klimaanlage versehenen Van war bemerkenswert ruhig und Leidy war es nach der feuchten nächtlichen Hitze Houstons beinahe zu kalt.

Der Van setzte sich in Bewegung, fuhr durch die Tore des von Sicherheitsleuten bewachten Zauns und schließlich auf den Highway. Ein Maschendrahtschirm behinderte den Blick nach vorne; Leidy sah durch das Rückfenster, beobachtete die fahlen purpurfarbenen Lichtkreise der Straßenlichter, die vorübersegelten, und wartete darauf, daß Mann sein Anliegen vortrug. Der Fahrer hielt den Van im dichten Verkehr des Highways, raste nicht, ließ sich aber auch nicht übermäßig viel Zeit.

Mann schaltete den Videomonitor ein, der hinter den Vordersitzen montiert war, und schob eine Kassette in den Schlitz. Er drückte die Knöpfe. Der Bildschirm flimmerte und stabilisierte dann das Bild, eine Luftaufnahme, trokkene Wüste, die unter der Kamera vorbeihuschte. »Werfen Sie einen Blick darauf, Dr. Hudder.« Am Horizont tauchte ein Gebäudekomplex auf, der näher kam und schärfer wurde. »Wissen Sie von einem Tiefbohrprojekt, das dem Ihrigen gleicht, im westlichen Irak?«

»Nein«, sagte Leidy.

»Wir denken, dieses Bild dürfte Ihnen bekannt vorkommen.«

»Nun, das ist ein fünfundzwanzig oder dreißig Stockwerk hoher Bohrtum mit umfangreichen Versorgungseinrichtungen. Und das ist das Shellabarger-Logo ... komische Bilder, die Sie da haben ... und vielleicht haben sie einige unserer Ideen verwertet, ohne uns zu fragen.« Der Bohrturm war ein unheimlicher Zwilling des CORE-Bohrturms. »Aber unser ganzes Zeug findet sich in der Literatur – sie können alles stehlen. Aber was hat das mit uns zu tun?«

»Shellabarger behauptet, von dieser Einrichtung nichts zu wissen.«

»Okay, das ist eine heikle Angelegenheit. Wer zahlt dafür?«

»Hinweise deuten auf Noramar Oil.« Mann strich sich über die Lippen, als wollte er sich selbst davon abhalten, etwas zu sagen, was er später vielleicht bereuen könnte. »Auch Noramar behauptet, nichts zu wissen.«

»Sie haben damit Erfahrung.«

»Ich verstehe. Sie haben es selbst kennengelernt.«

Leidy studierte seinen Befrager, der vielleicht fünfunddreißig Jahre alt war, kurze, dichtgelockte schwarze Haare besaß und blasse Augen; er war wie Leidy leger gekleidet, Jeans, T-Shirt und Sportjacke. Wäre Leidy ein Mensch gewesen, der sich selbst beobachtet, so hätte er in Mann einige Übereinstimmung mit seinem früheren Selbst gefunden.

»Diese Bänder wurden von Aufklärungsflugzeugen der U.S.-Luftwaffe während des Golfkriegs aufgenommen. Ein UN-Team inspizierte später den Ort und suchte nach Massenvernichtungswaffen. Sie fanden keine chemischen oder biologischen Waffen. Nichts Außergewöhnliches. Aber sie entdeckten einige Teile, die eventuell als Vorstufen zu Atombomben gebraucht werden konnten, und nahmen sie mit. Die Bohroperation stuften sie als Probebohrung zu einem tiefgelegenen Gasvorkommen ein. Sie haben niemals die Namen der mit dem Irak kooperierenden Gesellschaften veröffentlicht, wir haben jedoch erfahren, daß der Papierkram an dem Ort auf Noramar und Shellabarger verweist.«

»Die das abstreiten.«

»Haben Sie Geduld.« Mann drückte einige Knöpfe am Recorder. Satellitenaufnahmen der Wüstenbohranlage erschienen auf dem Bildschirm. Die Auflösung betrug einige Meter – militärische Aufklärungsqualität, wie sie kommerziellen Firmen oder selbst den Nachrichtendiensten alliierter Länder nicht zur Verfügung stand.

»Das sind ältere Bilder, aber sie enthalten einige interessante Details. Welchen Eindruck vermitteln sie Ihnen?« fragte Mann.

»Es gibt mehrere Unterschiede zwischen diesem Werk und unserem – zum einen nützen sie nicht geothermische

Energie –, es gibt aber auch verblüffende Ähnlichkeiten. Die Reihung der Gießwerke und Hallen läßt darauf schließen, daß sie die Kabelherstellung auf ähnliche Weise betreiben wie CORE.«

»Was bedeutet dies?«

»Sie könnten Hudderit verwenden.«

Mann rüttelte am Maschendraht. Heggenberger drehte sich in seinem Sitz um.

»Erzählen Sie ihm über Beryllium«, sagte Mann.

Heggenburger verdrehte den Kopf nach hinten. »Die Handelsabteilung hat für uns den Berylliummarkt durchforscht, Dr. Hudder. Das CORE-Projekt war, wie zu erwarten, im letzten Jahrzehnt der mit Abstand größte Käufer. Daneben natürlich die üblichen Verwerter – die Nuklearindustrie, Hochtechnologieanwendungen in der Flugzeugindustrie, und so fort. Der Handelsabteilung ist aber ein ganzer Schwarm von kleinen Gesellschaften aufgefallen, die in den letzten fünfzehn Jahren in den Berryliummarkt eingebrochen sind. Sie sind über die ganze Welt verstreut. Wir begannen einige Untersuchungen und fanden heraus, daß die Mehrzahl von ihnen von der Bank für Weltweite Entwicklung kontrolliert werden; ihr Hauptquartier liegt im Jemen. Wohin auch der größte Teil des Metalls geliefert wurde.«

»Jemen?«

»Jemen hat keine vorstellbare Verwendung für Beryllium. Wir nehmen an, daß die Ankäufe weiter exportiert wurden zu dieser Anlage im Irak.«

Leidy lehnte sich zurück und verschränkte wieder die Arme hinter dem Kopf; er schloß die Augen. »Gut. Es ist Hudderit.«

Mann nickte zu Heggenburger, der seine Aufmerksamkeit wieder der Straße zuwandte. Mann kramte in einer Ledermappe, aus der er eine Karte zog. »Die sogenannte Noramar-Shellabarger-Anlage – wir haben sie hier als ›NS‹ bezeichnet – liegt dreihundert Kilometer südöstlich von Damaskus und vierhundert Kilometer südwestlich von Bagdad. Das Zentrum des Bebens im Frühling lag nordwestlich des Toten Meeres, etwa zweihundert Kilometer südwestlich der Bohranlage. Was ich Ihnen nun als nächstes zeige, werden Sie ohne Zweifel besser lesen können als ich.«

Er zog einen Packen fahler Xerox-Kopien heraus, altmodische Seismogramme, verwischte Bilder eines vertikalen Schnitts durch die Erdkruste, der sich aus den Spuren Hunderter von zittrigen Faserschreibern zusammensetzte.

»Unsere Analytiker erzählten, daß die NS-Bohroperation ein schwaches, aber einzigartiges seismisches Signal generierte«, sagte Mann. »Sie behaupten, es wäre auf diesen alten Seismogrammen zu entdecken.«

Leidy blätterte sie durch. Jemand hatte mit einem Marker eine dicke gelbe Floureszenslinie über sie gezogen, die einer angeblichen Diskontinuität folgte.

»Lausige Daten«, sagte Leidy. »Seismische Profile erkennen eine Oberfläche, aber normalerweise keine Bohrlöcher. Ausgenommen, die Löcher produzieren viel Lärm. CORE erzeugt mehr Lärm als das hier.«

»Auch das produziert Lärm, nur hatte ihn damals niemand als das erkannt, was er war.«

Leidy sagte nichts. Er klopfte den Papierstapel auf seinem Knie zurecht, glättete ihn und gab ihn Mann zurück.

»Diese Bilder sind vielleicht von etwas besserer Qualität. Unsere Leute haben sie mit Computern zusammengestellt, nach dem Erdbeben.« Mann wandte sich dem Recorder zu und drückte einige Knöpfe.

Ein tiefer Globusausschnitt erschien auf dem Bildschirm, computergenerierte Bilder in falschen leuchtenden Farben. Nun erschien die beinahe gerade Linie von der NS-Anlage zum Hyperzentrum des Erdbebens in scharlachroter Farbe.

»Alles, was ich sagen kann«, sagte Leidy, »ist, daß Ihre Leute sehr kreativ sind.«

»Unsere Wissenschaftler«, sagte Mann, »diskutierten vehement über die Frage, ob es möglich sei, in einem tiefen Bohrloch, eventuell mit einer Atombombe, ein Erdbeben auszulösen. Dann haben Sie mit CORE Ihr eigenes Erdbeben ausgelöst. Und CNN hat alles, alle Details, publik gemacht und weltweit übertragen. Ende der Diskussion.«

»Ja«, sagte Leidy. »Trotzdem, kein Vergleich. Wir hatten einen Unfall mit einem wissenschaftlichen Instrument.«

»Bitte verstehen Sie uns nicht falsch – wir geben Ihnen nicht die Schuld an den Zerstörungen in Tel Aviv und Jerusalem«, sagte Mann.

»Vielen Dank.«

»Sie hatten einen Unfall. Jemand anders könnte den selben Effekt absichtlich herbeigeführt haben. Die Einzelheiten Ihrer Untersuchungen zu dem Unfall wären uns sehr hilfreich.«

»Vergessen Sie es. Zum einen bin ich Bürger der Vereinigten Staaten, aber CORE ist eine internationale Gesellschaft. Ich habe den starken Verdacht, daß Sie mir nicht die ganze Wahrheit erzählt haben – wer Sie sind.«

Mann ließ die Kassette aus dem Recorder schnappen. Er faßte wieder in seine Mappe. »Kennen Sie diesen Mann?« Er hielt ihm eine mit einem Teleobjektiv gemachte Aufnahme hin; sie zeigte einen Mann mit einem schwerfälligen Gesicht, dessen nach hinten gekämmtes blondes Haar im Sonnenlicht weiß erschien, und der, so schien es, Wüstentarnkleidung trug.

»Keine Ahnung«, sagte Leidy.

»Sein Name ist Vasily Roginsky. Ein Geophysiker. Früher Mitglied der Sowjetakademie der Wissenschaften. Ein in Georgien geborener Russe. Er war Karrierekommunist in der Bürokratie, hatte einen hohen Posten in der Russischen Ölgesellschaft. Als die UdSSR auseinanderfiel, tauchte er unter, hier und da aber erscheint er wieder auf der Bildfläche. Wir glauben, daß er der Direktor der NS-Bohranlage ist.«

»Ich habe ihn nie gesehen, noch von ihm gehört.«

Mann zeigte ein weiteres Teleobjektivfoto, einen trotz der grauen Schläfen jugendlich wirkenden Mann mit schwarzem Haar. »Wie steht es mit diesem? Kennen Sie ihn?«

»Tut mir leid, nein.«

»Edward Samarri.«

Leidy blickte Mann finster an. »Ich kenne den Namen, ja. Das ist Samarri?«

»Er behauptet, der in den USA geborene Sohn von palästinischen Einwanderern zu sein, der den Großteil seiner Jugend in Israel verbrachte. Nichts davon kann bewiesen werden. Wir glauben, daß er das ist, vor zwanzig Jahren.« Mann legte ein weiteres Bild vor, die grobkörnige Vergrößerung eines feurig-blickenden, bärtigen jungen Mannes in einer schweren Segeltuchjacke; über das Foto zog sich der Stempel einer französischen *carte de séjour*, die seine Züge entstellte. »Ali Amin al-Mansur, Pariser Universität, wo er mit einem libyschen Studentenvisum eingeschrieben war. Er verschwand, als ihn die Pariser Polizei zu einem Bombenanschlag in der Métro befragen wollte. Hier ist er noch einmal.« Ein etwas besseres Foto, die Vergrößerung aus einem Führerschein von Massachusetts. »Abdel al-Husseini, besuchte ein Jahr lang mit einem algerischen Konsularvisum die Harvard Business School und tauchte dann unter. Wenn Samarri sein wirklicher Name ist, dann könnte er ein Iraki sein. Der Name bedeutet ›von Samarra‹«.

Mann hielt ihm ein weiteres Foto hin, ein eleganter Edward Samarri in einem Golf-Sweater und ein stämmiger Vasily Roginsky in einer seltsam bestickten Baumwolljacke; ihre Köpfe waren auf den Rängen eines Sportstadions einander zugebeugt.

»Wo ist das?«

»Im Houston Astrodome.«

»Gute Plätze«, sagte Leidy.

»Er und Samarri wurden in den achtziger Jahren in Houston gesehen – auf Geschäftskonferenzen, Cocktail-Parties, Tennisspielen. Samarri war damals für Noramar mit vertraulichen Forschungen beauftragt, laut einigen Quellen. Noramar streitet dies ab. Offensichtlich gab es ein großes Labor unten am Schiffskanal. Zu der Zeit, als wir es fanden, war es leer. Wir besitzen keine stichhaltigen Beweise, daß Noramar oder Shellabarger jemals von diesen Leuten gehört haben. Okay, hier ist ein anderes Foto.«

Als Leidy seinen Blick darauf warf, fühlte er das Blut aus seinem müden Kopf weichen. Er sagte nichts.

»Sie erkennen diesen Mann?« fragte Mann, etwas zu beiläufig.

Leidy sagte noch immer nichts, betrachtete aber aufmerksam das Foto, das anscheinend in der Lobby eines kleinen Hotels aufgenommen worden war. Indirektes Licht von der Rezeption, hell genug für ein grobes Foto, zeigte eine Person, die sich von der Rezeption ab- und der Kamera zuwandte – einen langen, gesund aussehenden alten Mann in einem leichten Geschäftsanzug, mit harten Augen unter einer hohen Stirn und grauem Haarwuchs; sein strenger Mund war von einem kurz geschnittenen Vollbart umgeben.

Leidy schaute von dem Bild auf. »Wissen Sie was, Mr. Mann? Sie sind ein wirklicher Hurensohn.« Er schlug an den Maschendraht. »Heggenburger! Hey, Sie!«

Heggenburger drehte sich um und schaute durch das Drahtgeflecht nach hinten, wandte sich aber schnell wieder nach vorne; die Augen des Fahrers wanderten nur kurz zum Rückspiegel. Leidy erfaßte die Situation und wandte sich wieder Mann zu, dessen rechte Hand hinter Leidys Rücken verschwunden war.

Leidy deutete mit dem Kopf auf den vorderen Teil des Wagens. »Wo haben Sie diese Arschlöcher auf den Vordersitzen aufgegabelt?«

»Machen Sie sich darüber keine Sorgen.«

»Und legen Sie Ihre Hand da hin, wo ich sie sehen kann.«

Mann brachte seine leere Hand zum Vorschein. »Ich bin überrascht ...«

»Sie ziehen ein Foto meines Vaters hervor, von einem Mann, von dem jeder sagt, daß er tot sei. Und Sie sind *überrascht?*«

»Sie haben öffentlich erklärt, daß Sie niemals glaubten, Ihr Vater hätte Selbstmord begangen.«

»Ja. Ich halte nichts von Theorien.« Leidys Stimmung schwankte. »Ich habe ihn seit mehr als zehn Jahren nicht mehr gesehen.«

»Hier ist er, es ist keine zehn Wochen her.« Mann holte ein

weiteres Foto hervor. Es zeigte Edward und Cyrus vor einem Schaufenster mit in Folien eingewickelter Schokolade. »Paris. Die Nacht vor dem Erdbeben.«

»Paris.« Leidy schüttelte den Kopf. »Klingt nicht sehr nach meinem alten Mann.«

»Ihr Vater spielte in dieser Operation eine Rolle, Dr. Hudder. Wir möchten, daß Sie uns helfen, das zu verstehen.«

»Fragen Sie, was Sie zu fragen haben.«

Mann starrte in der vorüberhuschenden Dunkelheit zu Leidy. »Noch ein Band.« Er schob eine andere Kassette in den Recorder und drückte die Knöpfe.

Eine elektronische Anzeige zeigte Datum und Uhrzeit. Leidy achtete nicht auf die Einzelheiten. Ein Bild erschien, das zwei Männer in schweren Mänteln und Pelzkappen an der Reling einer Fähre zeigte; im Hintergrund ein leuchtend blauer Himmel und die Skyline von Manhattan. Die niedrig stehende Sonne hob die Kontraste hervor; dennoch konnte Leidy zwischen den harten Schatten und überbelichteten Flächen die Züge eines Mannes ausmachen, der zur Kamera stand, ein Mann, der als Vasily Roginsky identifiziert worden war.

Die nächste Szene war auf dem neuen Staten Island Fähranlegeplatz in der Battery aufgenommen; offensichtlich war der Kameramann beim Anlegen des Bootes vorneweg gesprungen und zielte auf die aussteigenden Passagiere. Zwei Männer waren zu sehen, die Seite an Seite die Fähre verließen; ihre Gesichter lagen im Schatten.

Verwirrt betrachtete Leidy die Szene.

»Können Sie erkennen, wer es ist? Die Auflösung ist gut genug?«

»Gregor Mattasow, vielleicht«, sagte Leidy. »Ich bin mir nicht sicher.«

Die Szene wackelte. Die Kamera war nun in Richtung des Stadtzentrums gerichtet. Roginsky hielt die Tür eines Taxis auf, während der andere, der im Begriff war einzusteigen, innehielt und ein Blatt Papier studierte. Er hatte seine Brille aufgesetzt – schwerer schwarzer Rahmen, ein Bügel wurde mit Klebeband zusammengehalten.

Mann betrachtete Leidy so genau, wie dieser die Szene betrachtete; er langte nach vorne und hielt das Bild an. »So besser?«

»Sie sagten, dieser Roginsky ist ein Geophysiker. Wenn ich raten sollte, würde ich sagen, sie unterhalten sich über Geophysik.«

»Vielleicht unterhalten sie sich über Kern-Floater.«

»Das ist ermüdend«, sagte Leidy. »Wir veröffentlichen alles. Wer muß uns ausspionieren? Jedenfalls ist Gregor kein Ingenieur. Er ist nicht qualifiziert genug, um Geheimnisse weitergeben zu können.«

»Was wissen Sie über Mattasows Hintergrund, seine Geschichte?«

»Sein Hintergrund ist mir egal«, sagte Leidy.

»Wußten Sie, daß er schwul ist?«

»Wer weiß das nicht? Wenn das für Sie ein Problem darstellt, dann ist es Ihr persönliches Problem. Was Sie nun zu tun haben, ist, mich nach Core City zurückzubringen. Wenn Sie meinen, gegen jemanden Anklage erheben zu müssen, dann tragen Sie es dem Direktor vor.«

»Wir wollten sie nicht in die Sache hineinziehen, bevor wir nicht mit Ihnen gesprochen haben.«

»Wie rührend. Da hätten Sie sich keine Sorgen zu machen brauchen.«

Der Van verminderte die Geschwindigkeit. Leidy sah durch das schwarze Fenster, als sie das Tor im Zaun passierten; sie waren wieder am Flughafen. Der Van hielt an, und Heggenburger sprang hinaus. Mann sammelte die letzten Fotos und Videokassetten ein und verstaute sie in seiner Mappe. »Wir werden diese Anlage außer Betrieb nehmen, Dr. Hudder. Wir dachten, Sie könnten uns da behilflich sein.«

Hitze und Lärm strömten herein, als Heggenburger die Seitentür öffnete. Wenige Meter weiter wartete der Learjet. »Warum sollte ich das tun«, sagte Leidy.

»Sagen Sie uns, wie sie es gemacht haben. Sagen Sie uns, was wir zerstören müssen. Damit wir sie davon abhalten können, ein weiteres Erdbeben auszulösen.«

»Ich weiß nicht, wie sie es getan haben.« Leidy kletterte nach draußen.

Mann beugte sich hinaus. »Dann identifizieren Sie uns Ihren Vater. Damit wir ihn nicht unabsichtlich ausblasen.«

Leidy wurde blaß. »Reden Sie mit Marta. Sie schuldet ihm mindestens ebensoviel wie ich.« Dann wandte er sich an Heggenburger und sagte. »Bringen Sie mich hier raus.«

Die Kiefer des Mannes vom State Department malmten, dann ging er zum Flugzeug. Leidy griff seinen Ellbogen und brachte sein bärtiges Kinn nahe an dessen Ohr. »Dink Pearce und der ganze Rest der Welt wird von diesem beschissenen kleinen Stunt erfahren, Mr. State Department.«

»Nur zu, erleichtern Sie ruhig Ihre Seele«, sagte Heggenburger. »Vielleicht kommen Sie dann auf den Boden der Tatsachen zurück.«

SALTVILLE

Der Kristallzylinder, der an beinahe unsichtbaren Fäden hing, sank zum offenen Port des Bohrbodens, hinter sich zog er das flache Band eines Glasfaserkabels, während er in die Tiefe ging. Die Nase innerhalb des Bohrturms war ein Höllenorchester; das Dröhnen der Gießwerke legte die Grundlinie des Baß, auf der das Klappern und Kreischen der Werkzeuge und Apparate variierte, und darüber lag das scharfe resonante Quietschen der Kabel. Edward und der Mann, den er Yariv nannte, standen in einer Ecke des Bodens und beobachteten das Spiel der Blöcke und Seile über ihren Köpfen.

»Alles wird in wenigen Tagen an seinem Platz sein«, sagte Yariv. »Ist er für uns von irgendeinem Nutzen? Sagen Sie es mir.«

»Am Beginn dieses Unternehmens warnte er uns vor Problemen, die keiner vorhersehen konnte«, erwiderte Edward. »Er hatte recht.«

»Vielleicht hat er sie erst geschaffen.«

»Er löste sie für uns! Er war hilfreich und erfinderisch, in einem Maß, das alle unsere Träume übertraf. Was hätten wir ohne ihn getan?«

»Ein kluger Mann, ja. Aber das ist Vergangenheit«, sagte Yariv. »Das Loch ist wieder freigebohrt worden. Wir haben die zusätzlichen Bomben. Nicht mehr lange, bis zum Ende.«

Edward zögerte. Er sah nach oben zum vertikalen Tanz der Metalle und Kristalle im Bohrturm. Der Innenraum des Turms erstrahlte in gleißendem Licht. Draußen war die schwarze, nächtliche Wüste. Er sah den Kristallzylinder durch den Verschluß in das Bohrloch sinken.

»Ich denke, es gab niemals zwei Tiefenbeben mit demselben Fokus«, sagte Edward.

»Wollen Sie mir Geologie lehren.«

»Wenn dieses Erdbeben ausgelöst wird, versteht jeder Seismologe auf der Welt, was geschehen ist. Unsere Installation dürfte unter direkten Beschuß kommen.«

»Seien Sie guten Mutes, mein Freund. Ich glaube, das wird das finale Erdbeben, die Vernichtung wird total sein.« Yariv unterdrückte einen Hustenanfall; er kämpfte gegen einen Schnupfen.

»Aber wir könnten trotzdem einige Versicherungen abschließen. Warum nicht? Das ist eine legitime Bohroperation; die UN-Inspektoren haben sie als eine solche klassifiziert. Und als solche wird sie auch jedem, der unsere Aufzeichnungen, die Computerdaten untersucht, erscheinen.«

»Elementare Sicherheitsvorkehrungen sind nicht mehr länger notwendig.«

Edward gab sich nicht zufrieden. »Noramars Konzession für die Erforschung der tiefgelegenen Gaslagerstätten, Shellabargers Subkontrakt über die Bohrlizenz, alles in den Akten. Die Beteiligung von Vasily Roginsky ist geheim gehalten worden.«

Gerken/Yariv/Roginsky zog die Augenbrauen nach oben. »Ja, natürlich.«

»Sicherlich sieht es so aus, als ob die gesamte Operation unter der persönlichen Leitung von Dr. Cyrus Hudder gestanden hätte. Und das Ergebnis seiner ungezügelten und abenteuerlichen Experimente endete tragisch. Die Abweichung vom vertikalen Bohrloch wurde von niemanden in der Regierung autorisiert; seine Techniken, den Gasaustritt aus den tiefen Lagerstätten zu stimulieren, waren vom Industrieministerium nicht abgesegnet.«

Verärgert schüttelte Yariv den Kopf. »Ich werde die Lektion von 1991 nicht vergessen.« Yariv wurde vom Husten geschüttelt. »Nicht hier. In Moskau. Diejenigen, die am meisten zu verlieren hatten, zögerten. Und weil sie zögerten, verloren sie alles. Je schneller Hudder tot ist, desto besser ist es.«

»Ich kenne den Weg, den Wadi, durch den er zu fliehen versucht«, sagte Edward. »Er wird dort getötet werden, bei seinem Fluchtversuch.«

»Das ist zu kompliziert. Bringen Sie ihn einfach um.«

»Um einige taktische Vorteile für uns zu gewinnen – und vor allem für Sie, Sir –, sollte Dr. Hudders Leiche, wenn sie von unseren Feinden gefunden wird, frisch aussehen.«

Yariv betrachtete ihn, dann schaute er weg. Er rollte mit den Augen und hatte zu tun, seinen wogenden Brustkorb unter Kontrolle zu bringen. »Bewachen Sie ihn gut. Oder Sie teilen sein Schicksal.«

»Wie Sie wünschen.«

»Nein, ich will nichts von deinem Gin, alter Mann.« Verärgert zog Edward Cyrus auf die Terrasse und flüsterte laut in sein Ohr. »Was versuchst du, dir anzutun?«

»Ich habe mein Wort gehalten«, sagte Cyrus und meinte es auch. Er hatte sich nicht mehr die Mühe gemacht, nach einem zweiten Loch im Umfassungszaun zu suchen; er wußte, er konnte vom Bohrgelände nicht fliehen, und in diesen Tagen wurde sein Haus besser bewacht denn je.

»Die Dinge, die du gesagt hast ...« Edward schien abgelenkt.

Was Cyrus nicht zugegeben hatte, war, daß er meinte, eine Fluchtmöglichkeit im Laboratorium zu finden, obwohl er bislang noch immer keine festen Verbündeten unter den Wachleuten hatte, bei denen er sich einzuschmeicheln versuchte. Anscheinend hatte einer von ihnen ihre Unterhaltungen weitergegeben. Es hatte keinen Zweck, zu leugnen.

»Vielleicht will ich nur diese armen Kerle warnen. Was passiert mit ihnen? Was macht ihr mit ihnen, wenn sie darauf bestehen, nach Hause zu gehen?«

»Sei realistisch!«

»Genau das will ich sein.«

»Es ist mein vollkommener Ernst. Wir behandeln unsere Angestellten gut, auch wenn wir ihnen nicht alles erzählen. Aber wenn du diese Art der subversiven Aktivitäten aufrechterhältst, dann ist dein Leben nichts mehr wert.«

Cyrus mußte beinahe lachen. »Wirklich, Edward, wozu braucht ihr mich denn noch? Du und deine Vorgesetzten haben mich ausgenützt. Es ist an der Zeit, mich wegzuwerfen.«

»Nein. Wir sollten anfangen, uns einige Gründe zu überlegen, warum dies *nicht* geschehen sollte, mein Freund«, sagte Edward. »Und anfangen sollten wir bei dir und daß du den Mund halten solltest.«

CORE CITY

Das Bühnenlicht stammte direkt aus Ghelderodes *Der Tod des Doktor Faustus*. Vor Martas Bürofenster kamen scheppernd brennende Ascheteile die Abhänge des Aschekegels herabgepoltert; sie reichten beinahe bis zum Fensterbrett. Die Metalloberflächen der Miniaturskulpturen auf ihren Regalen gaben gespenstische Reflexionen von sich, als würde sich ein geisterhafter Schweißer an ihnen zu schaffen machen. Es war blanke Dummheit, noch hier zu bleiben, aber sie konnte sich die Dummheit genausowenig eingestehen wie Leidy. Ihre Kollegen hatten Wetten abgeschlossen, wer als erster aufgeben und das Büro verlassen würde.

»Was meinen Sie dazu, Gregor? Sie haben gehört, was dieser Mann zu sagen hat.« Marta ließ ihre schimmernden Augen über Mattasow gleiten, der aufrecht und nervös in einem Stahlstuhl saß. Sie wünschte, er würde wütender aussehen, weniger reuevoll. Aber sie hatte ihn ja niemals gemocht.

Mattasows plumpes rundes Gesicht war von Schweißtropfen überzogen. Draußen war das Inferno, aber die Klimaanlage des Gebäudes funktionierte fast zu gut; er hätte vor Kälte zittern können. »Ja, ich kenne Vasily Sergejewitsch seit vielen Jahren. Wir haben in Moskau zusammen studiert.« Unter Streß schwanden all seine Akzente und seine slawischen Wurzeln kamen zum Vorschein. »Vasily Sergejewitsch und ich haben die Arbeit des anderen immer verfolgt. Ja, ich habe viele Dinge mit ihm diskutiert. Nichts, was er nicht auch in der Literatur finden konnte – vielleicht manchmal ein wenig früher. Mir ist bewußt, daß das nicht legal war. Ich hätte um Erlaubnis nachfragen müssen.«

»Hat dieser Roginsky jemals Cyrus Hudder erwähnt?«

»Nur seine alten Artikel. Oder im Zusammenhang mit unseren Forschungen.«

»Er behauptete nicht, Cyrus zu kennen? Er sagte nicht, daß er noch am Leben sei?«

Mattasow schüttelte den Kopf.

»Also waren Sie die ganze Zeit über mit ihm in Kontakt. Was glauben Sie, was er in der syrischen Wüste vor hat?« fragte Marta.

»Im *Irak*«, sagte Heggenburger.

»Das letzte Mal, als man nachgesehen hat, Heggenburger, lag der größte Teil der syrischen Wüste noch im Irak.«

»Ich habe keinen Zweifel, daß Vasily Sergejewitsch dort tief gelegene Kohlenwasserstoffe lokalisiert und fördert«, erwiderte Mattasow. »Er ist seit langem ein großer Bewunderer der geophysikalischen Theorien von Professor Thomas

Gold. In diesem Punkt versuchte ich, ihn davon abzubringen, aber ...«

»Noramar finanziert dieses Unternehmen?«

»Das kann ich nicht sagen. Vasily erwähnte Noramar – er war, glaube ich, ein Berater Noramars –, aber nicht in direkter Verbindung mit dieser Arbeit. Er ist Direktor eines vertraulichen Projekts für das Industrieministerium dieses Landes, das ist alles, was ich weiß. Das hat er mir erklärt, und ich hatte keinen Grund, dies zu bezweifeln.«

»Kam es Ihnen jemals in den Sinn, daß es dieselbe geächtete Regierung ist, die nicht einmal die Erzeugnisse ihrer eigenen nicht unbeträchtlichen Ölindustrie verkaufen kann, außer unter der Aufsicht der Vereinten Nationen?« Heggenburger schritt nun im Zimmer auf und ab und starrte Mattasow an, als sei er ein überführter Krimineller. Seitdem er Martas Büro betreten hatte, hatte er sich nicht hingesetzt.

»Mr. Heggenburger«, sagte Marta gleichmütig, »unterbrechen Sie uns nicht mehr. Ich lasse Sie es wissen, wenn Sie reden können. Sie müssen nur Ihre Hand heben.«

Heggenburger jedoch, ein trockener junger Mann mit dünnen Wangen und vorstehenden Augen, schien sich selbst in Rage zu bringen. »Dieselbe Regierung, die unter konzertiertem internationalen Druck gezwungen wurde, ihre Massenvernichtungswaffen zu *zerstören*, und die sich so einfallsreich bei der Entwicklung *neuer* Waffen zeigte? Ich erinnere nur an die sogenannte Superkanone. Es können hier sehr ernst zu nehmende Fragen des illegalen Technologietransfers berührt werden ...«

»Der Direktor befahl Ihnen, den Mund zu halten.« Leidy ließ sich auf einen Stuhl in einer Ecke des Raums fallen; seine Arme waren über dem schwarzen T-Shirt verschränkt.

»Ich bezweifle, daß Sie ...«

»Wie würde es Ihnen gefallen, wenn Sie illegal durch dieses Fenster transferiert werden?«

»Halten Sie den Mund, alle beide«, sagte Marta. Ihr Ton war routinemäßig desinteressiert, zeugte allerdings von der Anspannung; sie hatte viel zu viele Jahre lang aufgeblasene

Egos bemuttert. »Mr. Heggenburger, bitte warten Sie draußen.«

»Ich muß protestieren. Diese Untersuchung ...«

»Halten Sie Ihren verfluchten Mund und gehen Sie hinaus.« Sie packte eine zerknüllte Schachtel ihrer Pall Mall und schlug darauf ein. »Sie können wieder hereinkommen, wenn ich es Ihnen sage.«

Verwirrt starrte sie Heggenburger an. »In diesem Fall warte ich draußen«, sagte er, ging und schloß die Tür hinter sich.

Marta holte das letzte Tabakstäbchen aus der Schachtel. »Er ging allen auf die Nerven«, sagte sie und hielt ein gelbes Feuerzug unter die zitternde Zigarette.

Leidy versuchte ihren Blick zu erhaschen, sie starrte jedoch gegen die Wand und inhalierte. Er wandte sich Gregor zu. »Wie lange genau haben Sie Roginsky Informationen zukommen lassen, Gregor?«

Mattasow betrachtete seine fetten, unförmigen Finger. Was er sagte, war nicht zu hören.

»Ich habe das nicht verstanden.«

»Bevor wir angefangen haben«, wiederholte Mattasow. »Bevor irgend etwas gebaut wurde.«

»Sie haben diesem Typen unsere Pläne zukommen lassen, bevor wir mit dem Bohren angefangen haben?«

»Ja.« Mattasow nickte; er knetete seine Finger wie weichen Teig. »Bevor Sie die Zustimmung hatten, mit dem Bau zu beginnen.«

»Verdammt, Gregor. Sie mußten immer der erste sein, nicht wahr.« Leidy seufzte. »Also, wie ähnlich ist dieser NS-Bohrturm dem CORE-Turm?«

Mattasow blickte zu Leidy. »Ich bin niemals dagewesen. Aber ich glaube, daß er praktisch beinahe identisch ist. Nicht wegen CORE. Vasily fing früher an, viel früher. Weil ... wie bei der Evolution. Wegen einem gemeinsamen Vorläufer.«

»Was meinen Sie, daß zum Beispiel ... der Schaft einen Meter breit ist?«

Mattasow nickte. »Ein Meter ist eine angenehme Maßeinheit.«

»Die Bohrer, Verkleider ... das Kabelgestänge?«

»Im allgemeinen ja«, sagte Mattasow. »Ich denke schon.«

»Was ist mit den Floatern?« fragte Leidy.

Mattasows weiche Braue legte sich in Falten. »Wozu brauchten sie in vierhundert Kilometer Tiefe Floater?«

Marta, deren Interesse wiederkehrte, fiel ein. »Hat Roginsky jemals nach den Floatern gefragt?«

»Er fragte nach vielen spezifischen Details. Floater, vielleicht. Aber ich denke, er war nur als Wissenschaftler daran interessiert.«

Marta warf Leidy einen Blick zu und stand auf. »Ich denke, wir werden Sie heute abend nicht mehr brauchen«, sagte sie zu Mattasow. »Gehen Sie nach Hause und versuchen Sie nicht, mit jemanden Kontakt aufzunehmen, bis das hier erledigt ist.«

»Ja, Professor McDougal.«

»Wir werden es, falls Sie das vorhaben.«

»Das weiß ich«, sagte Mattasow. Er schien ein wenig zu schwanken, als er sich erhob und den Raum verließ.

»Schulden wir Mr. Heggenburger eine Entschuldigung«, fragte Marta.

»Absolut nicht«, sagte Leidy. »Er ist ein vorzügliches Arschloch. Aber vielleicht sind wir ihm eine etwas freundlichere Unterhaltung schuldig. Wir sollten Queenie dazurufen.«

Flackernde rote Lichtsäulen, in denen Staub wirbelte, fielen von den hohen Oberlichtschächten in den düsteren Schein der Fertigungshalle. Sechs Kristallzylinder lagen wie riesige Särge auf Stahlwaggons aufgereiht. Sie waren noch nicht fertig montiert; jede Schale war aufgebrochen – eine Sammlung von russischen Puppen oder ägyptischen Sarkophagen.

Queenie Tobou kletterte auf den Rahmen eines Waggons,

der ihnen am nächsten stand. Ihr Publikum war klein, Marta, Leidy und der Mann vom State Department, aber sie mußte gegen das dumpfe Dröhnen des Lavaauswurfs anschreien, der – eine halbe Meile entfernt – einen dicken Lärmteppich über die ansonsten beinahe geräuschlose Halle legte.

»Wir haben sie noch nicht versiegelt«, schrie Queenie. »Das können wir erst, wenn wir wissen, was schief gelaufen ist. Hier, diese Kanäle, in ihnen zirkulieren die Flüssigkeiten, um die Hitze abzuleiten. Am unteren Ende befindet sich der Anhang des Kühlaggregats – er hängt einige Kilometer näher am Kern. Dann zirkuliert die Flüssigkeit zurück, durch die äußeren Schalen, und über die Nabelschnur nach oben zur Oberfläche. Dieser Anhang hier oben. Im Prinzip ist das ein Gefäß-Set – vier Schalen aus Hudderit-Kristall.« Sie schlug mit der Faust auf die glänzende äußere Schale. »Sie sind so konstruiert, daß sie in der Hölle leben können. Hölle definieren wir als 1,3 millionenfachen atmosphärischen Druck und 4000 Grad Celsius. Ein oder zwei Instrumente, die wir in den Kern schicken, sind in der Lage, dort zu existieren, die meisten allerdings brauchen eine freundlichere Umgebung.«

»Manche sind wie Schneeflocken«, schrie Leidy zu Heggenburger.

Heggenburger wandte sich zu Marta, die sich ostentativ von Leidy fernhielt. »All diese Anhänge und Verbindungen – wie beugen Sie Lecks, undichten Stellen vor?«

»Die Teile überschneiden sich«, sagte Marta. »Sie sind zusammengeschraubt, könnte man sagen. Die Oberflächen der Gewinde sind Kristallebenen, so perfekt, wie wir sie nur herstellen können. Als Schmiermittel dienen abgewandelte C-70 Verbindungen …«

»C-60, sagten Sie?« schrie Heggenburger.

»Nein, C-70«, schrie Queenie zurück. »Das sind keine sphärischen Moleküle, sondern sie besitzen die Gestalt von Rugby- oder American Football-Bällen. Fast perfekte Schmiermittel bei normalen Temperaturen und normalem Druck, aber seitlich abgeschrägt. Wenn wir den Floater hinunterschicken, wird durch den Druck die Dichtung festgepreßt, die Moleküle ordnen sich an. Die Dichtung ist dann ein ausgebreiteter Kristall, der vollkommener ist als ein gewöhnlicher Diamant. Wenn wir ihn hochziehen, dann haben wir, laut der Theorie, wieder ein Schmiermittel. Aber das haben wir noch nicht getestet.«

»Es beruht auf der Vorstellung, die Molekülschichten durchzurütteln«, sagte Marta. »Die Versiegelung sollte sich öffnen, wenn wir ihnen einen kleinen Stoß geben.«

»Einen Stoß? Womit?«

»Einige Gramm Sprengstoff. Man könnte auch Ultraschall verwenden, einen Laserstrahl zum Beispiel. Alles, was sie ein wenig anstößt.«

»Warum ging der Floater kaputt«, schrie Heggenburger. Seine Stimme überschlug sich fast.

»Kondensate«, sagte Queenie, »Verunreinigungen vielleicht – höchstwahrscheinlich Wasser. Wir haben die Phasenverschiebungen so genau wie möglich berechnet, aber wenn die Dichtung verschmutzt war, dann reicht bereits eine Reaktion aus, um sie zu sprengen.«

»Dieses Problem war vorhergesehen und eingeplant worden; deswegen scheint es sehr unwahrscheinlich zu sein«, sagte Marta. »Aber das trifft auf alle anderen Möglichkeiten ebenfalls zu, die wir in Betracht ziehen können.«

Sie gingen zu Martas Büro zurück. Heggenburger fragte um Erlaubnis, Queenie für die Akten befragen zu dürfen. Queenie hatte nichts dagegen. Heggenburger holte ein kleines Aufnahmegerät hervor, das er bei sich führte. Leidy und Marta tauschten Blicke aus. Wenn er versucht hatte, sie bereits vorher aufzunehmen, dann mußte der Lärm in der Halle ihn ziemlich frustriert haben.

Queenie wiederholte alles, was sie bereits gesagt hatte, als Heggenburger jedoch nach Details fragte, erzählte sie Dinge, die sie vorher mit Marta und Leidy niemals angesprochen hatte. Sie beschrieb die letzte Tauchfahrt der *Vinland*.

»... er sprach davon, Feuchtigkeit im Schiffsrumpf

bemerkt zu haben. Das war das letzte, was wir aufzeichnen konnten. Der Rumpf kollabierte. Nach den Videos zu schließen – ich habe sie oft angesehen – war die Ursache ein nicht funktionierender Penetrator.«

»Nach den Untersuchungen?« fragte Heggenburger. »Welche Schlüsse zogen Sie daraus?«

Queenie schüttelte den Kopf und wischte sich eine Träne von der Wange. Ihr schwarzes Haar glänzte. »Niemand kann es mit Bestimmtheit sagen. Aber ich sah den Wasserstrahl, bevor das Band zu Ende war. Es war nicht wie in den Filmen, nicht wie ein Feuerwehrschlauch. Es war wie ein Schwert ...«

Selbst Heggenburger war verstummt. Leidy und Marta warteten im Schatten, bis es klar war, daß Queenie alles gesagt hatte, was zu sagen war.

Heggenburger schaltete den kleinen Recorder ab. »Ihr Problem ist es, die Geräte gegen Implosionen zu schützen«, sagte er ihnen. »Aber betrachten sie es vom Standpunkt eines Menschen, der eine ... Phasenverschiebung, nannten Sie es, hochgehen lassen will. Diese Floater sind schwere Geschütze. Sie sind seismische Bomben.«

SALTVILLE

Lee, der Wachmann, pfiff vor sich hin, während er im Bohrkomplex von Saltville seine Runden drehte. Der Professor hatte unrecht; sie hatten Lee erlaubt, diesen Urlaub zu nehmen, sie hatten ihm viel gezahlt, um Stillschweigen zu bewahren und um wieder zurückzukehren und bei ihnen zu arbeiten. Noch ein oder zwei Jahre und Lee konnte sich zur Ruhe setzen. Aber irgendwas stand bevor. Lee hatte sich einige Male selbst in die Klemme gebracht. Man sprach nicht darüber, was die Gesellschaft tat oder fand oder nicht fand, man verließ nicht das Bohrgelände. Aber man *vertraute* seinen Freunden.

Hier traute niemand dem anderen. Der Boß der Nachtschicht, ein Typ namens André, hatte ihn einige Male zu sich zitiert und ihn über seine Unterhaltungen mit dem Professor ausgefragt. Der alte Mann hatte nichts gesagt, sagte Lee, nicht ein Wort.

Aber, fügte er hinzu, das Gerede des Professors sei ein wenig nervend. Nicht, daß Lee das glaubte, was der alte Mann suggerierte, was alles sehr seltsam sei, nein. Versuch, diesen Ort zu verlassen, und sie töten dich? Das war verrückt. Er hatte zu seiner Befriedigung das Gegenteil erfahren ... Trotzdem, der Alte hatte nicht ganz unrecht.

Was meinst du damit, fragte André, und Lee sagte, ich bin nun, zum Beispiel, das zweite Mal hier und weiß immer noch nicht, wo ich bin. Das Hauptquartier sagte mir nicht einmal den Namen dieses »Gastlands«. Eines dieser arabischen Länder, wo man dich ins Gefängnis wirft, wenn man ein Bier trinkt. Eine Hand abhackt, wenn man eine Packung Zigaretten hochhält. Den Kopf abhackt, wenn man sich auf eine Frau einläßt. Das haben sie mir gesagt. He, André, was ist damit?

Nicht daß Lee Wert darauf legte, in irgendwelche Schwierigkeiten verstrickt zu werden. Aber er war mehr als neugierig zu sehen, was passierte, wenn jemand – der alte Mann, sagen wir – es *wirklich* einmal versuchen würde, zu fliehen.

André begann, ihn im Auge zu behalten, und wies ihn wegen Kleinigkeiten zurecht. Das letzte Mal, weil er mit dem Computer im Labor gespielt hatte – er war an, niemand hatte ihn benützt! Jedenfalls folgten lange Befragungen durch das Hauptquartier, eine Warnung, sie kürzten seinen Lohn und sagten ihm, daß er beim nächsten Mal entlassen werden würde.

Lee wußte, daß André manchmal den Schlüssel in seinem Jeep stecken ließ. Was auch diese Nacht geschah. Lee sah ihn dort am Zündschloß hängen. Lee hätte ihn dafür melden können, sie wären dann quitt gewesen. Oder ... er war innerhalb des Labortors geparkt. Lee hatte nicht Dienst am Tor, aber er kannte den Typen, der heute dafür eingeteilt war, einer namens Faisal. Und der war ihm gleichermaßen egal.

Also ging er hinein, er kannte sich mit dem Schloß am Tor

aus. Nur an einer Tastatur herumtippen, das war alles, sie waren elektrisch. Der Dumpfkopf Faisal hatte nicht einmal das bemerkt …

Lee öffnete die Tür zu Cyrus' Computer-Grafik-Raum. »So spät noch bei der Arbeit?«

»Hi, Lee.« Cyrus blickte vom Monitor auf und lächelte müde. Er kratzte sich am grauen Bart.

Lee hielt etwas in der rechten Hand, nahe bei seinem Halfter. Er streckte die Hand aus und legte einen Schlüsselbund mit drei Schlüsseln auf das Desktop. »He, scheint, Sie könnten einen Durchbruch schaffen.«

Cyrus sagte nichts, seine Augenbrauen aber zogen sich zusammen.

»Bleiben Sie nicht zu lange auf, Doc. Man hat mich angewiesen, Sie hier pünktlich rauszuschaffen. Seitdem Sie diesen Fluchtversuch in Frankreich gedreht haben.«

Cyrus musterte ihn. Wer außer Edward wußte noch von Frankreich?

Lee wandte sich ab. »Zehn Uhr – Schlafenszeit.«

Cyrus legte seine Hand über den Schlüsselbund.

»Ich nehme an, ich sehe Sie morgen?« fragte Lee, aber er drehte seinen Kopf einmal nach links – nach Norden.

»In Ordnung, Lee. Wir sehen uns morgen.« Cyrus bewegte sich nicht, nur sein Kopf zuckte unmerklich in die gleiche Richtung. Lee ging durch die Tür und warf ihm die Andeutung eines Saluts zu.

Cyrus mußte warten, bis der Wachmann namens Faisal die Hütte verließ. Es dauerte nicht lang. Der Mann langweilte sich, er war unaufmerksam; er ging zur Latrine und ließ sich Zeit. Dann war alles ganz einfach. Der warme Motor des Jeeps startete nach einem Moment des Zögerns; das Tor schwang bei der ersten Berührung auf. Cyrus fuhr hindurch und trotz des freudigen Impulses, das Pedal durchzutreten, blieb er stehen, stieg aus und verschloß sorgfältig das Tor hinter sich.

Er fuhr nach Norden, entlang des Randes des ausgetrockneten Seebettes. Saltvilles Verteidigungsanlagen hatten ihn seit der blutigen Konfrontation sehr interessiert. Der Krieg war lange vorüber. Cyrus nahm an, daß die Minen in dem Minenfeld unterhalb des Passes, den die gepanzerte Brigade durchbrochen hatte, seitdem nicht verändert worden waren; die Spuren der Wachfahrzeuge sollten jedenfalls deutlich zu erkennen sein. Er sollte den Weg durch die Minen finden können, den Zaun durchschneiden, den Paß überqueren –

– und dann scharf nach Nordwesten, durch die Wüste, zur Mittelmeerküste. Im Tank war genügend Benzin für zweihundert Kilometer.

Seine Augen ... das Fahren in der Nacht war anstrengend. Er mußte langsam fahren. Die Straße war nicht so eben, wie er gehofft hatte.

Trotzdem kam er an den Minen vorbei. Er überwand die Tore und fuhr ohne Zwischenfall hindurch, weiter den Paß hinab; mit beinahe fünfzig Meilen die Stunde steuerte er nach Westen – viel zu schnell, aber er war so aufgeregt, daß er gegen den Wind ansang – als er das dumpfe Schlagen eines Hubschraubers hörte, der sich schnell von hinten näherte und über ihm runterging; Cyrus spürte den Wind der Rotorblätter und sah dann seine schwarze Libellengestalt vor dem Hintergrund der Sterne.

Verzweiflung überkam ihn, diesmal nicht für sich selbst. Er hätte es besser machen müssen. Er hätte sich dieses Mal nicht fangen lassen dürfen. Andere mußten nun dafür leiden. In diesem Moment wußte er, daß er seinen Freund Lee nicht mehr sehen würde.

CORE CITY, SALTVILLE UND DAZWISCHEN

Sonnenlicht fiel durch das zerkratzte Plastik im ovalen Fenster. Leidy zog die Fensterabdeckung nach unten. Die Sonne ging um Stunden früher auf, als er es wollte. Er vergrub sich tiefer in dem harten Kissen, zog die dünne Decke über sich und versuchte wieder einzuschlafen. Der dumpfe leise Lärm der Triebwerke begleitete ihn in den Schlaf, während er wegdöste – halb träumte er, halb erinnerte er sich ...

Marta saß gegenüber des Ganges; sie hatten, seitdem sie das Flugzeug bestiegen, nicht viel miteinander geredet. Er sah sie fast jeden Tag und konnte immer, wenn er Grund dazu hatte, mit ihr reden, aber er beschränkte sich auf Geschäftliches. Er vermißte sie schrecklich; er vermißte die unausgesprochene Verbindung, die da war, bevor sie sich trennten – das Gefühl, das Wissen, mit ihr verbunden zu sein. Er vermißte sie seit Jahren.

In Wirklichkeit sehnte er sich nach ihr, selbst, als sie vor den Augen des jeweils anderen älter wurden; er hatte sich immer nach ihr gesehnt. Einstmals war sie Teil von ihm gewesen. Sie war gegangen. Er hatte sie weggestoßen.

Nun träumte er mehr, als er sich erinnerte. Sein müder Körper hatte gelernt, trotz der Wanderungen seines Gehirns Ruhe für sich einzufordern. In seinen Träumen stellte er sich, eingebettet in völliger Unkenntnis, vor, was sie in Israel erwartete ...

Kein Wind bewegte den salzigen Sand, nur Hitze lagerte darauf. Der weiße Turm und die niedrigen weißen Gebäude schwirrten in der Hitze wie phantastische Wunderbilder, wie ein Palast, den die Dschinnen für Solomon gebaut hatten. Alles wogte – der hohe Turm und die weißen Gebäude, die sich zu seinen Füßen ausbreiteten wie der Schleier eines Hochzeitskleids. Alle Gebäude wogten.

Dann donnerte es in der Luft, weit entfernt; das Donnern wurde von den weit abgelegenen Bergen – ein roter Farbklecks in der Spätnachmittagssonne – zurückgeworfen. Das Donnern wurde vernehmlicher, ein langgezogenes Heulen rollte durch die wabernde Luft, wurde gebrochen, verstärkte sich und wurde lauter –

– bis es sich in ein ohrenbetäubendes Röhren auflöste, das vom Sand zurückprallte. Düsenjäger zogen vorbei, fünfzig Meter über der Playa, sie kreischten wie mythische Greife und erfüllten die Luft mit Lärm. Sie trennten sich am weißen Turm, einer links, der andere rechts vorbei, jede Sekunde drei Maschinen, bis vier Sekunden vorbei waren und sie im sich ausbreitenden Donner verschwanden.

Der weiße Turm, eine Konstruktion aus dünnen Stahlträgern, die mit billigem Stoff bespannt waren, stand unverletzt und schwankte in der Hitze. Leidy rieb sich die Augen und hob sein Fernglas.

Der weiße Stoff war mit einem Dutzend neuer Löcher versehen. Die Bespannung über den anderen, niedrigen Rahmen war ebenfalls aufgerissen. Die Übungsbomben hatten ihr Ziel getroffen.

Leidy verfolgte mit dem Fernglas die abdrehenden Flugzeuge. Sie hatten nun ihre Formation aufgelöst, führten klassische Verteidigungsmanöver gegen angenommene Luftabwehrraketen durch – ein Dutzend F-16, mit dem blauweißen Davidstern gekennzeichnet. Schöne Flugzeuge, dachte Leidy. Muß Spaß machen, sie zu fliegen.

Leidy, Marta und ein Dutzend uniformierte Männer standen unter einem Leinwandzelt, eine halbe Meile von den großen weißen Konstruktionen des Übungszieles entfernt. Einen Moment lang sprach niemand. Leidy beobachtete weiterhin die Flugzeuge.

»Was halten Sie davon?« Michael Mann trug nun eine Uniform mit Majorsabzeichen auf den Epauletten, hochgerollten Ärmeln und ein schief auf dem Kopf sitzendes Barett. Der befriedigte Ausdruck auf seinen breiten Lippen und das Funkeln in seinen Augen hatten Komplimente erwartet.

Leidy setzte das Fernglas ab und wandte sich ihm zu. »Ich denke, Sie sollten ihre Piloten lieber anweisen, daneben zu zielen.«

Manns Lächeln fiel in sich zusammen. »Wir können die Anlage in einem Angriff zerstören«, sagte er. »Wie wir es gerade demonstriert haben.«

»Wir haben es gesehen.« Marta wischte eine Strähne ihres schwarzen Haares aus der Stirn. »Aber wenn Sie eine dieser hier nachmodellierten Anlagen zerstören, eliminieren Sie jede Chance, das, was im Bohrloch vor sich geht, zu kontrollieren. Sie könnten das Erdbeben auslösen, das Sie vermeiden wollten.«

»Wir blasen ihren Bohrturm weg, wie können sie dann ihre Bombe in das Loch bringen?« insistierte Mann.

»Die Bombe, wie Sie sie nennen, kann bereits im Bohrloch sein«, sagte sie. »Beschädigen Sie den Bohrturm, wie ziehen Sie sie dann wieder heraus?«

»Wir unterbrechen ihre Kommunikation«, sagte Mann.

Er fühlte sich sichtlich gestört, die Diskussion vor den anonymen uniformierten Männern führen zu müssen, die keine Rangabzeichen oder andere Insignien trugen, die sich aber um sie scharten und aufmerksam zuhörten.

»Hudderit verbiegt sich nur, wenn Sie es treffen«, sagte Marta. »Bei CORE ist noch immer Kommunikation mit einem Floater möglich, der dreitausend Kilometer tief in einem Bohrloch steckt, das sich wie ein Vulkan aufführt.«

»Dann zerstören wir ihren Kontrollraum, und sie sind nicht mehr in der Lage, Signale zur Bombe zu senden.«

»Sie könnten sie mit einer Art Timer verbunden haben«, sagte Marta. »Einen elektronischen oder chemischen. Ein Thermometer.«

»Sie meint einen 'Totmann'-Auslöser«, sagte Leidy. »Wenn Sie recht haben, dann haben diese Leute, mit denen wir es hier zu tun haben, nichts zu verlieren. Ob lebend oder tot, sie sind darauf vorbereitet, so viele wie möglich zu töten.« Er sah zu den anderen Männern unter der Zeltplane. »Ihr Modell scheint sehr genau zu sein – die Struktur des Komplexes, seine Ausrichtung, selbst die Landschaft. Aber Ihr Angriffsplan beruht auf falschen Annahmen.«

»Auf einigen Experten«, sagte Mann wütend.

»Wir sind gefeuert, wir können nach Hause«, sagte Leidy heiter.

»Noch nicht, bitte.« Einer der älteren Männer trat nach vorne; er hatte das Kürbisgesicht eines holländischen Onkels, seine Nase schien von einem lange zurückliegenden Faustkampf plattgedrückt. »Wir schätzen Ihre Bereitschaft, uns zu helfen.«

»Danken Sie dem U.S. State Department«, sagte Leidy.

»Es ist für unsere wie auch für Ihre Sicherheit, daß wir uns noch nicht vorgestellt haben. Sie haben viele Probleme aufgezeigt, vielleicht könnten Sie auch Alternativen vorschlagen.«

Leidy zögerte und blinzelte in die Wüstenlandschaft.

»Irgendwie sollten Sie versuchen, in ihren Kontrollraum einzudringen, bevor sie wissen, daß sie angegriffen werden«, sagte Marta.

»Eine beschissen großartige, unmögliche Idee«, sagte Mann.

»Major, geben Sie uns noch ein wenig Zeit«, sagte der Ältere zu ihm.

»Bringen Sie mich zur Anlage«, sagte Leidy. Er hörte es sich selbst sagen, und ein Teil von ihm wollte sagen: gib uns eine Minute Zeit, alter Junge, aber er fuhr fort. »Bringen Sie mich hinein, alleine. Alles, was Sie haben, was Sie wissen, reicht aus, um meinen Vater zu finden.«

»Was nützt uns das?« fragte der Ältere.

»Wenn ich ihn finde, mit ihm rede ... wenn er weiß, was passiert ... kann er es von innen heraus stoppen.«

Der ältere Mann rieb sich die gebrochene Nase. Michael Mann starrte Leidy an. Aber er lachte nicht.

Niemand sonst tat etwas. Aber niemand sagte nein.

»Sie benützen dich zur Ablenkung«, sagte Marta, als sie die Stufen in dem Bürogebäude am Stadtrand Tel Avivs hochstiegen. Die Aufzüge waren – vielleicht absichtlich – außer Betrieb. »Vielleicht wollten sie das von dir schon die ganze Zeit.«

»Traue ihnen etwas Verstand zu.«

»Nach dem, was ich von ihnen gesehen habe?«

Sie nahmen an, daß der Betonbau, in dem sie untergebracht waren, eine Einrichtung des Militärischen Nachrichtendienstes war, obwohl er in einer engen und dichtbewohnten Umgebung lag. Das Gemurmel aus Hebräisch, Russisch, Arabisch und anderen Sprachen, die Leidy niemals zu identifizieren hoffen konnte, drang von der Straße in das dunkle Treppenhaus; daneben die bekannten Gerüche von Autoabgasen und gegrilltem Fleisch.

Er haßte Betonbauten. Die Alten hatten mit Beton Wunder geschaffen – angefangen bei den kretischen Minoern in der Bronzezeit bis zu den Römern einige tausend Jahre später. Sie hatten Bewässerungssysteme, Brücken, Häfen, die himmlische Kuppel des Pantheon gebaut, alles mit Beton. Noch einmal zweitausend Jahre vergingen, und die modernen Nachfahren am Mittelmeer setzten Betonbauten in den Dreck wie kubische Scheißhaufen.

»Sie bringen dich in die Anlage und nehmen an, daß du festgenommen wirst«, sagte sie keuchend beim Treppensteigen. »Du verursachst einen ziemlichen Krawall, in der Zwischenzeit kommen sie mit ihren Bomben. Die einzige Art und Weise, wie solche Leute mit Problemen umgehen, ist, sie in die Luft zu sprengen.«

»Man muß die Chance ergreifen, wenn sie einem gegeben wird. Um ihn zu retten.«

»Gut, sie werden mich nicht lassen.«

»Vielleicht ist das, was die Israelis und ich gemeinsam haben ... daß mir auch nichts besseres einfällt.«

»Wir könnten von hier verschwinden. Eine Pressekonferenz einberufen und der Welt erzählen, was wir wissen. Warum haben sie das nicht schon längst versucht?«

»Weil keiner von uns genau weiß, ob es nicht doch eine Probebohrung darstellt. Dieses Seismogramm könnte jedenfalls lediglich Wunschdenken sein.«

»Wunschdenken! Glaubst, daß es ein unschuldiges Loch ist?«

»O Marta ...«

Wenn Michael Mann die Wahrheit erzählt hatte, als er sie über Roginsky unterrichtete, dann war es kein unschuldiges Bohrloch. Roginskys Arbeit für die Russische Ölgesellschaft war nur eine Tarnung, behauptete Mann. Roginsky arbeitete für die Armee; während der Breschnew-Jahre hatte er sich auf das Studium sogenannter seismischer Manipulationen verlegt. Aber das Militär stand praktischen Experimenten innerhalb der Grenzen der Sowjetunion ablehnend gegenüber.

Mitte der siebziger Jahre sprach Roginsky den wichtigsten Verbündeten der UdSSR im Nahen Osten, die selbsternannte Irakische Region des Arabischen Heimatlandes, an; er firmierte als Wirtschaftsberater. Mit dem Vizepräsidenten des Irak – dem Chefstrategen der Baath-Partei, einem jungen Mann mit großen Ambitionen und Intelligenz – diskutierte er die Technologie sehr tiefer Bohrungen. Aber Saddam Hussein war nicht sonderlich überzeugt, auch dann, als Roginsky offen aussprach, was er wirklich vorhatte.

1978 erschütterte ein Erdbeben von der Stärke 7,7 auf der Richterskala den Iran. Es dauerte neun Sekunden und kostete 25000 Menschen das Leben. 1979 mußte der Schah von Persien ins Exil flüchten, und Ayatollah Khomeini kam an die Macht. Im selben Jahr wurde Saddam Hussein Präsident des Irak.

Nachdem er gesehen hatte, was ein Erdbeben auf höchster politischer Ebene bewirken konnte, nahm Hussein die Gespräche mit dem russischen Berater wieder auf, der ihm ein Mittel beschrieben hatte, das die Mauern von Jericho erneut einstürzen, ein neues Sodom und Gomorrah entstehen lassen konnte.

Leidy schüttelte den Kopf. »Nein, es ist kein unschuldiges Bohrloch.«

Sie erreichten schwer atmend das Ende der Treppe. Ein jugendlicher Soldat stand im Schatten am Ende des Gangs; er trug Stiefel, einen Tarnanzug, ein Barett und hatte eine Uzi über die Schulter geschlungen. Leidy seufzte tief. Die Betonmauern, die Sprachen, die Gerüche ... wie das spanische Harlem. Der Junge mit dem Barett und der Maschinenpistole, ein gefallener Schutzengel. Könnte genausogut Sommer in Manhattan sein.

»Wenn du mit mir reden willst, dann komm doch mit auf mein Zimmer.« Er sah sie an, ihre Augen, ihr schwarzes Haar mit der einen weißen Strähne, schön. »Oder auf deines. Irgendwo.«

»Wir werden abgehört«, sagte sie leise. »Wir sollten lieber

hier draußen reden.« Ihr Lächeln zeugte von Verärgerung. »Also meldest du dich freiwillig. Du gehst unangekündigt rein, du konfrontierst Cyrus, wenn du lange genug leben solltest, um bis zu ihm vorzudringen. Und es besteht die winzige Chance, daß daraus ein wahrhaftes Drama wird, du rufst zurück und läßt sie wissen, daß alles vorbei ist, ersparst ihnen die Unannehmlichkeiten. Aber wenn nicht ...«

Sie faßte ihn mit den Fingerspitzen an seinem Baumwollhemd, knapp über dem Gürtel. Sie lehnte sich an ihn, bis ihre Brüste gegen seine Rippen drückten. »Komm schon, Leidy. Wir erzählen es der Welt. Laß uns hier verschwinden und die Welt informieren.«

»Aber wenn es wahr ist und wir die Weltöffentlichkeit darauf aufmerksam machen, werden sie meinen Dad töten«, sagte er. »Und in irgendwo verscharren, wo wir ihn niemals finden.«

Sie ließ ihn nicht plötzlich los, sondern beugte sich langsam zurück, während er sich von ihr löste. Es war offensichtlich, daß er dazu entschlossen war.

Der schwarze Helikopter flog langsam in niedriger Höhe, die ganze Strecke; zwei Stunden durch die nächtliche Luft, auf Rotorblättern, die gedämpft worden waren. Leidy wollte sich die Route nicht vorstellen; er wußte, daß sie sich nicht an internationale Grenzen hielten, die mit Radaranlagen und Flugabwehrraketen vollgestellt waren. Der Luftraum irgend eines arabischen Landes wurde verletzt.

Sie hatten ihm einen Tag Training im Übungsgelände in der Negev Wüste zugestanden. Es beinhaltete vor allem Kartenstudium und das Absenden von kodierten Nachrichten auf der militärischen Version eines Satellitentelefons. Daneben unterrichtete man ihn – für jeweils eine halbe Stunde –, wie er schnell einen Hubschrauber verließ und bestieg, wie Zäune zu durchschneiden waren und wie er sich mit einem Stock einen Weg durch ein Minenfeld bahnte. Eine ganze Stunde wurde gebraucht, um ihm das Zerlegen, Putzen, Laden und Schießen mit einer Uzi beizubringen.

Der Helikopter entließ ihn in der Morgendämmerung in einer wilden roten Steinwüste; bevor er Deckung suchen konnte, war der Hubschrauber verschwunden. Sie hatten ihm gesagt, er habe einen Tag Zeit, um zu machen, was er machen wollte, bevor sie mit starken Kräften zurückkämen. Wie Marta nahm er an, daß sie logen; sie glaubten, er würde schnell gefangen werden, und wenn sie ihn nicht sofort umbrachten, würde er alles ausplaudern. Sie würden früher zurückkommen.

Er rappelte sich auf und kam schnell auf dem Sandstein-Plateau voran; vormittags erreichte er die oben erodierten Auswaschungen des anvisierten Wadis. Er ließ sich die Geröllböschungen hinab, hinein in den engen Canyon. Er beeilte sich, bewunderte aber die Geologie, die Kalksteine der Kreidezeit, die unter den Sandsteinen des Paleozän saßen, und – nachdem er mit Hilfe eines Seils die ausgetrockneten Wasserfälle hinuntergeklettert war – das erstarrte metamorphische Fundamentgestein des Präkambrium.

Die letzten hundert Meter des Wadi waren ein duftendes Paradies aus Palmen und Rinnsalen. Er riß Zweige vom Stamm einer jungen Erle los, die neben einem Rinnsal wuchs, und nahm den langen biegsamen Stock, während er über die Oase hinaus nach unten trottete.

Im Sand traf er auf alte Fußspuren, die vom Wind etwas verweht, vom Regen allerdings unberührt waren. Er folgte ihnen in den Canyon hinein. Die Wände taten sich auf, in der Ferne erkannte er die schimmernde Playa; darauf den hohen Bohrturm. Er kam schneller, als er erwartet hatte, an den äußeren Zaun. Wenn sie Minen ausgelegt hatten, dann hier. Die Fundamente des Zauns waren ausgewaschen; jeder, der wollte, konnte darunter hindurchschlüpfen. Lausige Sicherheitsvorkehrungen? Eine Falle? Er hatte nicht die Zeit, sich darüber Gedanken zu machen.

Leidy stocherte mit seinem langen Stecken im Sand. Keine Minen, nicht das geringste Anzeichen. Er rollte sich unter dem Zaun durch, und dann unter dem inneren Zaun. Er mußte seine Drahtschere nicht benützen. Wieder prüfte er mit einem Ende seines Erlensteckens den Sand vor ihm und zwang sich dazu, nicht über die fehlenden Minen und die Löcher im Zaun nachzudenken; größere Sorgen bereitete ihm die Zeit, die ihm davonzulaufen schien.

Er warf den Stecken weg und bewegte sich durch die Ausschwemmungen, die sich den Abhang hinabzogen. Er war sich sicher, daß er wußte – von den Karten und Satellitenfotos –, wo er sich befand. Er konnte Karten und Satellitenfotos lesen. Er wußte, wie weit er zu gehen hatte, um das Haus seines Vaters zu finden.

Als Marta und Leidy nach Israel abreisten, blieb Gregor Mattasow in Texas zurück; er war beunruhigt, dachte nach, erinnerte sich. Er saß in seiner Bude – sie war im besten Western-Stil ausgeschmückt, eine Winchester hing an der Kieferpaneele, sein Sessel war mit dem Fell eines ungeborenen Pinto-Fohlen überzogen, seine Stiefel standen auf einem Navajo-Vorleger, der auf dem mexikanischen Kachelboden lag. Er betrachtete durch die Glasschiebetüren, wie die Sonne langsam am westlichen Horizont der Kalksteinebene versank, weit hinter der Veranda. Wäre er in besserer Stimmung gewesen, hätte er eine CD der *Sons of the Pioneers* aufgelegt.

Er war in keiner guter Stimmung. Er wälzte Gedanken; warum er sich in einem für ihn viel zu großen Haus befand, in einem Land, das eine Legende war, wenn man es von der Ferne sah, das jedoch eigentlich kaum romantischer war als Sibirien.

Gregor war, was die Russen abschätzig einen *Zhopnik* nannten, was nicht nur einen Homosexuellen bezeichnete, sondern einen Arschschlecker; er zog das Wort schwul vor. Kein Geheimnis darum, und keiner seiner Kollegen hielt es für erwähnenswert, außer zu diesen seltenen Gelegenheiten, wenn jemand versuchte, ihn mit einem Rendezvous aufzuziehen. Nur wegen seiner Eltern im transkaukasischen Georgien hüllte sich Gregor in Stillschweigen.

1975 war der junge Gregor nach einer langen Odyssee in

New York gelandet; er kam ohne Eltern, Geschwister, Onkeln, Tanten oder Cousins an. Aber während er die neugewonnene persönliche Freiheit genoß, liebte er weiterhin seine Familie und hoffte inständig, sie wiederzusehen. Sie hätten sein Leben nicht verstanden, so fürchtete er, aber mit einem Fuß war er immer auf dem Sprung.

Während der Breschnew-Jahre war sein Heimatland für ihn verschlossen, mit dem Beginn von *Glasnost* und der *Perestroika* kehrte er für ein Wiedersehen, das drei Wochen dauerte, freudig nach Tiflis zurück. Niemand fragte ihn über sein Privatleben aus oder wollte wissen, warum er kein verheirateter Mann sei mit Frau und Kindern; vielleicht verstanden sie mehr, als er zu wissen glaubte. Vielleicht vergaben sie ihm, oder vielleicht liebten sie ihn auch einfach nur.

Er war bereits wieder in Moskau, auf dem Rückweg in die Vereinigten Staaten, als die Unruhen in Georgien ausbrachen. Er sagte seinen Flug nah New York ab und versuchte drei Tage lang, telefonisch nach Tiflis durchzukommen, um etwas von seiner Familie zu erfahren.

Während dieser angespannten Tage wohnte er im Appartement eines früheren Kollegen, eines Funktionärs im Geologieministerium, dessen Frau mehr und mehr ihren Unmut äußerte über Gregors nächtliche Anwesenheit auf der Wohnzimmercouch. Während seiner vierten Nacht, die er dort verbrachte, klingelte das Telefon; die Frau stolperte ins Zimmer und nahm den Hörer ab; verärgert warf sie ihm den Hörer hin. Der Anruf war für Gregor; der Mann am anderen Ende der Leitung war Vasily Sergejewitsch Roginsky.

Gregors Verwandte waren in Sicherheit, berichtete Vasily; er persönlich hatte veranlaßt, daß sie in Armeebaracken Unterkunft finden konnten, weit weg von den Breschnew-Gangstern, die die Bevölkerung terrorisierten. Das Beste für Gregor wäre, sagte Vasily, wenn er in die Vereinigten Staaten zurückkehrte. Wenn die Unruhen vorbei wären, würde Vasily arrangieren, daß Gregor mit seiner Familie wieder Kontakt aufnehmen konnte; dann könnten sie entscheiden, was als nächstes geschehen sollte.

Gregor tat, was Vasily ihm vorgeschlagen hatte, und alles

lief ausgezeichnet. Seine Familie blieb in Georgien; sie überlebten den Untergang der Sowjetunion, und mit seinen regelmäßigen Schecks schufen sie sogar etwas Wohlstand.

Vasily kam nach New York und lud Gregor zum Essen ein. Gregor wollte zahlen, Vasily allerdings erlaubte es nicht. Sie hatten sich seit einigen Jahren nicht mehr gesehen, und jeder wollte alles vom anderen erfahren. Die beiden alten Freunde hatten vieles zu bereden; Gregor war glücklich, sich jemanden mitteilen zu können. Vasily mochte mit seinem Enthusiasmus für die idiosynkratischen Theorien eines Tommy Gold einer der verrückten Wissenschaftler sein, wie sie in den amerikanischen oder deutschen Science-Fiction-Filmen ihrer Kindheit vorkamen, aber er war auf eine harmlose Art verrückt.

Daß Vasily über andere Dinge als tiefe Gasvorkommen reden wollte, wurde nach dem Golfkrieg klar. Nun wollte Vasily über Phasenverschiebungen im inneren Mantel reden. Als er das erste Mal von Queenie Tobous Floatern hörte, bestand er darauf, alles über sie zu erfahren. Bei Gregor nisteten sich Zweifel ein, unerfreuliche Gefühle über seinen Freund und Wohltäter. Er tat alles, um sie zu unterdrükken.

Als ein Erdbeben Tel Aviv, Jerusalem und Amman erschütterte, wurden auch Gregors rosarote Illusionen erschüttert. Zu diesem Zeitpunkt wußte er mehr über Vasily Sergejewitsch Roginsky, als er gegenüber Marta, Leidy und dem jungen Fragesteller, der behauptete, vom State Departement zu sein, zugegeben hatte.

Gregor liebte seine Freunde bei CORE – liebte sie ohne Bedingung, ohne Kompromiß, ohne etwas dafür bekommen zu wollen. Er liebte Leidy Hudder, diesen harten vernarbten Mann, der mit den Dämonen im Erdinneren rang, der die Liebe einer Frau verdiente, die er liebte, auf die er aber nicht zugehen konnte. Gregor liebte Marta, die sicherlich nicht Gregor liebte oder ihn mochte, die aber Leidy liebte und ihn auch akzeptieren würde, wäre da nicht ihre noch größere Liebe, ihr Sinn dafür, wie die Dinge sein sollten. Gregor liebte sie für ihren Mut und ihre Integrität, und aus denselben Gründen liebte er Leidy. Er hatte erwartet, dabei sein zu können, wenn die beiden zueinanderfanden.

Einem anderen Freund zuliebe, der ihn verraten hatte, hatte er sie beide verraten.

Gregor saß im Dunkeln und starrte auf die Winchester an der Wand. Nach langen Minuten des Brütens stand er auf und löste die Waffe aus den Befestigungsklammern. Er hatte sie niemals gereinigt; sie war wahrscheinlich irreparabel verrostet.

Er besaß Munition für sie, eine Schachtel mit Patronen, die wahrscheinlich mindestens vierzig Jahre alt war – ein wirklich dekoratives Stück, das er auf seinem Kaffeetisch aus knorrigem Föhrenholz plaziert hatte. Manchmal waren die jungen Männer, die er in den Bars, die zu seiner Welt gehörten, getroffen und zu sich nach Hause eingeladen hatte, von seiner Artillerie beeindruckt. Schußwaffen waren ein Gesprächsthema.

Er öffnete den öligen Pappkarton, nahm eine der Patronen heraus und schob sie in die Kammer des Karabiners.

Er war ein Fan von *The Rifleman* – Chuck Connors hatte dieses lange Ding immer gezogen –, seitdem er als Kind die raubkopierten Wiederholungen im russischen Fernsehen gesehen hatte. Er liebte diese abgegriffene Winchester, die er einmal gekauft hatte; er hatte sogar geübt, sie aus einem nicht vorhandenen Halfter zu ziehen, sie in der Luft herumwirbeln zu lassen und zu zielen ... immer ungeladen, natürlich; anders wäre es gefährlich gewesen.

Gregor sah durch das Fenster am nahen Horizont die orangefarbene Feuerfontäne, den Vulkan, der das Herz von Core City bedrohte. Es war nicht sein Fehler gewesen. Und Jerusalem auch nicht.

Er wirbelte die Winchester, ließ sie am Abzug um seinen Zeigefinger rotierten, der Lauf streifte seine Achsel. Dann brachte er sie in Anschlag und zielte durch das Fenster. »Peng«, sagte er. Genau wie Chuck Connors.

Er ließ sie wieder rotieren. Dieses Mal kam der Lauf genau unter seinem rosaroten runden Kinn zum Halt. Er seufzte und betätigte den Abzug.

»Wenn du mich nicht umbringen willst, dann sperre mich besser in mein Labor ein. Ich habe dir niemals versprochen, daß ich nicht versuchen werde zu fliehen.«

»Nur für die nächste Zeit. Für ein oder zwei Tage.« Nervös schritt Edward im Wohnzimmer von Cyrus' Bungalow auf und ab; hin und wieder sah er durch die Rolläden auf das Fahrzeug der Wachen, das draußen im Spätnachmittagslicht wartete.

»Du zwingst mich dazu, einen Transmitter statt einer Armbanduhr zu tragen. Ich kann ihn nicht abnehmen, ohne daß die Wachhunde über mich herfallen. Worüber machst du dir Sorgen?«

»Was du nicht weißt, hält dich am Leben.«

»Verdammter Blödsinn.«

Edward blieb stehen. »Du hast immer gesagt, daß du mich wirklich kennenlernen willst.«

»Was kommt jetzt, die neueste Version?«

»Die wahre Version. Die Vorfahren meines Vaters lebten in Palästina – ungezählte Generationen, bevor sie von den Zionisten vertrieben wurden. Sie wurden von den Zionisten bedroht und terrorisiert. Reine Fiktion, daß sie uns gleiche Rechte zusprachen! Ich wurde als Kind von Flüchtlingen geboren. Das Lager, wo ich aufgewachsen bin, existiert nicht mehr; es wurde von den Zionisten zerstört, von der Luft aus zerbombt. Nur ein paar unserer Kämpfer starben, nehme ich an, vor allem aber waren es Mütter, Kinder und alte Leute, die unter den Bomben und Raketen getötet wurden. Diese Technik hatten sie von den Nazis gelernt – als Vergeltung für die Taten von Widerstandskämpfern gegen Zivilisten vorzugehen. Ich wurde ein Widerstandskämpfer, bevor ich zwölf Jahre alt war.«

»Ich muß zugeben, Edward, du treibst mich in den Irrsinn; ich dachte, du interessiert dich überhaupt nicht für Politik. Das wäre vielleicht für mich nur natürlich gewesen. Aber nicht für dich.« Cyrus strich sich über seinen steifen grauen Bart. »Aber warum erzählst du mir das jetzt? So viele Jahre lang hast du einen falschen Anschein aufrechterhalten.«

»Ich bin ausgelaugt. Ich habe mir selbst so viele Namen gegeben, daß es mir Mühe macht, mich an den Namen meines Vaters zu erinnern. Ich hatte viele Freunde und niemals eine enge Freundschaft. Ich kannte viele Frauen und habe niemals geheiratet. Keine Kinder großgezogen.« Edward beschied den von Cyrus unausgesprochenen Einwand mit einem wütenden Blick. »Ja, ich verletze die Gebote des Propheten; es wird dich nicht schockieren, wenn ich dir sage, daß ich den Worten des Propheten weniger vertraue ... als ich sollte. Vielleicht fühle ich mich in der Arbeit, die ich mache, zu geborgen. Ich kaufe Dinge, ja – du hast das bemerkt, ich habe dich darüber lächeln sehen – aber ich brauche sie auf oder verschenke sie; ich habe kein Heim, in dem ich sie aufheben könnte. Und ich muß zugeben, daß es mich nicht sonderlich beunruhigt, Appartementhäuser in Tel Aviv zum Einstürzen zu bringen.«

»Ein Erdbeben ist eine gefährliche Waffe«, sagte Cyrus.

»Ja.« Edward nickte.

»Und Amman ...«

»Eine Stadt voller Verräter. Aber ich versichere dir, die meisten, die dort leben, sind unschuldig. Und glaube nicht, daß ich es liebe, die Menschen in den Dörfern umzubringen. Mein eigenes Volk.«

Cyrus erwähnte nicht das tote Kind, das er im französischen Fernsehen gesehen hatte, oder seine verzweifelte Mutter. Edward wußte darüber und über vieles andere Bescheid. »Du tust das, was du tust, nicht gerne. Warum tust du es dann?«

»Vielleicht, weil ich Palästinenser bin«, sagte Edward. Sein Lachen war bitter und kurz, so kurz, daß es beinahe einem Husten glich. »Wir sind berühmt für unser Timing. Immer wieder, genau zum rechten, wichtigsten Augenblick, schließen wir uns der falschen Seite an.«

»Erzähl mir den Rest«, sagte Cyrus.

»Welchen Rest, alter Mann?«

»Ich glaube nicht, daß du für die Palästinenser arbeitest. Wer organisierte dieses gewaltige Unternehmen?«

»Ich habe genug erzählt.«

»Sag mir, wie der seismische Apparat funktioniert. Ist es wirklich nur ein mit Wasser gefülltes Fischgerät? Bitte. Befriedige meine Neugierde.«

»Ich muß nun gehen. Ich muß in den Kontrollraum.«

Edward hielt an der Tür inne, schneuzte und hustete erneut. »Ist das dein Ernst?«

»Warum nicht?« Cyrus richtete sich im Schatten auf. »Ich habe all das möglich gemacht. Den Bohrer, das Bohrloch, die Geräte, die ihr hinuntergelassen habt. Soll ich leugnen, was ich geschaffen habe?«

»Habe ich vergessen zu sagen, daß ich dich mag, Cyrus? Trotz deiner Bestechlichkeit. Trotz deinem völligen Mangel an Moral.« Edward starrte ihn in der Dunkelheit ausdruckslos an. »Vorher, da wußtest du von nichts. Warum bist du mir nun unsympathischer, nun, da du neugierig bist?«

Marta betrat den Tagesraum. »Ich muß mit Mann sprechen.«

»Tut mir leid, der Major ist nicht verfügbar«, sagte der Lieutenant hinter dem Schreibtisch.

»Wann kann ich ihn sehen?«

»Das kann ich nicht sagen. Darüber habe ich keine Informationen.« Er sah auf und schaute sie mit sympathischen braunen Augen an.

Sie wußte in diesem Augenblick, daß das, was sie erwartet hatte, wahr war. »Ich werde Ihnen nun eine wichtige Botschaft geben, die Sie ihm, wo immer er sich auch befinden mag, zustellen.«

»Ich tue, was ich kann, Ma'am.« Er schien kaum hingehört zu haben. »Fahren Sie fort.«

»Nachdem ich Ihnen die Information gesagt habe, werde ich zur US-Botschaft gehen. Versuchen Sie nicht, mich aufzuhalten.«

Der dunkeläugige junge Mann betätigte seine Tastatur. Er schien nun aufmerksamer zu sein. »Welche Botschaft wollen Sie dem Major übermitteln, Dr. McDougal?«

»Sagen Sie ihm, daß die Flugzeuge nicht den Bohrturm treffen dürfen. Greifen Sie zuerst die Luft- und Bodenverteidigung an. Danach die Gießwerke und Fabrikhallen. Aber sie dürfen nicht den Kontrollraum beschädigen. Und vor allem *dürfen* sie *nicht* den Bohrturm beschädigen.«

»Ich bin mir nicht sicher, ob ich das verstanden habe.«

»Sie haben es gerade aufgezeichnet. Wenn Sie nicht genau das übermitteln können, was ich Ihnen gesagt habe, dann holen Sie jemanden, der das kann.« Sie drehte sich um und ging zum Gang.

»Bitte warten Sie einen Moment«, rief er ihr hinterher.

Sie ging auf das fahle gelbe Straßenlicht zu, das durch die Glastür fiel. Der Offizier lief ihr im Gang nach und schrie durch den Betonkorridor. »Haltet sie auf!«

Marta hielt an und drehte sich um, als die Wache an der Tür sein Gewehr in Anschlag brachte. Mit ausgestrecktem Finger deutete sie auf den in Panik geratenen wachhabenden Offizier. »Sie! Was haben Sie mit mir vor, wollen Sie mich töten? Mich kidnappen?«

»Dr. McDougal ...«

»Übermitteln Sie diese Botschaft!«

»Bitte Ma'am! General Schiff ist zu Ihnen unterwegs. Er ist der einzige, der den Major erreichen kann.«

Sie stand still; sie hätte auf den Offizier einschlagen können. Für den Moment allerdings war alles, was sie erhoffen konnte, ihn anzubrüllen. »In Ordnung. Ich warte. Ich warte hier.«

Dicht standen die Sterne am Abendhimmel über Leidy; überall zwischen den dunklen Silhouetten der Palmen, der langnadeligen Tamarisken und Oleanderblätter. Er hatte sich auf hundert Meter dem Gebäude genähert, wo er seinen Vater zu finden hoffte. Aber das niedrige Haus, das auf den Aufklärungsfotos so leicht zu unterscheiden war, war durch Laub verdeckt.

Er kroch vorwärts und hielt sich im Schatten der steilen Sandbank des Wadi. Weiter drinnen im Hain rauschten die Palmblätter in der warmen Nachtbrise. Heuschrecken sangen ein trockenes elektrisches Lied, so laut wie das Surren eines Transformators.

Durch den nächtlichen Lärm hindurch hörte er das Knakken eines Funkgeräts. »*Ollie, bist du noch wach?*«

»Verdammt, ich bin hellwach. Die Heuschrecken sind laut genug, um Tote aufzuerwecken.«

Leidy erstarrte; die Stimme war direkt über ihm. Wenn er seinen Kopf über die Sandbank erhob, würde er auf die Füße des Mannes blicken.

»*Wie sieht's aus?*« fragte das Funkgerät.

»Wie immer. Nichts los. Samarri und der Professor sind drinnen und reden sich den Mund fusselig.«

»*Behalt sie im Auge. Der Große steht unter Strom.*«

»Ich bin hier. Wo sonst.«

»*Du hörst später von mir.*«

Die unsichtbare Wache murmelte etwas. Leidy hörte das Geräusch eines Reißverschlusses, aber er wagte nicht, sich zu bewegen. Dreißig Zentimeter links von ihm fiel ein dünner flüssiger Bogen über die Sandbank und zerrann im Sand. Als er schließlich auströpfelte, erfüllte starker Uringeruch die Luft.

Leidy hörte, wie der Mann den Reißverschluß schloß. Einen Augenblick später war er starr vor Schrecken, als er einen Stiefel über die Uferkante kommen sah, dann einen zweiten; Sand rieselte herab. Leidy hob sein Gewehr so hoch, wie er nur wagte, und hoffte, daß er entsichern und abdrücken konnte, bevor der andere, wenn er ihn erblickte, zielte. Die Wache allerdings setzte sich nur schwerfällig nieder und ließ die Füße über die Flußbank baumeln. Ein Feuerzeug war zu hören, einen Moment später roch es nach Zigarettenrauch. Niemals sah Leidy sein Gesicht.

Fünf Minuten lang blieben die beiden Männer in ihren Positionen, die Wache bequem sitzend, Leidy kaum einen Meter unter ihm an die Flußbank gekauert. Ein Elitesoldat hätte den Wachmann schon lange lautlos getötet. Leidy war alles andere als ein Elitesoldat.

Ein hohles fernes Donnern bahnte sich seinen Weg durch die nächtlichen Geräusche, die Heuschrecken verstummten eine nach der anderen. Der Wachmann schnippte seine halb gerauchte Zigarette in den Wadi, stand auf und schickte eine Sandkaskade hinab auf Leidys Füße.

»Hauptquartier, hier ist Ollie, VIP-Gebäude, kommen?«

»*Was zum Teufel willst du?*«

»He, entschuldigt, aber was soll dieser Luftverkehr?«

»*Wir werden uns bei dir wieder melden.*«

Früher an diesem Abend hatte eine Boeing 707 der Tunesischen Luftfahrtgesellschaft auf ihrem Weg nach Dschidda an der saudiarabischen Rotmeerküste Zypern verlassen. Zehn Minuten nach dem Start meldete der Erste Offizier Triebwerksprobleme, und dem Flugzeuge wurde befohlen, nach Nikosia zurückzukehren.

Fünfundvierzig Minuten nach der Schadensmeldung überflog ein Flugzeug, dessen Black Box denselben Identifikationscode wie die tunesische Verkehrsmaschine ausstrahlte, die libanesische Küste, nördlich der israelischen Grenze. Von der Beiruter Leitstelle dazu aufgefordert, übermittelte der Pilot seine Flugnummer und sein Flugziel; der Fluglotse und der Pilot sprachen internationales Englisch, doch während das Mikrofon noch offen war, ließ der Pilot zu seinem Ersten Offizier eine schneidende Bemerkung über die Kompetenz der zypriotischen Flutlotsen fallen, in perfektem Arabisch mit tunesischem Akzent.

Der Pilot nahm an, daß sein Funkspruch im Libanon, in Syrien, Jordanien und Israel, vielleicht auch in Zypern, in der Türkei und in Ägypten aufgezeichnet wurde; er nahm an, daß diese Stellen überlastet waren und daß jeder Lotse, der nach dem tunesischen Flug suchte – dessen Maschinenschaden kein Unfall war –, einen einzigen Radarblinkpunkt mit der richtigen alphanumerischen Bezeichnung finden würde, der sich etwa auf der Standardflugroute über die syrische Wüste nach Süden vorarbeitete. Aber sie würden nicht die Dutzend F-16 sehen, die in enger Formation über der 707 schwebten und, Flügelspitze an Flügelspitze, ihre Gestalt nachahmten.

Die 707, die sich nicht die Mühe gemacht hatte, sich äußerlich zu tarnen, nur elektronisch, war in Wirklichkeit eine C-135, ein Tankflugzeug der israelischen Luftwaffe, das kurz vor Angriffsbeginn die Tanks der F-16 wieder auffüllen würde. Zwischen den Flugzeugen in der Angriffsstaffel herrschte kein Funkverkehr. Die einzige Kommunikation mit der Außenwelt bestand in der Verbindung mit einem israelischen AWACS-Radarflugzeug, das auf der nicht feindlichen Seite der Golanhöhen seinen Einsatz flog. Wenn vom AWACS keine neuen kodierten Befehle kamen, würden sie sich in weniger als zweiundzwanzig Minuten auf ihre Ziele stürzen, wie Falken auf Tauben.

»Ich bedauere Ihnen mitteilen zu müssen, daß es zu spät ist«, sagte General Schiff. »Jeder Pilot hat spezifische Anweisungen, die in seinen Bordcomputer eingespeist sind. Die Zielangaben in diesem Stadium zu ändern wäre viel zu kompliziert und zu gefährlich.«

Sie sprachen in dem dunklen Tagesraum, aus dem der diensthabende Offizier verbannt wurde, mit leisen, angespannten Stimmen. Schiff war derjenige, der bei dem Übungseinsatz das Wort ergriffen hatte, der Mann mit der abgeplatteten Nase, der holländische Onkel; Marta war nicht überrascht, als sie erfuhr, wer er wirklich war.

»Sie haben mit ihnen Verbindung, über Flugleitstellen.«

»Die Flugleitstellen haben bis zum Angriff ruhig zu sein. Außer, wenn sie vor möglichen gegnerischen Abfangversuchen warnen.«

»Sie waren dabei. Sie hörten, daß wir sagten, die Zerstörung der Haupteinrichtungen würde die Bergung der Bombe verhindern. Sie stimmten uns doch zu.«

»Was Sie und Dr. Hudder mir und den anderen Anwesenden erzählten, bestärkte uns in der Überzeugung, daß wir schnell zuschlagen und die Einrichtung vollkommen zerstören müssen; bevor sie das Bohrloch wieder aufbauen können.«

»Sie haben gelogen.«

»Sie brachten uns in eine unmögliche Situation. Wenn wir davon ausgehen, daß noch kein seismischer Apparat plaziert ist, dann werden wir seine Plazierung verhindern. Ist er bereits im Bohrloch, dann werden wir die Kommunikationsverbindung unterbrechen.«

»Indem sie den Kontrollraum zerstören?«

»Die ›Totmann‹-Option, die Sie beschrieben, erschien uns nicht sehr wahrscheinlich.«

»Und Sie haben Leidy Hudder alleine reingeschickt.«

»Es gibt eine kritische Zeitspanne zwischen dem Angriff der Flugzeuge und der Ankunft der *Sayeret* ...«

»Kommandotruppen?«

Schiff nickte heftig. »Wir haben lange darüber diskutiert. Vielleicht hat der jüngere Dr. Hudder eine Chance, seinen Vater zu retten. Wir hoffen es. Es wäre schön zu hören, was der ältere Dr. Hudder zu sagen hat.«

Marta formulierte sorgfältig, obwohl ihre Wut wuchs. »Sehr wahrscheinlich werden sie beide getötet – wenn nicht während des Luftangriffs, dann sicherlich während der Bodenkämpfe. Leidy Hudder ist kein Soldat.«

»Dr. McDougal, Sie dürfen dieses Gebäude verlassen, wenn die Operation beendet ist. In zwei Stunden, vielleicht auch etwas weniger. Ich muß nun gehen.«

»Alles, worüber wir jetzt gesprochen haben, werde ich veröffentlichen.«

»Glauben Sie, wir tun das ohne die Zustimmung des Premierministers und des Kabinetts? Wir haben bereits mit den Vereinigten Staaten Kontakt aufgenommen. Und mit der Europäischen Union.«

»Haben Sie ihnen gesagt, was Sie tun?« Sie versuchte das Ausmaß ihrer Überraschung zu verbergen, versuchte, die Frage in einem Tonfall zu stellen, als würde sie eine Einkaufsliste durchsehen.

»Wenn das vorbei ist, wird Israel kein Geheimnis daraus machen, was geschehen ist – wir haben gegen feige Attentäter zurückgeschlagen und Präventivmaßnahmen gegen weitere Akte des Massenterrorismus unternommen. Reden Sie mit wem Sie wollen, worüber Sie wollen. Reden Sie bitte auch mit Jordanien und dem Libanon. Unser Volk ist nicht das einzige, das davon profitiert. Bis dahin – bis unsere Männer zurück sind – bedauere ich, daß Sie mit niemanden sprechen können.«

Leidy wartete im Wadi hinter dem Haus seines Vaters; er versuchte verzweifelt, zu einer Entscheidung zu kommen. Er hatte Glück; sie wurde ihm abgenommen.

»Ollie?« Die Stimme kam aus dem Haus.

»Sind Sie das, Mr. Samarri?«

»Komm hier rüber, wo ich dich sehen kann.«

»Sicher.«

Leidy hörte die Fußtritte des Mannes im Sand, die sich entfernten. Dann hörte er einen Moment lang nichts.

Dann dreimal einen spitzen, röchelnden Laut, der in der ruhigen Nacht laut genug war, um auch die letzte Zikade zum Schweigen zu bringen.

Eine Tür schlug. Lange Sekunden war überhaupt nichts mehr zu hören. Leidy wartete; angestrengt versuchte er, etwas anderes als die Insekten zu hören. Dann fuhr vor dem Haus ein Wagen weg. Schließlich setzte er sich in Bewegung und kletterte die Sandbank hinauf.

Ein Mann lag mit dem Gesicht nach oben an einer Ecke der Veranda. Seine Füße zeigten zum Haus; sein Kopf, oder was davon noch übrig war, wies zu Leidy. Leidy ging an der Leiche vorbei zur Hauswand und spähte hinein. Es war niemand da.

Er ging zum toten Wachmann zurück. Ollie war sein Name. Hätte er Ollie in einer Bar irgendwo in Texas oder Nevada getroffen und wären sie vielleicht in ein Gespräch gekommen, dann hätte ihn Leidy wahrscheinlich gemocht.

Er zog vorsichtig an Ollies Jacke. Am Kragen war Blut, das meiste davon war jedoch im Sand versickert. Er hätte auch die Hosen genommen, in seinem Todesreflex allerdings hatte der Schließmuskel versagt. Leidy nahm Ollies Gewehr, die Magazine, das Funkgerät und die Schlüssel und machte sich auf die Suche nach seinem Wagen.

»Warum bist du zurückgekommen«, fragte Cyrus, als Edward ihn zum Bohrturm fuhr.

»Ich habe ihnen niemals von dem Loch im Zaun erzählt, das du gegraben hast. Kein Wort davon, zu niemanden. Sage, du willst deine Neugierde befriedigen, du hast beschlossen, nach Hause zu gehen.« Edward blickte ihn an. »Wenn du einen Weg nach draußen suchst – hier, das ist das Beste, was ich für dich tun kann.«

»Was ist mit den Wachen?«

»Benütze die Hintertür«, sagte Edward. Er fuhr durch das Tor in den Bohrturmkomplex. »Ich habe den Typen nach Hause geschickt.« Er zog den Schlüssel aus dem Zündschloß und reichte ihn Cyrus. Dann stieg er aus. »Wenn ich du wäre, würde ich jetzt gehen.«

Einen Augenblick lang sprach keiner von beiden. Sie hörten das Singen der Kabel im Turm, und hinter ihnen das hohle Echo von Flugzeugtriebwerken, die den Himmel ausfüllten.

Im Kontrollraum stand Yariv unbeweglich hinter John McGhee und den Bohrturmcontrollern, die auf gepolsterten Stühlen saßen; seine Gestalt war nach vorne gebeugt und verdreht. Er ignorierte Cyrus und Edward, als sie den Kontrollraum betraten. Er beobachtete die großen Farbmonitore.

Auf dem Schirm war ein Gerät zu sehen, das sich langsam durch den geschmolzenen Bohrschlamm nach unten, zum Grund des tiefen Bohrlochs bewegte. Auf einem anderen zeigten Daten von Instrumenten, die sich an Bord befanden, ein Bild des Gerätes selbst – eines Zylinders aus ineinandergeschachtelten Kristallschalen. Kleinere Monitore zeigten Satellitenbilder von TV-Stationen – Amman, Jerusalem, Athen, Rom.

Nur ein kurzer Blick genügte für Cyrus, um eines seiner Angelgeräte zu erkennen. Das Bild bestätigte, was er vermutet und befürchtet hatte: Die Mitte des Geräts enthielt eine dunkle Masse, eine Sprengladung, die gekühlt war und nicht unter Druck stand, bis es die vorgesehene Tiefe erreichte. Wenn sich das Gerät an seinem Ort befand, würde die Ladung hochgehen – man mußte dazu nicht mehr tun, als die Ventile im umschließenden Mantel zu öffnen und das umliegende Felsgestein würde in den flüssig-gefüllten Zylinder eindringen und implodieren. Innerhalb einer Mikrosekunde würde sich eine Phasenverschiebung durch den in sich instabilen Mantel auf der Vierhundert-Kilometer-Schicht fortpflanzen.

Yariv hatte Edward lange genug den Rücken zugewandt; schwerfällig drehte er sich um. »Warum haben Sie ihn mitgebracht?«

»Als ich ihm erklärte, was wir machen«, sagte Edward ausdruckslos, »zeigte Dr. Hudder seine Zustimmung, ja, Enthusiasmus.«

Yarivs Blick wanderte zu Cyrus.

»Ich interessiere mich nicht für politische Angelegenheiten«, sagte Cyrus heiter. »Mich interessiert, was ihr mit der Technologie anstellt.«

»Das werden Sie bald sehen. Stehen Sie nicht im Weg rum.« Yariv signalisierte den Wachen etwas, dann drehte er sich wieder zu den Monitoren um.

Nur wenig später hörten sie alle die Geräusche; sie zogen langsam hinter ihnen herauf, aber sie konnten nicht ignoriert werden. In der nächtlichen Luft war das Heulen der Düsentriebwerke klar und deutlich zu hören.

Ein Maschinengewehr feuerte, dann kamen die dumpfen Einschläge der Bomben über das trockene Seebett, wie die Schläge eines Metronoms, das endlos weitertickte, sehr viel länger als die sieben oder zehn Sekunden, die es dauerte, bevor das hohle Donnern der Maschinen anzeigte, daß sie wieder abdrehten. Das Knattern der Flugabwehrkanonen schien lächerlich spät zu kommen.

Die Maschinen hatten mit intelligenten Bomben auf den Bohrturm und den Kontrollraum gezielt, die Piloten allerdings hatten beim ersten Anflug die Peilung der Laserstrahlen verfehlt. Das hier war nicht der Golfkrieg, in dem Tarnkappenjäger über den Zielen, deren Radar bereits ausgeschaltet war, in der Luft hängen und in aller Ruhe ihre Bomben in die Luftschächte Bagdads plazieren konnten; das hier war nicht Luke Skywalker, der sich tastend einen Weg in die Innereien eines Schaumstoff-Todesstern bahnte. Diese alten F-16 waren voller Treibstoff und mit Bewaffnung überladen; sie kamen mit achthundert Stundenkilometern und verfehlten das Deck um etwa zwanzig Meter. Ihre Elektronik kreiselte wie die Tonköpfe von ausgeleierten Videokassettenrecorder, die versuchten, verschrumpelte Bänder abzuspielen.

Zwei Lenkraketen gingen durch das Gebäude des Hauptquartiers – gingen ganz durch, rissen Löcher in die verrosteten Wände – und explodierten zwanzig Meter dahinter. Halbintelligente Bomben. Vielleicht schlechte Zünder. Einige Wachleute wurden getötet, die Architektur verändert, aber die Menschen im Kontrollraum wurden nicht getroffen, nur von ihren Sitzen geschleudert; sie robbten zu ihren Konsolen zurück, wo die Datenmonitore unverändert funktionierten. Sechs Sekunden später ging eine weitere halbintelligente Bombe frühzeitig vor dem Bohrturm hoch. Sie verbog einige Träger. Die Maschinerie drinnen bekam keinen Kratzer ab.

Im Kontrollraum rappelte sich Yariv wieder auf. »Lösen Sie jetzt aus«, sagte er. »Bevor sie zurückkommen.«

»Noch nicht.« McGhee, der Mann von der Gesellschaft, war offiziell noch immer Chef des Kontrollraums. »Das verdammte Ding ist noch fünfzehn Kilometer vom Grund des Bohrlochs entfernt.«

Cyrus und der Wachmann neben ihm waren zu Boden geworfen worden. Die Wache war bewußtlos und blutete. Cyrus hatte seit einem halben Jahrhundert keine Waffe mehr abgefeuert, aber als Kind in Nevada hatte er damit umzugehen verstanden und Hasen geschossen. Vielleicht war es ähnlich wie Fahrradfahren, eine Fähigkeit, die man nicht verlernen konnte. Er nahm die kleine Maschinenpistole der Wache – er wußte nicht einmal, wie sie genannt wurde. Das Magazin, das im rechten Winkel abstand, war länger als der Lauf, aber er hatte gesehen, wie der Mann sie entsichert hatte, als er von Yariv den Befehl dazu bekommen hatte.

Yariv stand nun auf, schwankte, gewann sein Gleichgewicht und stützte sich mit beiden Händen auf die nächste Konsole. »Sie hörten, was ich gesagt habe«, schrie er zu McGhee. »Tun Sie es.«

Cyrus zielte auf Yariv. Bevor sein Finger den Abzug durchziehen konnte, kam es neben ihm zu einer Reihe von scharfen Knallen. Cyrus, abgelenkt von den Explosionen, zögerte. Der Lärm war so aggressiv und laut, daß er dachte, er sei möglicherweise selbst getroffen worden.

Nein, der Schütze war Edward, der sich auf seine Knie gesetzt hatte und nun vor Cyrus zur Seite fiel. »Tu es, alter Mann«, keuchte er. Er hielt eine Pistole in seiner Hand; er hatte damit zwei Wachen erschossen, darunter den Mann neben Cyrus.

»Tun Sie es! Tun Sie es!« Yariv schrie auf die Controller ein; er war zu abgelenkt, um dem, was hinter seinem Rücken vor sich ging, Beachtung zu schenken.

Cyrus zog den Abzug durch; die Waffe gab ein schnelles explosives Kreischen von sich und versuchte, sich seiner Hand zu entwinden. Sie stieß Löcher in Yarivs Rücken, in seinen Nacken; sie riß Furchen in seinen Kopf. Die Kugeln gingen in die Wand hinter ihm und zerschmetterten die Dekkenverkleidung darüber.

McGhee und die Controller waren von ihren Sitzen aufgesprungen und hielten ihre Arme weit ausgestreckt. »Nicht töten! Nicht töten!«

Cyrus hörte das metallische Klicken der leeren Patronenkammer. Überall war Blut, auf dem Boden, den Wänden, den Konsolen. Das meiste stammte von Yariv, einiges von den Wachen.

Und einiges von Edward. Er lag auf der Seite. »Steck das rein, bevor die Ungläubigen auf dumme Gedanken kommen.« Edward reichte ihm ein volles Magazin, das er vom Gürtel des toten Wachmanns zog.

»Warum hast du das getan«, krächzte Cyrus, während er das Magazin in die Pistole schob. Er blickte lange genug auf, um die Controller zu sehen, die um ihr Leben rannten und den Kontrollraum verließen. Die Luft war mit dickem Rauch von den Bränden erfüllt, die ausgebrochenen waren; der Rauch nahm zu.

»Was ich vermutet hatte. Der Bastard hätte sie unter Amman gezündet. Was kümmert es ihn?« Edward lag zusammengerollt, in einer Position, die er eingenommen hatte, bevor er geboren war.

»Ich bin nicht auf deiner Seite, Junge«, sagte Cyrus.

Edward versuchte zu lächeln; es gelang nicht. »Du denkst, du hast mich hinters Licht geführt, alter Mann? Töte noch einen Palästinenser, und meine Seele wird dich verfolgen.« Dann schloß er die Augen und schien einzuschlafen.

Cyrus stand auf – er schlitterte durch Edwards Blut, das Blut der Wachen, das sich auf dem Linoleumboden vermischt hatte. Er wunderte sich, daß er den Schmerz in seinem Rücken und den Beinen spüren konnte und sich nicht darum kümmerte. Vorsichtig ging er zur Konsole. Er wußte, wie diese Maschinen funktionierten, kannte die Software und die Struktur der Hardware. Er drückte einige Tasten und beobachtete auf den Grafikmonitoren die Druck- und Temperaturkurven. Er begann einzugeben. Die Sequenz war lang, aber wenn sie erst einmal eingegeben war, dann konnte er die Winden umkehren und die Apparatur wieder herausziehen.

Er horchte auf das ferne Donnern der Jets, die sich zu einem zweiten Angriff formierten, und auf die Geräusche der Flugabwehrkanonen. Er beendete die Eingabesequenz und entfernte die Hülle des Kippschalters an der Konsole. Dann legte er die T-Sperre um. Vom Bohrturm, eine Tür weiter erklang metallisches Scheppern. Er stand auf und ging durch die ungewohnt unbewachten Portale hinab zur Bohrebene.

Er sah hinauf in das beleuchtete Innere des Bohrturms, als eine weitere intelligente Bombe, die sich weniger idiotisch anstellte als ihr Vorgänger, durch das Gebäude schlug. Diese ging weiter, aber nicht weit genug. Sie explodierte außerhalb der äußeren Mauer des Bohrturmgehäuses, hatte aber genug Kraft, um alle Stahlplatten an der Außenseite des Turms wie dünne Glasscheiben wegzublasen. Die Träger und Halterungen des Bohrturms verbogen sich, bis die obere Hälfte des Turms wegknickte. Die Windenverankerung und der Flaschenzug wurden weggerissen; die Kristallkabel zerschmetterten.

Cyrus wurde auf die Knie geworfen. Er landete hart neben einem Generatorgehäuse; er sah Kabel zu glasigen Schneeflocken zersplittern, die von der Höhe des Turms auf ihn niederieselten. Er bedeckte die Augen und duckte sich gerade rechtzeitig.

Als er seinen vom zerschmetterten Hudderit blutigen Kopf wieder hob und am Wrack empor, dachte er, daß es bereits zu spät war. Wenn das Kühlkabel beschädigt war, dann würde die Bombe in wenigen Sekunden implodieren. Vielleicht würden die Bohrlochverschlüsse funktionieren, vielleicht auch nicht. Er hatte noch Zeit, Edward und sich aus der Gefahrenzone zu bringen – aus einer Zone, die sich in eine Lavafontäne verwandeln konnte.

Er kam auf die Beine und sah, daß der Radiator, die flache und glühende koaxiale Röhre, die das Ding unten kühlte, noch intakt war; noch immer lief ein Kabel von der Plattform zu den unbeschädigten unteren Winden, die sich unterhalb der eingeknickten Konstruktion befanden. Die zwei Stockwerke hohe Kühltrommel hatte aufgehört, sich zu drehen, aber es floß noch Kühlflüssigkeit durch die sie umgebende Röhre, und Hitze floß zu den Hitzetauschern und Kühlwasserspeicher, die draußen lagen.

Ein schmaler Hoffnungsschimmer, aber er war ein ausgemergelter alter Mann. Er hinkte so schnell er konnte zum Kontrollraum zurück.

»Edward? Bist du wach, Junge? Wie geht es dir?« Cyrus verband Edwards Wunden an den Beinen mit Streifen, die er von den Uniformen der Toten riß. Außer der Bandage, die er anlegte, konnte er nicht viel für die Schußwunde an Edwards Schulter tun und nichts für die inneren Verletzungen.

Edward bewegte sich. »Cyrus?«

»Wir wollen ein Angelgerät in das Loch einlassen.«

»Ja?«

»Du hörst mich also?« Der Wind wurde stärker und heulte durch die Löcher in den Wänden und der Decke. Draußen war die Nacht mit Gefechtslärm erfüllt.

»Ja, ich höre dich.«

»Ich brauche deine Hilfe.« Er verknotete die letzte blutdurchtränkte Bandage. Er hatte einen Pappbecher mit Wasser gefüllt und auf der Konsole abgestellt; nun hielt er ihn an Edwards blaße Lippen.

Edward trank die Hälfte, dann wischte er sich mit seiner unverletzten Hand über das Kinn. »Danke.«

»Wirst du mir helfen?«

Edward blinzelte. »So gut ich kann.«

»Gut. Ruh dich aus. Ich bin sobald als möglich zurück.«

Drei Angelgeräte lagen in der Halle auf Stahlloren, die sie auf die Bohrplattform transportierten – Yarivs Ersatzbomben, aber einsatzbereit; sie hätten die UN-Inspektoren oder jeden anderen überzeugt, der wissen wollte, was sie waren. Ihre Öffnungen oben waren unversiegelt. Cyrus löste die Klemmen und lockerte die Steuermodule, die den Innenraum ausfüllten; mit einer elektrischen Winde holte er die Module heraus; mit seinem Daumen drückte er die dicken Knöpfe des Handsteuerkastens der Winde.

Er war ein zäher alter Mann, aber ihm fehlte die Kraft. Alles, was er tat, brauchte Zeit und die Hilfe von langsamen Maschinen. Zehn Minuten vergingen, bis er die elektronischen Eingeweide aus der Kapsel gezogen hatte; er ließ sie wie Abfall auf den Boden fallen.

In der Schweißerwerkstatt fand er große stählerne Sauerstofflaschen, mit einem Gabelstapler brachte er sie auf die Werkbank. Im Gerät befand sich bereits eine Stickstofflasche; sie war Teil der Aircondition. Mit der Winde hob er die Sauerstofflasche hinein.

Edward war noch wach. Er hatte Farbe gewonnen, seine Kleidung jedoch war blutdurchtränkt; Cyrus wußte nicht, ob es ihm gelungen war, die Blutung wirklich zu stoppen. Er nahm Edward an seinem unverletzten Arm und half ihm in einen Stuhl. Die Hälfte der elektronischen Einrichtung war zerstört, weggeblasen, verbrannt. Der nächtliche Wind heulte durch die Wände. »Hier, siehst du? Diese Liste auf dem Prompter-Monitor – die Funktionen sind voreingestellt. Du hast sie nur zu aktivieren, wenn ich es dir sage.«

»Und wo bist du?«

»Ich bin im Inneren des Angelgeräts.«

Edward war verwirrt, seine Frage allerdings war rein praktischer Natur. »Wie wirst du ... keine Kommunikation ... wie werde ich erfahren, was ich zu tun habe?«

»Die Stromschiene. Wenn ich mit dir reden möchte, schließe ich kurz – zweimal, damit du wartest, dreimal um fortzufahren, viermal um zu wiederholen, fünfmal um zurückzugehen.«

»Kurzschließen.«

»Ja. Hörst du mich zweimal, dann tust du nichts. Dreimal, dann fahre mit dem nächsten Schritt fort. Viermal, dann wiederhole denselben Schritt. Und fünfmal, dann geh zum vorherigen Schritt zurück.« Es war der einfachste Code, den Cyrus sich in der Eile ausdenken konnte. Zu spät, um ihn zu erweitern. »Du schläfst hoffentlich nicht darüber ein?«

Düsenjets donnerten über ihren Köpfen hinweg und verschluckten alle Geräusche. Eine Bombe erschütterte den Boden und fuhr in das einige hundert Meter entfernte Kraftwerk. Einige Sekunden vergingen; in den durchlöcherten Wänden loderte ein noch hellerer Feuerschein, ein Dröhnen war zu hören, ein rollendes tosendes Krachen wie das eines entgleisenden Zuges. Eine getroffene Maschine pflügte durch die Wüste.

Edward grinste ein geisterhaft wehmütiges Grinsen. »Unmöglich zu schlafen, selbst wenn ich wollte.«

»Laß es uns ausprobieren. Die erste Sequenz fädelt den Flaschenzug ein. Mal sehen, wie du dich anstellst. Ich zische – *ssss* – so imitiere ich den Kurzschluß.« Cyrus lächelte angestrengt; er tat sein Bestes, um amüsant zu sein. Er hoffte, Edward verlor nicht das Interesse, sobald er hier verschwunden war.

»Okay, *ssss, ssss, ssss.*«

Edward drückte die Funktionstaste. Das Kommando erschien auf der Prompt-Liste. Der Bildschirm zeigte Hudderitkabel, die vom Gießwerk auf den Flaschenzug aufgezogen wurden und einrasteten – standardisierte, automatische Prozeduren. Die Kabel und Flaschenzüge hingen im Freien, funktionierten allerdings ohne ersichtliche Probleme.

»Ssss, ssss.«

In diesem Augenblick gaben die an der Decke verlegten Kabel ein anderes Zischen von sich. Die Hälfte der oben angebrachten Lichter, die noch immer gebrannt hatten, gingen aus. Aber Edward war bei der Sache. Er löste die entsprechende Funktion aus ...

Sie machten Fortschritte, bis Cyrus beschloß, daß alles, was sie gemeinsam tun konnten, getan war. Es war Zeit zu gehen.

Leidy hatte die Schlüssel vom toten Wachmann; sie paßten zu einem Jeep vor dem Bungalow. Leidy fuhr zum Bohrturm, der in der Ferne deutlich sichtbar war – er war wie eine Ölraffinerie beleuchtet. Sollte man nicht die Scheinwerfer abstellen, wenn man mit Bomben beworfen wird?

Es hatte etwas Irreales, Düsenjäger zu beobachten, die einen hellen Lichterberg in einer flachen Wüste angriffen, etwas, das verteufelt einem Videospiel glich, nur hundertmal langsamer und unendlichmal tödlicher. Die Jäger waren heulende Banshees, so blaß wie Eulen im reflektierten Bodenlicht; sie ließen ihre Bomben und Raketen los, drehten ab und bohrten Lärmtunnel in die warme Luft; hinter ihnen erschienen täuschend sauber aussehende gelbe Phosphor- und weiße Magnesiumblüten ... schmutzige rotschwarze Bögen verbrannten Treibstoffs ... und hohe transparente Granatenglocken, die ebenso schnell verschwanden, wie sie explodierten.

Aus der Ferne, in der Dunkelheit, zeigte das Gebäude kaum Schäden, nur einige zerbrochene Glühbirnen. Das war sicherlich eine Täuschung.

Während er fuhr, versuchte er das Funkgerät in seiner Hemdtasche zu verstauen, wo es schnell zu finden war. Die Leute, die ihn hier abgesetzt hatten, benutzten ihn – aber das zählte nicht; er wollte seinen Vater finden, sorgte sich um ihn und vielleicht weniger, als er sollte, um diese verdammte seismische ›Bombe‹. Er hielt sich nicht damit auf, darüber nachzudenken, wie fremd es ihm vor einem Jahr, noch vor einer Woche vorgekommen wäre, sein Leben zu riskieren, um das seines Vaters zu retten.

Er näherte sich dem hoch aufragenden Bohrkomplex; er lag noch immer mehr als eine Meile entfernt, über dem schimmernden Salz. In der Dunkelheit erkannte er Silhouetten, die ihm entgegenkamen. Er riß den Jeep zur Seite, entkam einem vorwärts rasenden Truppentransporter und vermied die Kollision mit der Fahrzeugkolonne, bevor ihn eine Staub- und beißende Salzwolke einhüllte. Sie fuhren mit fünfundfünfzig Stundenkilometern an ihm vorbei, eine Schlange metallener Kisten auf Ketten und mindestens ein massiver Panzer; Silhouetten im Staub. Er hörte die A 4-Batterien feuern, sah Leuchtspurmunition den Himmel erhellen – die verzweifelten Versuche, den nächsten Angriff der Jäger zu stoppen.

Sekunden später begann die Wüste um ihn zu erzittern. Staubwolken leuchteten in unirdischer Helligkeit auf. Unsichtbare Kräfte zerrten an seinen Ohren. Ganz in seiner Nähe ruckte ein Fahrzeug und zischte auf, ein weiteres brach in die Playa aus, eine weiße Feuerfontäne sprudelte aus ihm heraus. Gefräßige gelbe Hitzeexplosionen unter dem einzigen Panzer; er saß im Salz fest und begann zu brennen.

Spät, beinahe zu spät erinnerte sich Leidy, welches Fahrzeug er fuhr. Er sprang vom Jeep, fiel auf die Hände und die Knie, bevor er auf seine Beine kam und wegrannte. Er hatte keine fünf Meter geschafft, als der Wagen explodierte; die Richtung der Explosion trieb die fliegenden Wrackteile und das entflammte Benzin von ihm weg. Er rannte in Richtung des fernen Bohrturms; andere, die von den brennenden und beschädigten Fahrzeugen sprangen – diejenigen, die noch zu laufen in der Lage waren –, rannten in die andere Richtung.

Cyrus kletterte auf die Lore und ließ seine Beine in das Angelgerät gleiten. Flach auf dem Rücken liegend, wand er sich solange, bis er in dem engen Raum so angenehm wie möglich lag. Er fand den Aluminiumdraht, den er lose baumeln gelassen hatte, und strich damit über die Kontakte der Stromschiene.

Edward im Kontrollraum hörte ihn und gab den Befehl in den Computer ein.

Die Stahlkappe begann sich zu drehen und schraubte sich und die daran befestigte Nabelschnur der Kühlleitung auf den Kristallzylinder über Cyrus' Kopf – langsam, aber so dicht, daß der Spalt verschwand.

Cyrus spielte mit den Gasventilen. Luft drang in den engen Raum. Er atmete, nicht unbedingt mühelos, aber seine Lungen und sein Gehirn sagten ihm, daß die Mischung stimmte. Er seufzte und gestattete sich ein schwaches Lächeln. Er nahm den Draht und kratzte wieder an den Kontakten.

Die Lore rumpelte zum Bohrloch. Cyrus konnte durch die transparenten Wände und zirkulierenden Kühlflüssigkeiten nach draußen blicken; als befände er sich in einer schwitzenden Glasflasche. Er lag dort drinnen wie der Leichnam Alexanders, aufbewahrt in einem Kristallsarkophag.

Leidy lief über die Ebene, seine gestohlene Uniform war mit Waffen und sinnloser Ausrüstung überladen, dreckiges Salz knirschte unter seinen Stiefeln. Durch sein eigenes gehetztes Atmen hörte er das *whaff – whaff* niederschwebender Helikopter, die näher kamen.

Er erreichte den hohen Zaun, der den Bohrturm umgab. Die Tore standen auf; das Wachhaus war eine ausgehöhlte Betonschale. Er rannte an Leichnamen vorbei, sah verkohlte Hände, die in die Luft griffen. Drinnen suchte er in den verlassenen Korridoren nach dem Kontrollraum.

Er fand ihn offen, zur Nacht hin aufgerissen, mit geronnenem Blut verschmiert, noch mehr Tote auf dem Boden. Die Hälfte der Deckenlichter funktionierten noch. Ein Mann war über die Hauptkonsole gebeugt, seinen Kopf von einem glühenden Monitor beleuchtet. Er bewegte sich.

Leidy richtete seine Waffe auf ihn. »Wo ist Cyrus Hudder?«

Der Mann hob den Kopf und drehte sich steif um. »Hauen Sie ab. Mit den anderen. Solange Sie noch können.«

»Wissen Sie, wo Cyrus Hudder ist?« Leidy kam näher.

Das Gesicht des Mannes war blaß, gänzlich ohne Farbe, darüber eine Haut, die weich und dunkel gewesen war, aber Leidy erkannte ihn von den Fotos. »Samarri.«

Edwards Augen musterten Leidys Kleidung, die offene blutbefleckte Tarnjacke des Wachmanns, die Maschinenpistole.

»Ich bin Leiden Hudder. Wo ist mein Vater?«

»Hier.« Edward deutete auf die Monitore.

Leidy ließ die Waffe an seiner Seite baumeln, als er nähertrat. »Wovon sprechen Sie?« Die Grafiken auf den wenigen funktionierenden Monitoren waren eindeutig: eine Apparaturkapsel glitt mit hundertsechzig Stundenkilometer das Bohrloch hinab. »Er ist im *Bohrloch? Warum?*«

»Der Steuermechanismus ist zerstört.« Edward zeigte mit einer Hand auf die ausgebrannten und angeschwärzten Konsolen. »Winden, Kabel funktionieren noch. Die Werkzeuge funktionieren. Nicht von hier aus. Jemand muß drinnen sein.«

»Holen Sie ihn raus. Zum Teufel mit der verdammten Bombe.«

Das Dröhnen der Helikopter wuchs durch die offenen Wände des Kontrollraums an.

»Ihre Freunde kommen«, sagte Edward.

»Es sind nicht meine Freunde.«

»Sie werden Sie töten, in der Kluft hier.«

Er meinte die gestohlene Uniform, die Botschaft aber erreichte Leidy nicht. Er griff nach dem Funkgerät und begann den Code einzugeben, den sie ihm beigebracht hatten. Dann wurde ihm bewußt, daß der Code ihren Zwecken diente, nicht aber ihm. Alles, was er tun mußte, war, die Frequenz einzustellen; der Alogarithmus würde solange suchen, bis er das AWACS-Kommandoflugzeug gefunden hatte.

Er drückte die Tasten. »Michael Mann, hier ist Leiden Hudder«, begann er. »Stoppen Sie sofort die Angriffe auf das NS-Gelände, oder Sie werden das Erdbeben auslösen. Hier ist Leiden Hudder, im Inneren des NS-Kontrollraums. Ich wiederhole, hier ist Leiden Hudder, ich rufe Michael Mann. Wenn Sie dieses Ziel noch einmal treffen, lösen Sie das Erdbeben aus.«

Draußen komprimierten die schlagenden Rotorblätter der landenden Helikopter die Luft; die Trommelfelle schmerzten. Sie drängelten sich, über dem Boden schwebend, auf der anderen Seite der durchlöcherten Wand.

»Ziehen Sie die Jacke aus, Dr. Hudder.« Edward sprach mit unheimlicher Gelassenheit, wie aus einem Traum heraus – ein Willkommensgruß bei einer Gartenparty, eine Einladung, sich zu entspannen. Leidy sah das Gesicht des Mannes im flackernden Schimmerlicht der Lampe blauweiß werden.

Leidy verstand endlich – er riß an der Jacke, ließ seine Waffe zu Boden fallen. Er steckte noch in einem Ärmel, als der erste *Sayeret* durch ein Loch in der Wand sprang. Der Soldat ließ seine Waffe wie ein Uhrwerk zwischen Edward und Leidy hin- und herpendeln.

Leidy warf seine Arme zur Seite und hielt sie in dieser Stellung; der Lauf der Uzi des Elitesoldaten war auf seine Brust gerichtet. Leidys Jacke hing schlaff an seinem rechten Ellbogen.

Der erste Soldat kam direkt auf sie zu, drei weitere folgten ihm, verteilten sich und untersuchten die Toten. Der erste, seinen Rangabzeichen nach ein Leutnant, ging auf Leidy zu; sein Blick verriet keine Emotionen. Er sagte etwas in einer Sprache, die Leidy als Arabisch erkannte.

»Ich bin Leiden Hudder«, sagte Leidy. »Ich spreche nur Englisch.«

»Beugen Sie sich nach vorne, ganz langsam«, sagte der Leutnant. Brooklyn Englisch. »Ziehen Sie die Jacke vom Arm und lassen Sie sie fallen. Wenn Sie Metall in Ihrer Hand haben, erschieße ich Sie.«

»Ich habe ein Funkgerät in meiner Hand.«

»Wenn Sie Metall in der Hand haben, erschieße ich Sie.«

»Gut, Einstein, ich lasse die Jacke und auch das Funkgerät fallen.« Langsam zog er den Jackenärmel von seinem Arm und ließ sie auf den Boden gleiten. »Sie wissen, wer ich bin, oder? Michael Mann hat mich hier reingeschickt.«

Der Leutnant sagte nichts. Er hielt seine Waffe auf Leidy gerichtet, während er sich nach vorne bewegte und die Jacke zu sich zog. Er fühlte das Funkgerät, das sich im Ärmel verfangen hatte. Er befreite es und steckte es in seine eigene Tasche. »Sie sind Hudder? Befehle lauten, wenn wir Sie lebend finden, hier rauszubringen. In der Zwischenzeit stehen Sie nicht im Weg rum.«

»Was tun Sie nun?«

»Wir haben den Befehl, sicherzustellen, daß diese Einrichtung zerstört wird.« Der Leutnant gestikulierte zu seinen Männern und sprach etwas in Hebräisch. Zwei von ihnen rannten, mit schweren Taschen beladen, in Richtung zur Bohrebene. Einer hielt weiterhin seine Waffe auf Edward gerichtet. Acht andere betraten den Raum, diesmal durch die Türen. Der Leutnant wies sie an, erteilte Befehle, und sie verschwanden wieder.

»Wann haben Sie zum letzten Mal mit Mann gesprochen?« wollte Leidy wissen.

»Was geht das Sie an?«

»Mein *Vater* ist dort *unten*.« Leidy wies auf die Bohrebene. »Er versucht die Bombe zu entschärfen, die ihre Leute außer

Gefecht setzen sollten. Wenn Sie hier noch mehr Schaden anrichten, stirbt er und mit ihm eine große Zahl von Menschen in Israel. Die Bombe ist unter Jerusalem.«

Leidy bemerkte Edwards blassen und fiebrigen Blick. Leidy log ein wenig – um etwa fünfzehn Kilometer –, und er wußte es; er hatte die Monitore betrachtet und wußte, was die Grafiken bedeuteten. Aber niemand sonst konnte das erkennen.

»Vor zwei Minuten habe ich einige dieser Informationen Mann übermittelt. Wenn ich Sie wäre, würde ich das sofort überprüfen.«

Der Leutnant war nicht Einstein, aber er verlor keine Zeit mit Diskussionen. Er sprach schnell in sein Funkgerät. Es dauerte eine Sekunde, dann piepste es und stieß schnelles Hebräisch aus.

Der Leutnant schaute zu Leidy. »Er sagt, Sie meldeten, daß alles klar sei. Die verdammten Bastarde schaffen vielleicht Panzer und schwere Waffen herbei.«

»Was ist, wenn sie es bereits tun?«

Das Funkgerät krächzte.

»Er fragt, wo Hudder sei? Ihr Vater.«

»Etwa zweihundert Kilometer von hier – unter der Erde, und tiefer gehend. Ich sagte bereits, daß er versucht, die Bombe nach oben zu bringen – «

»*Verdammt.*« Der Leutnant erhielt schlechte Nachrichten über Funk.

».. da es keine andere Möglichkeit mehr gibt, dank ihrer Hitzköpfe. Und wenn Sie weiterhin den Bohrturm beschädigen, ist auch das nicht mehr möglich.«

Der Leutnant sprach in sein Funkgerät. Das Funkgerät erwiderte etwas.

»Geben Sie mir das Ding«, sagte Leidy. »Es geht schneller, wenn ich mit ihm rede.« Der Leutnant reichte ihm das Gerät. »Sind Sie das, Mann?«

»Was wollen Sie?«

»Genug Zeit für meinen Vater, mit Ihrer Bombe wieder nach oben zu kommen. Die Zeit, die Sie mir versprochen haben.«

»Wie lange?«
»Wenn alles glatt läuft, nicht mehr als fünf Stunden.«
»Unmöglich.«
»Es muß möglich sein. Es ist notwendig. Hier gibt es keinen Widerstand mehr – haben Ihnen das Ihre Leute nicht gesagt? Sie haben jede direkte Kommunikation mit dem Bohrloch abgeschnitten und die Kabel zur Bombe beschädigt. Sie haben fast den Bohrturm und die Winden zerstört. Diese Bombe sitzt genau unter Jerusalem. Wie wir Ihnen versucht haben zu sagen ... wenn sie überhitzt, geht sie von alleine los.«
»Geben Sie mir Matti«, sagte Mann.
Leidy reichte dem Leutnant das Funkgerät, der einige Sekunden zuhörte und dann »Fuck« hervorstieß und mit purem Haß Leidy anblickte. »Ja«, sprach er in das Gerät, dann etwas in Hebräisch. Er schaltete aus. »Die Luftunterstützung muß zurück«, sagte er zu Leidy. »Wir *sollten* eigentlich gemeinsam mit ihnen verschwinden. Nun sollen wir hier sitzenbleiben und *Ihren* verdammten Arsch decken.«
Leidy ignorierte ihn. Er beugte sich nah zu Edward hin, dessen Gesicht beinahe transparent war. Mit heiserem Flüstern erklärte Edward Cyrus' Code. »Zwei, und Sie warten. Drei, Sie führen den nächsten Schritt aus ...«
»Ich verstehe. Bleiben Sie hier.«

»Hier ist Ted Vasilios in Nikosia. Flugzeuge der israelischen Luftwaffe haben in dieser Nacht eine Tiefbohranlage im Irak, nahe der jordanischen Grenze, angegriffen. Laut unterrichteter Quellen soll die Anlage mit dem Erdbeben in diesem Jahr in Verbindung stehen, bei dem Tel Aviv, Jerusalem, Amman und viele kleinere Städte und Dörfer verwüstet und Tausende von Menschen getötet und verletzt wurden ...«
Der BBC-Korrespondent auf Zypern hatte Hinweise auf den Angriff aufgegriffen, noch bevor die israelischen Flugzeuge ihre Basen verlassen hatten. Die Insel war mit Abhöranlagen überzogen, und Botschaftsangehörige verdienten sich gutes Geld mit den weltweiten Nachrichtendiensten;

denn was ein Land besorgt geheimhalten wollte, wollten andere nur zu gern weitergeben. Die BBC war die erste, die auf Sendung ging, als die Story aufflog.

»Quellen berichten, daß die Anlage von dem Unternehmen Shellabarger unter Leitung von Noramar, der North American – Arabian Oil Corporation, betrieben wird. Sprecher der beiden Firmen haben jede Beteiligung an dem Projekt bestritten. Der israelische Verteidigungsminister und der irakische Innenminister haben bislang jeden Kommentar verweigert. Die Außenminister von Syrien und Jordanien haben mittlerweile …«

»Dr. McDougal, Sir«, sagte die Ordonnanz.

General Schiff sah von der letzten Meldung auf und erhob sich, als der Offizier Marta McDougal in den Lageraum wies. Hinter ihnen ließ die offene Tür Licht vom Korridor einströmen, der Himmel draußen war blaß. Als sie jedoch geschlossen wurde, herrschte wieder vielfarbiges Dämmerlicht, in dem die Männer und Frauen im Raum saßen.

»Bitte setzen Sie sich. Darf ich Ihnen etwas anbieten? Kaffee?«

Sie klopfte eine Zigarette aus einer frischen Packung. »Sparen Sie sich lediglich Kommentare zu meinem Rauchen.«

Er lächelte. »Sie sind im Nahen Osten.« Der General holte ein altes Zippo aus der Hosentasche; sie beugte sich über die Flamme. Schiff schloß das Feuerzeug und blickte zu dem Mann an der Funkkonsole. Er sagte etwas auf Hebräisch; der Funker antwortete kurz.

»Nehmen Sie das«, sagte Schiff und schob ein Mikrofon über den Tisch zu Marta.

Sie blies den Rauch aus. »Leidy? Kannst du mich hören?«

»Ich höre dich.« Leidys Stimme kam, unterbrochen von statischem Rauschen, über die Lautsprecher. »Wieviel haben dir unsere Freunde erzählt?«

»Nicht viel.«

»Sie beschädigten den Bohrturm und die Kabel zur

Bombe, nicht aber die Kühlleitung – übrigens, die Kühleinrichtung hier ist ziemlich clever konstruiert, sie benützt den gesamten Hitzeausstoß des Schachtes als Energiequelle. Daneben haben sie die Konsolen zerstört, die die Aggregate im Bohrloch steuern. Dad hat die Elektronik in einem der Angelgeräte ausgebaut – es wird genau so wie die Aggregate gekühlt und besitzt Elektromotoren –, dann hat er eine Sauerstofflasche darin verstaut, und nun ist er unten im Loch. Wir glauben, daß er eine Manschette an der Bombe angebracht hat, aber er sitzt fest.«

»Kannst du mit ihm reden?«

»Nein. Er schließt die Stromschiene kurz und sendet somit Signale – zwei für dieses, drei für jenes –, aber das gilt nur für vorher festgelegte Funktionen. Daß er festsitzt, steht nicht auf dem Programm.«

»Kannst du zurücksenden?«

»Nein.«

Sie zog an der Zigarette. »Woher weißt du, daß er noch am Leben ist?«

»Er sendet den Code, ihn wieder hochzuziehen. Etwa alle fünf Minuten.«

»Wer half ihm, bevor du aufgetaucht bist?« Rauch wölkte sich aus ihrem Mund.

»Nun, der Typ ist uns keine große Hilfe mehr.«

»Okay, was brauchst du?«

»Ich gehe in einer anderen Kapsel hinunter, bevor Dad an einer Kohlendioxidvergiftung erstickt. Ich möchte das Ding wieder flottkriegen, vielleicht noch einige Kommunikationseinrichtungen plazieren. Du kannst mir sagen, wie ich das zu tun habe. Es wäre schön, wenn du an der Konsole wärst, aber so lange kann ich nicht warten.«

»Ich bin sicher, unsere Freunde können einen Kanal offenhalten, während ich auf dem Weg zu dir bin.« Sie drückte die kaum gerauchte Zigarette aus.

»Ich fange an. Ruf mich an, wenn du in der Luft bist. Ende.« Das Gerät verfiel in tiefes Schweigen.

»Entschuldigen Sie mich einen Moment«, sagte Schiff. Er stand auf und ging zum Funker. Er beugte sich über den

Mann und sprach schnell in einem Flüsterton, dann wandte er sich wieder an Marta. »Sie sollten wissen, daß Syrien und Jordanien gedroht haben, jedes Flugzeug, das ihren Luftraum überfliegt, abzufangen. Die Irakis behaupten, wir hätten sie angegriffen; zwei bewaffnete Einheiten sind zur Anlage unterwegs und haben sich bereits bis auf vierzig Meilen genähert. Die UN haben ihnen eine Warnung zukommen lassen, aber sie geben vor, nichts zu hören.«

»Bringen Sie mich hin, General.«

»Wir werden uns wahrscheinlich durchkämpfen müssen. Sicherlich wird es zu Kämpfen kommen, wenn wir die Leute wieder rausholen wollen.«

»Wollen Sie in zwei Tagen darüber diskutieren, wer das nächste Erdbeben verursachte? Oder die Maßnahmen verteidigen, die sie unternommen haben, um es zu verhindern?«

»Ich denke, ich weiß, auf welcher Seite Sie stehen.«

»Vor allem, wenn Sie versuchen, mich davon abzuhalten.«

»Gehen Sie mit Captain Gill mit. Sie wird Sie einweisen.«

Schiff saß ruhig in dem dunklen Raum, nachdem McDougal gegangen war. Es sollte eigentlich eine Wiederholung des Ostirak-Luftangriffs werden, als Flugzeuge den irakischen Reaktor in einer präzise ausgeführten Aktion ausschalteten. Selbst die lautesten Kritiker Israels applaudierten im geheimen; ja seufzten sogar erleichtert auf.

Diesmal aber war ihnen der saubere Erstschlag mißlungen; vielleicht hatten sie die Lage sogar verschlimmert. Und die ganze Welt wußte davon. Jede Nation, die das Recht zu haben glaubte, über Israel seine Stimme zu erheben, würde sie lauthals erheben. Was Israel nicht davon abhielt, das auszuführen, was zu seiner Verteidigung notwendig war. Nichts konnte Israel davon abhalten. Aber nichts konnte dem Schlamassel nun einen süßeren Geruch verleihen.

Damals, als er noch ein junger Soldat beim Panzerkorps war, galt es nicht als anrüchig, vor Freude die Siege des Landes zu besingen oder die Niederlagen zu beweinen. Seit dem Libanon hatte es keine sauberen Siege mehr gegeben. Und keine eingestandenen Niederlagen.

»Das Büro des Premierministers auf der blauen Leitung, Sir.«

General Schiffs Gesicht trug die Maske der Schlacht; es war ausdruckslos. Unter der Maske dachte er, daß das hier zum größten Schlamassel seit dem Libanon werden könnte.

Ein harter Schacht des morgendlichen Sonnenlichts drang durch die aufgerissene Haut des Saltville-Bohrturms. Durch die kristallenen Wände der Kapsel und die durch sie hindurchströmende Kühlflüssigkeit sah Leidy nur ein verzerrtes Bild des Innenraums der Bohrplattform; ihre riesigen Winden und Trommeln, das Spinnennetz der Träger und Pylonen, das Klappern der schweren Maschinen und das Rumpeln unter dem Deck.

Leidy mußte einen Schrei unterdrücken, als sie den Deckel der Kapsel schlossen. Er versuchte sich zu beruhigen – die Stimme, die noch immer in seinem Inneren brüllte und ihm sagte, daß er sterben werde, wenn er mit diesem Ding nach unten ging, daß das seine letzte Chance war, noch rauszukommen. Sich einzureden, ruhig zu bleiben, funktionierte nicht. Angst überkam ihn.

Er ließ es geschehen. Er brüllte im Inneren der Kapsel, brüllte so laut er nur konnte, und brüllte wieder.

Dann wartete er und horchte in sich hinein.

Gut, vielleicht wird er sterben.

Aber nicht, wenn alles so funktionierte, wie es funktionieren sollte. Und sein Vater hatte dieses Gerät gebaut, und bald würde Marta an den Konsolen sitzen. Er schaltete die Kommunikationsbox auf Senden; er riß die Funkeinheit auf und steckte sie in den Datenstromkreis, genauso wie Marta es ihm noch während des Fluges gesagt hatte.

»Bringt mich runter.«

Direkt unter ihm, wo er nichts sehen konnte, öffnete sich das Loch, um die Kapsel aufzunehmen; das leuchtende Sonnenlicht verschwand, als die Kapsel in den Schacht eintauchte. Dann schlossen sich über seinem Kopf die Ventile des Bohrlochs.

Leidy hörte die Ventile unter sich bersten; mit einem Geräusch, das klang, als breche ein Staudamm. Er sah nicht, vielmehr spürte er den dickflüssigen Schlamm in die Kammer rauschen, der die Kapsel verschluckte. Als er den hohen Ton des Sauerstoffs aus der großen Stahlflasche neben sich vernahm, erinnerte er sich daran zu atmen.

»Okay, ich bin im Schlamm. Los, jetzt bringt das Ding endlich in Bewegung«, sagte er.

Der Lautsprecher in der Kapsel krächzte. »Fahren fort, Sir.« Es war die Angewohnheit eines Soldaten, zu jemanden, der Befehle gab, Sir zu sagen.

Der Soldat, noch ein halbes Kind, hatte behauptet, etwas von Computer zu verstehen. Alles, was er bislang zu tun hatte, war der Funktionsliste zu folgen, die Cyrus für Edward hinterlassen hatte. Leidy hätte sich bedeutend besser gefühlt, wenn Marta am anderen Ende der Leitung gewesen wäre.

Er hörte die Pumpen tuckern. Der enge Boden, auf dem er stand, fiel weg wie ein nach unten rasender Aufzug; die Kapsel beschleunigte, je mehr der auf ihr lastende Druck zunahm. Leidy fuhr in die Dunkelheit, in die Eingeweide der Erde.

Langsam wurde ihm bewußt, daß die Dunkelheit keine totale war; an den beiden Seiten der Kapsel zogen sich flakkernde Lichtbänder entlang, ein orangefarbenes Glühen, das heller zu werden schien, sobald seine Augen sich an die Dunkelheit gewöhnt hatten. Es waren die Kühlleitungen, die der seismischen Bombe, die zweite der Kapsel seines Vaters, beide leiteten Hitze an die Oberfläche. Er spürte, wie die Kabel gegen die Wände des Angelgeräts vibrierten, das das Bohrloch hinabfuhr. Er bewegte sich in vertikaler Richtung durch die Erde, schneller als eine U-Bahn. Trotzdem würde es Stunden dauern, bis er den Grund des Lochs erreicht hatte. Bereits jetzt schien es ihm, als würde die Dunkelheit weniger dunkel, als begannen die umliegenden Felsen zu glühen.

Er hatte sich nach einem Teleskop in das Innere der Erde gesehnt. Vielleicht hatte Marta recht, ein solches Ding konnte es nicht geben. Aber er ging selbst in die Erde, wohin nur ein Mensch vor ihm, sein Vater, vorgedrungen war. Die Sicht war trübe, verzerrt, doch das sich aufhellende Spektrum, das er mit seinen eigenen Augen wahrnahm, das von seiner Vorstellungkraft eingefärbt wurde, enthielt eine Qualität an Information, die kein dummes Instrument vermitteln konnte; er war so hautnah mit den Fähigkeiten seines Vaters in Berührung, daß er nicht anders konnte, als zu staunen und ihn zu bewundern.

Was seinen Vater dort unten festhielt, davon hatte er keine Vorstellung, und daran wollte er auch nicht denken. Er hatte nie daran gezweifelt, daß er ihn befreien und lebend zurückbringen konnte.

Zwei Stunden, nachdem Leidy in das Loch eingefahren war, traf Marta im beschädigten Kontrollraum ein. Sie hatte keine Probleme, ihn auf der Kommunikationsleitung zu hören, obwohl er Schwierigkeiten zu haben schien, sie zu hören; ihre Übertragung war mit einem Höllenlärm unterlegt, den grollenden Bauchschmerzen der Erde. Andererseits war sie froh, daß er sie nur schlecht empfangen konnte. Sie mußte ihm nicht erzählen, daß Cyrus aufgehört hatte, den Code zu senden.

Eine halbe Stunde, nachdem sie angekommen war, glaubte sie ein ungefähres Verständnis davon zu haben, wie die Dinge hier funktionierten – hier, in dieser Ruine, wo der Wind durchpfiff, die aufgesplitterte Metallverkleidung in monotonen Rhythmen schlug und der Raum nach Asche und geronnenem Blut stank.

Die Sonne stand nun hoch, die Monitore waren in dem grellen Licht, das durch die großen Löcher in den Wänden drang, nur schwer zu lesen, aber Marta konnte sehen, daß Leidy nur Minuten von dem Ort entfernt war, wo Cyrus und der seismische Apparat feststeckten.

»Wie sieht es draußen aus?« fragte Marta den nächststehenden Soldaten. Sie saß hier in der Tarnkleidung, die man ihr gegeben hatte, und zog an einer Pall Mall. Sie war die einzige Person im Raum, die die Kleidung, die sie trug, für ein Kostüm hielt und nicht für Arbeitskleidung.

»Nichts zu berichten, Dr. McDougal«, sagte der Youngster.

Vom statischen Pfeifen seines Funkgeräts konnte Marta die wechselnden Frequenzen der Militärleitung hören. Die Truppen am Bohrgelände erhielten lediglich Ausschnitte aus dem großen Bild. Das letzte, was sie hörten, war, daß noch immer irakische Truppen eintrafen; ihre Panzer mußten vor den Toren des Geländes campieren. Keine Neuigkeiten von den vorgeschobenen Posten oder nichts, das der Junge ihr mitteilen wollte. Die »Zielstaaten« – sprich die arabischen Staaten, um seinen Jargon zu übersetzen – machten noch immer lautes Geschrei, doch zumindest die Europäer und die Vereinigten Staaten hatten sich eingeschaltet.

Was vielleicht damit zu tun hatte, daß Marta ohne Zwischenfall hier herkommen konnte. Der Helikopter war über Jordanien geflogen, nachdem er seine Absicht offen angekündigt hatte – irgend jemand im israelischen Hauptquartier hatte sich endlich mit der Realität auseinandergesetzt –, ihr Hubschrauber wurde zwar von einigen der alten F-5 des Königs angeflogen, doch das war nur eine Geste. Der Chef der Hubschrauberbesatzung, der in der offenen Luke neben Marta saß, hatte nicht einmal die Kanone zwischen seinen Knien angerührt, nur angewidert in den Fahrtwind gespuckt.

Sie hoffte, alle Soldaten könnten sich so abgebrüht verhalten. Marta sah auf den Jungen, der neben ihr stand; etwas Verrücktes lag in der Tatsache, daß ein Teenager mit einer Maschinenpistole ihre Verbindung zur Welt draußen kontrollierte.

Verrückt, aber es hatte Tradition.

Sie wandte sich wieder ihren Studien zu. Sie hatte seit ihrer Ankunft viel gelernt, selbst aus den Ruinen. Dieses Bohrloch war nur ein Siebtel so tief wie das CORE-Bohrloch, doch in seiner Anlage weit ausgefeilter. Die Verkleidung umfaßte mehrere Schichten und war konzentrisch; sie besaß Kanäle, um Flüssigkeiten auf- und abzupumpen, Ventile, um lokale Variationen des Schlammdrucks zu kontrollieren und so Geräte schneller in das Loch einführen zu können. Cyrus' Handschrift war überall abzulesen. Sie bewunderte sie, auch wenn sie sich fragte, wie besessen er gewesen sein mußte, dies zu tun. Hatte er wirklich geglaubt, daß er an einem Gasbohrschacht arbeitete?

Leidys Stimme kam aus dem kleinen Lautsprecher. »Ich habe Kontakt«, schrie er. Seine Worte gingen im Brüllen des Hintergrunds beinahe unter.

Leidy wurde von intensivstem Licht überströmt, die Art von Licht, die man mit dem Schmelzfluß flüssigen Eisens assoziieren könnte – eine Analogie aus der Alltagswelt, die der Realität nicht entsprach. Das Licht erschien ihm weiß mit einer leichten korallenroten Einfärbung. Die Hitze des Lichts wurde fortgetragen von der umströmenden Kühlflüssigkeit, die in den ineinandergeschachtelten Schalen seiner Kapsel eingebettet war; das Licht stammte vom Mantel, von der Hitze, die seit dem Ursprung des Planeten aufbewahrt wurde, und vom radioaktiven Zerfall der schweren Elemente. Die Hitze ließ den Mantel transparent erscheinen.

Alles Illusion, natürlich. Die Sicht war ziemlich miserabel, diffus und unscharf, und er hatte über die Zusammensetzung des Gesteins in vierhundert Kilometer Tiefe ebensowenig erfahren, wie er über einen Tungsten-Faden erfahren hätte, wenn er auf eine leuchtende Glühbirne starrte. Eine miserable Sicht. Aber ein sublimer Anblick.

Er war durstig und hungrig geworden und war nahe daran, auf den Boden zu pinkeln; die Füße schmerzten – es gab keinen Platz, um sich hinzusetzen –, und die Luft, die er atmete, begann säuerlich zu riechen. Kein gutes Zeichen. Sein eigener kondensierter Atem hing im Zylinder. Der Trip war eine Folterfahrt in einem engen Aufzug.

Zumindest war die Temperatur noch niedrig. Kühl genug, um die fünfundzwanzig Grad Celsius. Wie Marta einmal gesagt hatte: Es glich einem Ping-Pong-Ball, der in einen Schmelztiegel mit Eisen eingetaucht wurde, und das Problem, wenn, sagen wir einmal, eine Ameise sich im Ping-Pong-Ball befindet, ... nun, das Problem war, das Ding genügend zu kühlen, so daß sich die Ameise zwar einsam, ansonsten aber okay fühlte. Die Ameise war er. Er hatte keine Angst mehr, er war nur noch müde und fühlte sich wund. Er war nicht mutig. Er wußte, daß er sein Bestes gegeben hatte – alles andere war Martas Problem.

Dann spürte er das Aufsetzen, und er schrie in das Funkgerät: »Ich habe Kontakt.«

Die Kapsel, in der er stand, mußte sich nun auf der Kapsel seines Vaters befinden, die unsichtbar unter seinen Füßen ruhte. Er hatte von Marta nichts gehört – der Lärm war unerträglich; er konnte nur hoffen, daß sie ihn gehört hatte.

»Ich fahre die Klammern aus«, schrie er.

Er drückte im stickigen Inneren seiner Kapsel die Kontakte und ließ die schweren Motoren an; er spürte, wie sich die Klammern langsam über die spitzzulaufende Decke der unteren Kapsel legten und festschraubten, wie sie über ein Material glitten, das sein Vater entworfen hatte und das bei 134000 Atmosphären Druck und tausendsechshundert Grad Celsius noch gleitfähig war. Die Geräusche dort unten, vor allem die höheren Frequenzen, waren so verzerrt, daß er nicht sicher sein konnte, durch das Brüllen der Kühlflüssigkeit hindurch überhaupt etwas zu hören; aber er redete sich ein, daß er hörte und das Kratzen der Klammern am Dach von Cyrus' Kapsel spürte. Schließlich schlossen sich die Klammern; er war sich sicher.

»Okay, ich hab ihn. Zieh mich hoch.«

Nach einigen Sekunden krächzte das Funkgerät und gab eine Art Kreischen von sich. Er beugte sich so weit wie möglich nach unten, preßte seinen Rücken gegen die Wand des Zylinders – die Knie drückten gegen die gegenüberliegende Wand – um sein Ohr näher an den Lautsprecher zu bringen.

»Ich kann dich nicht hören, hörst du mich? Ich sagte, zieh uns hoch.«

Nach einer langen Pause gab das Funkgerät ein weiteres Kreischen von sich, aber er konnte nichts verstehen. Er glaubte einen Stoß oder Ruck am Zylinder zu verspüren. Bewegte er sich? Er vermochte es nicht zu sagen. Wenn, dann zu langsam, um es wahrnehmen zu können.

Marta hatte ihn beim ersten Mal gehört. Sie betätigte die Maschinerie. Die Kabel waren straff gespannt, aber nichts bewegte sich.

Leidy klang genervt, aber nicht in Panik. Marta konnte sich nicht vorstellen, daß er in Panik ausbrach. Aber es fiel nicht schwer, sich ihn vorzustellen, wie er die Fassung verlor. Hätte sie mit ihm reden können, dann hätte sie ihn zu überreden versucht, aufzugeben.

Cyrus' Kapsel schien so fest am seismischen Apparat zu hängen wie Leidys Kapsel an Cyrus. Wenn Cyrus tot oder bewußtlos war, dann würden er und die Bombe fest aneinandergehakt sein. Wenn Cyrus oder Leidy – lebend oder tot – hier wieder rauskommen sollten, dann lag das nun an ihr.

Was immer auch der Grund sein mochte, warum sie festsaßen, es mußte mit der Bombe zu tun haben. In den letzten Stunden hatte sie viel darüber gelernt, wie Cyrus sein Bohrloch konstruiert hatte. Sie glaubte, das Problem erkannt zu haben. Sie war sich ziemlich sicher, daß die Bombe an der eigenen Kühlleitung festsaß.

Cyrus' Kühlsysteme waren so konstruiert, daß sie flach an der Bohrlochverkleidung anlagen; damit war genügend Platz für Werkzeuge, sich im Loch auf- und abzubewegen. Hudderit war unter normalen Bedingungen nicht besondern flexibel – weniger flexibel als Stahl bei normalen Temperaturen und Druck –, aber es war sehr viel flexibler bei den Temperaturen und dem Druck, der unten im Bohrloch herrschte. Sie nahm an, daß die Kühlleitung der Bombe geknickt war.

Vielleicht nur einige Dutzend Mikrometer. Genug, um die Bombe im Loch festsitzen zu lassen. Genug, um Cyrus dort unten festsitzen zu lassen, wenn er nicht die Bombe abkoppeln konnte. Genug, um Leidy festsitzen zu lassen, wenn er sich nicht von Cyrus abkoppeln konnte – oder wollte.

Sie starrte blind auf die Monitore und versuchte sich freizumachen, frei von allem Wissen, frei für die Inspiration. Dann hatte sie das bekannte Gefühl, als stehe Cyrus neben ihr, blicke ihr über die Schulter und flüstere ihr ins Ohr, was sie zu tun habe ...

Marta blickte auf, sie sah den jungen Soldaten, der ins Funkgerät sprach. Sie setzte sich an die angrenzende Konsole und drückte einige Tasten. Sie hörte das anschwellende Donnern mächtiger Pumpen, die in Betrieb genommen wurden – und als sie auf den Monitor blickte, sah sie die Zahlenkaskaden, die sie erhofft hatte und die sich verändernden Farbtönungen im falschen Bild des tiefen Lochs.

Sie pumpte den Schlamm heraus. Sie wollte den Druck im Loch benutzen, um die Bombe nach oben zu drücken – und Cyrus und Leidy mit ihr. Sie hatte genügend Spannung auf den Kabeln und Leitungen, so hoffte sie jedenfalls, um ihre Kühlsysteme, wenn sie anfingen sich zu bewegen, intakt zu lassen. Für die Bombe konnte sie das nicht sagen.

Vielleicht hielt es das Kühlsystem der Bombe aus, vielleicht auch nicht. Vielleicht hielt die Isolierung solange, bis die Bombe an der Oberfläche war. Vielleicht konnte die Bombe – wenn es denn eine war – einen Großteil der Hitze absorbieren, bevor sie losging. Vielleicht auch nicht. Und wenn, vielleicht war die Explosion nur eine leichte, wie bei Schießpulver, so daß die Verkleidung intakt bliebe, selbst wenn die Kapsel beschädigt würde. Aber vielleicht explodierte sie auch wie Nitroglyzerin und vernichtete alles und löste ein Erdbeben aus.

Vielleicht würden Cyrus und Leidy sterben. Vielleicht auch Marta und der *Sayeret*, die unglücklicherweise genau auf dem Bohrloch saßen. Sie wußte es nicht. Sie drückte weitere Tasten.

Die Monitore zeigten an, daß sich die Dinger nach oben in Bewegung setzten.

Leidy spürte einen Stoß und wunderte sich über das, was passierte. Das waren nicht die Winden, die an den Kabeln zogen, aber es war auch keine Explosion unten im Loch, sonst wäre er zu Boden gedrückt worden.

Eine halbe Minute verging. Die Beschleunigung ließ nicht nach. Seine Knie schmerzten höllisch. Er würde eine Woche lang nicht aufrecht gehen können, wenn das alles vorbei war. Seine Kapsel rauschte zur Oberfläche, mit jeder Sekunde schneller. Wahrscheinlich reiste sein Vater mit ihm. Er konnte die Kühlleitungen durch den diffusen Schleier seiner eigenen Kapsel sehen; sie waren hell und straff.

Ihm wurde bewußt, daß er sich auf die leuchtenden Linien konzentrierte. Wenn sie hell blieben – die Leitungen, die die Kapsel seines Vaters kühlten und die Bombe vor der Explosion bewahrten –, dann könnten sie es vielleicht alle lebend überstehen.

Marta sagte dem jungen Soldaten, was sie tat. Er gab es über Funk weiter. Zehn Minuten später krächzte das Gerät erneut, er sprach sehr schnell. Dann schrie er; einer der anderen Männer rannte davon. Der Leutnant erschien. Sie sprachen schnell auf Hebräisch, und der Leutnant stieß ein *Fuck* aus.

Marta beäugte sie, nervös rauchte sie eine weitere Zigarette. Sie richtete ihre Aufmerksamkeit wieder auf den Druck und die Ventile.

Etwas schlug in etwa einer halben Meile Entfernung in der Wüste ein; sie spürte die Detonation gleichzeitig mit dem Knall. »Was war das?«

»Eine Rakete«, sagte der Leutnant. »Die Irakis ...« Eine weitere Explosion unterbrach die Erklärung. »Der Kommandant meint, es seien alte Scuds. Sie mußten viele von ihnen versteckt haben. Wir hätten reingehen sollen und ...«

»In Ordnung«. Sie schnitt ihm das Wort ab. Solange niemand auf die Scuds schoß, würde ihnen nichts geschehen. »Was machen Sie mit den Panzern?«

»Wir haben Männer dort draußen. Sie können sie aufhalten. Falls es schlimmer werden sollte, bringen sie die Hubschrauber.«

Marta zog an ihrer Zigarette. Angenommen, die Scuds fielen weiterhin in die Wüste, dann hatte sie vielleicht noch eine Stunde, um Cyrus und Leidy rauszuholen. Sie konnte sie schneller hochbringen, indem sie den Druck im Loch erhöhte; sie mußte dann nur noch die Abbremsphase mitberechnen, wenn sie sie lebend empfangen wollte. Sie erstellte die Berechnungen und hämmerte auf die Tastatur ein.

Der Junge schob ihr eine geöffnete Dose hin. Sie wußte nicht, wie sie das Essen nannten; es war in Ordnung, nahm sie an, aber es sah wie Katzenfutter aus.

Leidy spürte einen weiteren Ruck, und dieses Mal bekam er Angst. Was als verdammt hohe Beschleunigung begonnen hatte, fühlte sich nun wie ein Ausbruch des Bohrschlamms an. Hatte Cyrus die Bombe verloren? War sie unter ihnen losgegangen? Was sonst konnte diesen unheimlichen Stoß verursachen, der sie wie eine Rakete zur Oberfläche katapultierte?

Sie flogen durch eine enge Passage, die mit blutrotem Licht gefüllt war, hin zu einem ungewissen Zusammentreffen mit der Sonne.

Marta drückte ihre letzte Zigarette in der unberührten Konservendose mit Katzen- oder Soldatenfutter aus und versuchte die Zahlen auf den Monitoren zu interpretieren. Das sollte ein *kontrollierter* Ausbruch sein. Cyrus hatte die Bohrlochverkleidung so konzipiert, daß er den Schlammdruck auf verschiedenen Tiefenstufen unabhängig voneinander kontrollieren konnte – das wurde auch vorher schon bei Bohrungen praktiziert, niemals aber in solchen Tiefen oder mit derartiger Flexibilität. Als sie das Bohrschlamm-Kontrollsystem programmierte, hatte sie geplant, den höheren Druck unten im Loch zu nutzen, um die Kapseln auf maximale Geschwindigkeit zu beschleunigen, bis sie den Druckunterschied umkehren mußte, um sie wieder abzubremsen. Der höhere Druck oben sollte sie dann sicher an der Oberfläche zum Halten bringen.

Ihr Programm hatte den Druck oben im Loch rechtzeitig erhöht, aber der Druck unten ließ nicht nach. Die Kapseln bremsten nicht ab.

Marta stand von der Konsole auf und rüttelte an der Tastatur, als wollte sie sich über ihre eigenen Befehle hinwegsetzen. Sie fluchte. Der Computer ignorierte sie. Der Boden begann zu zittern; auf eine Art, die nichts mit Bomben oder Raketen zu tun hatte. Sie kannte das Gefühl nur zu gut: es war ein lokales seismisches Beben, das einen Ausbruch ankündigte.

Sie hörte ein Rauschen und eine brutale Explosion und spürte, wie der Boden schwankte – eine weitere Scud, diesmal näher, vielleicht wurden die Irakis nach und nach besser. Aber Marta schenkte dem keine Beachtung; die Monitore zeigten noch sechs Minuten an, bis die Kapseln an der Oberfläche ankamen. Die Winden drehten sich, die Kühlsysteme gaben Hitze ab. Sie mußte die Kapseln kurz vor der Oberfläche stoppen, mußte sie langsam heraufbringen, bis sie den Druck abbauen konnte. Marta betätigte den Bohrlochverschluß.

Nichts passierte. Er hätte sich schließen und sie im Loch festsetzen sollen. Aber die Ventile schlossen sich nicht. Brennender Bohrschlamm strömte bereits aus den Ventilen und ergoß sich über die Bohrplattform.

»Verdammt«, schrie sie. »Nicht schon wieder!«

Sie hatte keine Zeit, die Stromschiene zu überprüfen. Sie hieb nur auf die Tastatur ein, bis ...

Leidy wurde von den Füßen gehoben. Sein Kopf krachte hart gegen das niedrige Dach der Kapsel; ihm wurde schwindlig. Er fiel zurück; sein Herz war da, wo vorher sein Hals gewesen war, sein Magen schwebte auf der Höhe des Herzens. Wenn er wieder schreien wollte, dann mußte er es auf später verschieben.

Plötzlich bremste die Kapsel schneller ab, als sie voher beschleunigt hatte. Leidy war zu leicht, um das Schweben verhindern zu können; die mächtigen stählernen Gasflaschen hingen neben ihm, als wären sie aus Styropor.

Ein weiterer Ruck, die Gaszylinder rammten sich in den Boden. Alles hatte plötzlich wieder Gewicht, aber Leidy vermochte nicht mehr zu sagen, ob er sich bewegte. Draußen war es dunkel bis auf ein einzelnes Band glühenden rosafarbenen Lichts.

Nur eine Leitung. Nur ein Kühlsystem funktionierte noch.

Noch ein Ruck. Langsame Bewegung nach oben. Das Blubbern von Schlamm. Schlieren zogen sich über die kristallene Hülle ... diffuses gelbes Licht strömte von oben herein.

Marta las die Monitore und verstand. Das System hatte gewußt, was sie vorhatte und daß sie es nicht auf diese Weise ausführen konnte. Die Verkleidung konnte den Bohrschlamm nicht so schnell zirkulieren lassen, wie es die Druckveränderungen, die sie forderte, notwendig machten.

Das System wußte aufgrund interner Schlußfolgerungen auch, daß es sich um einen Notfall handelte. Es hatte sich selbst eine alternative Handlungsanweisung einprogrammiert.

Die Bohrverschlußventile öffneten sich und spien heißen Schlamm aus –

– aber sie schlossen sich, als es notwendig war. Die Kabel der Winden blieben intakt, selbst die Kühlsysteme arbeiteten noch, bis sie nicht mehr benötigt wurden. Die Bohrplattform war mit Schlamm überschwemmt, als sich aber die Ventile wieder öffneten, erschienen drei miteinander verbundene Kapseln, die voller Schlamm waren.

Sie wandte sich dem Mikrofon zu. »Leidy, kannst du mich hören?«

»Danke, danke, danke ...«

Sie hörte das Geräusch startender Flugabwehrraketen auf

dem Gelände, mittlerweile aber hatte sie darin Erfahrung, Hintergrundgeräusche zu ignorieren. »Laß die Klemmen los, und wir holen dich raus.«

»Nein, kümmert euch erst um Dad.«

»Eines nach dem anderen, Leidy. Ich kann mit dir reden, ich kann nicht mit ihm reden.«

»Verdammt ... dann winke ihm.«

»Ich kann nicht raus. Die Plattform ist mit heißem Schlamm bedeckt.« Die Wahrheit, wenn auch nicht die ganze. »Es war eine verdammt schwierige Sache.«

»Okay, wie du willst. Ich lasse los.«

Das Donnern in der Wüste nahm Marta nicht mehr als einzelne Ereignisse war. Sie hatte ein oder zwei Stunden gebraucht, um zu lernen, was der junge Soldat bereits wußte: daß man tat, was man tun mußte, denn die Kugel oder Granate oder Rakete, auf der der eigene Name stand, würde ihr Kommen nicht ankündigen.

Marta blieb an der Konsole. An den Winden hingen die Kapseln von Leidy und Cyrus, die noch immer mit der Bombe verbunden waren. Nachdem Leidy die Klammern gelöst hatte, hieb Marta auf die Computertastatur ein und schickte seine Kapsel in die Werkzeughalle. Die Kabel hielten Cyrus' Angelgerät über dem Boden.

In der Werkzeughalle nahmen sich Greifer der Kapsel Leidys an und schickten sie durch verschiedene Wasser- und Lichtbäder. Der dünne Schlamm wurde abgewaschen. Ultraschall löste die Verbundstücke, der Deckel fiel von der Kapsel ab, in der er war.

Marta hätte ihn gerne begrüßt, als er sich aus dem Ding schälte, aber sie war beschäftigt.

»Wir müssen raus«, rief der Leutnant.

»Tun Sie, was Sie nicht lassen können. Ich kümmere mich um Cyrus.« Sie rannte zur Bohrplattform.

Schnell kühlender Schlamm rann über die Plattform und tropfte von den Seiten. Die beiden übrigen Kapseln hingen darüber im Bohrturm, von dünnen Schlammschlieren überzogen. Sie glichen durchsichtigen verpuppten Insekten, die dunkle, unbewegliche Schatten enthielten.

Dann sah Marta auf der entfernten Seite der Plattform eine Bewegung, einen großen Mann, der mitgenommen im Eingang zur Werkzeughalle lehnte.

»Leidy?«

Alles, was er tun konnte, war, den Kopf zu heben. »Ist er am Leben?«

»Ich weiß es nicht«, rief sie. »Ich weiß nicht, wie ich ihn rauskriegen soll. Wir können seine Kapsel mit dem Ding da unten nicht in die Werkzeughalle transportieren.«

»Spreng es weg«, sagte er.

»Habe ich dich richtig verstanden?«

»*Spreng es weg*«, schrie er. »Nichts wird passieren. Die Ladung löst nur die Kappe.«

»Gut.« Man hielt sie für ein Genie. »Kommst du?«

»Ich werde in der Halle sein, wenn wir ihn rausholen.«

Marta zögerte, dann nickte sie, winkte und ging zurück in den Kontrollraum.

»Wir müssen gehen, Ma'am«, schrie der Leutnant, als er sie erblickte. »Wo ist Dr. Hudder?«

»Ein oder zwei Dr. Hudder werden gleich bei uns sein«, sagte sie, beugte sich über die Konsole und stellte die Schalter ein.

Sie hörten den Knall, als die Ladung in der Bombenkapsel hochging. Die Bildschirme zeigten an, daß sich die beiden Kapseln getrennt hatten. Einen Moment später hörten sie die äußeren Schalen auf die Plattform krachen, wo sie ihre Flüssigkeiten über den Schlamm ergossen.

Sie hoffte das Beste und steuerte Cyrus' Kapsel in die Werkzeughalle, gleichzeitig schrie sie: »Leihen Sie mir ihren Arzt, Leutnant. Wir brauchen ihn in der Halle.«

Leidy benützte die herunterbaumelnden Handsteuereinrichtungen, um die Kapsel neben sich herabzulassen; er konzentrierte sich darauf, die schweren Gasflaschen nicht auf die falsche Seite zu rollen. Ultraschall und eine Stahldrehbank öffneten das obere Ende des Gefäßes, das Cyrus enthielt.

Er lag bewußtlos im Zylinder. Leidy kletterte auf die Lore und berührte das Gesicht seines Vaters, er streckte sich und umfaßte seine dünnen Hände. Sie waren warm, Leidy konnte allerdings keine Puls fühlen.

Leidy griff ihn unter den Armen und zog ihn zu sich heran.

»Warten Sie einen Moment, Sir, ich helfe Ihnen.«

Ein Soldat kletterte neben Leidy hoch, fühlte Cyrus' Nakken und zog ein Augenlid zurück. Er blickte zu Leidy, der grau und verbraucht aussah. »Lassen Sie das lieber mich machen. Es ist mein Job.«

Sie hievten ihn aus dem Zylinder. Der Arzt schlang Cyrus über seine Schultern. Leidy stand erleichtert und erstaunt auf – der Mann konnte sogar damit laufen! Leidy stolperte ihm nach. Sie gingen steile Stufen hinab, aus der Halle hinaus, vorbei an der Bohrplattform und bogen um die Ecke des Bohrturms.

Hinein in einen Sandsturm. Nein, nur ein Helikopter, der in zehn Metern Entfernung wartete, kaum den Boden berührte und salzigen Staub aufwirbelte.

Andere Männer kamen und halfen, Cyrus zu den offenen Luken des Helikopters zu tragen. Leidy kam torkelnd hinterher, er duckte sich unter den rotierenden Rotorblättern. Schwankend stand er auf den Kufen und sammelte Kraft, um sich über die Einstiegskante zu ziehen; starke Hände ergriffen ihn und zogen ihn hoch.

Das Innere der Maschine war vollgepackt. Edward lag auf dem Boden ausgestreckt, der Mediziner legte Cyrus neben ihn. Als Leidy sich auf das Metalldeck niederkniete, sah er Marta, die sich zu ihm hinabbeugte; ihre dunklen Augen glänzten vor Tränen. Sie berührte seine Wange. Die Rotoren ratterten, und der Helikopter erhob sich in den Himmel.

Zum Schluß gingen die Israelis aufs Ganze; sie schickten Kampfflugzeuge, um die irakischen Panzer abzuschrecken, sie schickten Jäger, die den Rückzug der Sayeret in den Helikoptern deckten. In der Zwischenzeit veranstaltete die übrige Welt durch den Sicherheitsrat genügend Lärm, um die verärgerten Araber zu beruhigen, genug, um Abfangjäger am Boden und Flugabwehrbatterien schweigen zu lassen, bis die israelischen Flugzeuge und Hubschrauber die Region verlassen hatten, genug, um einen wackeligen Waffenstillstand in dieser blutigen Fehde zu garantieren, in dieser Auseinandersetzung zwischen Verwandten, die seit dreitausend Jahren bestand.

Ohne auf Widerstand zu stoßen, drangen irakische Verbände in Saltville ein. Viele Leute, die dachten, für Shellabarger und Noramar zu arbeiten, hatten die Luftangriffe unbeschadet überstanden. Acht Stunden später wurden im Salz Massengräber ausgehoben und wieder zugeschüttet. Der Bohrturm war ein rauchendes Trümmerfeld.

Saltville war eine Geisterstadt. Die Welt draußen kümmerte es nur wenig, Einzelheiten wollte kaum jemand wissen.

Minuten nach dem Abflug wußte Leidy, daß Cyrus noch am Leben war. Reiner Sauerstoff brachte ihn wieder zu Bewußtsein. Er öffnete die Augen und starrte seinen Sohn an, erkannte ihn aber nicht.

»Dad, ich bin es, Leidy.«

Cyrus schien über die Information in philosophischer Weise nachzudenken, konnte aber wenig damit anfangen.

Der Helikopter wurde in rauher Luft hin- und hergeschüttelt. Alle dreißig Sekunden, so schien es, flog eine Staffel Flugzeuge vorbei, um die Dinge am Laufen zu halten.

»Ich bin es, Dad, dein Sohn.«

Dann streckte Cyrus seine Hand aus. Mißtrauisch blickte er auf die intravenösen Schläuche, die ihn umgaben, und legte seine trockenen Finger auf Leidys Arm. »Hallo, Junge.«

Er war kein Junge mehr, er war ein Mann in mittlerem Alter, aber niemanden verwunderte es, als er zu weinen begann und nicht mehr aufhören konnte.

Leidy hörte nicht auf zu weinen, bis ihm jemand eine Nadel in den Hintern rammte. Zwölf Stunden später wachte er in einem Krankenhausbett auf, die nächsten zwei Tage lag er dort, ohne sich zu bewegen.

Er hatte eine lange Reise hinter sich. Er war irgendwo anders. Er rührte sich nicht, um zu essen oder zu trinken; er wollte oder konnte seinen Mund nicht öffnen. Sie mußten ihm einen Tropf an den Unterarm legen, sie ließen eine Bettpfanne unter ihm, da er auf seine Körperfunktionen nicht mehr achtete. Er redete nicht, zu niemanden – nicht mit den Offizieren, nicht mit Marta, nicht mit den Ärzten oder den Schwestern, selbst, als sie ihm sagten, daß sein Vater sich in einem Zimmer einen Stock tiefer befand.

Marta kam jeden Morgen, blieb einige Minuten und ging dann wieder. Am dritten Morgen, an dem sie kam, setzte sie sich neben sein Bett, starrte ihn an und sagte: »Ich fliege heute nach Texas zurück. Ich habe gehofft, mit dir vorher noch reden zu können.«

Er bewegte seinen Kopf. Seine Augen wurden langsam klar, er schaute sie an und sagte, als ob er eine Unterhaltung wieder aufnehme, die er nur wenige Sekunden vorher abgebrochen hatte: »Ich brauche Zeit zum Nachdenken.«

Sie war wie vom Schlag gerührt, erholte sich aber schnell. Sie sagte: »Das brauchen wir alle hin und wieder.«

Der Satz rollte eine Weile in seinem Kopf hin und her. Dann brachte er einen weiteren Satz heraus. »Ich liebe dich, Marta.«

Tränen rannen aus ihren Augen. »Du bist auch ganz okay.«

»Okay?« Er schniefte. »Warst schon immer ein hartes Weib.«

»Das bin ich.«

»Wie gehts meinem Dad?«

»Er schläft viel. Er möchte vielleicht mit dir reden.«

Leidy antwortete nicht. Sein Blick glitt von ihr weg, hin zum hellen Fenster.

»Verlaß dieses Zimmer nicht«, sagte sie harsch. Sein Blick kam zu ihr zurück und fixierte ihre Augen. Sie lachte, ein kleines müdes Lachen. »Ich meinte, außer auf deinen Beinen.«

»Was, zum Teufel, soll ich ihm sagen?« flüsterte er.

»Mach dir darüber keine Gedanken.« Sie schüttelte den Kopf. »Geh einfach rein und setz dich neben ihn. Es wird dir schon etwas einfallen. Oder ihm. Er ist ein besserer Gesprächspartner, als ich gedacht habe.«

»Du mußt gehen?« fragte er.

»Einige Dinge sind zu erledigen. Ein Vulkan ist auszublasen. Falls das nicht klappt, ein neues Büro zu suchen.« Sie dachte, er würde sie vielleicht fragen, worüber sie und Cyrus gesprochen hatten, aber er schaute sie nur an. Trotz zwei Tagen der Ruhe sah er müde aus. Seine Seele war müde.

Sie lehnte sich gegen das Bett und nahm seine Hand. Sie beugte sich über ihn und küßte seine Stirn. Später an diesem Tag reiste sie nach Core City ab.

Marta mußte sich durch Reporter durchkämpfen, um ihren El Al-Flug nach New York besteigen zu können. Leidy und Cyrus hatten es besser; ihr Hospital lag auf Militärgelände, umgeben von der israelischen Armee.

Die Ärzte hielten Leidy weitere vierundzwanzig Stunden von seinem Vater fern, ihm zuliebe oder seines Vaters wegen; er wußte es nicht. Aber sie testeten dieses und jenes und stellten eine Menge sich wiederholender Fragen. Schließlich waren sie davon überzeugt, daß sein Zusammenbruch nur temporär war – daß er so gesund war wie jeder traumatisierte Amerikaner, der rein zufällig in einen Krieg im Nahen Osten geraten war.

Also ging Leidy zu Cyrus. Sein Vater hatte das Bett verlassen, er saß in einem Stuhl am strahlend hellen Fenster, er trug einen dünnen baumwollenen Umhang und Papiersandalen und hielt in seinen Händen einen Pappbecher Orangensaft, den er mit der gleichen Aufmerksamkeit behandelte wie einen Dry Martini.

»Ich bin froh, dich zu sehen«, sagte Leidy.

»Ich bin froh, dich zu sehen.« Cyrus' Gesichtszüge waren eingefallen; er war der Schatten eines einst gutaussehenden Mannes. »Ich schulde dir mein Leben.«

»Du schuldest mir gar nichts.«

Cyrus' dünne Lippen verzogen sich zu einem Lächeln. »Du hast recht. Eine Schuld, die man einem anderen nicht auferlegen kann. Unmöglich wieder gutzumachen.«

»Du könntest mir ein oder zwei Geschichten erzählen. Wenn du willst.« *Erzähl mir drei wahre Dinge,* dachte Leidy. »Zum Beispiel, was du in den letzten fünfzehn Jahren getrieben hast.«

»Oh, das«, sagte Cyrus. »Ich habe die Geschichte meines verpfuschten Lebens in den letzten drei Tagen allen möglichen Leuten erzählt.«

»Ja? Gut, nun, vielleicht bringst du sie jetzt auf die Reihe.«

Cyrus seufzte ein trockenes Seufzen, das nur einen leichten melodramatischen Anflug aufwies. »Noch einmal, dann ...«

Es stellte sich heraus, daß es Cyrus nach dem noch einmal versuchen mußte.

Leidy verbrachte den Tag mit ihm – sie wurden in regelmäßigen Abständen von Ärzten oder Leuten, die sich als Ärzte ausgaben, unterbrochen –, und dann ging Leidy raus zum Telefonieren. In Israel war es spät nachts, früher Nachmittag in Connecticut, als er Greta zu Hause erreichte. Er sprach mit ihr zwanzig Minuten lang. Als sie sich weigerte, weiter zu reden, hängte er auf.

Aber er rief sie eine halbe Stunde später erneut an. Dieses Mal redete er Klartext; er erzählte ihr, was er von den Ärzten über Cyrus' Gesundheitszustand aufgeschnappt hatte, was nichts mit den wilden Fahrten in der syrischen Wüste oder seinen Abenteuern in Hunderten von Kilometern Tiefe zu tun hatte, sondern ausschließlich mit seinem über siebzigjährigen, vom Gin zerfressenen Körper. Schließlich überredete Leidy seine Mutter, nach Tel Aviv zu kommen.

Leidy begleitete Greta in Cyrus' Zimmer. Nach nicht einmal einer Minute jedoch wurde ihm bewußt, daß er dort nichts verloren hatte. Sie waren für ihn Götter, und wie waren sie miteinander *verfeindet* ...

Eine Stunde verging, dann noch eine. Leidy wartete im Warteraum im Flur, als seine Mutter erschien.

»Er hat mir erzählt, was er getan hatte«, sagte sie. »Ich habe ihm erzählt, was ich davon halte.« Sie hielte inne, zögerte und sah sich im fremden Flur um, als hätte sie vergessen, wo sie sich befand.

Er legte seinen Arm um ihre Schultern, und wünschte sich, es würde ihm leichter fallen, sie zu liebkosen, gegen sich zu drücken, fest genug, um ihren Herzschlag neben dem seinen zu hören. Wünschte sich, es gäbe zwischen ihnen nicht so eine harte Kruste und einen so harten Mantel, die er durchbohren mußte. Zwischen ihm und seinem Vater. Zwischen ihm und allen Menschen, die er liebte.

IM HERZEN DER ERDE, 2001 U.Z.

Eine Flotte transparenter Wesen schwebte in einem aufgewühlten Ozean aus Eisen; sie waren so zerbrechlich wie die ersten Medusen in den altertümlichen Meeren der Erde. Kristallfaserkabel folgten ihnen nach draußen, wo sie sich in der dichten, glühenden Flüssigkeit verteilten. Unter ihnen baumelten kilometerlange Tentakel, die sie mit Energie aus der Tiefe versorgten. Während die Monate und Jahre vergingen, drifteten sie in die weit abgelegenen Gebiete dieses inneren Globus.

Die Core Floater zeichneten Temperatur und Druck auf, sie erkannten die chemische Zusammensetzung ihrer Umgebung aus der absorbierten und reflektierten Strahlung, sie maßen den ständigen Niederschlag kristallisierten Eisens, sie fühlten die Stärke und Ausrichtung des magnetischen Feldes, durch das sie trieben, und maßen Geschwindigkeit und Richtung ihrer eigenen Bewegung. Sie übermittelten alles, was sie erfuhren, an die Erdoberfläche. Mit der

Zeit entstand ein außergewöhnliches Bild vom Erdinneren. Feste Landschaften und Strömungsmuster bildeten sich, die man sich vorher nur andeutungsweise vorstellen konnte.

Geschäftige Leute an der Oberfläche des Planeten nützten, was sie so erfuhren, entwarfen kühne Pläne und entwickelten neue Geräte. Sie schickten in das tiefste Loch, das jemals in die Erde gegraben wurde, eine Bombe. Und an einem bestimmten Tag maßen die Core Floater ungewöhnliche Turbulenzen; über ihnen, wo umgekehrte Berge aus glasigem Eisen viele Kilometer tief in das innere Eisenmeer hingen, erschütterte ein Beben einen Sektor der Grenzzone zwischen Kern und Mantel. Ein ganzer Gebirgszug riß sich los; wie ein riesiger eiserner Gletscher, der abbrach, lösten sich große Teile des Eisens und der Silikate aus der Grenzzone und begannen langsam in den Eisenkern des Erdzentrums zu fallen.

Die Schwerkraft im flüssigen Kern war geringer als die Schwerkraft auf der Oberfläche von Merkur oder Mars, aber die Trümmerteile sanken unaufhaltsam; die Dutzend winzigen Floater bemerkten die Verschiebungen und Veränderungen der magnetischen Feldlinien innerhalb des Kerns, während die Berge versanken. Langsam legten sich die Feldlinien um das zylindrische Kielwasser der versinkenden Berge aus kristallinem Eisen. Und langsam gewann der Mahlstrom Energie aus seinen eigenen Turbulenzen. Das Magnetfeld der Erde, das jahrelang im chaotischen Matsch des Kerns umhergewandert war, organisierte sich neu.

Die Floater signalisierten es als erste; als das Feld schließlich die Oberfläche erreichte, richteten sich die Kompaßnadeln wieder zu den Polen aus. Zum ersten Mal seit einem Jahrzehnt konnten die Menschen in Alaska – und Norwegen, Chile und Neuseeland – nachts hinausgehen und Lichtschleier über dem Polarhimmel sehen.

Marta Cellini-Sanchez McDougal und Peter Burton McDougal freuen sich, die Hochzeit ihrer Tochter Luisa mit Josiah

Maximilian Hudder bekanntzugeben. Die Zeremonie findet an einem Samstagabend des kommenden Mai im Core City Reitclub statt. Ein Empfang im Haus von Marta McDougal, Pronghorn Terrace, schließt sich an …

Es war eine für Core City typische Feier, eine Party, die sich aus Martas überfülltem Haus in den weiten Garten ergoß, wo eine Blue-Grass-Band spielte und eine Batterie von Barbecues mit würzigem Mesquite rauchten. Am nahen Horizont warfen die neuen Zwillingsbohrtürme ein gleißendes Licht auf den glänzenden schwarzen Aschekegel, der Core Citys Erkennungszeichen geworden war. Aschekegel gehörten zum gewöhnlichen Bild des amerikanischen Westens, in dieser Ecke Texas aber war er einzigartig.

Marta bahnte sich einen Weg durch die Menge; sie lächelte verträumt und zufrieden – der Nachglanz der Dinge, die zu arrangieren waren und nun arrangiert waren, eine Party, die von selbst lief. Teller waren zu hohen Bergen gestapelt, Sekt floß in Strömen, die Leute lachten und redeten.

Taki und Queenie sahen von der lebhaften Softball-Diskussion mit den Monstern von Id auf und lächelten sie an, als sie vorbeischritt; sie waren selbst kaum aus den Flitterwochen heraus und schwebten noch auf Wolken. Oder vielleicht durch sie hindurch.

Die jüngsten Neuverheirateten waren angemessen benommen nach dem Streß der Treuegelübde, die sie einander geschworen hatten, nach dem Streichquartett ihrer musikalischen Freunde, Pachelbels *Kanon*, dem sie still applaudierten, nach den Versuchen, die Namen all derer auf die Reihe zu bringen, die sie eingeladen hatten, nach dem Aufschneiden einiger hundert Gooey-Cakes. Aber zumindest konnten *sie* gehen – wann immer sie wollten, denn ihr Flugzeug wartete auf dem Rollfeld, bereit, sie in ihre karibischen Flitterwochen zu bringen – und als sie es taten, war Marta aus dem Schneider.

Josies Mutter, Jane, war mit ihrem zweiten Ehemann gekommen; sie waren freundlich, ein wenig kühl vielleicht zu Marta und Leidy, aber sie hielten sich auf Distanz. Sie waren am leichtesten zu unterhalten, da es nichts gab, was Marta für sie tun konnte, außer, höflich zu sein.

Der Vater der Braut, Martas Ex, Peter, erschien zu der Zeremonie als etwas rundlicher, bärtiger Schotte, der in seinem Tweed-Anzug und mit seinem wettergegerbtem Äußeren sehr attraktiv aussah, wie sie zugeben mußte. Er war überaus stolz auf seine jüngere Tochter, mit deren Erziehung er wenig zu tun hatte.

Linda kam in Begleitung ihres Vaters; sie war eine ebensolche arrogante Cambridge-Studentin, wie Marta sie in ihren Erinnerungen kannte. Aber Linda zeigte sich in diesen Tagen von ihrer besten Seite, sie behandelte die Leute um sich auf solch subtil herablassende Weise, daß nur wenige Verdacht schöpften, daß sie sich zu ihnen herabließ.

Vielleicht wird sie erwachsen, mußte Marta sich eingestehen. Denn es schien, daß Linda Qualität zu erkennen vermochte, wenn sie auf sie stieß. Marta amüsierte sich, als sie ihre Tochter sah, wie sie Gregor Mattasow in die Ecke trieb und skrupellos seine Intelligenz auf die Probe stellte.

Gregor war nach den wenigen Monaten, die dem Unfall folgten, bei dem er sich seine rechte Hand verstümmelt hatte, wieder der alte fröhliche Kriecher. Marta war sich nicht sicher, ob sie oder jemand anderes wirklich erfahren würde, was ihm zugestoßen war – es war nicht nur der typische Unfall beim Waffenreinigen, eine Patronenkammer, die auf diese Weise explodierte –, aber wenn sie auch nicht behaupten konnte, ihn nun *nicht* weniger zu mögen, so mochte sie ihn nun vielleicht ein wenig mehr. Denn als er seinen Humor wiedergefunden hatte, erkannte sie, daß sie ihn um sich brauchte. Vielleicht war das auf lange Sicht gesehen eine gute Definition für einen Freund.

Marta erreichte das Ende des Gartens und schaute auf die lachende Menge zurück. Lächelnd, das Glas in der Hand, war sie darauf vorbereitet, wieder in die Party einzutauchen.

Wenn es notwendig wäre. Wenn es absolut sein mußte. Nun, sie alle schienen ohne sie auszukommen.

He ...!

Sie schritt über die nicht markierte Grenze zu Leidys Rasen und rannte schnell durch das schattige Gras zu seinem Lanai.

Er war im Haus und wartete auf sie. Sie flog wortlos in seine Arme, sie küßten sich, als würden sie sich zum ersten Mal küssen, mit ungebrochenem Enthusiasmus. Ihr Leinenkleid schob sich unter seinen Händen nach oben, sein Baumwollhemd öffnete sich unter ihren Händen, und für einen Moment bestand die Gefahr, daß sie weiter gehen würden, als sie wollten.

»Wir müssen warten. Bis diese Leute da verschwunden sind«, flüsterte sie.

»Ach Frau, so nervös.«

»Jedenfalls bis die Kinder zu den Flitterwochen aufgebrochen sind.«

»Nicht zu vergessen die Ex-Eheleute in ihren Motels.«

Sie entspannte sich und zog sich von ihm weg. »Ich mag sie, Leidy.«

Er lächelte im Schatten. »Sollte ich darüber überrascht sein?«

»Nun, ich kenne den Jungen, den Jane heiratet, kaum, aber ich mag *sie*. Und ich muß zugeben, daß ich den alten Peter irgendwie immer noch mag.«

»Erteilst du mir hiermit eine Erlaubnis?« Er lächelte.

»Du meinst, ich habe nichts dagegen, wenn du noch immer Jane magst?«

»Ich habe sie nie gemocht.«

»Dann mußt du auch nicht fragen.« Sie wandte sich ab, ließ aber ihre Finger in seinen verhakt. »Ich vermisse meinen Vater und meine Mutter«, sagte sie. »Ich wünschte, sie hätten lange genug gelebt, um die Heirat ihres Enkelkindes noch zu erleben. Ich wünschte, Greta hätte noch ein Jahr gelebt. Und ich wünschte, Cyrus könnte mit auf der Party sein.«

Leidy verstummte für einen Augenblick. »Jeder will ewig leben. Ja, ich wünschte, meine Mutter hätte ein wenig länger ausgehalten. Sie liebte Josie so sehr ... Aber ihr Leben war erfüllt, es war ein großes Leben. Und sie hat Dad erzählt, was sie von ihm hielt. Auch sein Leben war erfüllt, so erfüllt, wie ich es ihm nur wünschen konnte. Erfüllter, als ich erwarten konnte.«

»Ich sah seinen Doppelgänger, habe ich dir das erzählt?« Sie drehte sich ihm zu und sah die fernen Lichter der Bohrtürme, die sich in seinen Augen spiegelten. »An dem Tag, an dem wir dich aus dem Bohrloch holten. Nichts Übernatürliches. Nur ein mentales Bild von ihm, das sprach: Hör zu, folge; benütze deinen Kopf.«

»Das sagst du immer, ›nichts Übernatürliches.‹«

»Mach mir jetzt keine Angst.«

»Marta, ich werde es immer und immer wieder sagen. Ich liebe dich.«

»Und ich liebe dich.«

Sie hielt sich zurück, drückte nur leicht gegen seine Hand, die sie in ihrer hielt. »Ich liebe dich schon seit sehr langer Zeit.«

Er löste ihren Griff, zog seine Hand weg und gestikulierte. »Dad hat die ganze Wahrheit gesagt. Ich denke, er hat das immer getan. Er erzählte mir alles; es tat ihm leid, was er getan hatte, als er wußte, welche Folgen es hatte. Aber es tat ihm nicht leid für das Wissen. Er sagte, es ist zu spät für uns, nicht das zu gebrauchen, was wir wissen, oder zu versuchen, nichts zu lernen. Er sagte, es ist zu spät, zu spät. Wir leben hier, wir mussen lernen, mussen alles lernen, wir müssen ... wir haben es von der Natur genommen, nun müssen wir alleine damit fertigwerden, und wir müssen alles lernen, so schnell wie möglich ...«

»Leidy ...«

»Ich bringe es nicht zusammen«, sagte er. »Ich bringe es nicht auf die Reihe.« Was immer er als nächstes sagen wollte, er verschluckte es.

Sie faßte ihn an der Hand. »Komm mit mir nach draußen.

Laß uns die Sterne betrachten. Vielleicht sehen wir Nordlichter.«

»Rede keinen Unsinn.«

»Oh, das tue ich nicht, mein Lieber.«

ENDE

NACHWORT

»Was ist das tiefste Loch, das in die Erde gegraben werden kann?« Diese Frage wurde nicht 1941, sondern um 1947 von Enrico Fermi gestellt. Sie findet sich in den *University of Chicago Graduate Problems in Physics, with Solutions*, erschienen bei der University of Chicago Press.

Um die Frage anzugehen, sollte man einiges über Bohrtechniken, Materialien und die Erde wissen. Als mich Byron Preiss – zum 125. Jahrestag von Jules Vernes *Reise zum Mittelpunkt der Erde* – damit konfrontierte (er formulierte die Frage anders), wußte ich von diesen Dingen so gut wie nichts. Neben dem Erfinden einer Geschichte macht nichts mehr Spaß als Recherchieren.

Walter Alvarez von der University of California in Berkeley ermutigte in langen Stunden gemeinsamer Gespräche meine ersten Versuche auf den Gebieten der Geologie und Geophysik; er las auch einen ersten Entwurf dieses Romans und half mir mit uneingeschränkter, wichtiger Kritik nebst mehreren klugen Ideen. Stephen Gillett, Geologe und Autor, steuerte den Großteil meiner Recherchen, inklusive eines Besuchs bei Robert Karlin in seinem Labor für Geomagnetismus an der University of Nevada; Steve antwortete auf einen frühen Entwurf mit weisen Ratschlägen und wichtigen Details.

Marvin Cohen aus Berkeley erläuterte mir seine Arbeit der theoretischen Physik (vor allem die Zusammensetzung von Kohlenstoffnitriden) und brachte mich auf Fermis Frage. Roald Hoffman aus Cornell lieferte eine andere Perspektive für Materialformen und überließ mir viele Ideen, die ich schamlos ausbeutete. Ian Brown und Peter Yu vom Lawrence Berkeley Laboratory und UCB zeigten mir dankenswerterweise ihre Experimente mit Ionenquellen und Diamantamboßen. Paul McEvoy, dem ich primitive Vorstellungen über Erdkernapparate präsentierte, machte scharfsinnige Vorschläge zur Thermodynamik.

Hugh und Janet Burns zeigten mir das Bohrgelände auf

ihrer Ranch bei Dilley, Texas; Hugh nahm sich für mich Zeit und erklärte, was bei der Horizontalbohrung im Austin-Kalkgestein – technisch, geologisch, gesellschaftlich, ökonomisch und ökologisch – vor sich geht. Morad Eghbal versorgte mich mit Informationen über das New-England-Bohrprojekt, das von Peter Britton gesponsort und geleitet wird. Fraser Goff und seine Kollegen am Los Alamos National Laboratory nahmen mich mit auf eine heitere Tour durch ihre Experimentalbohrungen in den Valles Caldera in New Mexico.

Vonda McIntyre las einen frühen Entwurf dieses Buches und war mit dem spezifischen, leidenschaftlich kritischen Urteil zugegen, das nur ein anderer Autor geben kann. Lynn Yarris vom LBL unterstützte mich auf jeder Stufe der Recherchen und des Schreibens.

Meinen Dank an Adrian Zackheim für seine Hinweise zu Beginn und seine scharfen editorischen Einsichten. Malcom Edwards war mir früh eine ermutigende Stütze. John Douglas und Byron Preiss und meine Agentin Jean Naggar versahen ihre Arbeit mit Wärme und sehr viel mehr als nur Professionalität; sie sind Kollegen und Freunde.

Daneben gibt es Bücher, bei denen ich mich zu bedanken habe. Ich las John McPhees *Basin and Range* im Licht der Taschenlampe und des Lagerfeuers, während ich mit dem Rucksack durch das Death Valley zog; an anderen Orten verschlang ich andere Bände seiner Geologie-Reihe. Neben vielen anderen Büchern: *The Solid Earth* von C.M.R. Fowler, Cambridge University Press; *The Making of the Atomic Bomb* von Richard Rhodes, Simon & Schuster; *Water Baby: The Story of Alvin* von Victoria A. Kaharl, Oxford University Press.

Und es gibt ein wundervolles Museum in Midland, Texas, das Permian Basin Petroleum Museum, ein unverzichtbarer Ort für jeden, der wirklich ein Teleskop in das Innere der Erde bauen möchte.

Das wunderbare Material Hudderit wird niemals erfunden werden, und eine Reise zum Mittelpunkt der Erde ist, wenn auch nicht unmöglich, so doch in nächster Zeit unwahrscheinlich. Aber dank dieser Menschen, dieser Orte und dieser Bücher habe ich, während ich an der Geschichte schrieb, daran geglaubt.

Band 23 136

Paul Preuss

Codename Sparta
Das Weltenschiff

Deutsche Erstveröffentlichung

Ellen Troy nennen sie ihre Kollegen der Weltraumbehörde, doch eigentlich heißt sie Sparta und ist das Produkt einer fortgeschrittenen Biotechnologie.
Professor Forsters Expedition zum Diamantmond des Jupiter hat ein sensationelles Ergebnis erbracht: In dem Jahrtausende alten Eis liegt ein riesiges Raumschiff einer fremden Rasse. Als das Weltraumschiff plötzlich auf ein schwarzes Loch zutreibt, muß Sparta handeln. Sie muß mit den Aliens Kontakt aufnehmen und das Rätsel ihrer Kultur lösen – bevor ihr Gegenspieler Randolph Mays es tut und mit seinem Wissen die ganze Erde bedroht.

Endlich! Das langerwartete Finale einer einzigartigen Serie. Die Superagentin Sparta lüftet das Geheimnis ihrer wahren Identität. Konzipiert nach Geschichten von ARTHUR C. CLARKE.

BASTEI LÜBBE

Sie erhalten diesen Band im Buchhandel, bei Ihrem Zeitschriftenhändler sowie im Bahnhofsbuchhandel.

BASTEI
LÜBBE
Science Fiction
Bücher mit Zukunft
Die größten Erzähler der SF
holen Ihnen die Sterne vom Himmel
ISAAC ASIMOV
ROBOTER-TRÄUME
und 20 andere SF-Geschichten
ISBN 3-404-24144-4
DM 10,–
IAN McDONALD
REBELLIN DES GLÜCKS
ISBN 3-404-24147-9
DM 9,80
MARGARET WEIS
DIE STERNENHÜTER
DER LETZTE KÖNIG
Science Fiction Roman
ISBN 3-404-24156-8
DM 12,80
LARRY NIVEN
STEVEN BARNES
DIE WAHL DES ACHILL
Science Fiction
ISBN 3-404-24157-6
DM 8,80
ORSON SCOTT CARD
XENOZID
Der Sprecher für die Toten kämpft um seinen Planeten
ISBN 3-404-24153-3
DM 12,80
ALLEN STEELE
MONDHUNDE
ISBN 3-404-23129-5
DM 9,80